Gertrud Ohlmeier

Frühförderung behinderter Kinder

Gertrud Ohlmeier

Frühförderung behinderter Kinder

Teil 1: Erfahrungsbericht
Teil 2: Darstellung der Methode

 verlag modernes lernen - Dortmund

© 1983 verlag modernes lernen, Borgmann KG, D-44139 Dortmund

3. Aufl. 1997

Herstellung: Löer Druck GmbH, 44139 Dortmund

 Bestell-Nr. 1121 ISBN 3-8080-0339-1

Urheberrecht beachten!
Alle Rechte der Wiedergabe, auch auszugsweise und in jeder Form, liegen beim Verlag. Mit der Zahlung des Kaufpreises verpflichtet sich der Eigentümer des Werkes, unter Ausschluß des § 53, 1-3, UrhG., keine Vervielfältigungen, Fotokopien und keine elektronische, optische Speicherung auch für den privaten Gebrauch, ohne schriftliche Genehmigung durch den Verlag anzufertigen. Er hat auch dafür Sorge zu tragen, daß dies nicht durch Dritte geschieht.

Zuwiderhandlungen werden strafrechtlich verfolgt und berechtigen den Verlag zu Schadenersatzforderungen.

Inhalt

Vorwort	8
Aufgaben der Frühförderung	13
Primäre und sekundäre Behinderung	13
Frühförderung bei Kindern mit Down-Syndrom	
Erfahrungsbericht	16
Vorbemerkung	16
Geschichtlicher Rückblick	17
Besonderheiten in der Entwicklung des Sozialverhaltens	22
Besonderheiten in der sensomotorischen Entwicklung	25
1. Körperkontrolle	25
2. Sprache	26
3. Akustische Wahrnehmung – Hören	26
Einblendung Wahrnehmungsstörungen	27
4. Handgeschick (Feinmotorik)	33
5. Optische Wahrnehmung (Sehen)	34
Sekundäre Behinderungen im sozialen Lernen	36
Maßnahmen zu ihrer Überwindung bzw. Verhütung	36
1. Körperkontrolle (Bewegungsarmut – Hypotonie)	36
2. Sprache	39
3. Akustische Wahrnehmung – Hören	42
4. Handgeschick	43
5. Optische Wahrnehmung – Sehen	44
Besonderheit „Wutanfälle"	46
Zusammenfassung	50
Sekundäre Behinderungen im kognitiven Lernen	51
Maßnahmen zu ihrer Überwindung bzw. Verhütung	51
1. Körperkontrolle	51
2. Sprache	52
3. Akustische Wahrnehmung – Hören	55
4. Handgeschick	56
5. Optische Wahrnehmung – Sehen	58
Zusammenfassung	60

Soziales Umfeld	61
Reaktionen der Eltern auf die Geburt eines Kindes mit Down-Syndrom	65
Primäre Phase der Sozialisation bei günstigen Anfangsbedingungen	65
Primäre Phase der Sozialisation bei weniger günstigen Anfangsbedingungen	66
Reaktionen der gesunden Geschwister auf die Geburt eines Kindes mit Down-Syndrom	68
Reaktionen der weiteren sozialen Umwelt auf die Geburt eines Kindes mit Down-Syndrom	69
Entwicklung einer Methode zur Erstellung von Frühförderprogrammen	75
Rückblick	75
Konzept	75
Schwierigkeiten bei der Erstellung des Programmes in konventioneller Form	81
Gegenwart	85
Darstellung des Arbeitsablaufes	85
Räumlichkeiten	85
Durchführung der Spielbeobachtung	86
Durchführung des Elterngespräches	87
Arbeit des pädagogischen Team-Mitgliedes	88
Arbeit des pädiatrischen Team-Mitgliedes	89
Die Schreibarbeit (Büroarbeit)	90
Aufbau des Programms	90
Empfehlungen für die Durchführung des Programms	94
Beispiel	96
Einfaches Langzeitprogramm	99
Differenziertes Langzeitprogramm	112
Ausblick	117
Möglichkeiten der Verwendung dieser Methode	117
1. Hausfrühbetreuung	117
2. Sondertagesheim oder integrierter Kindergarten	118
3. Kinderzentren	119
4. Vollheime	119
5. Kinderkrankenhaus	120
Schlußbetrachtungen	121

Anhang 124

1. Anschreiben an die Eltern für die Fragebögen 125
2. Elternfragebögen 126
3. Entwicklungsgitter 161
4. Merkblatt Wahrnehmungsstörungen mit Anschreiben an die Eltern 164
5. Fragebögen Wahrnehmungsstörungen 171
6. Formblätter für die Akte 188
7. Tabellen 192
8. Merkblatt Down-Syndrom 349

Literatur 356

Vorwort

Wenn wir uns im folgenden mit Fragen der Frühförderung behinderter Kinder befassen, so müssen wir uns klar darüber sein, daß es uns hier um die primäre Sozialisation der Kinder geht. Diese umfaßt mehr, als nur ihre „Erziehung" im üblichen Sinne. Sie beinhaltet vielmehr, daß alle diejenigen Prozesse in Gang gesetzt und gefördert werden, die aus dem Kind eine „sozio-kulturelle Persönlichkeit" machen sollen. Die primäre Sozialisation umfaßt die Zeit von der Geburt bis zum Kindergartenalter. Sie wird in unserem Kulturkreis in der Regel als die Aufgabe der Mütter angesehen. Von ihnen wird erwartet, daß sie ihrem Kind unsere gesellschaftlichen Normen vermitteln und auch deren Verinnerlichung (Internalisierung) beim Kind erreichen.

Sobald die soziale Struktur sich ändert, wird die primäre Sozialisation sich diesem Wandel anpassen müssen. In der Großfamilie eines Agrarlandes werden den zukünftigen Müttern die gesellschaftlichen Normen durch unmittelbares Vorleben der weiblichen Verwandten vermittelt. Dies ändert sich, wenn eine Industrialisierung einsetzt und aus der Großfamilie eine Kleinfamilie wird. Der kontinuierliche Strom der unmittelbaren anschaulichen Erfahrung fließt dann zunächst nur noch spärlich, um schließlich ganz zu versiegen.

In dieser Phase ist es für die jungen Mütter oft schwer, das traditionelle oder auch intuitive Wissen um die Bedürfnisse ihres Säuglings und Kleinstkindes bei Bedarf zur Verfügung zu haben. Die Traditionen werden durch den Strukturwandel ja z.T. in Frage gestellt, und das intuitive „Wissen" wird durch die mangelnde Anschauung lückenhaft. Es ruht bei manchen jungen Müttern zwar offenbar noch in tieferen Schichten ihres Bewußtseins, aber es ist nicht mehr ohne weiteres abrufbar. Dieses „Wissen" wurde im allgemeinen ja nicht schriftlich fixiert, sondern als „Erfahrung" weitervermittelt. Infolgedessen ist es im heute üblichen Sinne auch nicht „erlernbar", weil dieser Erfahrungsschatz in Büchern kaum zu finden ist. Allenfalls kann er entdeckt werden, wenn man sich bewußt auf die Suche danach begibt.

Die beschriebene Schwierigkeit dringt jetzt bei vielen jungen Müttern zunehmend ins Bewußtsein. Wenn sie vor der Aufgabe stehen, ein gesundes Kind so zu lenken, daß es unsere gesellschaftlichen Normen verinnerlicht, werden sie deshalb unsicher. Die Mütter mit behinderten Kindern aber werden oft von so extremer Unsicherheit erfaßt, daß sich zuweilen ein panikartiger Zustand entwickelt.

Hier nun möchten die am Ende dieses Buches abgedruckten Tabellen eine Hilfe anbieten. Bei ihrer Zusammenstellung war es die Absicht, das immer noch vorhandene „hintergründige Wissen" der Mütter in eine Bewußtseinslage anzuheben, die die Handhabung dieser traditionellen Weisheiten und kleinen pädagogischen Kunstgriffe erleichtert, so daß sie im Bedarfsfall auch tatsächlich zur Verfügung stehen. Natürlich mußte bei der Auswahl dieser Anregungen berücksichtigt werden, daß unsere gesellschaftlichen Normen und Wertvorstellungen sich verändert haben. Deshalb war hier eine kritische Sichtung erforderlich und wird auch in Zukunft notwendig sein. Die Suche nach derartigen Anregungen durch „unsere Mütter und Großmütter" soll nämlich fortgesetzt werden. Auf die Erfahrung früherer Generationen können und wollen wir nicht verzichten – wir wollen im Gegenteil darauf aufbauen.

Aus diesem Grunde wurden die Tabellen so angelegt, daß sie noch nahezu unbegrenzt erweiterungsfähig sind. Dies gilt aber nicht nur für die „alten Weisheiten". Es sollen auch die „neuesten Erkenntnisse" in die Tabellen eingegliedert werden, soweit sie dem darin enthaltenen Gedankengut entsprechen und keine Verwirrung stiften.

Meine Hinwendung zu den „alten Weisheiten" macht es vielleicht dem Leser verständlich, daß sich bei mir zuweilen eine innige Freude entwickelt während der Gespräche mit jungen Müttern über die spielerische Durchführung des Trainingsprogramms mit ihrem Kind. Sie berichten mit immer wieder, daß ihnen viele Vorschläge irgendwie vertraut vorkämen. Im Grunde „wüßten" sie dies alles ohnehin – nur sie hätten es nicht immer zur Verfügung. Durch das Programm und dessen Aufbau würde ihnen aber klar, warum sie ihrem Kind nunmehr dieses Spielangebot machten und welchen Stellenwert es im Rahmen der Entwicklungsförderung ihres Kindes einnähme. Genau das ist das Ziel unserer Bemühungen.

Bevor Sie, lieber Leser, sich eingehender mit diesem Bereich beschäftigen, bin ich Ihnen noch eine Erklärung dafür schuldig, weshalb ich zur Erstellung von Langzeitprogrammen anfangs die Elektronische Daten-Verarbeitung gewählt habe. Ich hatte Zugang zu einer EDV-Anlage, und dieser Weg bot sich mir an, als die Schwierigkeiten auf dem konventionellen Wege fast unüberwindlich wurden. Hierbei wurde zwar die Elektronik benutzt, aber Daten im eigentlichen Sinne wurden nicht verarbeitet. Genau genommen wurde die EDV zweckentfremdet; lediglich ihre Fähigkeit, die zu einem Programm zusammengestellten Texteinheiten sehr schnell auszudrucken, wurde bei dieser Verwendungsform in Anspruch genommen. Das war für einige Leser meines ersten Buches („Frühförderungsprogramme für behinderte Kinder", verlag modernes lernen, 1979) offenbar verwirrend und kann zugegebenermaßen auch wirklich irreführend sein.

Diese Schwierigkeit konnte inzwischen behoben werden: wir sind mit unserer Arbeit auf die Elektronische Text-Verarbeitung (ETV) umgestiegen.

Einige der modernen Speicherschreibmaschinen werden jetzt den Anforderungen gerecht, die wir bei der Erstellung eines Langzeitprogrammes an sie stellen müssen. Der verwirrende und irreführende Weg über die EDV konnte verlassen werden, wobei die auf diesem Weg gesammelten Erfahrungen durchaus wertvoll waren und uns bei der Umstellung der Arbeit auf ETV zugute kamen. Mit einer Speicherschreibmaschine haben wir nun dasjenige technische Hilfsmittel gefunden, das bei der Lösung eines unserer Randprobleme erfolgreich eingesetzt werden kann: bei dem Ausdruck von individuell zu einem Programm zusammengestellten Texteinheiten.

Es mag bei manchem Leser die Frage auftauchen, ob denn die schriftliche Fixierung eines Förderungsprogrammes wirklich von so großer Bedeutung sei, wie es hier den Anschein hat. Soweit es sich um ein Langzeitprogramm handelt, wird dies vermutlich jedem Leser einsichtig sein. Ein Langzeitprogramm umfaßt im Schnitt 25 Textseiten. Dabei ginge die Übersicht allzu leicht verloren, wenn man das Problem durch Ankreuzen in den Tabellen lösen würde. Handelt es sich um Kurzzeitprogramme für die Dauer von etwa einem Monat, so mag ein Versuch mit Ankreuzen in verschiedenen Farben oder Herausschreiben der Kennziffern gerechtfertigt erscheinen. Die Probleme eines behinderten Kindes pflegen aber so komplex zu sein und sich derartig wechselseitig zu beeinflussen, daß einzelne Maßnahmen nicht zum Erfolg führen können. Die engen Beziehungen zwischen den einzelnen Entwicklungssäulen macht ein ganzheitliches Vorgehen erforderlich und dieses scheint mir beim Ankreuzungsverfahren gefährdet zu sein: Die Übersicht geht verloren, weil die Zusammenhänge nicht mehr klar hervortreten.

Die praktische Erfahrung hat uns gelehrt, daß die Mütter überfordert sind, wenn ihnen im Rahmen einer Spielstunde durch eine Heilpädagogin oder Beschäftigungstherapeutin mit ihrem Kind demonstriert wird, **was** sie **wie** an ihr Kind heranzutragen haben. Selbst wenn die Kinder in kurzen Abständen betreut werden und die Fachkraft den Müttern klar machen kann, warum dieses Spiel und seine Beherrschung für die weitere Entwicklung ihres Kindes von Bedeutung ist, geht ein Teil der Anweisungen und Erklärungen bereits auf dem Heimweg (oder durch andere Ereignisse in einer kurzen darauffolgenden Zeitspanne) verloren. Und das ist verständlich, denn die nächste Stunde mit einem behinderten Kind kann sich jederzeit zu einem Abenteuer auswachsen. Die Reaktionsfähigkeit der Mutter und ihre Aufmerksamkeit wird dabei oft derartig beansprucht, daß notwendigerweise ihr Kurzzeitgedächtnis in Mitleidenschaft gezogen wird. Dadurch weist die mündliche Anweisung an die Mutter bereits Lücken auf bei deren Versuch, sie im Langzeitgedächtnis zu speichern. Diese Situation der Mütter sollte von den Fachleuten nachempfunden werden, und das Ergebnis sollte von ihnen nicht als Ausdruck einer „Gedächtnisschwäche" oder „mangelnden Verständnisses für die Situation ihres Kindes" seitens der Mütter interpretiert werden. Die Zusammenhänge sind verwickelter zu sehen.

Die Frage nach der Notwendigkeit der schriftlichen Fixierung eines Frühförderprogrammes möchte ich folgendermaßen beantworten: Es ist in dieser Arbeit unerläßlich, sich den Leistungsstand des behinderten Kindes zu vergegenwärtigen und darauf einen Plan aufzubauen. Um den Erfolg der eigenen Arbeit dann zu kontrollieren, müssen sowohl der Leistungsstand des Kindes als auch der Förderplan in irgendeiner Form festgelegt werden. Das kann einmal auf grafischem Wege (Entwicklungsprofil) bzw. auf verbalem Wege geschehen, indem der Plan mit der Mutter besprochen wird. Es erscheint mir aber besser zur Kontrolle der Effektivität der vorgeschlagenen Maßnahmen, sich schriftlich festzulegen und der Mutter dann ein Exemplar des Planes zu überlassen. Dadurch werden die eigenen Maßnahmen zwar angreifbar, aber es wird andererseits mit offenen Karten gespielt. Die Mütter werden nämlich dann in die Lage versetzt, als Partner zu reagieren. Die oben beschriebenen Schwierigkeiten belasten das Gleichgewicht zwischen den Gesprächspartnern Fachleute und Mütter. Die Mütter sind in dieser Situation eindeutig benachteiligt und fühlen sich durch ihr „Versagen" gedemütigt. Ihr ohnehin nur mühsam erhaltenes Selbstbewußtsein wird damit zusätzlich beeinträchtigt. Deshalb erscheint es mir optimal, wenn das Programm so aufgebaut und formuliert wird, daß die Eltern die dahinterstehenden Gedankengänge nachvollziehen können und dadurch in die Lage versetzt werden, die darin enthaltenen Angebote für ihr Kind selbst kritisch zu beurteilen. Erst wenn die Abhängigkeit vom Fachmann überwunden wird, indem man den Eltern die Möglichkeit gibt, seinen Gedankengängen auch zu folgen – erst dann wird sich eine echte Partnerschaft in der Sorge um das behinderte Kind entwickeln können. Vor übermäßiger Kritiksucht seitens der Eltern braucht man sich in dieser Situation nach meinen Erfahrungen nicht zu fürchten.

Die hier vorgestellte Methode zur Erstellung von Früherziehungsprogrammen ist für alle Behinderungsformen anwendbar. Es handelt sich zunächst dabei um die Erarbeitung eines Entwicklungsprofils. Hieraus ergibt sich das vom Programmgestalter individuelle zusammenstellbare Trainingsprogramm. Durch eine Ausweitung und weitere Differenzierung der Tabellen besteht die Möglichkeit, spezielle Vorschläge für die verschiedenartigen Behinderungsformen einzufügen und sie somit der schriftlichen Fixierung für den Früherzieher und für die Eltern zugänglich zu machen.

Da Kinder mit Down-Syndrom die größte Gruppe unserer Patienten bilden, wurden die Erfahrungen mit ihnen und ihren Eltern in einem Bericht zusammengefaßt. Bei unseren Patienten spielten Wahrnehmungsstörungen von unterschiedlichem Schweregrad eine erstaunliche Rolle. Deshalb waren wir gezwungen, diesem Phänomen unsere besondere Aufmerksamkeit zuzuwenden. Bei anderen Behinderungsformen rücken die Wahrnehmungsstörungen noch weit mehr in den Vordergrund. Ich hoffe, daß es mir in absehbarer Zeit gelingt, auch über diese Gruppe unserer Schützlinge einen Erfahrungsbericht zusammenzustellen und zu veröffentlichen.

August 1983

Dr. med. Gertrud Ohlmeier

Aufgaben der Frühförderung

Primäre und sekundäre Behinderungen

Die Frühförderung behinderter Kinder hat das Ziel, sekundäre Behinderungen zu vermeiden. Mit der ärztlichen Diagnose wird die primäre Behinderung des Kindes gekennzeichnet. Die Definition des Begriffes „Behinderung" beinhaltet, daß die Ursache der Beeinträchtigung mit therapeutischen Mitteln nicht beseitigt werden kann. Eine primäre Behinderung ist nicht nur vorübergehender Natur und entzieht sich der direkten ärztlichen Beeinflussung.

Etwas verallgemeinernd darf gesagt werden, daß die Behinderung ein Kind umso schwerer beeinträchtigt, je früher es von der Schädigung im Laufe seiner Entwicklung getroffen wird. Liegt sie bereits in der vorgeburtlichen Phase, so sprechen wir von einer „pränatalen" Schädigung. Hierher gehören die Embryopathien, wie sie durch eine Erkrankung der Mutter an Röteln oder Toxoplasmose hervorgerufen werden können. Aber auch toxische Einwirkungen durch Medikamente (Contergan) oder durch Alkohol- und Nikotinabusus können sich schädigend auf das im Mutterleib heranwachsende Kind auswirken.

Tritt eine Schädigung des Kindes im Zusammenhang mit der Geburt auf, so sprechen wir von einem „perinatalen" Geschehen. Damit ist der Zeitraum von der 28. Woche seines Embryonallebens bis zum 7. Tag nach seiner Geburt gemeint. Es ist unmittelbar einleuchtend, daß der Geburtsvorgang selbst zu einem Trauma für das Kind führen kann. Wird ein Kind nach seinem 7. Lebenstag von einer bleibenden Schädigung getroffen, so sprechen wir von einem „postnatalen" Geschehen.

Die ärztlichen Maßnahmen haben zum Ziel, die dem Kind verbliebenen motorischen bzw. sensorischen Fähigkeiten zu verbessern. Bei der Aktivierung der motorischen Fähigkeiten spielt seit dem Bekanntwerden der Arbeiten von Bobath und Vojta vor allem die krankengymnastische Behandlung der Kinder eine große Rolle. Betrifft die Behinderung die Sinnesorgane, so werden entsprechende fachärztliche Maßnahmen in die Wege geleitet.

Zu sekundären Behinderungen kann es bei einem Kind mit einer primären Schädigung dann kommen, wenn die Entfaltung der in ihm ruhenden Möglichkeiten in der sensomotorischen Stufe seiner Entwicklung gestört ist. Sinneswahrnehmung und Motorik bedingen einander, sie sind voneinander abhängig und werden deshalb als funktionelle Einheit aufgefaßt: sie bilden einen Regelkreis. In diesem Regelkreis werden Rückkoppelungen wirksam, die der Selbstregulierung dienen.

Wenn die Selbstregulierungsmechanismen bei einem Kind mit einer primären Behinderung nicht ausreichen, zeigt sich dies in seiner Sensomotorik. Mit Hilfe der sensomotorischen Funktionsdiagnostik können wir uns dann die Schwierigkeiten dieses Kindes sichtbar machen: sie werden für uns transparent.

Die sensomotorische Entwicklungsstufe bildet nach Piaget die Basis für die Entfaltung der kognitiven Fähigkeiten des Kindes: für die Entwicklung seiner Intelligenz. Aber auch das soziale Lernen hat hier seine Wurzeln. Der gesunde Säugling nimmt die angebotenen Kontakte aus seiner Umwelt mit seinen Sinnesorganen wahr und beantwortet sie mit seiner Körpersprache. Durch die Antwort auf dem Wege über seine Motorik löst das Kind bei seinem Partner und bei sich selbst erneut Sinneswahrnehmungen aus. Tritt nun in dieser sensomotorischen Phase der Entwicklung eine Störung auf, so kommt es zu sekundären Behinderungen im kognitiven und sozialen Lernen.

Der menschliche Säugling kommt nach Portmann als physiologische Frühgeburt zur Welt. Er bedarf einer Nachreifungsphase im sozialen Uterus der Familie. Während seines embryonalen Zustandes war das Kind vor den schädigenden Einflüssen seiner Außenwelt weitgehend abgeschirmt. Daß auch während dieser Zeit Gefährdungen auftreten können, wurde bereits erwähnt. Es ist jedoch bisher keine Möglichkeit bekannt, bereits während der Schwangerschaft einen positiven Einfluß auf die Entwicklung des Kindes auszuüben.

Eine solche Möglichkeit ergibt sich erst in der Phase der „Nachreifung". Mit seiner Geburt wird das Kind ja nicht nur den Gefährdungen durch seine Umwelt ausgesetzt, sondern hier besteht erstmalig eine Chance, durch behutsam ansetzende Maßnahmen im positiven Sinne auf die Entwicklung des Kindes einzuwirken. Die Plastizität des jungen kindlichen Gehirns gibt uns die Möglichkeit, die sensomotorische Phase in diesem Sinne zu nutzen. Durch die Maßnahmen der Frühförderung streben wir an, sekundäre Behinderungen im kognitiven und sozialen Lernen möglichst gar nicht erst entstehen zu lassen. Wenn sich dieses Ziel als zu hoch gegriffen erweist, geht unser Bemühen um die Eingrenzung der sekundären Behinderungen, damit die weitere Entwicklung des Kindes nicht völlig blockiert wird und in einer Sackgasse endet.

Wenn der sensomotorischen Stufe für die Entwicklung eines behinderten Kindes eine derart fundamentale Bedeutung zukommt, sollte seinen ersten Lebensjahren große Aufmerksamkeit geschenkt werden. Hier wird das

Fundament gelegt für sein „Gedeihen", wobei „Gedeihen" die Entfaltung der gesamten Sensomotorik als Basis für sein kognitives und psychosoziales Lernen umfaßt. Um diese mehrdimensionale Aufgabe lösen zu können, ist eine interdisziplinäre Team-Arbeit erforderlich. Am behinderten Säugling treffen sich Pädagogik, Psychologie und Pädiatrie.

Frühförderung bei Kindern mit Down-Syndrom Erfahrungsbericht

Vorbemerkung

In Verfolgung dieses gedanklichen Ansatzes schien es zwar gewagt, aber doch legitim, die charakteristischen Schwierigkeiten in der Entwicklung der Kinder mit Down-Syndrom als sekundäre Behinderung aufzufassen. Das Durchlaufen der sensomotorischen Stufe ist für diese Kinder ja deutlich verlangsamt.

Der anthroposophische Arzt Karl König verfügte über besonders umfangreiche Erfahrungen mit Down-Syndrom-Kindern. Er hat die Camphill-Gemeinschaften gegründet und seine Erfahrungen 1959 in einem Buch zusammengefaßt („Der Mongolismus", Hippokrates Verlag Stuttgart). Um die Schwierigkeiten dieser Kinder dem Leser zu verdeutlichen, verwendet König ein Gleichnis: durch die Entwicklungsverzögerung in der Statomotorik „erreicht der Zug eines Kindes mit Down-Syndrom den Bahnhof immer erst dann, wenn sein Anschlußzug bereits abgefahren ist." Wenn dieses Mißgeschick sich wiederholt, vergrößert sich der Entwicklungsrückstand laufend. Er nimmt schließlich ein Ausmaß an, das vom Schicksalsentwurf des Kindes her nicht zwangsläufig eintreten müßte.

Aus diesem Gleichnis spricht die Auffassung, daß das Ausmaß der geistigen Behinderung eines Kindes mit Down-Syndrom beeinflußbar ist. Im geschilderten Fall wird es negativ beeinflußt durch „Verpassen des Anschlußzuges". Wir wissen aber inzwischen, daß es auch positiv beeinflußbar ist. Wenn diese Kinder krankengymnastisch behandelt werden, läßt sich dadurch ihre Eigenaktivität steigern. Sie werden „wacher" und nehmen mehr Anteil am Geschehen in ihrer Umwelt. Das Leitsymptom, die Bindegewebsschwäche, läßt sich durch diese Behandlung zwar nicht beheben, aber die Kinder lernen, wie sie mit diesem Handicap besser fertig werden können. Diese Beobachtung wurde inzwischen allgemein bestätigt. Sie hat dazu geführt, daß die krankengymnastische Behandlung für Kinder mit Down-Syndrom von allen Kassen als abrechnungsfähig anerkannt wird.

Die außerordentlich breite Streuung in den intellektuellen Möglichkeiten dieser Kinder schien schon länger den Verdacht zu rechtfertigen, daß der überkommene Ausdruck „Mongoloide Idiotie" einer kritischen Überprüfung bedarf. Einmal deshalb, weil der „Mongolismus" mit der mongolischen Rasse nicht das Geringste zu tun hat und insofern irreführend ist. Zum anderen aber auch deshalb, weil es bei diesen Kindern keinesfalls zwangsläufig zu einer „Idiotie" kommen muß. Sicher läuft ihre intellektuelle Entwicklung anders als beim gesunden Kind und sicher ist ihre Abstraktionsfähigkeit eingeschränkt im Vergleich zum Gesunden. Aber „Idiotie" im Sinne von höchstem Schwachsinnsgrad und völliger Bildungsunfähigkeit ist hier nicht nur irreführend, sondern rundweg falsch. Deshalb wäre es gut, wenn diese Wortkombination nicht mehr verwendet werden würde – weder von Fachleuten, noch von Laien. Es erscheint vielmehr angebracht, behutsamer und differenzierter vorzugehen und mit einer Etikettierung der intellektuellen Fähigkeiten dieser Kinder äußerst zurückhaltend zu sein. Wir wissen noch nicht, bis zu welchem Niveau ein Kind mit Down-Syndrom vordringen kann, wenn es gelingt, alle in ihm ruhenden Möglichkeiten zur optimalen Entfaltung zu bringen. Seit Versuche mit gezielten Förderungsprogrammen unternommen wurden, können wir nachweisen, daß etliche Kinder mit Down-Syndrom sich bis zu ihrem dritten Lebensjahr in ihrem Entwicklungsniveau im Bereich der unteren Normgrenze halten können.

Geschichtlicher Rückblick

Ein kurzer Rückblick in die Geschichte soll dem Leser aufzeigen, was sich hinter diesem Erscheinungsbild verbirgt.

Schon 1846 hat Seguin in Paris eine Gruppe von Kindern beschrieben, denen in ihrem Äußeren und in ihrem Wesen so viel Gemeinsames anhaftete, daß er sie als Syndrom zusammenfaßte und eine gemeinsame Ursache vermutete. 1866 wurden dann von dem englischen Arzt Langdon Down eine Arbeit über Kinder veröffentlicht, die er als „typische Mongolen" bezeichnete und bei denen eine geistige Behinderung festzustellen war. Er war der Erste, der Überlegungen darüber anstellte, welche Maßnahmen hier hilfreich eingesetzt werden könnten und wie man vielleicht durch systematisches Training an das Problem herankäme.

Im darauffolgenden Jahrhundert ist viel gerätselt worden, wo die Ursache dieses Syndroms zu suchen sei. Es fiel immer wieder auf, daß die Kinder mit Down-Syndrom bei aller individuellen Verschiedenartigkeit doch so viele Gemeinsamkeiten aufweisen, als würden sie alle einer Großfamilie angehören. Diese Beobachtung veranlaßte 1932 den Augenarzt Waardenberg, die Cytologen zu Untersuchungen anzuregen, um die Frage der „Chromosomenaberration" zu klären. Er hatte den Verdacht geschöpft, daß hier bei der Teilung der Kernschleifen vielleicht ein Mißgeschick passiert sei, eine Unregelmäßigkeit: eine „Aberration". 1959 konnte dieser Verdacht von verschiedenen Forschergruppen bestätigt werden: Sie kamen unabhängig voneinander zu dem Ergebnis, daß bei der überwältigenden Mehrzahl von Kindern mit Down-Syndrom eine reguläre Trisomie 21 vorliegt.

Der Begriff „Trisomie 21" bedarf einer Erläuterung. Er kommt im Umgang mit Down-Syndrom-Kindern so häufig vor, daß man wissen sollte, was er beinhaltet. Zur Erklärung werden im folgenden die Arbeiten von Schmid: „Das Mongolismus-Syndrom" (Verlag Hansen und Hansen, 1976) und Wunderlich: „Das mongoloide Kind" (Verlag Ferdinand Enke, 1976) herangezogen.

Jede Zelle besteht aus einem Zelleib und einem Zellkern. In dem Zellkern befinden sich sogenannte Kernschleifen. Sie haben eine bandförmige Gestalt und lassen sich mit besonderen Methoden gut färben. Deshalb nannten die Wissenschaftler sie: **Chromosomen** (griech. chroma = Farbe, chromosom = färbbare Körperchen). Diese Chromosomen sind als Träger der Erbmasse für die jeweilige Art anzusehen. Sie haben eine spezifische Struktur und sind paarig angelegt. Ihre Anzahl und ihre Form ist in jeder Zelle eines Lebewesens die gleiche. Der Mensch hat in jedem Zellkern 46 Chromosomen – also 23 Chromosomenpaare. Damit die Wissenschaftler sich untereinander verständigen konnten, haben sie diese 23 Paare in 7 Gruppen unterteilt: A – G. Außerdem haben sie die Chromosomenpaare nach ihrer Form geordnet und mit Nummern versehen.

Etwa im 4. Schwangerschaftsmonat wird beim heranwachsenden Embryo eine Gruppe von Zellen zunächst nicht weiter ausdifferenziert: es sind diejenigen Zellen, die der späteren Fortpflanzung des sich entwickelnden Kindes dienen sollen – also die späteren Ei- und Samenzellen. Sie ruhen bis zur Geschlechtsreife im Körper, und es wird von manchen Autoren angenommen, daß sie in diesem Zeitraum eine „sensible Phase" für schädigende Außenfaktoren durchlaufen. Wenn eine solche Ei-Mutterzelle (Oogonium) oder Samen-Mutterzelle (Spermatogonium) sich zur geschlechtsreifen Ei- bzw. Samenzelle entwickeln soll, entsteht folgendes Problem: In dem Kern dieser Mutterzellen liegt der volle Chromosomensatz von 46 vor. Beim Verschmelzen von einer Eizelle mit einer Samenzelle würde also ein Lebewesen mit 92 Kernschleifen in seinen Zellkernen entstehen. In der geschlechtsreifen Ei- und Samenzelle dürfen deshalb nur jeweils 23 Chromosomen vorhanden sein, damit die genetische Information dieser Art erhalten bleibt. Da alle Chromosomen paarig angelegt sind, werden sie vor der Reifung der Geschlechtszellen durch einen komplizierten Vorgang in der Weise getrennt, daß sich jeweils nur 1 Satz der Chromosomen in der reifen Ei- bzw. Samenzelle befindet. Dieser Vorgang wird auch als „Reifeteilung" oder „Reduktionsteilung" bezeichnet, weil hierbei die Zahl der Kernschleifen auf die Hälfte reduziert wird.

Bei der Reduktionsteilung nun kann es zu dem Mißgeschick kommen, daß ein Kernschleifenpaar sich nicht ordnungsgemäß trennt. Dadurch befinden sich dann in einer Ei- oder Samenzelle entweder 22 Chromosomen oder aber 24 Chromosomen. Wenn es bei solchen Zellen zu einer Befruchtung kommt, ist diese Frucht im allgemeinen nicht lebensfähig: das befruchtete Ei wird abgestoßen, es kommt zu einer Fehlgeburt.

Untersuchungen an Fehlgeburten haben gezeigt, daß Unregelmäßigkeiten in der Chromosomenzahl relativ häufig die Ursache für das Nichtaustragen des befruchteten Eies sind. Diese nicht ordnungsgemäße Trennung eines Kernschleifenpaares bei der Reduktionsteilung nennt man unter Fachleuten „Non-Disjunktion" (Nicht-Trennung).

Es gibt jedoch einige Formen von „Non-Disjunktion", die mit dem Leben vereinbar sind: zu ihnen gehört die „Trisomie 21". „Trisomie" bedeutet, daß 3 der betreffenden Chromosomen in jeder Körperzelle vorhanden sind. „Monosomie 21" würde entsprechend bedeuten, daß nur 1 Chromosom 21 vorhanden ist. Im allgemeinen scheinen die Kinder mit nur einem Chromosom 21 nicht lebensfähig zu sein. In der Weltliteratur sind nur 2 Fälle mit dieser Chromosomenabweichung bekannt. Dem Bild des Down-Syndroms liegt in 98 % der Fälle eine Trisomie 21 zugrunde. Diese Form ist nicht erblich, und deshalb ist es nicht nur irreführend, sondern für 98 % der Kinder falsch, wenn in Zeitschriften und Massenmedien immer wieder auf die Erblichkeit des Down-Syndroms hingewiesen wird. Bei nur 2 von 100 Kindern mit Down-Syndrom ist eine erbliche Komponente nachweisbar. Das gilt für die sogenannte Translokation und für die Mosaikstruktur.

Bei der Translokation handelt es sich – stark vereinfacht dargestellt – darum, daß bei der Reduktionsteilung ein Chromosom 21 zerbrochen ist und sozusagen „an verkehrter Stelle wieder anwächst". Ist dieses Fragment groß genug, um die genetische Information der Zelle mitzubestimmen, so kommt es zum Bild des Down-Syndroms. Ist dieses Fragment zu klein, um auf den genetischen Code einwirken zu können, so bleibt der Träger einer solchen Translokation phänotypisch gesund. Dieser Träger hat natürlich keine Ahnung, welche dramatischen Vorgänge sich einmal in dem Kern seiner Ursprungszellen abgespielt haben. Es ist bis dahin keine von seinen Geschlechtszellen mit diesem Merkmal zur Befruchtung gekommen und ausgetragen worden. Wir wissen nicht, wie oft das Bild einer Translokation beim Menschen tatsächlich vorkommt, weil es darüber keine Reihenuntersuchungen gibt. Wenn nun eine Eizelle mit einer Translokation des Chromosoms 21 befruchtet wird oder eine Samenzelle mit diesem genetischen Merkmal zur Befruchtung kommt, kann dies zur Geburt eines Kindes mit Down-Syndrom führen.

Anders liegen die Verhältnisse bei der sogenannten Mosaikstruktur. Hier weisen nur einige Zellstämme eine Trisomie 21 auf und die übrigen sind davon verschont geblieben. Dieses Mißgeschick muß sich ereignet haben, nachdem die Eizelle bereits befruchtet wurde und nun die regulären Zellteilungen begannen, die dem Wachstum der Frucht dienen. Man kann bis heute noch nicht sagen, von welchem Prozentsatz ab Zellen mit einer genetischen Information eines zusätzlichen Chromosoms 21 so viel Durchsetzungsvermögen haben, daß der Selbstregulationsmechanismus im genetischen Code nicht mehr ausreicht und sie das Bild eines Down-Syndroms bewirken können. Solange der übrige genetische Code eines Menschen diese Information unterdrücken kann, erscheint er nach außen hin (phänotypisch) gesund. Wird jedoch eine Eizelle befruchtet, so kann diese Information unter bestimmten Umständen zum Tragen kommen: das Neugeborene bietet dann das Bild eines Down-Syndroms. Die Eltern eines solchen Kindes stehen in diesem Fall nicht nur vor dem Problem, ein behindertes Kind in ihrer Familie zu haben und den damit verbundenen schwierigen Erziehungsauftrag zu akzeptieren, sondern dieser Schock wird noch potenziert durch Schuldgefühle. Sie stellen sich unweigerlich bei der Diagnose der Erblichkeit dieser Form von Behinderung ein. Von „Schuld" kann jedoch überhaupt nicht die Rede sein, denn keiner von uns ist genau über seine Erbmasse informiert, und keiner von uns hat auf sie Einfluß. Von Bedeutung ist diese Tatsache nur dann, wenn die Eltern noch weitere Kinderwünsche haben und die Genetiker ihnen nach entsprechenden Untersuchungen mit den Mitteln der Wahrscheinlichkeitsrechnung darlegen können, wie groß ihre Chancen sind, ein gesundes Kind zu bekommen.

Zusammenfassend ist festzustellen, daß beim Down-Syndrom in 98 % der Fälle die nicht erbliche Form einer Trisomie 21 vorliegt und nur in Ausnahmefällen eine erbliche Komponente hineinspielt. Der Träger einer solchen Komponente kann praktisch jeder von uns sein: er ist phänotypisch gesund und kann für seine Erbmasse nicht verantwortlich gemacht werden, weil er keinen Einfluß darauf hat.

Die Reaktionen seiner Mitmenschen laufen jedoch beinahe reflektorisch in eine andere Richtung: ist eine Krankheit erbbedingt, so muß irgendwo eine Schuld liegen. Sie wird gesucht, und wo gesucht wird, findet sich auch etwas. Damit fühlt man sich dann auch berechtigt, in therapeutischer Hinsicht weitgehend zu resignieren. Dieser Einstellung begegnen die Eltern von Kindern mit Down-Syndrom derartig oft, daß sie mit der Zeit ein sehr feines Gespür dafür bekommen, mit welcher inneren Haltung ihr Gesprächspartner ihnen gegenübertritt. Sie entwickeln eine Allergie gegen Menschen, die mit pharisäerhafter Überheblichkeit in ihrem tiefsten Innern überzeugt sind, daß ihnen „so etwas" nie passieren könnte. Erst wenn diese Einstellung überwunden worden ist, eröffnet sich für den Betreuer die Möglichkeit, Zugang zu den Eltern dieser Kinder zu finden.

Es wurde dargelegt, welche Abweichungen dem Bild des Down-Syndroms zugrunde liegen. Damit bleibt die Frage aber noch unbeantwortet, warum und unter welchen Umständen es zu einem solchen Mißgeschick kommen kann. Wie immer, wenn man nichts Sicheres weiß, gibt es hier zahlreiche Vermutungen. Und diese laufen entsprechend unserem Zeitgeist darauf hinaus, die „Persönlichkeitsstruktur der Eltern" dafür verantwortlich zu machen. Auch König hat sich in seinem Buch zu diesem Fragenkomplex geäußert. Ihm war im Umgang mit Down-Syndrom-Kindern und ihren Eltern aufgefallen, daß die Mütter ganz besonders warmherzige, mütterliche Naturen waren. Er stellte die Frage zur Diskussion, ob in dieser Wesensart der Frauen vielleicht die Ursache zu suchen sei, die zur Geburt eines Kindes mit Down-Syndrom führt: Ob ihre besonders ausgeprägte Mütterlichkeit sie vielleicht dazu disponiere, ein Kind mit Down-Syndrom zu empfangen und auszutragen.

Nach vielen Gesprächen mit den Müttern und jahrelangen Beobachtungen neigen wir zu einer anderen Auffassung: Die Kinder mit Down-Syndrom haben zahlreiche Eigenschaften, die die spezifisch mütterlichen Züge bei einer Frau stark ansprechen und zur vollen Entfaltung bringen. Das Kind ruft seinerseits durch sein Wesen eine Veränderung bei seiner Mutter hervor: ihre Mütterlichkeit kommt durch dieses Kind zur vollen Blüte.

Anmerkung

Ganz allgemein soll an dieser Stelle betont werden, daß das innere Verhältnis zwischen Eltern und Kindern von den meisten Fachleuten noch zu statisch gesehen wird. Es handelt sich um einen Prozeß von großer Dynamik, in dem beide – Eltern und Kind – sowohl aktiv als auch passiv sind: sie verändern den Partner und werden gleichzeitig verändert. Hier sollte das lineare Denken aufgegeben werden zugunsten von einem Denken in Regelkreisen.

Die Beobachtung, daß das Alter der Mutter beim Zustandekommen der „Non-Disjunktion" eine Rolle spielt, bestätigt sich immer wieder. Es wäre denkbar, daß äußere Einflüsse während der „sensiblen Phase" vor der Reifung der Eizelle eine Einbuße an Vitalität bei den Ei-Mutterzellen hervorrufen.

Manche Autoren äußern die Befürchtung, daß die Zahl der Kinder mit Down-Syndrom zunimmt. Genaue Untersuchungen stoßen jedoch deshalb auf Schwierigkeiten, weil es eine Meldepflicht nicht gibt. Der Eindruck könnte dadurch entstehen, daß eine neue Elterngeneration heranwächst, die den Mut hat, ihr behindertes Kind mit in die Öffentlichkeit zu nehmen. Wenn aber tatsächlich eine Zunahme der Kinder mit Down-Syndrom zu verzeichnen wäre, müßte man sich wohl zunächst einmal fragen, ob der Ausbau der Schwangerschaftsfürsorge hier nicht eine Rolle spielt: wo die Lebensbedingungen der schwangeren Frau verbessert werden, wo um jedes keimende Leben gerungen wird, kommt es naturgemäß auch häufiger zum Austragen von behinderten Kindern. Bei ungünstigeren Umweltbedingungen wäre dieses Kind unter Umständen gar nicht lebend zur Welt gekommen. Dieser Gedanke hat lediglich hypothetischen Charakter und sollte nicht etwa so verstanden werden, daß der Schwangerschaftsfürsorge hier eine „Schuld" angelastet werden soll. Aber bevor so unbestimmbare Faktoren, wie „unsere Zivilisation" oder „ionisierende Strahlen" ins Feld geführt werden, sollte man bedenken, daß es keine noch so vernünftige menschliche Maßnahme gibt, die nicht auch eine Kehrseite hätte. Und mit dieser Kehrseite haben wir uns dann in menschlicher Art und Weise auseinanderzusetzen. Diese Kinder und ihre Eltern sind es, die einen hohen Preis für die Weiterentwicklung der Menschheit zahlen: denn je weiter diese voranschreitet, umso mehr Gefahren einer Fehlentwicklung im Einzelfall sind damit auch gegeben. Von ihr kann jeder von uns betroffen werden – direkt als Individuum oder indirekt als Eltern eines behinderten Kindes.

Besonderheiten in der Entwicklung des Sozialverhaltens

Das Wesen der Kinder mit Down-Syndrom weist einige charakteristische Eigentümlichkeiten auf, die für die schwergeprüften Eltern nach Überwindung des ersten Schocks eine Quelle tiefer Freude werden können. Auf diese Eigentümlichkeiten soll hier noch etwas näher eingegangen werden, weil sie für die Eltern die Möglichkeit in sich bergen, in ihnen schlummernde Kräfte zu entfalten, die ohne die Geburt dieses Kindes wohl kaum geweckt worden wären.

Im folgenden werden die Charakteristika geschildert, die in den Gesprächen mit den Eltern immer wieder auftauchen und sich deshalb zu einem „typischen Bild" zusammengefügt haben. Die Entwicklung kann jedoch im Einzelfall durchaus anders verlaufen – wie ja auch im körperlichen Bereich die Kombination der Symptome außerordentlich vielgestaltig sein kann.

Der Säugling mit Down-Syndrom ist überwiegend ein ruhiges Kind, das oft nicht einmal dann weint, wenn es eigentlich Hunger haben müßte. Es ist kontaktbereit, und die Eltern finden Zugang zu ihm, weil es zurücklächelt und dankbar ist für ihre Zuwendung. Dies geschieht meistens mit nur geringfügiger Verspätung. Das freudige Krähen beim Anblick der Eltern sowie auch das Entgegenstrecken der Ärmchen wird allerdings lange Zeit schmerzlich vermißt. Auch protestiert das Kind nicht durch Weinen, wenn eine Beschäftigung mit ihm plötzlich unterbrochen werden muß: es nimmt derartige Zwischenfälle mit erstaunlicher Gelassenheit hin.

Etwa mit einem Jahr pflegt sich bei einem gut geförderten Kind mit Down-Syndrom dann eine Änderung in seinem Wesen anzubahnen: es überwindet seine vorwiegend passive Haltung, die es im Säuglingsalter kennzeichnete – es wird aktiver. Es stellt von sich aus Kontakte zu den Personen seiner näheren Umgebung her und entwickelt hierbei einen ganz spezifischen Charme, dem sich kaum jemand entziehen kann, der sich etwas eingehender mit ihm beschäftigt. Es ist dann auch nicht mehr anspruchslos, sondern fordert recht energisch „sein Recht". Es erwidert jetzt aktiv Zärtlichkeiten, kann vom Schmusen und „Knuddeln" oft gar nicht genug bekommen und fordert seine Umgebung durch seinen weichen Körper mit den überstreckbaren Gelenken zum Herumbalgen und fröhlichen „Toben" förmlich heraus. Seine unbeschwerte Heiterkeit, seine unschuldige Art, die Gegenwart nach Herzenslust zu genießen, wirkt ansteckend: es wird zum „Sonnenschein" der Familie.

Mit zunehmender Eroberung seiner Umwelt entwickelt das Kind mit Down-Syndrom dann im Laufe des 2. Lebensjahres oft eine erstaunliche Nachahmungsfähigkeit, die sich pädagogisch gut nutzen läßt. Auch seine Liebe zur Musik, besonders wenn sie rhythmisch betont ist, kann man gut in die Frühförderung mit einbeziehen. Zuweilen entwickelt es geradezu raffiniert anmutende Methoden, wenn es darum geht, die ihm von den Eltern gesteckten Grenzen auszuweiten. Und es zeigt „Charakter": wenn sein Widerstand erst einmal herausgefordert wurde, beißt man bei ihm auf Granit. Es hat die besseren Nerven, es ist nicht zu bestechen, es ist nicht „manipulierbar".

Erstaunlich empfänglich sind Kinder mit Down-Syndrom für kleine Späße, sie zeigen Sinn für das Komische an einer Situation. Zuweilen entwickeln sie sogar so etwas wie „Witz", und es ist ihnen eine gewisse „Bauernschlauheit" eigen: sie finden mit schlafwandlerischer Sicherheit die Methode zur Lösung eines Problems heraus, die ihrer Bequemlichkeit am meisten entgegenkommt. Sie können die besseren Leistungen Anderer neidlos anerkennen und zeigen kaum je Mißgunst. Ein Übervorteilen Anderer ist ihrem Wesen fremd.

Es sind liebenswerte Kinder und ihre Eltern sind überrascht und beglückt von der Entfaltung dieser kleinen Menschenwesen. In den Eltern selbst vollzieht sich hierbei ein Wandel: sie lernen an diesem Kind, daß die heute herrschende Überbewertung des kognitiven Lernens einer kritischen Betrachtung unterzogen werden sollte. Sie erleben es täglich an ihrem Kind, daß dem sozialen Lernen mindestens die gleiche Bedeutung zukommt.

Bei diesen angenehmen Wesenszügen der Kinder mit Down-Syndrom, die man vielleicht mit dem Begriff „Großmut" am besten umreißen könnte, ist es dann zuweilen erstaunlich, daß sie auf die Geburt eines jüngeren Geschwisters mit heftiger Eifersucht reagieren können. Sie sind offenbar so sehr auf die besondere Zuwendung ihrer Eltern angewiesen, daß sie sich in ihrer Existenz bedroht fühlen, sobald ihnen hier eine Schmälerung auch nur möglich erscheint.

In zahlreichen Elterngesprächen wurde immer wieder zum Ausdruck gebracht, daß die Eltern ihr Kind nicht als „krank" empfinden können. Selbst wenn eine zusätzliche Beeinträchtigung – wie etwa ein Herzfehler oder ein Augenfehler vorliegt – fällt es den Eltern schwer, ihr Kind als „gestört" zu empfinden. Es lebt so in Harmonie und in Übereinstimmung mit seinen eigenen Gesetzen, daß die Definition „Krankheit" im Sinne eines Defektes einfach nicht auf das Kind zuzutreffen scheint.

Sie befinden sich hier in Übereinstimmung mit dem jetzigen Leiter der Camphill-Gemeinschaft in Schottland, dem Pädagogen Thomas J. Weihs. Er ist der Nachfolger von Karl König, der inzwischen verstorben ist. In seinem Buch: „Das entwicklungsgestörte Kind" (Verlag Freies Geistesleben, 1980 in deutscher Sprache erschienen) bezeichnet auch er den Menschen mit Down-Syndrom nicht als krank in dem Sinne, daß hier ein Defekt vorläge, sondern er sieht in ihm eine „andere Art des Menschseins". Diese andere Art: ausgestattet mit nur geringen intellektuellen Fähigkeiten, aber mit überströmender Liebe und Vertrauen, bleibt ihr Leben lang außerordentlich verletzlich und auf unsere Hilfe angewiesen. Und eben mit dieser anderen Art des Menschseins ruft das Kind mit Down-Syndrom in seiner Umwelt erstaunliche Reaktionen hervor: eine andere Seite unseres Wesens wird angerührt und kommt zur Entfaltung. Das Kind selbst kann auf Grund seiner inneren Harmonie und Ausgeglichenheit mit zunehmender Entwicklung zu einem echten Helfer in einer Gruppe werden. Ihm gelingt es zuweilen sogar, die Isolation eines „Autisten" aufzulösen, während den gesunden Helfern der Zugang zu ihm verwehrt ist.

Diese beglückenden Wesenszüge entwickeln natürlich nicht alle Kinder mit Down-Syndrom. Hier gibt es breite Streuungen. Sie können bei einem Erziehungsstil, der ihrem Wesen nicht angemessen ist und ihre Eigenarten nicht berücksichtigt, ein recht schwieriges Verhalten an den Tag legen. Aber sie können auch aus ihrer Veranlagung heraus „schwierig" sein, so daß die Eltern bei allem pädagogischen Geschick vor großen Problemen stehen und Hilfe brauchen. Bei dem größten Anteil unserer Patienten verlief die Entwicklung jedoch in der beschriebenen beglückenden Weise. Wenn wir für ihre Eigenheiten offen sind, können wir „Gesunden" viel von ihnen lernen.

Besonderheiten in der sensomotorischen Entwicklung

Es wurde bereits erwähnt, daß eine Bindegewebsschwäche als Leitsymptom für das Down-Syndrom anzusehen ist. Allerdings findet sie sich zuweilen nur schwach ausgeprägt und springt nicht in jedem Fall in die Augen. Es gibt Fälle, bei denen sie sich auf den Schultergürtel beschränkt und andere, bei denen der Beckengürtel deutlicher befallen ist. Nach Schmid (Aschaffenburg) gibt es kein obligates Symptom, an dem man die Diagnose Down-Syndrom ablesen könnte – selbst die Chromosomenanalyse läßt uns in einigen seltenen Fällen im Stich. Dagegen gibt es über 200 fakultative Einzelsymptome mit unterschiedlich hoher Penetranz, die in ihrer Kombination dann das charakteristische Bild ergeben. Oft ist es schon dem Laien möglich, die Diagnose auf Anhieb zu stellen und andererseits gerät zuweilen auch der Fachmann hierbei in Verlegenheit. Als Ausdruck der Bindegewebsschwäche ist eine Überstreckbarkeit der Gelenke festzustellen. Meistens ist sie verbunden mit einer Hypotonie der Muskulatur.

Ein Phänomen scheint es zunächst zu sein, daß trotz aller Gemeinsamkeiten jedes Kind mit Down-Syndrom seine eigene individuelle Note in seinem Entwicklungsprofil aufweist. Aber diese Kinder haben ja nicht nur eine Trisomie 21, sondern noch weitere 22 Chromosomenpaare mit den genetischen Informationen ihrer Eltern in ihren Zellkernen.

1. Körperkontrolle

Das Entwicklungsprofil von Kindern mit Down-Syndrom weist einige charakteristische Besonderheiten auf. Ihre Hauptschwierigkeit pflegt in der Körperkontrolle und in der Sprachentwicklung zu liegen. In der Körperkontrolle führt die Bindegewebsschwäche und die Hypotonie ihrer Muskulatur im Säuglingsalter zu einer Verzögerung in der statomotorischen Entwicklung. Die Kopfkontrolle, das selbständige Aufsetzen, das Kriechen und das Krabbeln werden verspätet erlernt. Besondere Probleme entstehen schließlich bei der Beherrschung des Gleichgewichts. Schon im frühen Säuglingsalter setzt deshalb die systematische Förderung durch die Krankengymnastik ein, um dem Kind zu zeigen, wie es diese Schwierigkeiten am besten meistert. Bei Kindern mit Down-Syndrom haben wir zuweilen gute Erfolge gesehen, wenn die Methode von Bobath mit der von Vojta kombiniert wurde.

Unter der krankengymnastischen Betreuung kann es in den meisten Fällen erreicht werden, daß ein Kind mit Down-Syndrom um das 2. Lebensjahr herum das freie Laufen erlernt. Wenn diese Hürde genommen ist, steht es bald vor neuen Problemen: Das Hüpfen sowie Springen ist ihm noch lange

Zeit nicht möglich. Wenn es einmal „rennen" möchte, kommt es lediglich zu einer Beschleunigung seiner Gangart: es kann sich nicht federnd vom Boden lösen, wie dies ja beim Laufen erforderlich ist. Da die krankengymnastische Betreuung meistens beendet wird, sobald das Kind mit Down-Syndrom selbständig laufen kann, und da das Kind zu diesem Zeitpunkt auch oft eine Behandlungsmüdigkeit an den Tag legt, wäre es nunmehr sinnvoll, hier mit rhythmischen Übungen eine weitere körperliche Ertüchtigung anzustreben. Die Freude dieser Kinder an rhythmisch betonter Musik könnte hierfür genutzt werden. Leider gibt es bisher noch kaum eine Möglichkeit zu ihrer weiteren Förderung auf dem Wege der Einzelbetreuung. Aber gruppenfähig sind Kinder mit Down-Syndrom im Alter von 2 Jahren nun einmal noch nicht. Mancherorts scheint dieses Problem erkannt worden zu sein, und es gibt Bestrebungen, die Lücke im Sinne der Psychomotorik auszufüllen (Universität Oldenburg). Es bleibt abzuwarten, ob das angestrebte Ziel auf diesem Wege zu erreichen ist.

2. Sprache

Auch im sprachlichen Bereich ist eine charakteristische Entwicklungsverzögerung bei einem Kind mit Down-Syndrom zu verzeichnen. Die Hypotonie der Muskulatur wirkt sich hier auch auf die Feinmotorik der Sprachwerkzeuge aus: der Unterkiefer sinkt schlaff herunter, sobald das Kind sich aktiv aufsetzen kann, und seine Zunge ruht dann auf der Unterlippe. Sie ist schlaff, aber nicht immer vergrößert. Es hat sie nicht genügend unter Kontrolle, um den Breilöffel gut abzulecken, und wenn es versucht, aus einer gehaltenen Tasse zu trinken, kann es seine Lippen nicht der Tassenform anpassen: es „schlabbert" viel und lange. Die Zahnung setzt verspätet ein und verläuft atypisch. Dem Kauen fester Nahrung setzt es passiven Widerstand entgegen, so daß die entsprechenden Muskelgruppen keinem physiologischen Eigentraining unterzogen werden: sie bleiben so schlaff und unkontrolliert, wie wir es in der Grobmotorik zu sehen gewohnt waren, solange das Kind nicht durch Krankengymnastik zu Aktivitäten angeregt wurde. Die sprachliche Äußerung ist primär durch diese Funktionsschwäche der Sprachmuskeln behindert. Die Lautäußerungen wie spontanes Quietschen, Kichern und Lachen sowie das Lallen fallen deshalb nur dürftig aus. Durch die verspätete Zahnung und den Widerstand gegen das Kauen entfällt das physiologische Eigentraining der Sprachwerkzeuge, so daß eine sekundäre Behinderung sich anbahnt.

3. Akustische Wahrnehmung – Hören

Die akustische Wahrnehmung zeigt im Säuglingsalter einige Besonderheiten, die sich ihrerseits wieder auf die Sprachentwicklung verzögernd auswirken. Die Reaktionen des Kindes auf Töne und Geräusche sind erstaunlich lange situationsgebunden, d.h. solange seine Aufmerksamkeit durch intensive Auseinandersetzung mit der Umwelt im optischen Bereich beansprucht ist, reagiert es nur zögernd oder auch überhaupt nicht auf akustische Eindrücke. Erst wenn es dem Partner gelingt, die Aufmerksamkeit des Kindes zu erregen, kann er feststellen, daß das Kind mit Down-Syndrom über den akustischen Kanal durchaus erreichbar ist. Meistens wird diese Phase im Laufe des zweiten Lebensjahres spontan überwunden, und damit ist dann der Weg frei für den Erwerb eines passiven Wortschatzes (Begriffsbildung). Dieser wiederum ist jedoch abhängig davon, wie intensiv sich das Kind bereits mit seiner näheren und weiteren Umgebung handelnd auseinandergesetzt hat (Handgeschick und Körperkontrolle). In der Mehrzahl der Fälle ist es dem Kind schließlich möglich, bis zum 3. Lebensjahr einen nahezu altersgemäßen passiven Wortschatz zu erwerben: es ist auf verbalem Wege erreichbar und reagiert situationsgerecht (wenn es will!).

In einigen Fällen bleibt das „Abschalten" im Bereich der akustischen Wahrnehmung aber allzulange bestehen, so daß die Begriffsbildung als eine der Voraussetzungen für die sprachliche Äußerung behindert wird. In seltenen, schweren Fällen kann diese Eigenart solche Ausmaße annehmen, daß man von Wahrnehmungsstörungen sprechen muß. Dann ist die Kommunikation mit dem Kind auf verbalem Wege durch Reizblockierung zunächst überhaupt nicht möglich und später durch Reizhunger bzw. Reizüberflutung erheblich gestört. Dieses Bild wirkt sich sowohl auf das kognitive als auch auf das soziale Lernen negativ aus. Letzteres ist hierbei besonders betroffen.

Einblendung: Wahrnehmungsstörungen

Die Begriffe „Reizblockierung, Reizhunger und Reizüberflutung" sollen hier erklärt werden, da sie in den weiteren Ausführungen noch mehrfach verwendet werden. Sie sind aus unserer praktischen Arbeit mit jungen behinderten Kindern entstanden und haben sich zu einem Denkmodell zusammengefügt. Dieses Modell hat uns in vielen Fällen geholfen, die ungereimten Verhaltensweisen der betroffenen Kinder besser zu verstehen.

Es handelt sich bei den Wahrnehmungsstörungen einmal um das Problem des Erkennens und Wiedererkennens unserer Sinneseindrücke auf dem Wege über das Gehirn. Das hört sich einfach an und ist unmittelbar einleuchtend. Schwierig wird die Sachlage erst dadurch, daß während der Verarbeitung der Wahrnehmungen diese von Zentren unterhalb der Großhirnrinde bereits nach ihrer Wichtigkeit für die augenblickliche Situation sortiert werden. Das bedeutet, daß ein Teil unserer Wahrnehmungen von vornherein unterdrückt wird und nur eine „interessante Auswahl" in dem Bewußtsein des Gesunden landet. An einem Beispiel aus der Akustik soll im Folgenden versucht werden, die Situation des wahrnehmungsgestörten Kindes deutlich zu machen.

Wir stellen uns einen Kreis junger Menschen vor, die sich lebhaft miteinander unterhalten. Einer von ihnen stellt unbemerkt ein Tonbandgerät an. Nach einer Weile läßt er die Aufnahme im Hintergrund ablaufen. Welche Reaktionen sind zu erwarten?

Phase 1: Reizblockierung

Es wird vermutlich eine Weile dauern, bis der Freundeskreis überhaupt merkt, daß die Unterhaltung als Aufnahme im Hintergrund wiedergegeben wird. Sie wird lediglich als „allgemeines Hintergrundsgebrabbel" wahrgenommen, und daran verschwendet man seine Aufmerksamkeit nicht. Diese Phase kann auch mit dem Wort „Reizblockierung" umschrieben werden, weil hier der Sinnesreiz gegeben ist, aber dieser nicht bis zum Bewußtsein des Menschen vordringt: er wird nicht wahrgenommen.

Phase 2: Reizhunger

Erst wenn im Ablauf der Wiedergabe einer der Partner seine Stimme zu einer besonders markanten Formulierung erhebt oder auch plötzlich hell auflacht, wird sich die Aufmerksamkeit des Freundeskreises der Wiedergabe ihres Gespräches über das Tonband zuwenden. Durch angespanntes Lauschen wird jetzt jeder Teilnehmer bemüht sein, einige Fetzen der Gesprächswiedergabe zu erhaschen. Interessanterweise richten sich seine Bemühungen in erster Linie auf die Wiedergabe der eigenen Unterhaltung, weil man hier zu ihrer Rekonstruktion die Erinnerung zur Hilfe nehmen kann. Dies geschieht sozusagen „von selbst". Diejenigen Wahrnehmungsinseln, die wir mit unserer Erinnerung verknüpfen können, lassen sich leichter zu einem Bild von der Gesamtsituation zusammenfügen. Diese Phase wird mit „Reizhunger" bezeichnet.

Phase 3: Reizüberflutung

Es bedarf einer bewußten Anstrengung und zusätzlicher Konzentration, wenn man die Unterhaltung der übrigen Gesprächsteilnehmer heraushören möchte. Hier fehlt einem die Erinnerung, so daß man bei der Wiedergabe ausschließlich auf die akustische Wahrnehmung angewiesen ist – und das erweist sich als schwierig. Bei dieser angespannten Tätigkeit des Lauschens fühlt man sich nämlich gestört durch die vielen „Nebengeräusche". Es könnte sich daraus eine Debatte entwickeln, die die technische Qualität der Aufnahme in Zweifel zieht. Einige Teilnehmer werden ihr Erstaunen ausdrücken, daß man sich bei soviel „Krach" überhaupt unterhalten konnte und möglicherweise sogar ein sehr interessantes Gespräch führte. Fachleute unter ihnen werden hierzu jedoch erklären, daß keineswegs technische Mängel für diese „Nebengeräusche" verantwortlich zu machen sind, sondern daß das Gerät alle Geräusche wirklichkeitsgetreu wiedergibt. Es ist eben ein technisches Gerät, das keinerlei Auswahl trifft. Der Mensch mit gesunden Sinnesorganen hat jedoch die erstaunliche Fähigkeit, bei der Verarbeitung seiner Wahrnehmungen Unterschiede zu machen. Ihm gelangen nur diejenigen Eindrücke zum Bewußtsein, die im Augenblick für ihn von Bedeutung sind. Er bringt das Kunststück fertig, sich auf seinen Gesprächspartner zu „konzentrieren", und bei dieser Bemühung wird in Zentren unterhalb der Großhirnrinde bereits eine Filterung der Sinneseindrücke durchgeführt. Bei seiner „Konzentration" auf den Gesprächspartner hilft ihm der Blickkontakt zu diesem ebenso wie dessen Mimik und Gestik. Die tatsächlich vorhandenen Nebengeräusche kann er durch einen noch unbekannten Vorgang unterdrücken. Gelingt dies nicht, so dringen alle Nebengeräusche ungefiltert bis zum Bewußtsein vor. Dieses Bild wird als „Reizüberflutung" bezeichnet.

Wenn wir es richtig überlegen, müßte diese Fähigkeit des Menschen mit gesunden Wahrnehmungen unsere Verwunderung hervorrufen, denn sie ist wirklich staunenswert. Das Kind mit Wahrnehmungsstörungen bringt nun das beschriebene „Kunststück" nicht fertig, sondern nimmt die Eindrücke wie die „Wiedergabe mit Störungen" wahr: Im Grunde also realitätsgerechter als wir Gesunden! Aber da das „Kunststück" als „normal" angesehen wird, kann das Kind kaum auf das Verständnis seiner Mitmenschen hoffen. Je nach Temperament nehmen sie seine Reaktionen entweder mit Verlegenheit und Unbehagen zur Kenntnis oder aber mit Spott und Ärger. Die meisten werden sich achselzuckend abwenden und das Kind seiner zunehmenden Einsamkeit überlassen.

Symptome der Reizblockierung

Obgleich der Ohrenarzt keinen krankhaften Organbefund erheben konnte, dringen die Töne und Geräusche nicht bis zum Bewußtsein des Kindes vor. Der schalleitende Apparat ist in Ordnung und dennoch „landen" die Sinneseindrücke nicht bei dem Kind, wie wir es beim Gesunden als selbstverständlich hinnehmen. Sie leben in einer lautlosen Welt. Dies wird erstaunlicherweise als unerträgliche Belastung empfunden, auch vom gesunden Menschen. Psychologische Experimente haben gezeigt, daß bei absoluter Stille nach mehr oder weniger kurzer Zeit Angstzustände und akustische Halluzinationen auftreten. Wir sind auf gewisse Geräusche aus unserer Umwelt angewiesen, die uns die Sicherheit geben, mit dieser Welt vertraut und in ihr zu Hause zu sein (Das Ticken der Uhr, das Anspringen der Heizung, das Klappen einer Autotür usw.). Diese Geräusche brauchen gar nicht voll bis zu unserem Bewußtsein durchzudringen, sondern können unterschwellig bleiben, aber sie geben uns das Gefühl der vertrauten Geborgenheit. Wenn die Informationen der Sinnesorgane an die Großhirnrinde völlig ausbleiben, greift diese sozusagen nach einer „Notlösung" und produziert selbst Wahrnehmungen: es kommt zu Sinnestäuschungen. Deshalb werden wir für das in einer „lautlosen Welt" lebende, wahrnehmungsgestörte Kind eine Möglichkeit ersinnen müssen, die ihm eine Geräuschkulisse hörbar macht.

Maßnahmen

Wir werden versuchen, das Interesse dieser Kinder an der Welt der Töne zu wecken. Dies wird am ehesten gelingen, wenn wir sein Gesicht in beide Hände nehmen und Blickkontakt mit ihm herstellen. Wir werden sodann versuchen, ein solches Kind mit lauten und eindeutigen Klängen vertraut zu machen, die eine bestimmte Bedeutung für das Kind haben. Wenn es an der Nahrungsaufnahme interessiert ist, könnte man vor jeder Mahlzeit beispielsweise einen Gong einsetzen.

Symptome des Reizhungers

Sobald schließlich ein Laut oder ein Geräusch oder ein Ton bis zum Bewußtsein des Kindes vordringt, möchte es erfahren, was diese Wahrnehmung zu bedeuten hat. Es ist begierig, die Tonquelle ausfindig zu machen, und es geht dazu über, sich selbst in den Genuß von akustischer Wahrnehmung zu bringen. Das Kind wird versuchen, möglichst viele Geräusche und Töne selbst zu erzeugen, denn dann kann es sie wiederholen: es kann dann seine Erinnerung zur Hilfe nehmen bei der Deutung dieser Sinneswahrnehmungen und bei dem Versuch, diese einzuordnen. Oft bemüht es sich um das Registrieren des Wahrgenommenen, aber dies gelingt ihm nur bruchstückweise, denn es kann die aufgeschnappten Redewendungen und Gesprächsfetzen nicht zu einem geschlossenen Ganzen verknüpfen. Die Begriffe die es tatsächlich erreichen, liegen zu weit auseinander, als daß es noch eine Gedankenverbindung zwischen ihnen herstellen könnte. Die „Wahrnehmungsinseln" können nicht durch die Erinnerung verknüpft werden. Die Redeweise solcher Kinder besteht dann aus Floskeln und aufgeschnappten Redewendungen, die nicht situationsgerecht angewendet werden. Auch Schimpfworte werden von diesen Kindern oft in verblüffender Vielfalt benutzt, weil sie ja mit Gestik und Mimik normalerweise eindrucksvoll unterstrichen werden und auf diese Weise dann besonders gut haften bleiben.

Der Reizhunger des Kindes kann sich derartig steigern, daß es sich durch Eigenreizung seiner Sinnesorgane selbst zu stimulieren versucht. Es bohrt beispielsweise in seinen Ohren, oder es schlägt darauf. Der „Hunger" kann in manchen Fällen fast süchtigen Charakter annehmen, so daß ein solches Kind sich durch Eigen-Aggressionen selbst gefährdet. Der Versuch des Kindes, seinen Reizhunger zu stillen, führt zuweilen zu Leerlaufhandlungen: Unter Umgehung des Bewußtseins werden die Handlungen stereotyp wiederholt.

Maßnahmen
Auch bei diesem Kind sollte versucht werden, Blickkontakt herzustellen. Wenn wir mit ihm sprechen, bedienen wir uns einer markanten Signalsprache, die wir durch entsprechende Mimik und Gestik unterstreichen, damit es dem Kind erleichtert wird, die Bedeutung des gesprochenen Wortes zu erfassen. Das Kind sollte ermuntert werden, viele Klänge, Laute und Geräusche selbst zu erzeugen, die möglichst entgegengesetzt sind in ihrer Klangfarbe, aber laut und eindeutig sein sollten. Dadurch soll erreicht werden, daß das Kind bei der Einordnung seiner Wahrnehmungen nicht verzweifelt und womöglich in die Phase der Reizblockierung zurücksinkt. Sein Hunger sollte gestillt, aber sein „Appetit" sollte dennoch wachgehalten werden. Es sollte in dieser Phase der Versuch gemacht werden, ihm zahlreiche Inseln von Lauterinnerungen zu schaffen, auf die es Bezug nehmen kann. Es wird zunächst ein grobes Maschenwerk von Wahrnehmungsinseln angelegt, das allmählich immer feinmaschiger wird, so daß Querverbindungen für das Kind herstellbar sind.

Das Hineingleiten in Handlungen, die der Eigenstimulation dienen, sollte möglichst durch Absättigung des vorhandenen Reizhungers umgangen werden. Dadurch werden die gefürchteten Eigen-Aggressionen vermeidbar, die sonst leicht in Leerlaufhandlungen (Stereotypien) einmünden können. In einer derartigen Situation ist dann der Umwelt ein Zugang zu dem Kind versperrt – es ist für sie nicht mehr erreichbar.

Symptomer Reizüberflutung
In dieser Phase erreichen alle Klänge, Geräusche und Töne das Bewußtsein des Kindes, ohne daß in den subkortikalen Zentren die Arbeit des Vorsortierens hinsichtlich ihrer Bedeutung für seine augenblickliche Situation durchgeführt wurde. Das Kind ist also nicht in der Lage, die tatsächlich vorhandenen, allgegenwärtigen Nebengeräusche zu unterdrücken und sich auf dasjenige zu „konzentrieren" was im Augenblick für das Verständnis seiner Situation von Bedeutung ist. Wenn es nicht die Erinnerung an Vergangenes zur Hilfe nehmen kann, befindet es sich in der Situation des Zuhörers, der beim Abhören der Tonbandaufnahme versucht, das Gespräch zweier anderer Partner aus dem Stimmengewirr herauszuhören. Sobald in der Phase des angespannten Lauschens dann noch zusätzliche

Fremdgeräusche auf das Kind eindringen, wird dies als unerträgliche Störung empfunden, und es besteht die Gefahr, daß das Kind an der Einordnung seiner akustischen Wahrnehmungen verzweifelt. Dann kann es sich offenbar dazu entschließen, sich von den akustischen Eindrücken überhaupt nicht mehr tangieren zu lassen, d.h. das Kind sinkt zurück in die Phase der Reizblockierung.

Eine zweite Möglichkeit mit dieser Situation fertig zu werden, besteht für das Kind darin, sich von der irritierenden Außenwelt abzuschirmen: es zieht sich von ihr zurück aus Angst vor unliebsamen Erfahrungen. Es zeigt nicht die charakteristische Neugierde des gesunden Kindes, die es antreibt, seine Erfahrungen mit der Umwelt immer weiter auszudehnen, sondern es beschränkt sich auf die ihm bereits vertrauten Wahrnehmungsinseln. Alles Neuartige dagegen, jede Veränderung wirkt angstauslösend, weil das Kind seinen ungefilterten Sinneseindrücken hilflos ausgeliefert ist. Es entsteht eine Vermeidenshaltung.

Maßnahmen
Zunächst werden wir versuchen, diese Kinder vor vermeidbarem Außenlärm zu schützen, weil es sie in der Deutung ihrer Wahrnehmungen unerträglich behindert. Das bedeutet, daß wir Geräuschkulissen ausschalten, soweit dies im täglichen Leben möglich ist. Wenn ein solches Kind beispielsweise eine bestimmte Schallplatte hören möchte, werden wir ihm Kopfhörer anbieten, damit es diesen Genuß voll ausschöpfen kann und in seinem Bemühen um Konzentration auf das Gehörte einmal völlig ungestört ist. Wenn eine Unterrichtssituation angestrebt wird, ist hierfür derjenige Raum am besten geeignet, der vom Außenlärm weitgehend abgeschirmt ist.

Neben diesen Maßnahmen, die aus der Rücksicht auf das Kind entspringen, ist aber eine Trainingsarbeit mit dem Kind erforderlich, die seine Toleranzgrenze gegenüber Fremdgeräuschen ausweitet und es in der Deutung der Wahrnehmungen sicherer werden läßt. Auch diesem Kind werden wir also die Möglichkeit geben, eine Vielfalt von Tönen und Geräuschen zu erzeugen. Es kennt ihren Ursprung und hat deshalb mit der Einordnung keine besondere Mühe. Je bunter wir die Palette der selbsterzeugten Geräusche gestalten, umso leichter kann das Kind bei neuen Geräuschen seine Erinnerung zu Hilfe nehmen, und damit kann es ihm schließlich gelingen, die Vielzahl seiner akustischen Eindrücke einigermaßen sicher zu deuten.

Für die Sinneseindrücke der optischen Wahrnehmung, Hautsensibilität und Tastsinn sowie Geschmack und Geruch wurden dasselbe Dreiphasen-

Schema zugrunde gelegt. Die therapeutischen Bemühungen sind zunächst immer darauf gerichtet, Wahrnehmungen für das Kind überhaupt erst einmal bewußt erfahrbar zu machen. Wenn dies gelungen ist, kommt es meistens zu einem Reizhunger. Dieser sollte durch entsprechende Angebote gestillt werden. Wenn das Bild der Reizüberflutung nicht vermieden werden konnte, wird die abnorme Störbarkeit des Kindes zu berücksichtigen sein, wobei gleichzeitig die Ausweitung der Toleranzgrenze angestrebt wird.

Anmerkung

Die markantesten Auffälligkeiten bei wahrnehmungsgestören Kindern wurden nach dem hier dargestellten Denkmodell geordnet und in Fragebögen zusammengefaßt (S. 137 bis S. 148). Behandlungsvorschläge, die der Linderung bzw. Überwindung dieser Schwierigkeiten dienen sollen, finden sich in den Tabellen im Anhang dieses Buches. Sie sind den einzelnen Sinnesorganen zugeordnet und schließen sich jeweils den Vorschlägen zum Training der Sinneswahrnehmungen an.

4. Handgeschick (Feinmotorik)

In der Entwicklung des Handgeschicks zeigen sich ebenfalls einige charakteristische Schwierigkeiten. Das Ergreifen und das bewußte Loslassen eines Gegenstandes wird mit einer gewissen Verzögerung erlernt. Dies wird besonders dann der Fall sein, wenn Wahrnehmungsstörungen im Bereich des Tastsinnes vorliegen. Sie sind zu vermuten, sobald bei dem Kind eine „Greifunlust" festzustellen ist, obgleich es die erforderlichen Bewegungen durchführen kann. Weitere Beobachtungen können dann ergeben, daß das Kind eine Berührungsscheu gegenüber bestimmten Oberflächenstrukturen entwickelt hat. Diese Scheu sollte durch Training des Tastsinnes überwunden werden, bevor weiterführende Angebote im Handgeschick gemacht werden. Hinweise auf derartige Störungen gibt auch die Beobachtung, daß ein Kind mit einer Reizüberflutung im Bereich des Tastsinnes seine Hände beim Erlernen des Sitzens nur ungern oder gar nicht zum Abstützen einsetzt, um seine Balance-Probleme aufzufangen. Beim Erlernen des Robbens und Krabbelns kann man dann beobachten, daß ein Berühren der Handflächen mit der Unterlage ängstlich vermieden wird. Stattdessen setzen manche Kinder die Innenfläche der Handgelenke oder auch ihre Ellenbogen für die Fortbewegung ein.

Der Daumen-Zeigefingergriff wird erst verspätet erlernt, und auch die Isolierung des Zeigefingers zum Hindeuten auf einen Gegenstand verzögert sich. Insgesamt ist jedoch das Handgeschick bei Kindern mit Down-Syndrom im allgemeinen recht gut durch gezielte Angebote zu entwickeln –

soweit keine Schwierigkeiten im Bereich des Tastsinnes vorliegen. Die Gefahr einer Sackgasse taucht hier auf, wenn das Kind in die sogenannte Wegwerfphase hineingleitet. Das pflegt zu Beginn des zweiten Lebensjahres der Fall zu sein. Reglindis Schamberger hat dieses Bild in ihrem Buch: „Frühtherapie bei geistig behinderten Säuglingen und Kleinkindern" – Untersuchungen bei Kindern mit Down-Syndrom, Beltz-Verlag, Weinheim und Basel 1978 – sehr schön beschrieben. Diese Wegwerfphase wird auch von allen gesunden Kindern durchlaufen, und insofern wird ihr Beginn von den Eltern zunächst mit Recht als harmlos empfunden. Bald zeigt sich jedoch, daß das Wegwerfen von ergriffenen Gegenständen den Charakter einer Stereotypie annehmen kann. Das Wegpfeffern wird lustbetont und erfolgt reflexartig, sobald die Handfläche des Kindes einen Gegenstand berührt. Hierauf wird später noch einmal einzugehen sein.

5. Optische Wahrnehmung – Sehen

Auch die Entwicklung in der optischen Wahrnehmung weist einige charakteristische Schwierigkeiten auf. Im Säuglingsalter wird ein kleiner, ruhender Gegenstand erst verspätet wahrgenommen. Die Wahrnehmungskonstanz wird mit Verzögerung erlernt. Dies wird daran deutlich, daß das Kind nicht der Erwartung entsprechend reagiert, wenn man einen begehrten Gegenstand vor seinen Augen mit einem Tuch verdeckt. Es vermißt sein Spielzeug noch nicht, sondern interessiert sich allenfalls für das verdeckende Tuch, um damit zu spielen.

In manchen Fällen ist der Blickkontakt mit dem Kind verspätet herstellbar und nur schwer zu halten. Es kann sich daraus das Bild einer Reizblockierung in der optischen Wahrnehmung entwickeln. Diese Wahrnehmungsstörung kann dann in der weiteren Entwicklung zu dem Bild des Reizhungers bzw. der Reizüberflutung führen und gefährdet damit sowohl das kognitive als auch das soziale Lernen. Aber diese Komplikationen sind gottlob nicht sehr häufig.

Die Phase des Fremdelns tritt regelmäßig mit Verspätung ein.

Jenseits des ersten Lebensjahres sind dann charakteristische Schwierigkeiten zu beobachten, wenn es um die Zuordnung optisch gleichartiger Eindrücke geht. Die Zuordnung eines realen Gegenstandes zu einer entsprechenden Abbildung gelingt dem Kind mit Down-Syndrom oft deshalb nicht, weil der Gegenstand der Abbildung meistens ja nicht genau entspricht. Es muß die Zufälligkeiten in der Form und Farbe als solche erkennen, d.h. diese Aufgabe setzt eine gewisse Abstraktionsfähigkeit voraus. Diese Fähigkeit ist bei ihm aber nur schwach entwickelt.

Beim Zuordnen von Farben, Formen und Größen stoßen wir oft auf seinen passiven Widerstand: dieses „Spiel" ist ihm zu abstrakt, es „mag es nicht" und macht sich einen Spaß daraus, den Partner durch bewußte Fehlleistungen zu provozieren. Die Beobachtungen der Eltern im täglichen Leben zeigen jedoch, daß das Kind zum Erfassen der Gleichheit von optischen Eindrücken durchaus in der Lage ist. Hier müssen noch Angebote für das Trainingsprogramm ersonnen werden, die der Mentalität dieser Kinder besser angemessen sind.

Sekundäre Behinderungen im sozialen Lernen

Maßnahmen zu ihrer Überwindung bzw. Verhütung

Nach alledem, was über das Wesen eines Kindes mit Down-Syndrom gesagt wurde, ist es zu erwarten, daß wir im Sozialkontakt häufig die Leistungsspitze in seinem Entwicklungsprofil finden. Dennoch gibt es im Bereich des sozialen Lernens für diese Kinder einige Gefahren, die in eine Sackgasse führen können. Diese sollten im folgenden beschrieben werden. Es wird darzustellen sein, woran eine sich anbahnende sekundäre Behinderung im sozialen Lernen zu erkennen ist und wie die gefährlichsten Klippen zu umschiffen sind.

1. Körperkontrolle (Bewegungsarmut – Hypotonie)

In den ersten Wochen nach der Geburt kommt der Entwicklung der Hautsensibilität eine Bedeutung für das soziale Lernen zu, deren Ausmaß uns erst allmählich bewußt wird. Daß der menschliche Säugling ohne Fellkleid zur Welt kommt, ist nach Portmann nicht als Verlust-Variante gegenüber den höheren Säugetieren anzuschen, sondern als Ausdruck seiner weiteren Differenzierung (Adolf Portmann: „Biologie und Geist", Verlag Suhrkamp, 1978). Es muß angenommen werden, daß das neugeborene Kind auf dem Wege über die Sinneswahrnehmungen seiner Haut zunächst einmal eine Ur-Erfahrung macht: es lernt, daß es von der Umwelt getrennt ist. Das ist neu für das Kind, denn während seiner Embryonalzeit befand es sich im körperwarmen Fruchtwasser und bildete mit seiner Mutter eine biologische Einheit. Jetzt spürt es über seine Haut bei jeder Bewegung, daß es hier mit etwas Fremden in Berührung kommt: es nimmt sich als von der Umwelt abgesondert wahr (Frederic Leboyer: „Sanfte Hände", Verlag Kösel, 1979). Damit erlebt es die Umwelt als sein Gegenüber. Das aber ist die Voraussetzung für die Entfaltung seines Ich-Bewußtseins.

Nun ist aber diese Ur-Erfahrung an Bewegung gebunden, denn im völligen Ruhezustand bestehen keine Wahrnehmungsmöglichkeiten über die Hautsensibilität. Das Kind mit Down-Syndrom jedoch ist in diesem Alter charakterisiert durch seine Bewegungsarmut. Es wird sich also nur verzögert als von der Umwelt getrennt erfahren können: es erlebt die Welt noch nicht als sein Gegenüber und hat infolgedessen auch keine Veranlassung, zu ihr Kontakte aufzunehmen.

Die Folge davon ist, daß es der Mutter im 2. Lebensmonat vielleicht noch nicht in's Gesicht blickt, wenn sie sich ihm zuwendet und daß das soziale Lächeln sich verzögert: das Kind mit Down-Syndrom „erkennt den Artgenossen" später, als ein gesundes Kind.

Diese Phase wird von ihm im allgemeinen jedoch ohne besondere Hilfe von außen spontan überwunden. Aber bereits hier kann es zur Sackgassenbildung kommen: es kann das Bild einer „Reizblockierung" im Bereich der Hautsensibilität entstehen, d.h. die Sinneswahrnehmungen über die Haut sind nicht durchlässig. Man darf eine derartige Störung vermuten, wenn man das Kind beim Wickeln und Baden beobachtet und dabei feststellt, daß die Berührung der mütterlichen Hände keine Reaktion bei ihm auslöst. Durch das Unbekleidetsein und die Auseinandersetzung mit dem Wasser beim täglichen Bad wird die Bewegungsfreude des Kindes nicht gesteigert. Das Kind läßt diese Handlungen gleichmütig über sich ergehen und bleibt erstaunlich gelassen, weil seine Wahrnehmungen über seine Haut ihm noch keinen Informationsgewinn bringen. Eine derartige Störung ist aber für das soziale Lernen dieses Kindes von tiefgreifender Bedeutung, obgleich sie in ihrem Beginn wie eine harmlose Variante des Verhaltens beim gesunden Säugling aussieht. Sie kann im Verlauf der weiteren Entwicklung übergehen in das Bild des „Reizhungers", mit der Gefahr der Eigenstimulation bis hin zur Eigenaggression einerseits und mit der Gefahr des Abgleitens in Stereotypien andererseits. Später kann es dann schließlich zum Bild der „Reizüberflutung" kommen, wobei das Kind aus Angst vor unliebsamen Erfahrungen seinen Aktionsradius freiwillig einschränkt und sich auf einige ihm vertraute Wahrnehmungsinseln beschränkt. Dies verstärkt dann die Bewegungsunlust und erschwert dadurch die Weiterentwicklung in der Körperkontrolle.

Sobald die sorgfältige Beobachtung des Kindes im täglichen Leben den Verdacht aufkommen läßt, daß sich bei ihm Wahrnehmungsstörungen im Bereich der Hautsensibilität anbahnen, sollte dieser Verdacht sehr ernst genommen werden. Die Gefahren für die Entwicklung des Kindes im sozialen Lernen sind so weittragend, daß wir schon im Verdachtsfalle der Mutter empfehlen, die indischen Streichmassagen bei ihrem Kind durchzuführen. Sie werden von Leboyer in seinem Buch „Sanfte Hände" sehr schön beschrieben und so eindrucksvoll illustriert, daß die Handlungen nach Überwindung von Anfangsschwierigkeiten sicher bald von der Mutter nachvollzogen werden können. Auf diesem Wege leitet die Mutter die erste Stufe der Selbstwahrnehmung ihres Kindes ein: durch ihre Hände vermittelt sie ihm die Erfahrung, daß es nunmehr von der Umwelt getrennt ist. Hierdurch tritt sie auf eine besondere Art mit ihrem Kind in Beziehung, indem sie ihm durch ihre Handlungen hilft, eine Basis für die Entfaltung seines Ich-Bewußtseins zu schaffen. Wenn es ihr nach einiger Zeit gelingt, bei dieser Art der Behandlung den Blickkontakt mit ihrem Kind herzustellen und zu halten, wird sich dieses Erlebnis wie ein „feed back" auf sie auswirken. Nunmehr hat die Mutter Zugang zu ihm gefunden und wird diesen Zugang ausweiten bis eine tragfähige Mutter-Kind-Beziehung entstanden ist. Damit hat sie die Basis geschaffen für die primäre Phase der Sozialisation, die etwa im Alter von 3 Jahren abgeschlossen ist.

Sobald Wahrnehmungsstörungen im Bereich der Hautsensibilität festgestellt werden, sollte auch dem Tastsinn der Hände und der Lippen, Zunge und Mundschleimhaut erhöhte Aufmerksamkeit geschenkt werden. Es ist dann zu vermuten, daß diese taktilen Bereiche ebenfalls von einer Störung betroffen sind, die behandlungsbedürftig ist.

Die allgemeine Hypotonie der Muskulatur betrifft auch die Sprachwerkzeuge der Kinder mit Down-Syndrom, so daß die Mutter das freudige Krähen von ihm als Resonanz auf ihren Anblick lange Zeit schmerzlich vermißt. Auch die zappelnde Ungeduld, das Entgegenstrecken der Arme als bittende Geste, um aufgenommen zu werden, entfällt entweder ganz, oder es verzögert sich. Das Kind „strahlt" zwar im Laufe seiner weiteren Entwicklung beim Anblick der Eltern, aber es gerät nicht in Bewegung.

Der Gleichmut, mit dem das Kind im Alter von etwa 6 Monaten die Unterbrechung einer angenehmen Beschäftigung mit den Eltern hinnimmt, hat für diese zuweilen fast etwas Verletzendes. Wenn sie den ersten Schock bis zu diesem Zeitpunkt noch nicht voll überwunden haben, können sie durch den Gleichmut ihres Kindes nunmehr beunruhigt sein. Es schleicht sich die Sorge ein, daß ihnen der Zugang zu ihrem Kind vielleicht überhaupt nicht gelingen könnte und daß sie sich auf die Befriedigung seiner körperlichen Bedürfnisse beschränken müssen. Dadurch kann eine Erwartungsangst bei den Eltern ausgelöst werden, die nun ihrerseits die Entfaltung des Sozialkontakts bei ihrem Kind erschwert: Die angstbesetzte Beobachtung ihres Kindes, ihre mangelnde Zuversicht lassen unbeschwerten Frohsinn im Umgang mit dem Kind nicht aufkommen. Diese Atmosphäre aber ist es, in der sich seine liebenswerten Züge am besten entfalten können.

Durch die koordinierten Bemühungen in der Frühbetreuung seitens der Krankengymnastin und Hausfrüherzieherin sollte das Entstehen einer resignierenden Haltung bei den Eltern deshalb von vornherein aufgefangen werden. Sie sollten eine zuversichtliche Grundhaltung einnehmen, denn das Bild ändert sich in den meisten Fällen.

Nach Ablauf des ersten Lebensjahres entwickelt ein gut gefördertes Kind mit Down-Syndrom die bereits beschriebene größere Eigenaktivität. Wenn die ersten Klippen im Säuglingsalter geschickt umschifft werden konnten, stellt das Kind nunmehr von sich aus Kontakte zu den Menschen in seiner Umgebung her. Die Eltern sind dann beglückt darüber, wie gut sie ihr behindertes Kind in seinen Reaktionen verstehen können und wie einfühlsam dieses Kind auf ihre Zuwendung reagiert. Sie berichten in manchen Fällen, daß ihr Kind ganz besondere Antennen für atmosphärische Störungen entwickelt habe.

Mit zunehmender Beherrschung seiner motorischen Fähigkeiten zeigt es sich dann, daß das Kind eine erstaunliche Fähigkeit im Nachahmen von Handlungen hat. Diese Fähigkeit kann pädagogisch in der Frühförderung gut genutzt werden. Aber die oft geradezu verblüffende Nachahmungsfähigkeit von Mimik und Gestik der Personen seiner Umgebung birgt auch Gefahren für das Kind. Insbesondere die älteren Geschwister finden diesen Zug oft so „niedlich", daß sie es häufiger zum Imitieren ermuntern und seine „Vorstellung" mit Lacherfolgen honorieren. Die Eltern spüren es, daß dieser Weg Gefahren birgt, wissen aber nicht, wie sie sich verhalten sollen. Das Kind wird in die Rolle des „Kaspers" gedrängt und kann sich aus eigener Kraft daraus nicht wieder befreien. Es hat zunächst in aller Unschuld Spaß daran, zur Fröhlichkeit und Heiterkeit in seiner Umgebung beitragen zu können. Es ist glücklich, wenn in seiner Familie Frohsinn und Harmonie herrschen; aber es kann nicht abschätzen, wann und wo derartige Kaspereien unangebracht sind. Es versucht, auf diesem billigen Wege die Aufmerksamkeit und Sympathien seiner Umgebung zu gewinnen. Dadurch kommt es dann nicht zur optimalen Entfaltung der in ihm ruhenden Möglichkeiten.

Hier werden Gespräche mit allen Familienmitgliedern notwendig sein, damit die vom Kind provozierten Lacherfolge ausbleiben. Sobald es versucht, einer Anforderung durch Herumkaspern auszuweichen, sollte man mit freundlichem Ernst auf ein anders Angebot übergehen und nach einer Weile mit genau demselben freundlichen Ernst auf die erste Aufgabe zurückkommen. Das Kind sollte die Erfahrung machen, daß man ihm keineswegs böse ist, wenn es einen Spaß macht – aber daß man sich nicht von ihm „einwickeln" läßt. Natürlich darf gelacht werden, wenn sich spontan etwas Lustiges ergibt – Provokationen werden jedoch durch Nichtbeachten ausgetrocknet, um eine sekundäre Behinderung im sozialen Lernen zu verhüten.

2. Sprache

Über die verzögerte Sprachentwicklung kann es im Kleinstkindesalter bei einem Kind mit Down-Syndrom ebenfalls zu einer sekundären Behinderung im sozialen Lernen kommen. Sie ist einmal deshalb verzögert, weil die handelnde Auseinandersetzung mit der Umwelt verspätet einsetzt und weil dieser Umstand die Begriffsbildung behindert. Eine zweite Erschwerung beim Erlernen der Sprache liegt bei diesen Kindern in der mangelhaften Beherrschung ihrer Sprachmotorik. Die Muskulatur ihrer Sprachwerkzeuge zeigt ja dieselbe charakteristische Schlaffheit (Hypotonie) wie ihre Körpermuskulatur, so daß sie sie nicht in der wünschenswerten Form beherrschen. Da die Zahnung verspätet einsetzt und sie dem Kauen fester Nahrung ablehnend gegenüberstehen, entfällt außerdem das physiologische Eigentraining der Sprachwerkzeuge auf diesem Wege. So bleibt die Artikulation oft verwaschen. Für das Kind aber ist die sprachliche Formulierung dann ein so mühsames Unterfangen, daß es den bequemeren Weg wählt. Es greift zu anderen Möglichkeiten der Verständigung. Hier steht ihm seine lebhafte Mimik und Gestik zur Verfügung, die es gekonnt und einfallsreich einsetzt, um an das Ziel seiner Wünsche zu kommen. Es entwickelt hierin geradezu artistische Fertigkeiten, so daß seinen Bezugspersonen kein Zweifel bleibt, was das Kind mit seiner Gebärdensprache meint.

Bei unseren kleinen Patienten konnte zuweilen beobachtet werden, daß neben der Hypotonie ihrer Sprachwerkzeuge noch eine Unsicherheit im Einordnen ihrer Tasteindrücke im Bereich des Mundraumes besteht. Manchmal werden Lippen und Zunge fast „süchtig" zum Betasten ergriffener Gegenstände herangezogen, so daß sich das Bild eines „Reizhungers" bietet. In anderen Fällen wird die Auseinandersetzung von Lippen, Zunge und Mundschleimhaut mit fremden Tasteindrücken ängstlich vermieden und mit Abwehrreaktionen seitens des Kindes beantwortet. Diese Schwierigkeiten können dann die Bewältigung fester Nahrungsbrocken zusätzlich beeinträchtigen. Es wird den Müttern deshalb empfohlen, die Zahnleisten, die Wangenschleimhaut, den harten Gaumen und die Zunge ihres Kindes durch kräftiges Darüberstreichen mit dem Finger an Fremdreize zu gewöhnen. Dies ist jedoch nur solange möglich, wie die Zahnung noch nicht eingesetzt hat, da sonst der mütterliche Finger allzu gefährdet wäre. Nach Durchbruch der ersten Zähne wird eine weiche Kinderzahnbürste oder auch deren Stiel oder aber ein Wattestäbchen zu diesem Zweck eingesetzt.

Auf diesem Wege soll erreicht werden, daß das Kind mit Down-Syndrom im Alter von etwa einem Jahr zum Kauen fester Nahrung bereit ist. Es treibt dann ein physiologisches Eigentraining seiner Sprachwerkzeuge. Wenn es nunmehr gelingt, seine Nachahmungsbereitschaft für Handlungen, Gebärden und Mimik auch auf den sprachlichen Bereich auszudehnen, ist die größte Hürde in seiner Sprachentwicklung genommen. Hierüber pflegt allerdings das zweite und meistens auch das dritte Lebensjahr dieser Kinder zu vergehen. Hierbei wird den Eltern viel Geduld abverlangt, weil sie auf direktem Wege nicht an das Problem herankommen. Es wird deshalb versucht, auf Umwegen die Voraussetzungen für die sprachliche Äußerung des Kindes zu verbessern.

Das geschieht einmal dadurch, daß eine Erweiterung des passiven Wortschatzes (Begriffsbildung – akustische Wahrnehmung) angestrebt wird und zum anderen dadurch, daß das Kind zur handelnden Auseinandersetzung mit seiner Umwelt angeregt wird. Das Niveau, welches ihm in diesen Bereichen zugemutet werden darf, erfahren wir aus der sensomotorischen Funktionsdiagnostik (Entwicklungsgitter von Kiphard s. S. 162 und S. 163).

Zuweilen sieht es so aus, als würde die Sprachentwicklung völlig stagnieren, und dies bildet dann die Hauptsorge der Eltern. Wenn wir jedoch in unseren indirekten Bemühungen nicht nachlassen und weiterhin durch Umwelterfahrung die Begriffsbildung des Kindes zu fördern versuchen, kann diese Schwierigkeit in zahlreichen Fällen überwunden werden. Damit setzt dann oft eine erstaunliche Weiterentwicklung des Kindes ein.

Welche Möglichkeiten stehen aber offen, wenn das Kind von sich aus auf die Verbalisierung von Wünschen, Gefühlen und Mitteilungen an die Umwelt verzichtet und den nonverbalen Weg der Kommunikation über Mimik und Gestik wählt. Hier stoßen wir auf Grenzen, die offenbar nicht überschritten werden können. Es gibt zwar Methoden, die Sprachwerkzeuge zu trainieren, und bei gutem Kontakt zum Kind gelingt es auch, das Kind zur Nachahmung von Worten anzuregen. Eine Verständigung mit ihm auf sprachlichem Wege ist auch meistens insofern möglich, als es auf diesem Wege erreichbar ist und situationsgerecht reagiert. Es ist jedoch keine Möglichkeit bekannt, einem freiwillig schweigenden Kind beizubringen, wie es zur sprachlichen Formulierung vordringen kann, um sich dem Partner mitzuteilen. Der „geistige Akt" – das Anheben eines Begriffes, Tatbestandes oder eines Gefühls auf die Stufe der sprachlichen Äußerung – muß vom Kind selbst vollzogen werden. Dies kann dem behinderten Kind von der Betreuungsperson nicht beigebracht werden, weil ihr selbst nicht bewußt ist, wie sie es eigentlich macht. Hier bleibt nur der Weg offen, auf die Gebärdensprache des Kindes nicht allzu bereitwillig einzugehen, damit es sich immer wieder um die Artikulation seiner Wünsche bemühen muß. Dieser Weg muß allerdings schon sehr früh beschritten werden, erfordert viel Konsequenz und birgt auch einige Gefahren, auf die noch einzugehen sein wird.

Zahlreiche Kinder mit Down-Syndrom können jedoch einen aktiven Wortschatz erwerben. Zwar haben sie oft Artikulationsschwierigkeiten, aber sie wollen sich mitteilen, und es gelingt ihnen schließlich auch. Einige von ihnen bringen es sogar zu schriftlichen Formulierungen in Brief- oder in Tagebuchform. Ein interessantes Beispiel dafür ist „Die Welt des Nigel Hunt" (Verlag Ernst Reinhardt, 1976). Es handelt sich um das Tagebuch eines jungen Mannes mit Down-Syndrom, das Einblick in sein Fühlen und in seine Erlebnisse gewährt. Sein gutes Gedächtnis erlaubt es ihm, zahlreiche Fakten aneinanderzureihen. Die sprachliche Formulierung ist anschaulich und plastisch. Er nimmt auch Wertungen vor und bezieht Stellung. Abstraktionen fallen ihm offensichtlich schwer. Sein Sinn für das Komische an einer Situation wird deutlich und auch die Wärme seines Gefühllebens.

Nigel Hunt ist vorläufig noch eine Ausnahme. Sie zeigt aber, daß Resignation nicht angebracht ist und daß nicht von vornherein gesagt werden kann, wann die Grenzen in der sprachlichen Entwicklung für ein Kind mit Down-Syndrom erreicht sein werden. Genauso, wie dies beim gesunden Kind im Grunde auch nicht vorherzusehen ist.

3. Akustische Wahrnehmung – Hören

In der akustischen Wahrnehmung können sich für ein Kind mit Down-Syndrom Schwierigkeiten ergeben, die den Ausgangspunkt einer sekundären Behinderung im sozialen Lernen bilden. Es wurde bereits erwähnt, daß die Reaktionen dieser Kinder über das Säuglingsalter hinaus situationsgebunden sein können: wenn es gerade intensiv mit der Erforschung eines Spielzeugs beschäftigt ist, macht es zuweilen den Eindruck, als sei es schwerhörig. Manchmal kommen seine Reaktionen auch erst, wenn man sie gar nicht mehr erwartet: „Der Groschen fällt in Pfennigen", berichten die Eltern dann lächelnd. Selbst jenseits des 1. Lebensjahres sind die Eltern noch häufig im Zweifel, ob ihr Kind nun nicht hören kann oder nicht hören will. Das führt schließlich zu Konflikten, wenn sie in einer bestimmten Situation beobachten können, daß es auch leise Geräusche mit Sicherheit wahrnimmt. Sie folgern daraus, daß es aus Böswilligkeit nicht hört und werden ärgerlich. Bei dem Kind aber ist die Registrierung und Deutung seiner akustischen Sinneseindrücke tatsächlich vom Grad seiner Aufmerksamkeit abhängig, und die ärgerliche Reaktion seiner Eltern kann sein Gerechtigkeitsempfinden verletzen. Kinder mit Down-Syndrom haben ein ausgeprägtes Gerechtigkeitsgefühl und sind sehr verletzbar. Wird das Vertrauen zu den Eltern auf diese Weise wiederholt gestört, so lohnt es sich für das Kind schließlich nicht mehr, ihnen noch aufmerksam zuzuhören: seine Reaktionen in der akustischen Wahrnehmung bleiben dann situationsgebunden. Wenn es aber auf verbalem Wege nur unsicher erreichbar ist, wirkt sich dieser Umstand auf die Kommunikation mit ihm belastend aus: eine sekundäre Behinderung im sozialen Lernen ist dann die Folge. In dieser Situation sind erklärende Gespräche mit den Eltern dann hilfreich.

In manchen Fällen wird das Bild der Reizblockierung beobachtet. Es ist dadurch gekennzeichnet, daß das Kind auch auf laute Töne und Geräusche nicht reagiert. Es entsteht der Verdacht, daß es taub ist. Der Ohrenarzt kann jedoch keinen krankhaften Organbefund erheben. Es ist unmittelbar einleuchtend, daß in diesem Fall die Kommunikation mit dem Kind gestört ist.

Wenn das Kind dann in die Phase des Reizhungers hineingleitet, ist das soziale Lernen nunmehr von dieser Seite her gefährdet. Seine Sucht, den Bedarf an akustischen Wahrnehmungen zu stillen, führt zur Eigenstimulation bis hin zur Eigenaggression einerseits oder zu Leerlaufhandlungen (Stereotypien) andererseits. In dieser Situation ist dann der Zugang zu ihm blockiert.

Auch das Bild der Reizüberflutung engt die Kommunikationsmöglichkeit des Kindes ein: es zieht sich auf einige ihm vertraute Wahrnehmungsinseln zurück und grenzt seinen Aktionsradius selbst ein. Seine Abwehr gegen fremdartige Geräusche führt zu der Tendenz, sich selbst zu isolieren. Dadurch wird das soziale Lernen gestört.

Damit es zu dieser Lage möglichst gar nicht erst kommt, sollte schon im Säuglingsalter dafür gesorgt werden, daß das Gesicht des Kindes „antlitzgerichtet" ist, sobald mit ihm gesprochen wird. Zu diesem Zweck ist es erforderlich, das Gesicht des Kindes in beide Hände zu nehmen, Blickkontakt herzustellen, die Worte klar und deutlich zu formulieren und immer die gleichen Satzmuster zu verwenden. Dabei ist zu beachten, daß das Gesicht des Sprechenden gut beleuchtet ist. Auch jenseits des ersten Lebensjahres sollte bei der Beschäftigung mit dem Kind berücksichtigt werden, daß es noch nicht über den optischen und den akustischen Sinneskanal gleichzeitig ansprechbar ist. Sobald seine Aufmerksamkeit auf den akustischen Kanal gelenkt werden soll, kann beispielsweise regelmäßig sein Name genannt und gleichzeitig ein Berührungsreiz an der Schulter oder Wange eingesetzt werden. Diese zusätzliche Hilfsmaßnahme wird langsam abgebaut, bis das Kind es gelernt hat, prompt auf Ansprache zu reagieren.

4. Handgeschick

Wenn im Säuglingsalter die beschriebene „Greifunlust" festzustellen ist, sollte an Wahrnehmungsstörungen im Bereich des Tastsinnes der Hände gedacht werden. Diesem Bild kann einmal eine Reizblockierung zugrunde liegen. In dem Fall ergreift das Kind einen Gegenstand deshalb nicht, weil es sich davon keinen Informationsgewinn verspricht. Oder aber es besteht eine Berührungsscheu: der Kontakt mit unbekannten Oberflächenstrukturen wird ängstlich vermieden, um vor unliebsamen Überraschungen geschützt zu sein. Hier befindet sich das Kind dann in der Phase der Reizüberflutung und engt seine Kontaktaufnahme mit der Umwelt freiwillig ein.

In beiden Fällen wird die Kommunikation mit dem Kind gestört, und damit ist das soziale Lernen beeinträchtigt.

In der Phase des Reizhungers ist das Kind durch Eigenstimulation und Leerlaufhandlungen derartig auf die Absättigung seines Bedürfnisses an Tasteindrücken fixiert, daß der Zugang zu ihm blockiert ist.

Die sogenannte „Wegwerfphase" stellt möglicherweise eine Variante des Reizhungers dar. Sie hat zwar weniger alarmierenden Charakter als dieser, kann aber dennoch zu einer sekundären Behinderung im sozialen Lernen führen.

Die Phase des Wegwerfens wird auch von gesunden Kindern durchlaufen und deshalb schenken die Eltern ihr zunächst keine besondere Beachtung. Das Kind mit Down-Syndrom kann jedoch von hier aus in eine Sackgasse geraten. Bei der Beobachtung dieser Kinder stellt man fest, daß sie mit Vorliebe Schubladen und Schränke ausräumen und die ergriffenen Gegenstände mit fröhlichem Schwung in die Gegend pfeffern. Diese Handlung ist deutlich lustbetont und wird oft von einem Gelächter begleitet, das ein wenig an eine Stereotypie erinnert. Durch das reflektorische Wegwerfen bleibt ihnen keine Zeit, den ergriffenen Gegenstand überhaupt zu betrachten, geschweige denn, sich mit ihm auseinanderzusetzen. Wenn dem Kind nicht rechtzeitig geholfen wird, diese Phase zu überwinden, kann es schließlich auch nicht mehr zuschauen, wenn die Eltern ihm etwas vormachen: seine Nachahmungsfähigkeit wird beeinträchtigt, und damit taucht dann die Gefahr der sekundären Behinderung im sozialen Lernen auf.

Hier sollte deshalb von Anbeginn darauf geachtet werden, daß nicht nur das Ausräumen, sondern auch das Wiedereinräumen trainiert wird. Dabei braucht das Kind unter Umständen totale Hilfestellung: Ein Gegenstand wird in seine Hand gelegt, umgriffen und das Händchen wird zu dem betreffenden Behälter geführt. Jetzt wird das Kind veranlaßt, den Gegenstand sorgfältig in den Behälter zu legen. Auch beim Ablegen wird anfangs totale Hilfestellung notwendig sein, indem die Hand des Kindes geöffnet wird. Die Hilfestellung wird allmählich abgebaut. Wenn ihm diese Handlungsfolge in zunehmendem Maße selbständig gelingt, wird es gelobt und darauf geachtet, daß das Gelernte nicht unversehens wieder verlorengeht. Dies Problem läßt sich durch Verhaltensmodifikation recht gut lösen.

Vorschläge zur Linderung bzw. Überwindung der Wahrnehmungsstörungen im Bereich des Tastsinnes s. Tabellen S. 251 bis S. 256.

5. Optische Wahrnehmung – Sehen

Die Ansprechbarkeit der Kinder mit Down-Syndrom über den optischen Kanal tritt nur gering verzögert ein. Die Verzögerung kann jedoch in seltenen Fällen ein solches Ausmaß annehmen, daß sich das Bild der Reizblockierung bietet. Dieses Bild ist dann dadurch gekennzeichnet, daß der Blickkontakt mit dem Kind nicht herstellbar ist. Der Blickkontakt ist ein Phänomen, das mit großer Selbstverständlichkeit hingenommen wird, dem jedoch etwas Unerklärliches anhaftet. Durch kaum bemerkbare Veränderungen in der Pupillenweite signalisiert das Kind seinem Partner, daß dieser „Zugang" zu ihm gefunden hat. Wenn diese Signale ausbleiben, wenn der Blick des Kindes „leer" bleibt, wenn kein „Erkennen" darin aufleuchtet, beschleicht den Partner das Gefühl von etwas Unheimlichem: das Kind sieht durch ihn hindurch, als „wäre er Luft". Der Bau seines Auges ist ohne krankhaften Befund, aber die Sinneseindrücke landen nicht im Bewußtsein des Kindes. Daß dieses Bild zu schweren Störungen in der Kommunikation führen muß, ist einleuchtend.

Kommt das Kind dann in die Phase des Reizhungers, so wird seine Aufmerksamkeit durch den Drang nach Absättigung seines Bedarfs dieser Sinneseindrücke absorbiert. Es kommt zu Eigenstimulation bis hin zur Eigenaggression. Oder es gleitet in Leerlaufhandlungen, denen es rauschartig verfällt, so daß der Zugang zu ihm blockiert ist.

In der Phase der Reizüberflutung schließlich engt das Kind sich selbst ein auf einige ihm vertraute Wahrnehmungsinseln. Auch hier ist die Folge eine Beeinträchtigung der Kommunikation.

Die Phase des „Fremdelns" wird verspätet durchlaufen. Sie birgt Gefahren in sich, die erkannt werden müssen, um sekundäre Behinderungen im sozialen Lernen zu verhüten.

In der Vergangenheit bestand offenbar häufiger die Tendenz, Kinder mit Down-Syndrom vor der Umwelt zu verbergen. Da die Eltern nicht wußten, was die Ursache dieses Andersseins bei ihrem Kind sein konnte, quälten sie sich mit Selbstvorwürfen, sahen die Geburt eines solchen Kindes als „Strafe Gottes" an, fragten sich, wofür sie denn so hart bestraft wurden und fanden natürlich Gründe – weil sie eben Menschen sind wie wir alle. Ihre Reaktion auf vermeintlich gefundene Schuld bei sich oder dem Partner war Scham, und aus dieser Haltung heraus wagten sie nicht, das Kind als „ihr Kind" der Umgebung vorzuzeigen.

Da wir heute wenigstens wissen, daß dem Bild des Down-Syndroms eine Trisomie 21 zugrundeliegt, ist das ängstliche Verstecken der Kinder mit dieser Behinderung nicht mehr die übliche Reaktion bei den Eltern. Wir sollten uns jedoch nicht der Täuschung hingeben, daß diese Tendenz bereits völlig überwunden wäre. In mehr oder weniger verdeckter Form kann man sie noch oft beobachten, wobei sie den Eltern oft gar nicht voll bewußt wird. In solchen Fällen wird das Kind dann nicht mitgenommen zum Einholen, es wird während des Familienurlaubs der Betreuung der Großeltern überlassen, es wird nicht spazierengefahren. Das Ergebnis dieser unbewußten inneren Einstellung ist für das Kind, daß es zu wenig Gelegenheit hat, sich mit anderen Menschen auseinanderzusetzen. Erreicht es dann die Phase des Fremdelns, so entsteht ein „Verklammerungseffekt" an einem oder beiden Elternteilen, der oft kaum wieder zu lösen ist. Dem „Fremdeln" liegt ein Reifungsprozeß in der optischen Wahrnehmung zugrunde: das Kind kann nunmehr erstmals vertraute Gesichter von fremden Gesichtern unterscheiden. Dieses Differenzierungsvermögen wirkt zunächst angstauslösend, weil es neu ist. Es dauert eine Weile, bis das Kind sich an den Anblick fremder Gesichter so weit gewöhnt hat, daß diese nicht mehr erschreckend wirken. Wenn es aber kaum fremde Gesichter zu sehen bekommt, kann es die angstauslösende Komponente auch nicht überwinden: der „Verklammerungseffekt" tritt ein und bildet den Beginn einer Sackgasse. Es kommt zur sekundären Behinderung im sozialen Lernen.

In einem solchen Falle sollte den Eltern diese Tendenz durch ein Gespräch bewußt gemacht werden. Dieses Gespräch wird nicht einfach zu führen sein. Man sollte sich klar darüber sein, daß die Eltern darunter leiden, „kein Kind zum Vorzeigen" zu haben. Dieses Leid muß respektiert werden. Es hat primär nichts Schuldhaftes an sich. Schwierig wird die Situation erst dann, wenn die Eltern diese Haltung nicht überwinden können, sondern in ihr verharren. Damit leisten sie dem gefürchteten „Verklammerungseffekt" Vorschub. Es sollte durch einfühlsame Gespräche deutlich werden, daß die Tendenz zum Verstecken auf Dauer in eine Sackgasse führt und zwar nicht nur für das Kind, sondern auch für die Eltern. Zahlreiche Eltern sind sich auch durchaus klar darüber. Sie haben aber oft noch nicht die Kraft gehabt, aus dieser Lage herauszufinden. Dann brauchen sie verständnisvolle Hilfe, um die Situation zu meistern.

Besonderheit „Wutanfälle"

Gefürchtet sind schließlich die „Wutanfälle" bei Kindern mit Down-Syndrom. Diese Phase hält oft allzulange an, so daß die Nerven der Eltern bis zum Zerreißen angespannt sind, und sie kann insofern in eine Sackgasse führen, als das Kind seine Zornausbrüche tyrannisierend einsetzt. Sie beginnt zunächst ganz harmlos, indem das Kind protestiert, wenn etwas verweigert wird oder ein Vorhaben mißlingt. Da auch alle gesunden Kinder diese Phase durchlaufen, sind die Eltern anfangs gar nicht beunruhigt, sondern zuweilen sogar froh, daß ihr Kind zu diesen Reaktionen überhaupt in der Lage ist. Ist der Widerstand eines Kindes mit Down-Syndrom jedoch erst einmal wachgeworden, so kann es unglaublich hartnäckig sein. Es muß uns hierbei klar sein, daß der Schicksalsentwurf dieses Kindes ein anderer ist, als derjenige von gesunden Kindern. Er ist mit einem anderen Code in seinen Chromosomen versehen und ist gezwungen, unter uns „Gesunden" zu leben. Das Kind ist ja außerdem eine physiologische Frühgeburt, die im „sozialen Uterus der Familie" noch nachreifen muß, bevor sie sich mit der Umwelt aktiv auseinandersetzen kann. Diese Nachreifung im „sozialen Uterus der Familie" geschieht aber für das Kind mit Down-Syndrom unter Bedingungen, die etwa mit denen eines Adoptivkindes aus einer anderen Rasse vergleichbar wären: es gibt Anforderungen, die ihm nicht gemäß sind und gegen die es sich mit aller Kraft zu Wehr setzt. Deshalb gehört für die Eltern viel Einfühlungsvermögen in die Situation des Kindes dazu, um herauszufinden, wo es mit seinem hartnäckigen Widerstand auf Grund seiner Andersartigkeit im Recht ist. Dieses Recht kann ihm als Menschen nicht abgesprochen werden: man muß es ihm zugestehen. Erfahrene Eltern wissen meistens bald, bei welchen Gelegenheiten eine Versteifung der Fronten am Horizonte droht, und sie wissen auch, daß es dann oft klüger ist, den Konflikt zu vermeiden. Das Kind hat meistens die besseren Nerven und sitzt damit am längeren Hebelarm. Mit einer unglaublichen Vitalität, Kraft und Wendigkeit kann es bei einem Zornausbruch sein vermeintliches Recht verteidigen. Wenn diese Konflikte sich häufen und die Eltern nicht herausfinden können, wo sich die gefährlichen Klippen für ihr Kind befinden, können sie diese natürlich auch nicht geschickt umschiffen: das Kind fühlt sich in einer Welt von Fremden. Es fühlt sich nicht in seinem tiefsten Urgrund verstanden, und die Eltern stehen diesem Bündel geballter, brüllender Energie ratlos und hilflos gegenüber. Dieses gegenseitige Sicht-nicht-verstehen kann schließlich zum Ausgangspunkt für eine Behinderung im sozialen Lernen werden. Resignieren die Eltern in einem solchen Fall, weil „das Kind ja behindert ist", so macht das Kind mehrfach die Erfahrung, daß es nur einen Wutanfall zu produzieren braucht, um an das Ziel seiner Wünsche zu gelangen. Es hat damit ein Machtmittel in der Hand, das es provokatorisch einsetzt. Zuweilen kommt es bei solchen Kindern auch zu regelrechten raffiniert anmutenden Boshaftigkeiten. Diese sind als Ausdruck ihres Leids zu werten. Sie fühlen sich fremd in unserer Gemeinschaft, weil wir ihren andersartigen Schicksalsentwurf nicht respektieren: sie fühlen sich nicht wirklich angenommen. Das ist für diese Kinder insofern besonders tragisch, als sie noch mehr als andere auf die Nachreifung im „sozialen Uterus der Familie" angewiesen sind: ohne die Geborgenheit im Schoße einer Familie gibt es für das Kind keine Chance, seine liebenswerten Züge zu entwickeln und zu einem erfüllten Leben zu kommen – und diese „Nachreifung" dauert bei ihm noch länger, als beim gesunden Kind.

In dem geschilderten Zusammenhang ist es von Interesse, was die österreichische Logopädin Susanna Schmid-Giovanini zu diesem Problem bei hörgeschädigten Kindern zu sagen hat. In ihrem Buch „Sprich mit mir" schildert sie ihre Erfahrungen und kommt zu dem Ergebnis, daß die Zornausbrüche der Kinder seltener werden, sobald ihnen genug Schimpfworte zur Verfügung stehen, um ihrem Zorn auf verbalem Wege Ausdruck zu verleihen. Dies scheint mir eine kluge Beobachtung zu sein und könnte eine Erklärung dafür enthalten, daß Kinder mit Down-Syndrom oft so lange in der Phase der Wutanfälle verharren.

Wenn es den Eltern nicht gelingt, die Nöte ihres Kindes zu verstehen und das Kind sich infolgedessen allein gelassen fühlt, kann es in eine völlige Bindungslosigkeit und Gemütsarmut absinken: dies Kind, das von seiner Anlage her eine Stärke im emotionalen Bereich hatte. Es legt dann ein tyrannisierendes und provozierendes Verhalten an den Tag, drangsaliert seine Umgebung oder zieht sich in eine Welt von Stereotypien zurück, durch die es sich selbst zu stimulieren versucht. Dies Kind wird zu einem unglücklichen Menschen: es hat eine sekundäre Behinderung im sozialen Lernen davongetragen.

Was kann nun getan werden, um die Phase der „Wutanfälle" ohne Schaden für das Kind und die Familie zu überstehen? Wenn das Kind mit einem Zornesausbruch reagiert, sobald es einem Frustrationserlebnis ausgesetzt ist, sollte man in der pädagogischen Arbeit mit ihm von Anbeginn bemüht sein, die Frustrationsintoleranz langsam abzubauen. Es sollte ihm gezeigt werden, wie es mit seinen Mißerfolgen besser fertig wird. Gleichzeitig aber sollte die Aufmerksamkeit auf die Anlässe zu solchen Wutanfällen gerichtet sein. Man wird sich bemühen herauszufinden, bei welchen Ge- und Verboten die Gefahr einer Versteifung der Fronten am Horizont erkennbar wird. Es wird dann zu überlegen sein, ob diese Anforderung an das Kind für seine weitere Entwicklung unverzichtbar ist. Kann darauf verzichtet werden, so sollte der Verzicht bewußt geleistet werden.

Eine drohende Versteifung der Fronten umspielt man am besten durch Ablenkung oder dadurch, daß der Situation eine lustige Seite abgewonnen wird. Sobald mit dem Kind gemeinsam gelacht werden kann, ist die Gefahr eines Wutanfalls gebannt. Es wird aber auch Anforderungen an das Kind geben, auf die die Eltern keineswegs verzichten möchten. Hier müssen sie sich dann u.U. auf einen langen und hartnäckigen Kampf einstellen, wobei sie bei dem behinderten Kind auch mit einem Einsatz von „raffinierten" Methoden rechnen müssen. Sie werden die Langmut, Disziplin und Konzentration eines Dompteurs gebrauchen. Deshalb sollte von den Eltern nur eine überlegte Auswahl von Anforderungen an das Kind herangetragen werden, und sie sollten die Prioritäten sehr bewußt setzen. Denn wer sich auf dieses Abenteuer einläßt, sollte als Sieger daraus hervorgehen.

Wenn das Kind dann auf die unverzichtbaren Anforderungen der Eltern mit einem Wutanfall reagiert, wenn es sich blitzartig auf den Boden wirft, um sich schlägt, kratzt, beißt oder spuckt, sollten die Eltern von Begütigungsversuchen absehen. Auch sollten sie sich gegen die Vermittlungsversuche von Passanten innerlich abschirmen. Sie werden auch ihren Angriffen ausgesetzt sein. In der Öffentlichkeit erscheint es deshalb ratsamer, einen derartigen „Machtkampf" möglichst zu vermeiden (Ablenken, lustiger Einfall). Daheim sollten sie in einer solchen Situation zur Tagesordnung übergehen, das Kind in sein Zimmer schicken und durch ihr Verhalten zeigen, daß sie nicht zu beeindrucken sind. Das wird sich leider häufiger wiederholen, als man zunächst anzunehmen geneigt ist.

Die Mutter wird natürlich durch das ständige Zusammensein mit ihrem Kind in dieser Phase besonders zu leiden haben. Aber es wird im Hinblick auf die Zukunft des Kindes für sie einige Forderungen in der Erziehung geben, zu deren Befolgen ihr Kind zunächst nicht bereit ist. Diese Punkte müssen mit heiterer Gelassenheit souverän durchgesetzt werden. Nach einer Weile der Absonderung wird das Kind sich der Mutter wieder nähern. In dieser Situation sollte sie großmütig und nicht nachtragend sein: sie sollte dem Kind eine „goldene Brücke" bauen und ihm so die Rückkehr in den Schoß der Familie erleichtern. Das sollte auch dann geschehen, wenn die Erfahrung lehrt, daß das Kind den Familienfrieden demnächst erneut aufs Spiel setzt. Dies muß leider durchgestanden werden.

Völlig wirkungslos perlt es an den Kindern mit Down-Syndrom ab, wenn die Mutter zu „dibbern" beginnt oder ihr Kind um „Vernunft" bittet. Diese Bitte kann das Kind nicht erfüllen. Auch der Versuch, die Wirksamkeit der Ermahnungen durch einen Klaps auf die Hand zu unterstreichen, ist zum Scheitern verurteilt. Zuweilen wird eine solche Maßnahme vom Kind in eine Eigenaggression umgeformt und provokatorisch eingesetzt. Hier helfen nur Souveränität und ruhige Gelassenheit.

Es machen aber nicht alle Kinder mit Down-Syndrom diese Phase in der beschriebenen Heftigkeit durch. Die Wutanfälle zeigen keine Abhängigkeit vom intellektuellen Niveau der Kinder. Das Hineingleiten in diese Phase steht auch nicht in erkennbarem Zusammenhang mit dem pädagogischen Geschick der Eltern. Ein Kind mit Down-Syndrom kann pädagogisch ausgesprochen begabte Eltern haben und dennoch in Wutanfälle hineingeraten. Bisher ist kein pädagogischer Kunstgriff bekannt, mit dessen Hilfe sich diese Schwierigkeit von vornherein vermeiden ließe. Sobald das Kind dann in die Phase der Wutanfälle hineingeglitten ist, wird es allerdings sehr bedeutungsvoll, mit welchen Mitteln und welcher inneren Einstellung die Eltern ihm auf diesem Weg zur Seite stehen und es führend an die Hand nehmen. Von großer Bedeutung scheint es für die Überwindung dieser Phase zu sein, wenn das Kind bereits in der Lage ist, seinen Zorn in Worte zu fassen: wenn ihm die Aggressionsabfuhr auf verbalem Wege gelingt.

Zusammenfassung

Die Besonderheiten der Kinder mit Down-Syndrom beim Durchlaufen der sensomotorischen Entwicklungsstufe wurden daraufhin untersucht, ob sie zu sekundären Behinderungen im sozialen Lernen führen können. Diese Frage muß bejaht werden. Die Entfaltung der Sinneswahrnehmungen verzögert sich durch die Bewegungsarmut der Kinder, und es kann dabei zum Bild der Wahrnehmungsstörungen kommen.

Ihnen wurde besondere Aufmerksamkeit geschenkt, weil ihre Auswirkung auf das soziale Lernen von großer Bedeutung ist. Dies gilt im Säuglingsalter ganz besonders vom taktilen Bereich. Der Entfaltung der Hautsensibilität, des Tastsinnes der Hände, der Lippen, der Zunge und der Mundschleimhaut kommt deshalb in der Frühbetreuung eine zentrale Bedeutung zu. Dem Erkennen und Deuten von beginnenden Fehlentwicklungen in diesem Bereich sollte die besondere Aufmerksamkeit in der Hausfrühbetreuung gelten, weil frühzeitig angesetzte Gegenmaßnahmen die Chance in sich bergen, die Schwierigkeiten zu überwinden.

Sekundäre Behinderungen im kognitiven Lernen

Maßnahmen zu ihrer Überwindung bzw. Verhütung

1. Körperkontrolle

Die Bindegewebsschwäche mit der Überstreckbarkeit der Gelenke und die Hypotonie der Muskulatur führen beim Kind mit Down-Syndrom zu einer Verzögerung in der Kopfkontrolle, Verzögerung beim Erlernen des Sitzens, des Kriechens und des Krabbelns. Dies hat zur Folge, daß das Kind sich die physiologischen Entwicklungsanreize für seine Sinnesorgane zur Entfaltung seiner Sinneswahrnehmungen nicht selbst verschaffen kann. Hiervon ist nicht nur die optische und akustische Wahrnehmung betroffen, sondern vor allem auch der gesamte taktile Bereich. Ohne Bewegung sind Sinneswahrnehmungen nicht möglich. Beide Komponenten bedingen einander: Bewegung löst Sinneswahrnehmungen aus und Sinneswahrnehmung führt zur Bewegung. In der Bewegungsarmut des Kindes mit Down-Syndrom ist also die Ursache dafür zu suchen, daß es „sinnesschwach" wird. Dies wirkt sich besonders im „basalen" Bereich als zusätzliche Beeinträchtigung der Bewegung aus. Wenn das Kind aus Mangel an Erfahrung unsicher wird in der Einordnung seiner taktilen Sinneseindrücke, kann dies in der Phase der Reizüberflutung zu einer Berührungsangst führen. Durch die hiervon ausgelöste Vermeidenshaltung wird dann die Bewegungsfreude des Kindes auch noch von dieser Seite her eingeschränkt, so daß sich ein circulus vitiosus ergibt. Die Basis für das kognitive Lernen kann unter diesen Umständen nicht stabil sein.

Bei den optischen und akustischen Wahrnehmungen liegen diese Zusammenhänge offener vor uns. Von der Kopfkontrolle hängt es ab, ob das Kind den Sprechenden ansieht, die Tonquelle durch Kopfwenden sucht und schließlich den Kopf direkt zur Tonquelle dreht, sobald neben ihm ein Geräusch ertönt. Diese Reaktionen sind die Voraussetzung dafür, daß das Kind auf verbalem Wege erreichbar wird, daß es die Sprache seiner Umwelt zu verstehen lernt.

Vom freien Sitz hängt es ab, ob das Kind sich das dem Menschen eigentümliche „Bild" von seiner näheren Umwelt machen kann. Solange das Kind nicht frei sitzen kann, wird es an der Eroberung seiner näheren Umwelt gehindert: das Greifen verzögert sich und damit auch die Koordination von Augen und Händen.

Vom aufrechten Gang schließlich ist seine Vorstellung und Bewältigung der weiteren Umwelt abhängig. Werden diese Entwicklungsschritte nur zögernd vollzogen, so ist die Basis für das kognitive Lernen gefährdet.

Wenn das Kind sich die Stimuli für die Entfaltung seiner Sensomotorik nicht in eigener Initiative verschaffen kann, ist es die Aufgabe der Frühförderung, ihm diese anzubieten. Seinen Bedarf an Entwicklungsanreizen zeigt das Kind uns selbst an. Wenn sein Entwicklungsprofil im Rahmen der Hausfrühbetreuung erarbeitet wurde, weist dies den Betreuer darauf hin, welche Anregungen für das Kind erforderlich sind. Seine Lücken und Unsicherheiten im Entwicklungsgitter zeigen ihm dann, wo das Kind seine Hilfe braucht. Das Trainingsprogramm umfaßt immer alle Sinnesorgane und alle motorischen Leistungen. Hiermit wird das Ziel verfolgt, durch Spielangebote im häuslichen Milieu seine sensomotorische Entwicklung behutsam zu stimulieren. Es soll auf diesem Wege erreicht werden, sekundäre Behinderungen im kognitiven Lernen möglichst gar nicht erst entstehen zu lassen.

2. Sprache

Die zweite große Schwierigkeit liegt beim Kind mit Down-Syndrom in der Entwicklung der Sprache. Dies wird im Entwicklungsgitter zuweilen erst deutlich nach Vollendung des ersten Lebensjahres, bahnt ich aber schon vorher an. Hier ist der Bewältigung fester Nahrung große Aufmerksamkeit zu schenken, um die Hypotonie der Sprachmuskulatur zu überwinden. Etwa 200 Muskeln sind beim Menschen an der Sprache beteiligt. Sie werden der Einfachheit halber als „Sprachwerkzeuge" zusammengefaßt.

Manche Mütter gehen dazu über, die Mahlzeiten ihres Kindes selbst zuzubereiten, um die Konsistenz der Nahrung bestimmen zu können und dem Kind schon früh desjenige Maß an Kautraining zuzumuten, das ihm gerade eben noch abgefordert werden kann. Diese Mühe lohnt sich. Wenn das Kautraining kombiniert wird mit einer Mundtherapie, scheinen bereits diese wenigen Maßnahmen zu genügen, um das Entstehen einer behandlungsbedürftigen „Makroglossie" zu verhüten. Unter „Makroglossie" verstehen die Mediziner eine Vergrößerung der Zunge. Sie gehört zu den charakteristischen Merkmalen eines Kindes mit Down-Syndrom und kann bei unbehandelten Kindern erschreckende Ausmaße annehmen. Ihre Unförmigkeit kann dann ein Handicap bei jedem Versuch einer sprachlichen Formulierung darstellen. Eine solche Zunge kann mit den Methoden der plastischen Chirurgie verkleinert werden. In München wird dieser Weg seit einigen Jahren beschritten, und es wird von erfreulichen Erfolgen berichtet. An unseren kleinen Patienten hat sich das Problem bisher nicht gestellt. Wir haben eine behandlungsbedürftige „Makroglossie" bei den von uns betreuten Kindern tatsächlich noch nicht gesehen. Ob die wenigen angebotenen Maßnahmen – rechtzeitig durchgeführt – tatsächlich schon genügen, um dieses Bild zu verhüten, muß z.Zt. noch offen bleiben.

Wenn es dem Kind schließlich gelungen ist, sich durch die Auseinandersetzung mit seiner Umwelt die entsprechenden Begriffe anzueignen und einen passiven Wortschatz zu erwerben, kann die Eingliederung dieser Begriffe in den aktiven Wortschatz durch die mangelhaften Artikulationsmöglichkeiten gestört sein. Dadurch werden sie nicht zum festen geistigen Besitz des Kindes mit Down-Syndrom. Es kann sie nicht zum Ausgangspunkt für neue Erkenntnisse machen – es bleibt auf das Konkret-Anschauliche beschränkt: das kognitive Lernen wird dadurch behindert.

Dieser Zusammenhang soll noch etwas näher erläutert werden. Wir wählen als Beispiel zunächst ein gesundes Kind, das sich den Begriff „Ball" bereits erarbeitet hat. Dieser Begriff ruht nunmehr in seinem passiven Wortschatz. Was alles muß vorausgegangen sein, damit dieser Schritt vollzogen werden konnte? Das Kind muß die wichtigsten Kriterien des Balles auf sensomotorischem Wege bereits erfaßt haben: es braucht seine optische Wahrnehmung, um die Form als rund zu erkennen, und es braucht den Tastsinn seiner Hände, um die Form als Kugel zu erfassen. Es setzt auch seine Lippen und Zunge ein, um mehr Informationen über seine Oberflächenstruktur zu erhalten. Vermutlich versucht es auch, seinen Geschmackssinn mit heranzuziehen und stellt dabei fest, daß man den Ball im Gegensatz zum Apfel nicht essen kann. Der Ball entgleitet nun seinen Händen und rollt in die Zimmerecke. Das Kind krabbelt eifrig hinterher, um dies interessante Spielzeug weiter zu untersuchen. Es probiert, ob es selbst in der Lage ist, die rollende Bewegung hervorzurufen. Beglückt stellt es fest, daß ihm diese Handlung wiederholt gelingt. Dabei fällt der Ball einmal aus etwas größerer Höhe auf den Erdboden und beginnt zu hüpfen. Jauchzend nimmt das Kind auch diese neue Eigenschaft des Balles zur Kenntnis: es wirft ihn fort und macht mehrfach die Erfahrung, daß der Ball durch die Luft fliegt, um schließlich mit einigen Hüpfern auf dem Fußboden zu landen. Während dieser Beschäftigung ist die Mutter aufgetaucht und hat sich in das Spiel ihres Kindes eingeschaltet. Mehrfach hört das Kind: „Gib mir den Ball", oder „Wirf den Ball dorthin", oder „Jetzt wollen wir den Ball weglegen". Das Kind versteht, daß mit dem Wort „Ball" sein geliebtes Spielzeug gemeint ist, dessen wesentliche Kriterien es soeben erforscht hat: es sieht rund aus, hat eine Kugelform, eine glatte Oberfläche und man kann es nicht essen. Aber man kann den Ball kullern und werfen. Wenn er geworfen wird, macht er einige Hüpfer, bevor er zur Ruhe kommt. Und die Mutter sagt zu diesem Gegenstand: „Ball".

Es ist anzunehmen, daß das Kind nunmehr den Versuch macht, dieses Wort in Nachahmung der Mutter zu formulieren oder es bei nächster Gelegenheit als Wunsch in Form eines Einwortsatzes an die Mutter zu richten. Wenn nun die beschriebene Hypotonie an den Sprachwerkzeugen besteht, so wurde das Kind daran gehindert, das stufenweise Training dieser Muskelgruppen zu durchlaufen, und es wird deshalb nunmehr in seinem Bemühen um die Artikulation des Wortes „Ball" scheitern müssen, obgleich es sich den Begriff bereits erarbeitet hat.

Das Anheben eines Begriffes aus dem passiven in den aktiven Wortschatz setzt aber nicht nur einen motorischen, sondern auch einen geistigen Akt voraus, dessen Natur noch unbekannt ist. Und immer, wenn ein Sachverhalt noch nicht klar erkannt wurde, werden mehrere Theorien aufgestellt. So ist es auch in diesem Fall. Vielleicht hilft uns eine Beobachtung aus dem täglichen Leben weiter, um die Fragestellung etwas besser zu verstehen und die Schwierigkeit zu umreißen, die sich hier auftut. Jeder Leser wird entsprechende Beobachtungen an sich selbst schon einmal gemacht haben.

Man kann einen Sachverhalt so weit erfaßt haben, daß man glaubt, ihn „begriffen" zu haben. Wenn man dann jedoch in einem Gespräch versucht, seinem Partner diesen Sachverhalt so mitzuteilen, daß er von ihm ebenfalls verstanden wird, stellen sich Schwierigkeiten bei der Formulierung ein. Man ist darüber beunruhigt und versucht es nochmals. Der Partner versteht immer noch nicht. Man ist beschämt und verunsichert.

Warum ist das so? Weil ein Scheitern der sprachlichen Formulierung dem Partner aufzeigt, daß der Sachverhalt eben doch noch nicht zu unserem vollen geistigen Besitz geworden ist. Erst wenn es uns nach weiterem Nachdenken darüber gelingt, ihn in eine Bewußtseinsstufe anzuheben, die der sprachlichen Formulierung zugänglich ist, erst dann sind wir befriedigt: der Gesprächspartner hat uns verstanden, und wir sind erleichtert. Erst durch diesen Akt der sprachlichen Formulierung wurde der Sachverhalt nun wirklich zu unserem geistigen Besitz, und wir können ihn als Basis zum Erringen weiterer Erkenntnisse ansehen.

Was bedeutet das für ein behindertes Kind, das wegen einer Funktionsschwäche seiner Sprachmotorik das Wort „Ball" nicht formulieren kann? Erst mit dem Aussprechen dieses Wortes steht ihm dieser Begriff voll zur Verfügung und es kann ihn durch Verknüpfung mit anderen Worten zum Ausgangspunkt für weitere Formulierungen verwenden. Die erste Stufe des Verbalisierens ist ihm aber verschlossen und dadurch werden die anschließenden Schritte im kognitiven Lernen behindert.

Bei der Darstellung der sekundären Behinderungen im sozialen Lernen durch Schwierigkeiten in der Sprachentwicklung wurde bereits auf Möglichkeiten hingewiesen, die uns zur Linderung bzw. Überwindung dieses Problems offenstehen (vgl. S. 40ff). Um den Leser nicht zu ermüden, soll an dieser Stelle auf eine Wiederholung verzichtet werden. Auf einen Punkt sei jedoch nochmals hingewiesen, weil er bedeutungsvoll und problembeladen zugleich ist. Es handelt sich um das allzu bereitwillige Eingehen auf die Gebärdensprache des Kindes.

Für die Eltern und für das Kind ist es außerordentlich wichtig, daß sie sich verständigen können und Zugang zueinander finden. Es kann deshalb für die Eltern eine Überforderung bedeuten, wenn sie ihrem behinderten Kind gegenüber vorgeben sollen, seine Wünsche auf dem Wege über seine Mimik und Gestik nicht erraten zu können. Andererseits kann beim Kind dadurch das Gefühl entstehen, nicht wirklich verstanden zu werden. Eine solche Entwicklung wäre keinem der Partner dienlich: der Einsatz wäre zu hoch. Die Weigerung, auf die Gebärdensprache des Kindes zu reagieren, kann nur dann den gewünschten Erfolg haben, wenn das Eltern-Kind-Verhältnis belastungsfähig genug ist und die Eltern bereits im Säuglingsalter ihres Kindes begonnen haben, am Aufbau seiner Sprache zu arbeiten. Es gehört das frühzeitige Erkennen des Zieles, das rechtzeitige Beschreiten des Weges und jahrelanges konsequentes Durchhalten dazu, wenn man so die sprachliche Äußerung des Kindes erreichen will. Es dürfte aber einleuchtend sein, daß die hierbei auftauchenden Schwierigkeiten zuweilen fast unüberwindlich sind.

3. Akustische Wahrnehmung – Hören

Die Tatsache, daß die akustische Wahrnehmung bei einem Kind mit Down-Syndrom bis über das Säuglingsalter hinaus situationsgebunden sein kann, wirkt sich auch auf sein kognitives Lernen aus. Die Tendenz zum „Abschalten" gegenüber akustischen Eindrücken, sobald das Kind sich intensiv mit einem Gegenstand beschäftigt und seine Aufmerksamkeit von seinen optischen oder taktilen Wahrnehmungen absorbiert wird, engt seine Möglichkeit ein, sich einen passiven Wortschatz zu erwerben. Es hört die Bezeichnungen für einen Gegenstand in seiner Umgebung nicht bewußt genug, um hier ein stabiles Fundament zu erwerben. Solange es aber die Namen für die Gegenstände der Handlungen noch nicht als Begriffe in seinen passiven Wortschatz einreihen kann, bleibt es im Sprachverständis behindert. Eine sekundäre Behinderung im kognitiven Lernen ist die Folge.

Es wurde bereits erwähnt, daß diese Situationsgebundenheit in der akustischen Wahrnehmung meistens spontan überwunden wird und daß zahlreiche Kinder bis zum 3. Lebensjahr einen nahezu altersgemäßen passiven Wortschatz erwerben können (vgl. S. 26f). Auf die Maßnahmen zur Vermeidung von Fehlentwicklungen in diesem Bereich wurde schon auf S. 43 hingewiesen. Ernstlich gefährdet wird das kognitive Lernen des Kindes in dem Augenblick, wenn Wahrnehmungsstörungen im akustischen Bereich auftreten.

In der Phase der Reizblockierung dringen die akustischen Sinneseindrücke nicht bis zum Bewußtsein des Kindes vor, obgleich der schalleitende Apparat nachweislich intakt ist. Das Kind hat also dieselben Schwierigkeiten wie ein taubes Kind. Damit ist die Auswirkung auf das kognitive Lernen unmittelbar einleuchtend. Hinweise darauf, daß bei einem Kind eine Reizblockierung im akustischen Bereich vorliegen könnte, bekommt der Beobachter einmal durch die mangelnden Reaktionen des Kindes auf akustische Reize. Zum anderen aber auch durch ein Verhalten, das Sinnestäuschungen vermuten läßt.

Wenn die Reizblockierung durchbrochen wird, kann es bei einem wahrnehmungsgestörten Kind zum Bild des Reizhungers kommen. Er zeigt sich darin, daß es gern einen ohrenbetäubenden Lärm erzeugt und zur Selbststimulation seiner akustischen Wahrnehmungen neigt, die sich bis zur Eigenaggression steigern kann. Beklopfen der Gegenstände nach dem Echolotprinzip werden beobachtet und kann in eine Leerlaufhandlung (Stereotypie) einmünden. In dieser Phase ist das Kind fast süchtig auf das Stillen seines Reizhungers fixiert. Dadurch wird seine Möglichkeit, sich besonnen mit Kausalzusammenhängen auseinanderzusetzen naturgemäß eingeschränkt – eine sekundäre Behinderung im kognitiven Lernen ist die Folge.

Gelingt es der Betreuerin in der Phase des Reizhungers nicht, den Bedarf an Sinneseindrücken abzusättigen, kann es schließlich zum Bild der Reizüberflutung kommen. Diese Phase ist dadurch charakterisiert, daß das Kind sich ängstlich gegen akustische Eindrücke wehrt und sich auf einige vertraute Wahrnehmungsinseln zurückzieht. Es schirmt sich ab und engt seinen Aktionsradius von sich aus ein. Damit macht es keine neuen Erfahrungen mehr im akustischen Bereich und stagniert in seiner Entwicklung: das kognitive Lernen ist nunmehr von dieser Seite gefährdet.

4. Handgeschick

Die charakteristischen Schwierigkeiten in der Entwicklung des Handgeschicks können ebenfalls zu einer sekundären Behinderung im kognitiven Lernen führen. Hier sind es einmal die Wahrnehmungsstörungen im Bereich des Tastsinnes, die die Weiterentwicklung in dieser Entwicklungssäule beeinträchtigen können und damit das kognitive Lernen hemmen. Zum anderen ist die Wegwerfphase daraufhin zu untersuchen, ob sie eine sekundäre Behinderung im kognitiven Lernen nach sich ziehen kann.

Wenn sich dem Beobachter des Kindes das Bild der „Greifunlust" bietet, so kann das 2 Ursachen haben: einmal kann sich das Kind in der Phase der Reizblockierung seines Tastsinnes befinden, so daß es sich vom Ergreifen und Abtasten der Gegenstände keinen Informationsgewinn verspricht. Es kann sich aber auch in der Phase der Reizüberflutung befinden, in der eine Berührungsscheu gegenüber unbekannten Oberflächenstrukturen besteht. Dadurch entsteht eine Vermeidenshaltung, weil es die Wahrnehmungen über seinen Tastsinn nicht richtig einordnen kann und sich vor unliebsamen Überraschungen fürchtet. Hier wird es von Bedeutung, die Gestimmtheit des Kindes bei seinen Handlungen zu beachten, um daraus abzulesen, ob es seine Tastempfindungen nicht wahrnehmen kann oder nicht wahrnehmen will. Bei derartigen Beobachtungen sollte auch immer der Mundregion Aufmerksamkeit geschenkt werden, weil eine Störung des Tastsinnes der Hände recht oft kombiniert ist mit Wahrnehmungsstörungen im Bereich des Tastsinnes von Lippen, Zunge und Mundschleimhaut.

Hat nun die Beobachtung des Kindes ergeben, daß es sich in der Phase der Reizblockierung befindet, so ist der Ausfall seiner Informationen über den Tastsinn vermutlich von größerer Bedeutung, als dies bisher allgemein angenommen wurde. Über den Tastsinn erfährt das Kind nämlich fundamentale Zusammenhänge über die räumliche Anordnung. Das menschliche Auge ist so konstruiert, daß für uns die Welt eigentlich „auf dem Kopf stehen" müßte. Das Bild wird aber bereits im Säuglingsalter auf dem Wege über den Tastsinn korrigiert. Ein Ausfall dieser Informationen hat also tiefgreifende Bedeutung.

Das mangelnde Interesse eines Kindes am Ergreifen angebotener Gegenstände durch Reizblockierung im Bereich des Tastsinnes hat weiter zur Folge, daß es sich mit seiner näheren Umwelt nicht genügend auseinandersetzt. Dadurch macht es keine Lernerfahrung, und es tritt eine sekundäre Behinderung im kognitiven Lernen ein.

Die Phase des Reizhungers im Bereich des Tastsinnes ist für den Beobachter leicht zu erkennen und wirkt auf ihn oft außerordentlich befremdend. Hier kommt es besonders leicht zu Eigenstimulationen, die sich bis zur Eigen-Aggression steigern können. Die Auffälligkeiten reichen vom exzessiven Saugen an den Händen über Beißen in die Hände bis zum bewußten Herbeiführen von Stich-, Schnitt- und Brandwunden. Das Kind scheint den Schmerz geradezu herbeizusehnen und ist derartig darauf fixiert, seinen Reizhunger zu stillen, daß für die Auseinandersetzung mit seiner Umwelt kein Raum bleibt. Dadurch kann es die sensomotorische Stufe in der Entwicklung seines Handgeschickes nicht ungestört durchlaufen, und es tritt eine sekundäre Behinderung im kognitiven Lernen ein.

Wenn das Kind sich in Bezug auf seine Wahrnehmungen über seinen Tastsinn in der Phase der Reizüberflutung befindet, zeigt es eine Berührungsscheu gegenüber neuem Spielzeug oder neuartigen Oberflächenstrukturen. Es setzt auch beim Erlernen des Sitzens dann seine Hände nur ungern zum Abstützen ein. Beim Kriechen und Krabbeln wird die bereits beschriebene Vermeidungshaltung beobachtet. Dadurch kommt es nun von dieser Seite her zu einer Verzögerung in seiner statomotorischen Entwicklung, die dem Kind die Eroberung seiner Umwelt zusätzlich erschwert.

Anmerkung:

Es muß hier die weitreichende Konsequenz betont werden, die eine Reizüberflutung im Bereich des Tastsinnes nach sich zieht: sie bewirkt eine Entwicklungsverzögerung in der Körperkontrolle. Diese Folgewirkung verdient in der Hausfrühbetreuung besondere Beachtung.

Im Handgeschick grenzt das Kind seine Erfahrungsmöglichkeiten von sich aus ein, indem es sich auf einige vertraute Wahrnehmungsinseln beschränkt. Die Angst vor unliebsamen Überraschungen ist größer als seine Neugierde. Hierdurch aber wird die Basis für sein kognitives Lernen eingeengt. (Weitere Auffälligkeiten: s. Fragebögen Wahrnehmungsstörungen. Behandlungsvorschläge: s. Tabellen).

Die Wegwerfphase birgt ebenfalls die Gefahr der sekundären Behinderung im kognitiven Lernen in sich. Wenn das Kind mit Down-Syndrom allzulange in ihr verharrt oder aus der Sackgasse nicht herausgeführt wird, hat es nicht genügend Muße, um spielend einen Gegenstand zu erfassen, ihn im ursprünglichen Sinne des Wortes zu „begreifen". Es findet dann auch „keine Zeit", den Zusammenhang von Ursache und Wirkung zu erforschen. Die Basis für das kognitive Lernen kann sich nicht stabil gestalten.

5. Optische Wahrnehmung – Sehen

In der optischen Wahrnehmung werden Reizblockierung, Reizhunger und Reizüberflutung bei Kindern mit Down-Syndrom seltener beobachtet. Aber diese Störungen kommen vor, und deshalb soll ihre Bedeutung für das kognitive Lernen hier erörtert werden.

Eine Reizblockierung bewirkt, daß der Blickkontakt mit dem Kind nicht herstellbar ist. Seine Augen wandern gleichmütig im Raum umher und über das Gesicht des Partners, ohne ihn zu „erkennen". Das Kind macht den Eindruck, als sei es blind. Der Augenarzt kann jedoch keinen krankhaften Befund erheben. Zuweilen scheint das Kind etwas wahrzunehmen: es lächelt in eine bestimmte Richtung oder hebt ängstlich abwehrend die Hände, aber der Beobachter kann das auslösende Objekt für diese Gemütsbewegungen nicht entdecken. Das Kind hat offenbar Halluzinationen.

Das Kind steht vor denselben Schwierigkeiten wie ein blindes Kind. Seine sekundäre Behinderung im kognitiven Lernen ist evident.

Der Reizhunger ist im Säuglingsalter dadurch charakterisiert, daß ein Kind Fingerspiele vor seinen Augen so hingegeben betreibt, daß es für keine anderen Eindrücke mehr zugänglich ist. Es bohrt in den Augen, reibt seine Lider, klopft auf die Augen, um sich auf diesem Wege selbst optische Eindrücke zu beschaffen. Mit Bändern und Tüchern führt es schwingende Bewegungen aus und setzt Gegenstände mit artistischem Geschick in rotierende Bewegungen, denen es dann rauschartig verfällt. Bei Untätigkeit verfällt es gern in rhythmische Schaukelbewegungen oder dreht sich um seine eigene Achse. Es liebt glänzendes Material und starrt gern in grelle Lichtquellen.

Ein solches Kind ist derartig damit beschäftigt, seinen Reizhunger abzusättigen, daß ihm für die Umwelterforschung kaum noch Zeit bleibt. Der Hang zur Selbst-Stimulation einerseits und das Abgleiten in Stereotypien andererseits verhindern ein ungestörtes Durchlaufen der sensomotorischen Entwicklungsstufe in der optischen Wahrnehmung, so daß die Basis für das kognitive Lernen instabil wird.

Im Stadium der Reizüberflutung dagegen reagiert das Kind auf grelle Lichteindrücke mit Abwehr. Besonders ein rascher Wechsel von optischen Eindrücken stößt auf seine Ablehnung: Karussellfahren, Schaukel, Autofahrten, Fernsehen. Vom Jahrmarktstrubel und Feuerwerk wird es irritiert und gerät in ängstliche Abwehr.

Es neigt dazu, sich vor quälenden und angstauslösenden optischen Eindrücken abzuschirmen: es zieht sich in eine freiwillige Isolierung zurück. Dort beschäftigt es sich mit vertrauten Dingen und vermeidet die Auseinandersetzung mit neuen Eindrücken. Seine Erfahrungsmöglichkeit grenzt es selbst ein und damit auch die Weiterentwicklung seines kognitiven Lernens.

Die oft zu beobachtende Verzögerung beim Kind mit Down-Syndrom im Erlernen der Wahrnehmungskonstanz dürfte auf die Verzögerung im statomotorischen Bereich zurückzuführen sein: das Kind konnte noch nicht genügend Erfahrungen mit diesem Phänomen sammeln. Sobald ihm jedoch die entsprechenden Erfahrungen durch ein individuell erstelltes Trainingsprogramm vermittelt werden, pflegt die Wahrnehmungskonstanz für ein Kind mit Down-Syndrom erlernbar zu sein: es zieht dann strahlend das verdeckte Tuch fort, um an den begehrten verdeckten Gegenstand zu gelangen.

Die Schwierigkeit für Kinder mit Down-Syndrom, gleichartige optische Eindrücke einander zuzuordnen, bleibt oft erstaunlich lange bestehen – trotz Anwendung von einigen pädagogischen Kunstgriffen. Dieses Spiel ist ihnen offenbar zu abstrakt und sie reagieren auf die üblichen Angebote mit Lustlosigkeit oder gar mit Abwehr. Hier wären noch gute Einfälle erwünscht, die es den Kindern und ihren Eltern erleichtern, diese Hürde zu nehmen. Die Entwicklung in dieser Entwicklungssäule wird durch die mangelnde Zuordnung oft gebremst, und das wirkt sich dann auch auf das Entwicklungsprofil verzerrend aus.

Zusammenfassung

Die Besonderheiten eines Kindes mit Down-Syndrom beim Durchlaufen der sensomotorischen Entwicklungsstufe wurden daraufhin untersucht, ob sie zu sekundären Behinderungen im kognitiven Lernen führen können. Dies wird deutlich, sobald Störungen der Sinneswahrnehmung nachweisbar sind. Die Maßnahmen zu ihrer Linderung bzw. Überwindung wurden teilweise bereits im Kapitel „Sekundäre Behinderungen im sozialen Lernen" besprochen.

Für das kognitive Lernen spielen Ausfälle in der Motorik aber mindestens eine ebensogroße Rolle. Bei Schwierigkeiten in der Grobmotorik und in der Feinmotorik kann das Kind seine Umgebung nicht handelnd verändern. Dadurch kann es den Kausalzusammenhang von Ursache und Wirkung nicht so oft spielend erfahren, daß es diesen verinnerlichen kann: es kann ihn sich nicht vorstellen, es kann ihn nicht „denken". Die charakteristischen Schwierigkeiten eines Kindes mit Down-Syndrom in der Körperkontrolle, im Handgeschick und in der Sprachmotorik führen auf direktem Wege zu sekundären Behinderungen im kognitiven Lernen.

Das Ausmaß dieser sekundären Behinderungen ist jedoch beeinflußbar. Es wird ein Entwicklungsprofil von dem Kind erarbeitet. Aus den Lücken und Unsicherheiten im Entwicklungsprofil des Kindes ergeben sich die Ansätze für ein sensomotorisches Trainingsprogramm. Wie ein solches Programm erarbeitet wird, soll auf S. 96 bis S. 117 dargestellt werden.

Anmerkung:

Wenn alle Klippen in der Entwicklung eines Kindes mit Down-Syndrom während seiner ersten 3 Lebensjahre geschickt umschifft werden konnten, zeigen sich oft überraschende Entwicklungsmöglichkeiten. Es geht uns bei unseren Bemühungen jedoch nicht darum, die Kinder gewaltsam zu normalisieren. Das wäre Vermessenheit, und wir würden ihnen damit keinen guten Dienst erweisen. Unser erklärtes Ziel ist es vielmehr, ihnen durch Vermeidung von sekundären Behinderungen eine optimale Entfaltung aller in ihnen ruhenden Anlagen zu ermöglichen.

Soziales Umfeld

Um eine gemeinsame Ausgangsbasis für die Darstellung dieses Problems zu haben, soll zunächst einmal skizziert werden, welche Entwicklungsprozesse bei den Eltern normalerweise einsetzen, sobald sie wissen, daß ein neues Menschenkind sich anschickt, geboren zu werden.

In einer normalen Schwangerschaft wird eine Mutter einige Beobachtungen an sich machen können, die sie je nach Temperament zum Nachdenken anregen oder sie zum Lächeln veranlassen. Soweit sie gelernt hat, ihre untergründigen Regungen bis zu ihrem Bewußtsein vordringen zu lassen, wird sie feststellen, daß sie auf eine eigenartige Weise während der Schwangerschaft gleichzeitig aktiv und passiv beansprucht wird. Sie glaubt ihre aktive Beteiligung am Werden dieses neuen Menschenwesens zu spüren, sobald sie sich darauf konzentriert und ist andererseits passiv insofern, als sie von diesem neuen Menschen quasi als Gefäß, als Schutzhülle benutzt wird. Sie kann sich gegen diesen Prozeß nicht wehren, selbst wenn sie es wollte. Das Kind wächst in ihr nach seinen eigenen, unerbittlichen Gesetzen heran. In den letzten Schwangerschaftsmonaten stellen gut beobachtende Frauen zuweilen eine Veränderung in ihrer Bewußtseinslage fest: aufregende äußere Geschehnisse können sie mit erstaunlicher Gelassenheit hinnehmen, weil sie mit Wesentlicherem beschäftigt sind. Sensible Dichter spüren diese Veränderung an schwangeren Frauen und sprechen davon, daß sie „unter die Oberfläche des Daseins gezogen werden". Die werdende Mutter fühlt sich den Wachstumsprozessen in der Natur eng verbunden – und sie ist es ja auch. Dieses „Einssein mit der Natur" hat für manche Frauen etwas Beglückendes an sich. Lächelnd stellen sie bei sich fest, daß in ihnen auch „Ur-Instinkte" wach werden: sie wollen ein „Nest" bauen und bereiten sich voller Eifer auf die „Brutpflege" vor. Ihre Phantasien kreisen darum, daß sie mit diesem in ihnen heranwachsenden Menschen die Welt verändern werden – und sie tun es auch, wenn man das Geschehen genau betrachtet.

Bei der Geburt des Kindes sind die Mütter dann manchmal enttäuscht, wenn ihnen das kleine Wesen gezeigt wird uns sie nicht sofort von einem überströmenden Gefühl mütterlicher Liebe ergriffen werden. Sie empfinden dies Menschenkind zuweilen als etwas Fremdes und erschrecken bei dem Gedanken, daß sie vielleicht keinen Zugang zu ihm finden könnten. Mutterliebe fällt ja nicht pünktlich mit der Geburt ihres Kindes vom Himmel in ihren Schoß, sondern ist anfangs oft nur als winziger Keim vorhanden, der einem Wachstumsprozeß unterliegt. In diesem Wachstumsprozeß sind nun 2 Phasen zu unterscheiden: in der ersten Phase überwiegt die mütterliche Fürsorge, die sich auf die Befriedigung der Bedürfnisse des Kindes konzentriert und in der zweiten Phase findet Schritt für Schritt ein Lösungsprozeß zwischen Mutter und Kind statt.

Es wurde bereits mehrfach erwähnt, daß der neugeborene Mensch als physiologische Frühgeburt anzusehen ist. Wir sprachen davon, daß eine „Nachreifung im sozialen Uterus der Familie" für den Menschen notwendig ist, bevor er „endgültig geboren wird". In dieser Phase der Nachreifung sind Mutter und Kind zwar bereits körperlich voneinander getrennt, bilden aber innerlich noch eine Einheit: sie sind völlig aufeinander bezogen, sie stellen eine „Dyade" dar. Dieser Nachreifungsprozeß wird normalerweise vom Kind um den zwölften Lebensmonat herum beendet, und dann setzt der Lösungsprozeß ein, der überwiegend vom Kind ausgeht und in Gang gehalten wird. Die Vitalität des gesunden Kindes, sein unbändiger Drang zur Verselbständigung und seine Neugierde sind der Motor für diesen nunmehr einsetzenden zweiten „Abnabelungsprozeß". Wenn die Mutter eine zuversichtliche, bejahende Einstellung zum Leben hat und sieht, daß ihr Kind den Aufgaben gewachsen ist, denen es sich nunmehr Schritt für Schritt zuwendet, wird sie die Lösung ihres Kindes von sich selbst bejahen: sie wird allmählich wieder zur „Monade" und ihr Kind entwickelt sich ebenfalls dahin. Aus der „Dyade" werden 2 „Monaden" – so etwa könnte man diesen Prozeß umreißen, wenn das Wort „Monade" von den Philosophen nicht schon in einem anderen Sinne gebraucht würde.

Zuweilen gelingt jedoch diese Entwicklung entweder vom Kind her nicht, oder aber von der Mutter her können Schwierigkeiten entstehen. Das Zurücktreten aus dem Stadium der „Dyade" in dasjenige der „Monade" fordert von ihr eine gewisse menschliche Größe, nämlich: Verzicht aus Liebe, aus Liebe zu diesem, ihrem Kind und letzten Endes aus Liebe zu allem Lebendigen – zum Leben. Daß dieser Weg nicht immer komplikationslos verläuft, zeigt jeder aufmerksame Blick in die Umwelt. Er birgt selbst beim Heranwachsen eines gesunden Kindes etliche Klippen und Hürden, die zum Persistieren des „Dyaden"-Daseins führen können. Dadurch entsteht dann der gefürchtete „Verklammerungseffekt" zwischen Mutter und Kind, der pathogen wirkt auf den weiteren Reifungsprozeß beider Teile.

Unsere Gesellschaft ist in ihrer Arbeitsteilung so aufgebaut, daß die primäre Phase der Sozialisation weitgehend den Müttern überlassen wird. Von ihnen wird erwartet, daß sie Zugang zu ihrem Kind finden und sein Gefühlsleben wachrufen. Sie stellen Kontakt zu ihrem Kind her und zeigen ihm auch, wie man Kontakte zu anderen Menschen herstellt und pflegt – wie man miteinander umgeht. Sie vermitteln ihrem Kind erste gesellschaftliche Wertvorstellungen und Normen, indem sie diese ihrem Kind vorleben. Sie begleiten das Kind auf seinem mühevollen Weg, selbst eine „Monade" zu werden und treten dabei immer mehr zurück. Sie zeigen ihm, daß es gut und richtig ist, Gefühle zu entwickeln, daß es hierbei aber darauf ankommt, sie in die richtigen Bahnen zu lenken. Und sie haben die vielen Fragen ihres Kindes in einer Form zu beantworten, die eigene Klarheit verlangt, um sich dem Kind verständlich zu machen.

Aber nicht nur bei der Mutter, sondern auch beim Vater setzt das im Entstehen begriffene Kind eine innere Entwicklung in Gang. Ein Mann, der für die inneren Vorgänge in seiner Umgebung offengeblieben ist, spürt die beschriebenen Veränderungen des Lebensgefühls bei seiner Frau. Hier kommt es nun darauf an, welchen Reifegrad er in seiner Beziehung zu ihr erreicht hat. Ist sie für ihn „Besitz", der ihm zusteht, so wird er durch die Änderung ihrer Lebensäußerungen unter Umständen beunruhigt sein, weil er fürchten muß, daß ihr Entgleiten „unter die Oberfläche des Daseins" für ihn den unwiederbringlichen Verlust seines vermeintlichen Eigentums mit sich bringen könnte. Dieser Gedanke erfüllt ihn mit Verlustangst, und da das heranwachsende Kind die Veränderungen bei seiner Frau verursacht hat, kann es bereits in der Schwangerschaft beim Vater zu einer Art Eifersucht auf das noch ungeborene Kind kommen.

Wenn die Beziehung der beiden Partner jedoch freigehalten werden konnte von Besitzansprüchen, wird der Vater durch die beschriebenen Veränderungen bei seiner Frau mit Staunen erfüllt werden: sie betritt vor seinen Augen eine Welt, die ihm nicht zugänglich ist. Sie kann ihn nur an ihrer Seite teilhaben lassen.

Wird dem Vater dann die Chance gegeben, bei der Geburt seines Kindes zugegen zu sein, so wird dies Erlebnis seine Einstellung zu seiner Frau und zu seinem Kind vermutlich tief beeinflussen. Auch dem Vater ist es oft nicht möglich, beim ersten Anblick seines Kindes Zugang zu ihm zu finden. Die väterliche Liebe fällt mit der Geburt des Kindes nicht vom Himmel in seinen Schoß, sondern ist zu Beginn ein zarter Keim, der sorgfältiger Pflege bedarf. Die Hilflosigkeit des Neugeborenen dürfte zunächst den Beschützerinstinkt bei ihm wachrufen. Dieser würde der mütterlichen Fürsorge entsprechen. Solange sich das Kind noch im Stadium der physiologischen Frühgeburt befindet, die im „sozialen Uterus der Familie nachreifen" muß, wird diese Seite der väterlichen Liebe überwiegen. Wenn das Kind dann im Laufe seines ersten Lebensjahres den Nachreifungsprozeß vollzogen hat, stellen sich dem Vater neue Aufgaben, in die er allmählich hineinwächst.

Bei den Bemühungen des Kindes um die Eroberung seiner Umwelt wird der Vater darauf bedacht sein, die ungeheure Vielfalt der Umwelteindrücke mit einem ordnenden Prinzip zu versehen, damit sein Kind sich besser zurechtfindet. Er wird versuchen, es auf die Gefahren aufmerksam zu machen, die in der Umwelt nun einmal lauern und wird dem Kind zeigen bzw. erklären, wie man am besten mit ihnen fertig wird. Auch er wird versuchen, dem Kind seine Wertvorstellungen nahezubringen. Auf diesem Wege gebraucht er Einfühlungsvermögen, um zu spüren, welchen Reifegrad sein Kind inzwischen erreicht hat: er braucht Verständnis, das nur durch liebevolle Zuwendung zu erlangen ist.

Aber auch fundiertes Wissen ist erforderlich, damit er an Hand der ihm bekannten ordnenden Prinzipien seinem Kind die Zusammenhänge erläutern kann. Dieses Wissen muß zu seinem festen geistigen Besitz geworden sein, damit ihm das Verbalisieren in einfacher, für das Kind verständlicher Form gelingt. Seine eigenen Wertvorstellungen, die er sich im Laufe seines Erwachsenenlebens erarbeitet hat, wird er seinem Kind vermitteln wollen. Er wird Güte und Toleranz aufbringen müssen, damit seine Vorstellungen vom Kind auch akzeptiert werden. Das wird dem Kind umso leichter gelingen, je besser der Vater in der Lage ist, ihm diese auch vorzuleben. Der Vater steht also in der Phase 2 der Erziehungsaufgabe gegenüber seinem Kind vor denselben hohen Ansprüchen an die menschliche Reife wie die Mutter. Vom Vater wird erwartet, daß er seinem Kind ein gelungenes, erfülltes Leben vorlebt. Von der Mutter wird die menschliche Größe erwartet, ihrem Kind gegenüber eine Haltung des Verzichts aus Liebe einzunehmen. Daß diese hohen Ansprüche fast unerreichbar für die Eltern sind, erscheint einleuchtend. Sie können nur als Fernziel von ihnen erkannt und angestrebt werden.

Der Begriff der „väterlichen Strenge" ist unmodern geworden, weil er allzu nahe bei der „autoritären Erziehung" und der „patriarchalischen Ordnung" angesiedelt ist. Diese Ablehnung hat in der Vergangenheit bei manchen Vätern zur Verunsicherung in der Erziehungsaufgabe gegenüber ihrem Kind geführt. Sie zogen die Konsequenz, die Beschützerrolle als ihre Hauptaufgabe anzusehen, d.h. sie blieben in der Phase 1 ihrer Vaterrolle haften. Die notwendige Folge hiervon war, daß die Mütter nunmehr die väterlichen Erziehungsaufgaben mit übernehmen mußten und dadurch ein Übergewicht in der Kindererziehung hatten. Die Unausgewogenheit wurde jedoch inzwischen erkannt und ein Gleichgewicht scheint sich nunmehr einzupendeln. Seit etwa zwei Jahrzehnten ist eine zunehmende Beteiligung der jungen Väter an den Aufgaben der Früherziehung ihrer Kinder zu bemerken.

Diese Darstellungen mögen genügen, um die Schwierigkeiten deutlich zu machen, die sich vor den Eltern auftürmen bei der Erkenntnis, daß sie ein behindertes Kind haben. Die Erziehungsaufgaben haben für die Eltern ohnehin einen dualistischen Charakter in der Phase 1 und in der Phase 2, aber beim gesunden Kind gehen diese beiden Phasen stufenweise ineinander über: die erste Phase wird langsam abgebaut während die zweite Phase aufgebaut wird in den vielen Jahren der aktiven Elternschaft. Es handelt sich hier um einen Wachstums- und Reifungsprozeß bei den Eltern, der ihr gesamtes Erwachsenenleben beansprucht und zahlreichen Gefährdungen ausgesetzt ist. Bei einem behinderten Kind nun wird die Erziehungsaufgabe dadurch so kompliziert, daß die Phase 1 länger als sonst bestehenbleibt, so daß die Phase 2 schon einsetzen müßte vor dem Abklingen der Phase 1. Dadurch, daß der Erziehungsstil der Phase 1 und der Phase 2 über einen längeren Zeitraum nebeneinander praktiziert werden muß, entsteht bei den Eltern dann oft eine große Unsicherheit. Die von dem Kind ausgehenden Kräfte für diesen „zweiten Abnabelungsprozeß" als Motor für das Geschehen fallen hierbei aus.

Reaktionen der Eltern auf die Geburt eines Kindes mit Down-Syndrom

Es ist für die Eltern ein erheblicher Schock, wenn sie mit der Tatsache konfrontiert werden, daß ihr neugeborenes Kind ein Down-Syndrom hat. Zahlreiche Eltern sind anfangs so verzweifelt, daß ihnen ein Weltuntergang durchaus gelegen käme. Nach Überwindung dieses ersten Schocks ist dann häufig zu beobachten, daß nunmehr ein starkes Informationsbedürfnis einsetzt: die Eltern wollen wissen, was es mit dieser Art der Behinderung auf sich hat und welche Schwierigkeiten es zu vermeiden gilt. Die medizinische Fachliteratur über das Down-Syndrom wird verschlungen, befriedigt aber die Bedürfnisse der Eltern meistens nur wenig. Sie möchten vor allem ganz konkret wissen, was sie denn tun können, um mit ihren Problemen fertig zu werden. Zuweilen taucht auch der Gedanke auf, das Kind sofort in ein Heim zu geben. Das ist verständlich und kennzeichnet die Unsicherheit der Eltern. In dieser Situation leisten die Elterngruppen der „Lebenshilfe" oft wertvolle Dienste, indem vom gleichen Schicksal betroffene Eltern sich für eingehende Gespräche mit neuen Schicksalsgenossen zur Verfügung stellen. Die Eltern sehen dann, daß andere auch damit fertig wurden und sogar wieder lachen können. Dort erfahren sie zuweilen auch von der Möglichkeit einer Frühförderung ihres Kindes. Es tritt eine gewisse Beruhigung ein, und es regt sich so etwas wie Zuversicht – wenn auch zunächst sehr zaghaft.

Primäre Phase der Sozialisation bei günstigen Anfangsbedingungen

In dieser etwas beruhigten Phase wenden sie dann ihre ganze Aufmerksamkeit ihrem Kind zu und stellen fest, daß es eigentlich nicht so sehr viel anders ist, als andere Säuglinge auch. Sie sind beglückt, wenn es schließlich ihr Lächeln erwidert und finden Zugang zu ihm. Und dieses Kind macht ihnen im weiteren Verlauf den Zugang sogar leicht: es ist im allgemeinen kontaktbereit, freundlich und anspruchslos. Die meisten Eltern schildern ihr Kind mit Down-Syndrom als ausgesprochen lieb und anschmiegsam. Nach der stürmischen Auflehnung gegen das Schicksal und der Verzweiflung bei dem Gedanken an die Zukunft wird die Gegenwart nunmehr zum eigenen Erstaunen als durchaus beglückend empfunden – und zwar von beiden Elternteilen. Das Kind zeigt sich dankbar für die mütterliche Zuwendung und reagiert darauf mit Freundlichkeit. Die Beschützerrolle des Vaters wird durch die besondere Hilfsbedürftigkeit seines Kindes ebenfalls laufend gefordert, so daß beide Elternteile in der Phase 1 ihrer Elternrolle zunächst erstaunlich wenig Probleme haben. Da der Bedarf an Nachreifung bei Kindern mit Down-Syndrom besonders groß zu sein pflegt – König spricht von einer „Neotonie" – sollte die zur Verfügung stehende Zeit bis zum Eintritt in die Phase 2 durch gezielte Gesamtförderung gut genutzt werden.

Wenn die Eltern dann bei der Durchführung der Maßnahmen sehen, daß ihr Kind zu reagieren beginnt, daß die „Nachreifung" allmählich in Gang kommt, wirkt sich dies sehr wohltuend auf sie aus und sie werden ermutigt, ihre mühevolle Aufgabe weiterhin durchzuführen. Bei guter Betreuung hat das Kind gegen Ende des zweiten Lebensjahres dann so viel Interesse an seiner Umwelt entwickelt, daß es sie erobern möchte und von sich aus das Selbständigwerden anstrebt: es tendiert mit seinen eigenen Kräften in dieselbe Richtung, die mit dem Eintreten der Erziehungsarbeit der Eltern in die Phase 2 eingeschlagen wird. Es gibt in so einem geglückten Fall des „Nachreifens" kein Gegeneinander der Kräfte bei den Eltern und ihrem Kind, sondern ein gleichsinniges Miteinander. Da diese Harmonie den Menschen in der Umwelt auch spürbar wird, stoßen Kinder mit Down-Syndrom und deren Eltern jetzt schon häufiger bei ihren Mitmenschen auf freundliches Erstaunen und Verständnis – nach Überwindung der ersten Verlegenheit. Bei den Eltern stellt sich Erleichterung ein und vielleicht auch ein gewisser Stolz, eine so schwere Aufgabe in gemeinsamer Anstrengung erfreulich gut gelöst zu haben. Und dies verbindet die Eltern umso fester miteinander.

Primäre Phase der Sozlalisation unter weniger guten Bedingungen

So glücklich verläuft die Entwicklung eines Kindes mit Down-Syndrom in der sensomotorischen Stufe aber natürlich nicht immer. Die Bemühungen der Eltern, ihr Kind zur aktiven Auseinandersetzung mit seiner Umgebung zu veranlassen, kann an seinem passiven Widerstand scheitern. Seine Bewegungsarmut führt in manchen Fällen dazu, daß es seine Nachreifungsphase nicht optimal nutzt. Wenn es den Eltern bewußt wird, daß hier wertvolle Zeit verstreicht, die der Weiterentwicklung ihres Kindes dienen könnte, werden sie zuweilen von Ungeduld befallen. Ihre Haltung erinnert dann an einen Dompteur, der mit ungeheurer Willensanstrengung die gewünschten Reaktionen erzwingen will. Damit aber gefährden sie die in der Nachreifungsphase gleichzeitig erforderliche Nestwärme und Geborgenheit ihres Kindes im „sozialen Uterus". Ihre Bemühungen um die optimale Entfaltung aller in ihrem Kind ruhenden Möglichkeiten wird durch diese Haltung kaum zu erreichen sein.

Dieser Dualismus in den Anforderungen an die Eltern – gleichzeitiges Praktizieren von Erziehungsstil der Phase 1 und Phase 2 – kommt tatsächlich einer akrobatischen Leistung gleich, und es ist keineswegs verwunderlich, daß das Vorhaben zuweilen mißlingt. Die harte Konsequenz beim Mißlingen ist aber die, daß das Kind nach Beendigung der Nachreifungsphase dann nicht bereit ist, in den Lösungsprozeß einzutreten: der Drang, sich mit seiner Umwelt auseinanderzusetzen und selbständiger zu werden, setzt nicht ein. Damit entfällt dann der „Motor", der diese Entwicklung in Gang setzt und aufrecht erhält. In dieser Situation sehen die Eltern sich zuweilen veranlaßt, den Lösungsprozeß nunmehr von sich aus in die Wege zu leiten. Das kann aber nicht gelingen, wenn das Kind nicht mitzieht. Die Eltern steigern ihre fürsorglichen Bemühungen, um den Bedarf ihres Kindes an Geborgenheit zu decken und auf diesem Wege den Nachreifungsprozeß zum Abschluß zu bringen. Dadurch kann sich der Dualismus der beiden Erziehungsstile von Phase 1 und Phase 2 derartig steigern, daß er einer Zerreißprobe gleichkommt: die Eltern versuchen, ihr Kind gleichzeitig zu halten und loszulassen, an sich zu binden und von sich wegzuschieben. Diesen widersprüchlichen Anforderungen sind sie schließlich nicht mehr gewachsen. Sie resignieren und ziehen sich auf ihre Aufgaben der Phase 1 (Beschützen, Befriedigung der Bedürfnisse, Nestwärme) zurück.

Wenn diese Schwierigkeiten bei dem Vater und der Mutter in gleicher Intensität auftreten, entsteht für das behinderte Kind schließlich eine Situation, in der es mit keinerlei Anforderungen mehr konfrontiert wird, so daß es nicht zur Entfaltung aller in ihm ruhenden Möglichkeiten kommt.

Diese Ausführungen sollen verdeutlichen, daß die Weichen für die weitere Entwicklung eines Kindes mit Down-Syndrom bereits im ersten Lebensjahr gestellt werden. Wenn es den koordinierten Bemühungen der Eltern, der Krankengymnastin und der Hausfrühbetreuung gelungen ist, das Kind in seiner „Nachreifungsphase" zur aktiven Auseinandersetzung mit seiner Umwelt zu bewegen unter Erhaltung der erforderlichen Geborgenheit, so wird nach Beendigung dieser Phase auch bei diesem Kind das Streben nach Selbständigkeit erwachen, und damit steht dann die treibende Kraft für das Durchlaufen der Phase 2 zur Verfügung. Diese Leistung ist überall dort vollbracht worden, wo man einem Kind mit Down-Syndrom begegnet und keine sekundären Behinderungen feststellen kann. Das Ausmaß der sich hinter diesem Bild verbergenden Anstrengungen wird nur von sehr wenigen erahnt.

Es hat sich aber als möglich erwiesen, die beschriebenen Schwierigkeiten in den Griff zu bekommen. Nur müssen die Eltern rechtzeitig wissen, wo und wann Schwierigkeiten zu erwarten sind und wie man mit ihnen fertig werden kann. Hier nun möchte unsere Hilfe einsetzen.

Reaktionen der gesunden Geschwister auf die Geburt eines Kindes mit Down-Syndrom

Ganz allgemein darf gesagt werden, daß das Gedeihen der gesunden Geschwister ein recht zuverlässiger Indikator dafür ist, ob die Eltern mit ihren Problemen gut fertig werden oder ob sie überfordert sind. Es muß aber sogleich einschränkend betont werden, daß nicht jede Schwierigkeit der gesunden Geschwister als Indiz dafür angesehen werden darf, daß die Eltern ihren Aufgaben nicht mehr gewachsen sind. Hier ist sorgfältige Beobachtung und abwägende Haltung am Platze. Welches Kind läuft heute schon komplikationslos durch den Kindergarten und die Schule!

Es kann weiter allgemein gesagt werden, daß die gesunden Geschwister auf die Geburt eines Kindes mit Down-Syndrom bei weitem nicht so empfindlich reagieren wie die Eltern. Sie haben ihre eigenen Probleme und tragen für das Neugeborene keine Verantwortung. Berührt sind sie allenfalls von der Trauer oder Verzweiflung ihrer Eltern. Wenn es diesen aber gelingt, eine besonnene Haltung einzunehmen, bleibt für die gesunden Geschwister die Welt meistens in Ordnung. Beim Kind mit Down-Syndrom wird das „Anderssein" allmählich deutlich sichtbar und damit sind die gesunden Geschwister im allgemeinen bereit, das zu respektieren. Oft können sie sogar einsehen, daß dieses Kind die besondere Zuwendung ihrer Eltern braucht und nehmen es hin – wenn auch ein gelegentlicher Anfall von Eifersucht gewisse Schwierigkeiten signalisiert. Es kann durch die besorgte Zuwendung der Eltern zu ihrem behinderten Kind dazu kommen, daß das gesunde Geschwister dies Verhalten als Liebesentzug seitens der Eltern deutet und mit Einnässen reagiert. Das Kind „weint durch die Blase". Aber derartige Schwierigkeiten kommen ja auch oft genug bei der Geburt gesunder Geschwister vor.

Es ist immer wieder erstaunlich, wie positiv sich die gesunden Geschwister zu einem Kind mit Down-Syndrom einstellen. Sie knüpfen sehr bald innige Beziehungen zu dem Kind an und neigen dazu, es allzu sehr zu „betütern". Es stellt keinen potentiellen Konkurrenten für die gesunden Kinder dar und wirkt deshalb auch nicht konfliktauslösend. Sie brauchen nicht auf der Hut vor ihm zu sein, da es – zum mindesten im Säuglingsalter – nicht zu Aggressionen neigt.

Wenn es den Eltern durch ihre besonnene Haltung gelingt, trotz der Geburt eines behinderten Kindes die übliche Atmosphäre in der Familie zu erhalten, dann ist eine Gefährdung dieser Atmosphäre durch Konflikte unter den Geschwistern nicht zu erwarten. Zuweilen kann man sogar das Gegenteil beobachten: der Zusammenhalt der Familienmitglieder wird durch dieses Kind gefestigt. Das Kind mit Down-Syndrom kann zum Kristallisationspunkt für die Familie werden.

Reaktionen im weiteren sozialen Umfeld auf die Geburt eines Kindes mit Down-Syndrom

Es scheint für die Eltern von ausschlaggebender Bedeutung zu sein, in welcher Form und unter welchen Umständen ihnen mitgeteilt wird, daß bei ihrem Kind ein Down-Syndrom vorliegt. Schon bei dem ersten Gespräch werden die Weichen gestellt für die Art, wie sie mit diesem Schicksal der Umwelt gegenübertreten werden. Die innere Haltung, die sie selbst bei der Mitteilung an ihre Umwelt einnehmen, bestimmt dann ihrerseits weitgehend deren Reaktionen. Es sollen hier fünf Varianten geschildert werden.

1. Unerträglich lange Wartezeit bis zur Klärung der Diagnose

Eine ausgesprochen ungünstige Wirkung ist festzustellen, wenn die Eltern allzu lange über die Diagnose im Unklaren gelassen werden. Das war früher häufiger der Fall. Seit es die Möglichkeit gibt, den Verdacht durch die cytogenetische Untersuchung abzuklären, ist das nicht mehr üblich. Aber selbst eine Verzögerung von einigen Wochen, wie sie sich zuweilen durch technische Mängel bei der Blutuntersuchung ergibt, wird von den Eltern als außerordentliche Belastung empfunden. Das Schweben zwischen Angst und Hoffnung zerrt an ihnen und macht es ihnen unmöglich, eine klare, besonnene Haltung gegenüber ihrer Verwandtschaft und ihrem Freundeskreis einzunehmen. Alle Eltern, die eine derartig hinhaltende Wartezeit durchmachen mußten, beurteilen diese als außerordentlich belastend.

2. Verschweigen der Diagnose – Beispiel und Konsequenzen

Es gibt auch heute noch Eltern, denen die Diagnose verschwiegen wurde. Ob das nun bewußt oder aus Versehen geschah, ist nicht mehr festzustellen. Als das betroffene Kind im Säuglingsalter war, verlegte die Familie ihren Wohnsitz ins Ausland. Bei den vorangehenden Impfungen wurde es von der Pockenimpfung zurückgestellt. Auf ihre Frage nach dem Grund bekam die Mutter keine Antwort. Sie war darüber beunruhigt und stellte im Laufe der nächsten Jahre fest, daß ihr Kind sich nicht wie andere Kinder entwickelte. Als das Kind dann 5 Jahre alt war, kehrte die Familie nach Deutschland zurück. Jetzt wurde eine cytogenetische Untersuchung durchgeführt, und sie ergab eine reguläre Trisomie 21. Die Mutter formulierte ihre innere Situation folgendermaßen: „Mit meinem Verstand habe ich es begriffen. Ich komme ja nicht drum herum. Aber mit meinem Herzen werde ich es wohl nie begreifen." Die Mutter hatte bis zu diesem Zeitpunkt einen Erziehungsstil entwickelt, den man vielleicht mit den Worten „gewaltsame Normalisierung" umschreiben könnte. Dadurch wurde das Mutter-Kind-Verhältnis erheblich gestört und war als Erziehungsbasis schließlich nicht mehr tragfähig. Obgleich die Mutter von ihrem Intellekt her einsah, daß sie auf dem eingeschlagenen Weg nicht weiterkam, war es ihr nicht mehr möglich, ihren jahrelang praktizierten Erziehungsstil zu ändern. Das Kind beantwortete ihre Anforderungen mit Aggressionen und Verhaltensstörungen. Diese wiederum lösten bei den Menschen seiner Umgebung Abwehrreaktionen aus, die sich auch gegen die Eltern richteten. Die Schwierigkeiten, die das Kind dem Außenstehenden jetzt darbot, wurden den Eltern als Erziehungsuntüchtigkeit angelastet. Die Familie lebt jetzt wieder im Ausland und ist dort völlig isoliert. Die Eltern glauben, den Menschen ihrer Umgebung das Zusammensein mit ihrem Kind nicht zumuten zu können. Selbst wenn bei diesem Kind die Merkmale des Down-Syndroms nur so dezent ausgebildet waren, daß ihr Übersehen bei der Geburt zu entschuldigen war, wäre die Lage der Familie vermutlich noch in erträgliche Bahnen zu lenken gewesen, als das Kind von der Pockenschutzimpfung zurückgestellt wurde. In dieser Situation war das „Taktgefühl" des Arztes sicher fehl am Platze. Hier wurden Weichen gestellt für die Fehlentwicklung einer ganzen Familie. Es entstanden sekundäre Behinderungen bei Behinderten und Nichtbehinderten.

3. Weiterreichen des „Schwarzen Peters"

Dieses soeben geschilderte Schicksal ist heute gottlob eine Ausnahme. Aber die Unsicherheit und wohl auch Verlegenheit in der schwierigen Lage, den Eltern die Diagnose „Down-Syndrom" mitteilen zu müssen, führt zuweilen zu Praktiken, die der Überwindung der elterlichen Nöte letzten Endes nicht dienlich sind. Auf einigen Entbindungsstationen scheint es üblich zu sein, daß die Diagnose zwar intern gestellt wird, aber sie wird den Eltern zunächst verschwiegen. Das Kind wird unter einem Vorwand in die Kinderklinik verlegt. Die Eltern waren in zahlreichen Gesprächen durchaus zu der Einsicht bereit, daß es sicher für keinen Arzt leicht ist, sie kurz nach der Geburt ihres Kindes mit der Vermutungsdiagnose Down-Syndrom zu konfrontieren. Es wird von den Eltern jedoch als verletzend empfunden, wenn in so einem Fall der „schwarze Peter" weitergereicht wird. In der Kinderklinik erfährt der besorgte Vater dann vom Stationsarzt, daß man seinem Kind Blut abgenommen habe, um eine Chromosomenanalyse durchzuführen. Der junge Vater weiß natürlich nicht, um was es sich bei dieser Blutuntersuchung handelt und bittet im Auskunft. Der Stationsarzt hat es sehr eilig und fragt quasi zwischen Tür und Angel zurück, ob man ihm auf der Entbindungsstation den Verdacht auf Down-Syndrom denn nicht mitgeteilt habe. Man hatte es ihm nicht mitgeteilt.

Wie benommen verläßt der Vater die Kinderklinik und überlegt nun, was er seiner Frau sagen soll. Er beschließt, sich erst einmal über dieses Krankheitsbild zu informieren und seine Frau zunächst nicht zu beunruhigen. Sie aber spürt natürlich seine Unruhe und Bedrücktheit. Auch aus dem Gebaren der Schwestern konnte sie bereits entnehmen, daß mit ihrem Kind etwas nicht stimmt. Auf ihre Fragen erhielt sie jedoch immer nur ausweichende Antworten. Und jetzt spürt sie, daß auch ihr Mann ausweicht. Es muß etwas Entsetzliches sein, wenn selbst ihr Mann ihr nicht die Wahrheit sagen kann. Es bahnt sich Mißtrauen gegen die Umwelt bei der Mutter an. Vielleicht gelingt es ihr, ihren Mann von diesem Mißtrauen auszuschließen – vielleicht auch nicht.

Der weitere Verlauf dieses Familienschicksals hängt von der Offenheit der Ehepartner zueinander ab. Daß hier jedoch die Weichen nicht gerade günstig gestellt wurden, weil von dieser Konstellation aus zahlreiche Fehlentwicklungen möglich sind, ist offensichtlich. Diese Handhabung des Problems ist nach unseren Erfahrungen aus den Elterngesprächen aber leider keine Ausnahme.

In der hierdurch entstandenen Situation kommt es nun darauf an, ob und wann der Vater sich entschließt, seine Frau mit der Wahrheit zu konfrontieren. Tut er es zu spät, so wird das Vertrauensverhältnis der Partner erheblichen Belastungen ausgesetzt. Aber auch schon ein geringes Hinauszögern kann die Gesamtlage der Familie sehr schwierig machen. Wird dann schließlich Klarheit zwischen den Partner geschaffen, taucht nunmehr die Frage auf, wie man die neu entstandene Situation bewältigen könnte. Womöglich sind stolze Geburtsanzeigen bereits abgegangen, die ersten Geschenke schon eingetroffen, und die ersten Besucher haben das Kind bewundert. Sollte man nicht einfach schweigen? Manches junge Paar entschließt sich zu diesem auf den ersten Blick einfacheren Weg. Aber sie sind durch das Geschehen natürlich verändert, die Sorgen um das Kind und seine Zukunft machen es ihnen unmöglich, an der unbeschwerten Heiterkeit ihrer Zusammenkünfte im Freundeskreis wie früher teilzunehmen. Mit zunehmendem Alter des Kindes läßt sich sein Entwicklungsrückstand schließlich auch nicht mehr übersehen. Treten dann sekundäre Behinderungen hinzu, so tritt den Eltern auch noch der versteckte oder offen ausgesprochene Vorwurf der Erziehungsuntüchtigkeit entgegen. Der Freundeskreis bröckelt ab. Entweder, weil die Freunde enttäuscht sind, daß die Eltern nicht genügend Vertrauen zu ihnen hatten, um sie an ihren Sorgen teilnehmen zu lassen. Oder aber, weil sie aus der mangelnden Offenheit der Eltern glauben schließen zu dürfen, daß hier berechtigte Schuldgefühle vorliegen. Das Verhalten des Kindes scheint diese Bedenken dann nur noch zu unterstreichen.

Aber nicht nur die Väter geraten durch die unüberlegte Weichenstellung beim ärztlichen Erstgespräch in innere Nöte durch den Versuch, die Diagnose für sich zu behalten. Auch manche Mütter sind diesen Weg gegangen und haben allzu lange gelebt in der Sorge um ihr behindertes Kind und in der gleichzeitigen Verlustangst um ihren Mann. Daß sie bei derartigen seelischen Belastungen nicht die Fröhlichkeit, Souveränität und Konsequenz aufbringen können, die die Erziehung eines Kindes mit Down-Syndrom von ihnen fordert, braucht nicht weiter betont zu werden.

4. Das offene Gespräch mit beiden Eltern gleichzeitig

Eine andere Möglichkeit, die Eltern mit der Diagnose Down-Syndrom zu konfrontieren, besteht in einem offenen, gemeinsamen Gespräch. Die Eltern berichten übereinstimmend, daß der Schock leichter für sie zu ertragen gewesen sei, wenn er sie gemeinsam traf. Sie werden dadurch der Schwierigkeit enthoben, ihrem Partner diese erschütternde Nachricht machen zu müssen, sie werden beide quasi „von außen" vor ein Problem gestellt und können sich dabei auf ihren Partner stützen. Als Entlastung empfinden es die Eltern, wenn der Arzt für dieses schwerwiegende und zukunftsträchtige Gespräch so viel Zeit hat, daß er die sofort auftauchenden Fragen sachlich beantworten kann. In manchen Fällen bekommen die Eltern von ihm auch Hinweise auf Literatur, damit sie sich selbst informieren können. Einige Eltern schlagen vor, ein Merkblatt zu verfassen und auf den Entbindungsstationen bereitzuhalten, damit die Angst vor dem Unbekannten gemildert würde und der erste Informationshunger gestillt wird. Das Nachschlagen im medizinischen Hauslexikon sei nicht dazu angetan, ihre Nöte zu lindern, berichten die Eltern. Das Gegenteil sei meistens der Fall.

Ein derartig informatives Gespräch mit dem Arzt pflegt dann den Ausgangspunkt dafür zu bilden, daß die Eltern sich mit der empfohlenen Literatur befassen. Wenn sie sich auf diesem Wege ein gewisses Maß an Wissen angeeignet haben, fällt es ihnen leichter, ihre Verwandten und Freunde zu informieren. Das Verbalisieren ihrer Schwierigkeiten gelingt ihnen besser, und sie werden allmählich wieder Herr ihrer Situation. Diese besonnene Haltung ermöglicht es ihnen dann, auch dort einen begehbaren Weg zu entdecken, wo anfangs nur ein Dschungel zu erblicken war. Sie können ihrer Umwelt mit größerer Sicherheit gegenübertreten. Dadurch sind sie nicht mehr so verletzbar, und die Gefahr der Isolierung wird geringer.

5. Mitteilung der Diagnose – warmes menschliches Verständnis
Kürzlich berichtete ein junges Ehepaar über seine Erlebnisse, nachdem die Mutter ein Kind mit Down-Syndrom zu Welt gebracht hatte. Es war das erste Kind der Eltern, und der Vater war bei der Geburt des Kindes zugegen. Die Vermutungsdiagnose wurde nach Beendigung des Geburtsvorganges den Eltern sofort mitgeteilt. Man nahm sich ihrer anschließend in menschlich vorbildlicher Form an: man sorgte dafür, daß das junge Elternpaar beisammenbleiben konnte, um die neu entstandene Lage gemeinsam zu überdenken und sich in dieser schwierigen Situation gegenseitig zu stützen. Dadurch hatte dieses junge Paar vom ersten Augenblick an das Gefühl, von den Mitmenschen verstanden zu werden und angenommen zu sein. Alle Mitarbeiter auf der Station spürten die Dankbarkeit der jungen Eltern für dieses Verhalten, und das nahm dem Pflegepersonal die sonst in derartigen Situationen unvermeidlich aufkommende Verlegenheit. Man überbot sich in Herzlichkeit und Hilfsbereitschaft. Die Eltern denken im Grunde noch heute gern an dieses Erlebnis zurück, obgleich es sie erschüttert hat. Aber in ihrer Erschütterung erfuhren sie Hilfe durch menschliche Wärme.

Diesem jungen Paar wurden ausgesprochen gute Startmöglichkeiten gegeben, nunmehr auch mit denjenigen Problemen fertig zu werden, die weiter auf sie zukamen. Man merkte es ihnen im Gespräch auch an: sie waren weder bedrückt, noch hatten sie an Selbstvertrauen eingebüßt. Und ihr Kind gedieh in dieser Atmosphäre prachtvoll. Die jungen Eltern faßten den Entschluß, nicht nur ihre Verwandten und ihren Freundeskreis über die augenblickliche Situation zu informieren, sondern auch die Nachbarschaft. Die Mutter machte Besuche bei ihren Nachbarinnen, berichtete, was geschehen war und bat darum, die Kontakte weiter so zu gestalten wie bisher. Darauf gingen die Nachbarinnen gerne ein, denn die Mutter hatte ihnen auf diesem Wege die aufkommende Verlegenheit bereits genommen und sich selbst damit viel verborgenes Leid erspart.

Folgerung

Der vorzuschlagende Weg wäre also, vom ersten Augenblick an absolut offen zu den Eltern zu sein. Diese Offenheit stürzt die Eltern allerdings in ganz akute Nöte. Das muß ihr Gesprächspartner ermessen können, um diese dann mit der notwendigen menschlichen Wärme aufzufangen. Man sollte die Eltern in dieser Situation nicht allein lassen, sondern ihnen zeigen, daß sie angenommen werden mit ihrem ungewöhnlichen Schicksal. Die Verantwortung des Arztes und der geburtshilflichen Kliniken ist groß: die Weichen für den weiteren Weg dieser Familien werden bereits hier gestellt.

Entwicklung einer Methode zur Erstellung von Frühförderungsprogrammen

Rückblick

Konzept

Das ursprüngliche Konzept dieser Arbeit lautete: begleitende Beratung der Eltern behinderter Kinder vom Säuglingsalter bis zur Einschulung. Als 1973 die ersten tastenden Schritte auf diesem Gebiet unternommen wurden, bestanden schon einige Kinderzentren und weitere waren geplant. Aber selbst nachdem diese wichtigen Einrichtungen geschaffen worden waren, gab es immer noch eine Anzahl von Eltern, die ein solches Zentrum mit ihrem behinderten Kind nicht in der wünschenswerten Regelmäßigkeit aufsuchen konnten. Entweder waren die Entfernungen zu groß, oder die familiäre Situation ließ es nicht zu. Für diese Gruppe von Eltern mit behinderten Kindern wurde deshalb angestrebt, schriftlich fixierte Langzeitprogramme zu erstellen und darin entwicklungsfördernde Anregungen als flankierende Maßnahmen anzubieten. Die Eltern sollten wissen, wie sie es durch spielende Beschäftigung mit ihrem Kind vermeiden könnten, daß seine Entwicklung in eine Sackgasse gerät.

Vorüberlegungen

Es war von Anbeginn klar, daß diese Aufgabe nur zu bewältigen war, wenn sich hier Vertreter mehrerer Disziplinen zu einem Team zusammenschlossen. Die Pädagogik hatte bis 1973 ihr Interesse noch nicht auf die Frühförderung behinderter Kinder gelenkt. In der Sonderpädagogik und in der Sozialpädagogik wurden den Studenten die verschiedenen Behinderungsformen und ihre Auswirkungen auf die frühe Entwicklung des Kindes zwar theoretisch nahegebracht, aber sie kamen seinerzeit in der Praxis nicht an die behinderten Kinder in ihren ersten 3 Lebensjahren heran.

Die Eltern wandten sich meistens an ihren Kinderarzt. Dieser konzentrierte sich jedoch entsprechend seiner Ausbildung im wesentlichen auf die körperlichen Auffälligkeiten des Kindes. Sicher wirkten seine Ratschläge sich auch pädagogisch aus, aber er konnte die Erziehung eines behinderten Kindes nicht als seine Aufgabe ansehen – die „Erziehung" war Sache der Eltern und sollte es auch bleiben. Der Arzt hat Pädagogik nicht studiert und kann deshalb auch kein pädagogisches Konzept entwickeln. Selbst wenn er es täte, fehlte es ihm dann für die Durchführung am didaktischen Wissen. Die Eltern standen 1973 noch allein vor dem Problem.

Daß aber die Eltern behinderter Kinder mit dieser Anforderung oft überfordert sind, schien bis dahin nur einigen Fachleuten bewußt zu sein. 1974 wurde dieses Thema erstmalig in einem größeren Rahmen auf der Studientagung der Lebenshilfe in Gelsenkirchen diskutiert. Die Tagung stand unter dem Motto: „Frühe Hilfen – wirksamste Hilfen" und von nun an entstand zunehmend ein Problembewußtsein. Hier wurde auch eine Neuerscheinung auf dem Büchermarkt angeboten mit dem Titel: „Früherziehungsprogramme". Prof. Bach hatte seine Mitarbeiter beauftragt, die Literatur daraufhin durchzukämmen, wie weit sie Anregungen für die Förderung geistig behinderter und entwicklungsverzögerter Kinder in den ersten 3 Lebensjahren enthielt. Dieses Buch fand in Gelsenkirchen reißenden Absatz. Das Interesse an dieser Frage wuchs. (Heinz Bach: Früherziehungsprogramme, Verlag Marhold, 1974). Wie erstaunlich wenig Beachtung ihr bis dahin jedoch geschenkt worden war, geht aus dem Ergebnis der Arbeit hervor: es handelt sich um ein Heft von 104 Seiten. Dennoch waren alle Teilnehmer der Studientagung dankbar, daß nunmehr wenigstens dieser Ansatzpunkt für die ersten 3 Lebensjahre vorlag.

In Gelsenkirchen wurde in abendlichen Gesprächsrunden weiter darüber diskutiert, in welcher Form und mit welchen Mitteln ein schriftlich fixiertes Programm für die Eltern zusammenzustellen sei. Es tauchte dabei der Gedanke auf, die wichtigsten Anregungen für die Eltern auf kleinen Kärtchen bereit zu halten und sie im Bedarfsfalle individuell für das Kind zu einem Programm zusammenzustellen. Dieser Gedanke blieb haften und wurde weiter verfolgt.

Voraussetzungen

Bei den Vorüberlegungen für unsere Arbeit stellte sich die Frage, welche Voraussetzungen bei den Eltern gegeben sein müßten, damit sie ein schriftlich fixiertes Langzeitprogramm mit ihrem behinderten Kind durchführen können. Hier schienen 2 Punkte wesentlich zu sein.

1. Die Eltern sollten in der Lage sein, ihr Kind genau zu beobachten und ihre Beobachtungen auch in Worte zu fassen.

2. Es sollte ihnen möglich sein, die Anregungen aus einem Langzeitprogramm in Handlungen umzusetzen.

Die beiden Voraussetzungen sind nach meinen Erfahrungen bei den meisten Eltern gegeben. Sie beobachten ihr behindertes Kind erstaunlich genau und können ihre Beobachtungen auch verbalisieren. Was ihnen oft schwer fällt, ist die Deutung ihrer Beobachtungen, der Stellenwert, der diesen im Persönlichkeitsbild ihres Kindes zukommt. Hier brauchen sie zuweilen fachliche Hilfe, um die Eigenarten ihres Kindes richtig interpretieren zu können.

Das Umsetzen der Anregungen aus dem Programm in praktische Handlungen stellt an die intellektuellen Fähigkeiten der Eltern keine besonders hohen Ansprüche – vorausgesetzt, daß die Anregungen in einer allgemein verständlichen Sprache abgefaßt sind. Sie haben dann den Schwierigkeitsgrad einer einfachen schriftlichen Anweisung, die von allen Eltern verstanden werden dürfte, die eine Regelschule abgeschlossen haben. Für diejenigen Eltern jedoch, die einen Text nicht in eine Handlung umsetzen können, stellt ein Langzeitprogramm eine Überforderung dar. Für sie müssen dann andere Wege zur Frühförderung ihres Kindes gefunden werden.

Ziemlich hohe Anforderungen stellt die Durchführung eines schriftlich fixierten Langzeitprogrammes allerdings in Bereichen, die das Wesen und den Charakter der Eltern betreffen: sie brauchen praktische Wendigkeit, um die Spielangebote für ihr Kind in den Tagesablauf ihrer Familie eingliedern zu können, ohne daß die anderen Familienmitglieder zu kurz kommen. Sie brauchen aber auch Elastizität, weil bei dem behinderten Kind unvermutete Sperrungen auftreten können. Eine gewisse Zähigkeit und ein Durchhaltevermögen ist ebenfalls notwendig, um ein Halbjahresprogramm Schritt für Schritt an das Kind heranzutragen. Diese Kombination von Eigenschaften kann natürlich nicht immer in der erwünschten Ausprägung bei allen Eltern vorhanden sein. Sie sind schließlich auch nur Menschen und haben als solche ihre Schwächen. Auch für diese Gruppe von Eltern sollten dann andere Alternativen offenstehen.

Aber nicht nur bei den Eltern, sondern auch bei den Mitgliedern des Teams müssen einige Voraussetzungen erfüllt sein, wenn eine Gemeinschaftsarbeit wie das Erstellen eines Langzeitprogrammes für ein behindertes Kind gelingen soll. Auch hier ist es nicht so sehr die fachliche Qualifikation der Team-Mitglieder, die im Vordergrund steht, sondern einige andere Eigenschaften, die notwendig sind:

1. Die Team-Mitglieder sollten gewillt und in der Lage sein, ihr Fachwissen zu einer funktionellen Einheit zusammenfließen zu lassen, so daß zwischen den Disziplinen ein nahtloser Übergang entsteht.

2. Sie sollten eine innere Einstellung zu den Eltern der behinderten Kinder erworben haben, die es ihnen ermöglicht, die Eltern als gleichberechtigte Partner ihres Team zu akzeptieren.

Diese Kombination von Eigenschaften ist natürlich auch bei den Fachleuten nicht immer gegeben. Auch sie sind schließlich nur Menschen mit ihren Schwächen. Team-Fähigkeit erfordert eben mehr, als nur die Bereitschaft dazu. Sie erfordert vom Einzelnen die Souveränität, als Fachmann ohne Groll in den Hintergrund zu treten, sobald es die Gesamtsituation erfordert.

Erste Schwierigkeiten und ihre Überwindung

Nach diesen Vorüberlegungen war vorauszusehen, daß schon die Zusammenstellung eines funktionsfähigen Teams auf Schwierigkeiten stoßen würde. In der Praxis waren die Schwierigkeiten jedoch größer, als es theoretisch zu vermuten war.

Bei dem ersten Versuch einer interdisziplinären Zusammenarbeit im Mai 1973 stellte sich nämlich heraus, daß im pädagogisch-psychologischen Fachgebiet und auf dem kinderärztlichen Sektor verschiedene Sprachen gesprochen werden. Das führte zu Mißverständnissen, die auch durch Begriffsdefinitionen nicht voll beseitigt werden konnten. Es breitete sich Mißtrauen und Unbehagen aus, und die angestrebte funktionelle Einheit wollte unter diesen Umständen nicht gelingen. Schon nach 5 Monaten scheiterte der erste Versuch: die Team-Mitglieder, die mit viel gutem Willen und Idealismus an diese Aufgabe herangegangen waren, trennten sich.

Durch den ersten mißlungenen Versuch war aber eines klar geworden: wenn eine Gemeinschaftsarbeit in dieser Form gelingen sollte, mußte versucht werden, die Schwierigkeiten des behinderten Kindes graphisch zu erfassen. Es mußte eine Art „Entwicklungsprofil" des Kindes im Mittelpunkt der Arbeit stehen, damit die Fachleute aus den verschiedenen Disziplinen sich auf nonverbalem Wege über den Leistungsstand des Kindes orientieren konnten. Dadurch könnte die Möglichkeit zu Mißverständnissen schon einmal erheblich eingeengt werden, und es würde den Partnern Zeit und Kraft sparen, wenn die ermüdenden Begriffsdefinitionen vermieden werden könnten.

Es wurde nunmehr nach einer Möglichkeit gesucht, ein Entwicklungsprofil für behinderte Säuglinge und Kleinkinder zu erstellen. Hierfür bot sich zunächst die Methode von Bühler und Hetzer an. Beim Studium ihrer Durchführungsbestimmungen stellte sich jedoch heraus, daß die Überprüfung der Items von demjenigen Punkt auszugehen habe, der dem Lebensalter entspricht. Erst wenn diese Leistungen vom Kind nicht erbracht werden, sollte der Testleiter sich schrittweise den darunterliegenden Entwicklungsstufen zuwenden. Dieses Vorgehen wäre aber für zahlreiche von uns betreute Kinder mit soviel Frustration belastet gewesen, daß damit die Gefahr eines Abblockens seitens des Kindes verbunden gewesen wäre. Dieser Weg wurde deshalb nicht beschritten.

Die entwicklungsphysiologischen Tabellen von Hellbrügge umfaßten damals nur die ersten beiden Lebensjahre und reichten insofern für unser

Vorhaben nicht aus. Die Tabellen von Günzburg waren seinerzeit noch nicht ins Deutsche übertragen. Dasselbe galt für die Denver Skalen. Aber Kiphard hatte einige Arbeiten veröffentlicht, die in der angestrebten Richtung ermutigend waren. Er war seinerzeit am Institut für Jugendpsychiatrie und Heilpädagogik in Hamm/Westf. tätig. Mit ihm wurde Kontakt aufgenommen und hierbei ergab sich der glückliche Umstand, daß er ein Entwicklungsgitter in Vorbereitung hatte, das von der Geburt bis zum 7. Lebensjahr reichte. Das war genau der Zeitraum, der nach unserem Konzept erfaßt werden sollte. Kiphard war damit einverstanden, daß sein noch unveröffentlichtes Gitter für unsere Arbeit als Grundlage benutzt wurde. Dafür sei ihm an dieser Stelle ausdrücklicher Dank gesagt.

Es muß jedoch betont werden, daß in dem Gitter lediglich ein künstliches Koordinationssystem vorliegt, mit dessen Hilfe wir uns die Schwierigkeiten des behinderten Kindes – aber auch seine Stärken – vor Augen führen können. Das Künstliche in diesem Aufbau von 6 nebeneinanderstehenden Entwicklungssäulen sollte dem Betreuer immer bewußt bleiben. In Wirklichkeit haben alle 6 Säulen sehr enge Verbindungen untereinander, so daß es strenge Grenzen nicht gibt. Aus diesem Grunde darf eine einzelne Entwicklungssäule auch niemals isoliert gesehen werden.

Inzwischen war die Suche nach einem pädagogischen Team-Mitglied erfolgreich: eine Sozialpädagogin, die hauptamtlich an einer Schule für geistig Behinderte tätig ist, zeigte Interesse an dem Vorhaben. Sie glaubte, daß auf diesem Wege viele Schwierigkeiten der behinderten Kinder von vornherein verhütet werden könnten und war bereit, Zeit und Kraft in die Entwicklungsarbeit zu investieren. Im Januar 1974 waren dann schließlich alle Voraussetzungen gegeben, die eine systematische Arbeit ermöglichten.

Es waren inzwischen Elternfragebögen entwickelt worden (S. 126 bis S. 160), die sich auf jedes einzelne Item in dem Entwicklungsgitter bezogen. Sie enthielten Erklärungen für die Eltern, wie die einzelnen Fragen aufgefaßt werden sollten, und wann sie mit einem x (als Ausdruck für „gekonnt) oder mit einem / (als Ausdruck für noch bestehende Schwierigkeiten) zu beantworten seien. Sehr bald ergab sich dann aus der praktischen Arbeit heraus der Wunsch, daß diese Elternfragebögen schon vor dem Eintreffen des behinderten Kindes bei uns vorlagen. Dadurch eröffnete sich uns die Möglichkeit, die Ergebnisse der Elternfragebögen schon vorbereitend auf das Entwicklungsgitter zu übertragen. Auf diese Weise konnte einmal das „Entwicklungsprofil im Rohbau" bereits vor dem Eintreffen des Kindes erstellt werden. Zum anderen aber wurde es dadurch jetzt möglich, die Spielbeobachtung des Kindes im Vorwege zu planen. Dies wurde erreicht, indem alle Unsicherheiten des Kindes, alle unverständlichen Lücken, aber auch die isolierten Leistungsinseln im Entwicklungsgitter besonders markiert wurden.

Wenn das pädagogische Team-Mitglied schon eine halbe Stunde vor dem Termin für Eltern und Kind eintrifft, können aus dem so vorbereiteten Entwicklungsgitter die markierten Items zu Spieleinheiten zusammengefaßt werden. Dadurch steht für die Spielbeobachtung schon einmal fest, welche Leistungen dem Kind entlockt werden sollen. Die Art und Weise, wie das dann durchgeführt wird, erfordert zuweilen viel Einfallsreichtum, pädagogisches Geschick und Wendigkeit. Wenn das „was" aber schon einmal klar ist, bleiben mehr Möglichkeiten offen, sich auf das „wie" zu konzentrieren.

Natürlich wurden die Elternfragebögen durch die zahlreichen Items im Entwicklungsgitter und die dazugehörigen Erklärungen recht umfangreich. Um nicht im Papier zu ersticken, wurden sie deshalb so angelegt, daß sie 6mal verwendet werden können. Bei den Nachberatungen nach Ablauf eines halben Jahres fordern die Eltern die Fragebögen ihres Kindes erneut an, um sie dann wieder ausgefüllt an uns zurückzusenden. Das hat den Vorteil, daß die Eltern selbst einen Überblick darüber bekommen, wo ihr Kind dank ihres Einsatzes Fortschritte erzielen konnte.

Im Schnitt sind es etwa 40 Items, die zu Spieleinheiten zusammenzufassen sind, um in der Spielbeobachtung abgeklärt zu werden. Diese Aufgabe ist in einem Zeitraum von 2 Stunden gut zu bewältigen. Für das Elterngespräch werden ebenfalls 2 Stunden angesetzt, und diese Zeit hat sich als ausreichend erwiesen.

Aus der Praxis ergab sich weiter die Notwendigkeit, auch das Elterngespräch sorgfältig vorzubereiten. Es wird ein „roter Faden" dafür skizziert, um alle diejenigen Fragen anzuschneiden, die für die Situation der Eltern und des Kindes von Bedeutung sind. Das Gespräch selbst wird jedoch so locker wie möglich geführt, um den Eltern die Möglichkeit zu geben, ihre Sorgen und Nöte in Worte zu fassen. Daraus aber ergibt sich zuweilen die Gefahr, daß das Gespräch sich allzuweit vom eigentlichen Thema entfernt. Hier erweist sich dann der skizzierte „rote Faden" als hilfreich.

Nach Beendigung der Spielbeobachtung beurteilt das pädagogische Team-Mitglied alle diejenigen Items aus dem Entwicklungsgitter, die für die Spielbeobachtung markiert waren. Sodann faßt die Pädagogin ihre Beobachtungen in einem Bericht zusammen, wie das Kind an die Lösung der einzelnen Probleme heranging und was dabei in seinem Verhalten auffällig war. Diesem Bericht wird vom Programmgestalter eine Zusammenfassung der Notizen über das Elterngespräch gegenübergestellt. Aus diesen beiden Komponenten wird unter Einbeziehung des Entwicklungsgitters ein möglichst lebendiges Bild von dem Kind zusammengefügt. Durch den Bericht sollen einerseits die Eltern auf die Durchführung des Programms eingestimmt werden. Andererseits werden die Schwierigkeiten des Kindes durch die Formulierung der Zusammenhänge für den Programmgestalter transparent.

Schwierigkeiten bei der Erstellung des Programmes in konventioneller Form

Die Formulierung des Programms erwies sich zunächst als außerordentlich zeitraubend und mühsam. Es mußten einmal Vorschläge ersonnen werden, die der Überwindung der Lücken und Unsicherheiten im Entwicklungsgitter des Kindes dienen sollten. Es sollten darüber hinaus aber auch weiterführende Vorschläge für das nächste halbe Jahr gemacht werden. Ein derartiges Programm umfaßt etwa 15 – 25 Seiten. Wenn es mit der Hand zu Papier gebracht war, ergaben sich zunehmende Schwierigkeiten, hierfür nunmehr eine Schreibkraft zu finden. So wurde daran gedacht, die „vorgedruckten Kärtchen" zur Bewältigung dieses Problems heranzuziehen, die bei den abendlichen Diskussionen in Gelsenkirchen (Studientagung der Lebenshilfe 1974) zur Debatte gestanden hatten. Bei der Vielzahl der Angebote, die ein Halbjahresprogramm enthalten mußte, konnte dabei jedoch allzuleicht ein Chaos entstehen. Es wurde deshalb ventiliert, ob sich die Vorschläge nicht in Tabellen zusammenfassen ließen, die mit Nummern versehen, dann von einer Schreibkraft ausgedruckt werden könnten. Damit blieb das Problem der allzu zeitaufwendigen Arbeit für die Schreibkraft jedoch immer noch ungelöst.

Lösung der Schwierigkeiten durch Einsatz der Technik

In dieser Situation tauchte im Sommer 1975 der Gedanke auf, ob hier nicht die Technik sinnvoll eingesetzt werden könnte. Wenn sich die in 1 1/2 Jahren erdachten Vorschläge zur Überwindung der einzelnen Teilprobleme in der Weise ordnen ließen, daß sie in Tabellen zusammengefaßt und mit einer Abrufnummer versehen würden, dann mußte es auch möglich sein, ein individuelles Trainingsprogramm über Elektronische Datenverarbeitung (EDV) zu erstellen. Es gab zwar schon zu diesem Zeitpunkt Speicherschreibmaschinen, die im Sinne der Elektronischen Text-Verarbeitung (ETV) zur Lösung des Problems hätten herangezogen werden können, aber die Kosten für eine derartige Anschaffung waren damals für unseren Rahmen unerschwinglich.

Dieser gedankliche Ansatz wurde nunmehr weiterverfolgt. Es wurden alle Vorschläge daraufhin gesichtet, ob sie zur Überwindung der Schwierigkeiten der Kinder beigetragen hatten. Sie wurden entsprechend den Säulen im Entwicklungsgitter zu Tabellen zusammengefaßt und mit einem Abrufcode versehen. Im Herbst 1975 war es so weit, daß das erste Trainingsprogramm für ein Kind mit Down-Syndrom über eine EDV-Anlage ausgedruckt wurde. Natürlich war es noch etwas holprig und wies einige Schönheitsfehler auf, aber dieser Weg schien prinzipiell begehbar zu sein, und es wurde beschlossen, ihn weiter zu verfolgen.

Es ist durchaus verständlich, wenn sich bei einigen Lesern an diesem Punkt eine Abwehr einstellt, weil bei ihnen Ängste gegen das Computerwesen wachgerufen werden. Die Technik ist aber für den Menschen da: sie soll ihm bei der Lösung von schwierigen Problemen helfen. Alles, was sich in Tabellen zusammenfassen läßt und sich in irgendeiner Weise wiederholt, kann der Technik zugänglich gemacht werden. Was sich praktisch nicht wiederholt, ist die Kombination von Lücken und Unsicherheiten beim einzelnen behinderten Kind. Diese ist Ausdruck seiner Individualität. Die Technik wird hier lediglich eingespannt, um behinderten Kindern und ihren Eltern ein Trainingsprogramm anbieten zu können, dessen Erstellung auf herkömmlichen Wege auf nahezu unüberwindliche Schwierigkeiten stößt.

In der darauf folgenden Zeit wurden die Tabellen vervollständigt. Die Entwicklungsschritte zwischen den einzelnen Items in dem Gitter erwiesen sich für zahlreiche behinderte Kinder als zu groß. Sie mußten in kleine Einzelschritte zerlegt werden, und es mußten zusätzliche Hilfsmaßnahmen erdacht werden, damit die Hürden von den Kindern genommen werden konnten.

Unsere Aufmerksamkeit wurde zunehmend auf die sogenannten „niederen Sinnesorgane" gelenkt. Es zeigte sich in den Gesprächen mit den Eltern und durch die eigenen Beobachtungen am Kind, daß ihnen große Bedeutung zukommt. Besonders die Wahrnehmungen im taktilen Bereich sind für die Entfaltung des Kindes in der sensomotorischen Phase sehr wesentlich. Störungen in der Registrierung und in der sicheren Einordnung dieser Sinneseindrücke haben weitreichende Folgen für das behinderte Kind.

An den Sinnesorganen konnten wir bei unseren Schützlingen gar nicht so selten Wahrnehmungsstörungen feststellen. Unsere Beobachtungen führten schließlich zu einem Denkmodell, mit dessen Grundzügen der Leser bereits bekannt gemacht wurde. Die Arbeit nach diesem Denkansatz hat sich bei unseren kleinen Patienten bisher in der Praxis recht gut bewährt.

Selbst wenn sich keinerlei Verdacht ergibt auf Störungen im basalen Bereich, streben wir im Säuglingsalter immer auch die Differenzierung der taktilen Wahrnehmung und des Geschmackssinnes an. Im olfaktorischen

Bereich sind wir allerdings bei derartigen Bemühungen in eine gewisse Verlegenheit geraten. Unsere Patienten zeigen nämlich bis zum Ende des zweiten Lebensjahres am Duft der Gegenstände herzlich wenig Interesse: sie bleiben völlig ungerührt. Dies soll an einem Beispiel erläutert werden, das für zahlreiche andere Beobachtungen stehen mag.

Die Mutter eines gut 2jährigen Kindes mit Down-Syndrom machte mit Verwunderung folgende Beobachtung: sie selbst stand in ihrer Küche an der Arbeitsplatte und zerschnitt Zwiebeln. Die aufsteigenden ätherischen Öle reizten ihre Riechnerven (Olfaktorius) und es begannen die üblichen Tränen zu fließen. Ihre kleine Tochter stand neben ihr und beobachtete erstaunt, daß die Mutter ihre Tränen fortwischte und sich mehrfach schneuzte. Obgleich das Kind sich genau in Augenhöhe mit den zerhackten Zwiebeln befand, zeigte es keinerlei Reaktionen: es schien weder den Geruch wahrzunehmen, noch war eine Reizung der Bindehäute festzustellen. Es wurde von diesem starken Reiz offenbar nicht tangiert. Die Mutter, die auf Grund ihrer Körperlänge etwa 3/4 Meter von der Reizquelle entfernt war, reagierte in der beim Erwachsenen üblichen Weise, während beim Kind die Wahrnehmung offenbar blockiert war und deshalb auch kein Augentränen einsetzte.

Nun wird in wissenschaftlichen Untersuchungen an Neugeborenen beschrieben, daß bereits kurz nach der Geburt eine Reaktion auf Geruchsangebote zu beobachten sei. Es muß deshalb zur Diskussion gestellt werden, ob diese Fähigkeit auch dem gesunden Säugling wieder abhanden kommt oder ob eine Reizblockierung bis zum Alter von etwa 2 – 3 Jahren für ein Kind mit Down-Syndrom behinderungsspezifisch ist. Vielleicht wird diese Frage einmal durch eine wissenschaftliche Arbeit beantwortet werden. – Nach diesem Abstecher nun zurück zur Entwicklung unserer Methode.

Im Dezember 1975 veröffentlichte Kiphard sein Buch: „Wie weit ist ein Kind entwickelt?" (verlag modernes lernen, 1975). Er hatte noch einige Änderungen an seinem Entwicklungsgitter vorgenommen, so daß wir uns der neu entstandenen Situation anpassen mußten. Vor allem aber hatte er sich auf die ersten 4 Lebensjahre beschränkt und auch die psychosoziale Entwicklung nicht mehr in das Gitter einbezogen. Diese beiden Fakten bedeuteten für unsere Arbeit eine Schwierigkeit. Da wir überwiegend Kinder mit Down-Syndrom betreuen und diese oft ihre Stärke im Sozialkontakt haben, wollten wir gerade bei ihnen auf diese Entwicklungssäule keinesfalls verzichten. Sie ist von zu großer Bedeutung für die Zukunft der Kinder und ihrer Eltern.

Durch die Beschränkung auf die ersten 4 Lebensjahre war nunmehr unser ursprüngliches Konzept: „begleitende Beratung bis zur Einschulung" gefährdet. Es wurde deshalb nochmals Verbindung mit Kiphard aufgenommen, und er wurde gebeten, uns aus seinem reichhaltigen Material Items bis zu 7 1/2 Jahren zu überlassen, damit wir durch eine „Aufstockung" seines veröffentlichten Gitters mit unserer begonnenen Arbeit an den heranwachsenden Kindern fortfahren konnten. Diese Bitte wurde erfüllt, und das Gitter wurde unter Einbeziehung des Sozialkontaktes und der „Aufstockung" in Druck gegeben (S. 161 und S. 163).*

Da zahlreiche Eltern die hier entwickelte Form der Betreuung als Hilfe empfanden, trafen bei uns mehr Anmeldungen ein, als wir mit unserer begrenzten Kapazität bewältigen konnten. Gleichzeitig wurde jedoch durch äußere Umstände der Zugang zur EDV immer mehr eingeengt, so daß in dieser Zwangslage nach einem Ausweg gesucht werden mußte. Es wurde auf verschiedenen Wegen versucht, die nunmehr entstandenen Probleme zu lösen.

Als erster Weg wurde die Veröffentlichung der Methode gewählt, damit die Arbeit auf eine breitere Basis gestellt werden konnte. Dies geschah in der Hoffnung, daß unsere Anregungen andernorts aufgegriffen werden würden und dadurch für uns eine Chance bestünde, bei der Deckung des Bedarfs an Langzeitprogrammen entlastet zu werden. Die Veröffentlichung erfolgte unter dem Titel: „Frühförderungsprogramme für behinderte Kinder" (Gertrud Ohlmeier, verlag modernes lernen, 1979). Das Buch hat zwar zahlreiche Leser so weit interessiert, daß Nachfragen und Zuschriften eintrafen. Ein Umsetzen der Methode in die Praxis ist m.W. jedoch nirgendwo erfolgt.

Als zweiter Weg zur Überwindung der zunehmenden Schwierigkeiten wurde die Begrenzung der Beratung auf die Frühförderung im engeren Sinne gewählt. Nach längerem Überlegen bestand in unserem Team Einigkeit darüber, daß die Betreuung der behinderten Kinder in ihren ersten 3 Lebensjahren eine vordringliche Aufgabe sei. Die Eltern der Kinder jenseits des 3. Lebensjahres haben schon eine gewisse Entlastung durch die Kindergärten oder Sondertagesheime und können ihre Probleme mit den dortigen Fachkräften durchsprechen. Die Eltern der jungen Kinder jedoch stehen noch oft allein vor ihren zuweilen sehr schwierigen Erziehungsaufgaben. Für sie sollte die neu erarbeitete Möglichkeit offen gehalten werden. – Die Konsequenz aus diesem Entschluß bestand darin, daß wir uns 1978 von denjenigen Eltern verabschieden mußten, deren Kinder das dritte Lebensjahr überschritten hatten. Diese Eltern bildeten nunmehr eine

---

* Anmerkung: Aus drucktechnischen Gründen mußte das auf den Seiten 161-163 als Muster wiedergegebene Gitter verkleinert werden. Als Arbeitsblatt ist es im DIN-A 3-Format beim verlag modernes lernen erhältlich. Das Arbeitsblatt umfaßt die 6 Entwicklungssäulen von der Geburt kontinuierlich bis zum Alter von 7 1/2 Jahren (Bestell-Nr. 5120, Satz à 25 Stück).

Elterninitiative und traten mit dem Ersuchen an die Sozialbehörde in Hamburg heran, für die kontinuierliche Fortsetzung dieser Betreuungsform Sorge zu tragen. Die von uns praktizierte Methode sollte in das Rahmenprogramm „Frühförderung" aufgenommen werden. Die Lebenshilfe und der Spastikerverein in Hamburg wollten gemeinsam ein Modell im Sinne der Hausfrühförderung einrichten und sich dabei unserer Methode bedienen. Es durfte erwartet werden, daß 1982 mit der praktischen Arbeit begonnen werden konnte. Diese Hoffnung hat sich jedoch durch die Schwierigkeiten in der wirtschaftlichen Entwicklung zerschlagen.

Eine Entlastung ergab sich aber inzwischen aus einer erfreulichen Entwicklung auf dem Gebiet der Mikroelektronik. Hier wurden 1979 auf der Hannoverschen Messe Speicherschreibmaschinen zu einem erschwinglichen Preis angeboten, die auf dem Wege über Elektronische Text-Verarbeitung (ETV) in der Lage sind, unsere Programme auszudrucken. Der Text der einzelnen Tabellen wird auf Mini-Disketten gespeichert und ist über einen bestimmten Code abrufbar. Das Programm ist individuell zusammenzustellen und die Tabellen können nahezu unbegrenzt ausgeweitet werden.

Ein solches Gerät wurde erworben, die Tabellen wurden im März 1980 gespeichert und von dem Zeitpunkt an wird nun nach dieser neuen Methode gearbeitet. Das Verfahren hat sich gut bewährt. Ein solches System muß natürlich sorgfältig gepflegt werden, indem immer wieder neue Hilfsmaßnahmen in die Tabellen eingefügt werden. Dies kann nunmehr in eigener Regie geschehen. Die Ausweitung des Systems wird eher dadurch begrenzt werden, daß es wegen des Umfanges der Tabellen eines Tages nicht mehr vernünftig zu handhaben ist, als dadurch, daß es für Neuerungen nicht mehr aufnahmefähig wäre.

Gegenwart

Darstellung des Arbeitsablaufes

Räumlichkeiten

Es stehen in unserem Haus zur Durchführung der Arbeit 4 Räume und ein Nebenraum zur Verfügung. Für das Elternsprechzimmer hat es sich bewährt, eine behagliche, wohnliche Atmosphäre zu schaffen. Der Eindruck einer „Praxis" sollte möglichst vermieden werden. Das Kinderspielzimmer ist bei uns mit dem Elternsprechzimmer durch eine Tür verbunden, die im allgemeinen geöffnet bleibt. Auf diese Weise kann das Kind die Stimmen seiner Eltern im Nebenraum hören – soweit die Trennung von den Eltern gelang – uns es können unnötige Trennungsängste vermieden werden.

Auch für die Eltern hat es sich in den meisten Fällen als hilfreich erwiesen, daß sie ihr Kind im Nebenraum hören können und dabei feststellen, daß es wohlgemut ist.

Es ist nach unseren Erfahrungen nicht erforderlich, daß die Eltern ihr behindertes Kind laufend in ihrem Blickwinkel haben. Sie werden dadurch von dem Gespräch nur allzu leicht abgelenkt. Deshalb sind auch Einwegscheiben weder erforderlich noch wünschenswert. – Es gibt aber natürlich auch Kinder, die sich von ihren Eltern während der Spielbeobachtung nicht lösen wollen. In solchem Fall wird diese im Elternsprechzimmer durchgeführt, wodurch das Elterngespräch allerdings für Störungen anfällig wird. Das muß dann jedoch hingenommen werden.

Weiter ist ein Büroraum erforderlich, in dem die Arbeiten auf der Speicherschreibmaschine durchgeführt werden. Für die etwas älteren Kinder steht außerdem noch ein großer „Spielkeller" zur Verfügung. Hier werden die Items aus der Körperkontrolle überprüft (Rennen, Hüpfen, Springen, Ballwurf). Dieser Raum erweist sich auch in allen den Fällen hilfreich, in denen bei erethischen Kindern ein Bewegungsdrang aufgefangen und in sinnvolle Bahnen gelenkt werden muß.

Ein sogenanntes „Kinderbad" mit WC und Waschbecken, Töpfchen und Windeln und großem Spiegel befindet sich neben dem Kinderzimmer.

Durchführung der Spielbeobachtung

Es hat sich als zweckmäßig erwiesen, daß nach dem Eintreffen der Eltern mit ihrem Kind zunächst alle Beteiligten das Elternsprechzimmer aufsuchen. Das Kind bleibt auf dem Schoß eines Elternteils sitzen und das pädagogische Team-Mitglied versucht, in dieser entspannten Situation erste Blickkontakte oder Berührungskontakte mit dem Kind herzustellen. Bei jungen Kindern, die die Phase des Fremdelns noch nicht erreicht haben, gelingt eine Lösung von den Eltern meistens schnell und komplikationslos. Bei älteren Kindern hängt es davon ab, ob das Fremdeln bereits überwunden wurde oder ob ein „Verklammerungseffekt" entstanden ist. Im allgemeinen lassen auch sie sich nach vorsichtiger Kontaktanbahnung und durch verlockende Spielangebote im Laufe der ersten Viertelstunde zur Lösung von den Eltern bewegen und suchen gemeinsam mit dem pädagogischen Team-Mitglied das Spielzimmer auf. Einige Kinder bleiben spontan gleich im Spielzimmer, entweder weil es ihnen von ihren früheren Besuchen bei uns bereits vertraut ist oder weil sie durch ein bestimmtes Spielzeug dazu verlockt werden.

Die Auswahl unseres Spielzeugs richtet sich im wesentlichen nach den Items des Entwicklungsgitters. Um sie nachtesten zu können, sind bestimmte Spielsachen unerläßlich. Sie sind jedoch nicht genormt, wie es bei Testbatterien üblicherweise der Fall ist. Kiphard hat keine Angaben darüber gemacht, welches Material zur Nachtestung der fraglichen Items zu benutzen sei. Auf diese Weise bleibt im Rahmen der Spielbeobachtung ein angenehmer Freiraum in der Wahl der Angebote. Wenn ein Kind beispielsweise unsere Puppe aus Zelluloid nicht leiden mag, wird ihm eine aus Stoff angeboten, mit der es sich vielleicht lieber beschäftigt.

Auch über die Zeit, in der eine Reaktion des behinderten Säuglings und Kleinstkindes auf einen gegebenen Reiz erfolgen sollte, wird in Kiphards Arbeit kaum eine Angabe gemacht. Das kommt unseren Wünschen insofern entgegen, als wir auf diese Weise in Ruhe abwarten können bzw. ein Angebot auch wiederholen, um dem Kind im Ansatz eine Reaktion zu entlocken. Hier ist der Grund dafür zu vermuten, daß wir im unseren Ergebnissen im Schnitt etwas günstiger liegen, als wenn andere entwicklungsdiagnostische Tabellen verwendet werden.

Unser Spielmaterial ist jedoch nicht nur auf das Nachtesten der Items gerichtet, sondern enthält auch Angebote, die dem Auffangen von Ermüdungserscheinungen beim Kind dienen. Manche Kinder brauchen ein entspannendes Spiel zwischen ihren einzelnen Aktivitäten. Einige von ihnen halten sogar ein Nickerchen, um nach dieser Erfrischung erneut auf die Angebote einzugehen. Das alles wird hingenommen und ist im allgemeinen auch zeitlich darstellbar.

Durchführung des Elterngespräches

Im Falle einer Erstberatung wird der Vorgeschichte große Aufmerksamkeit geschenkt. Sie wird in dem Formblatt (S. 188 bis 191) aufgenommen und umfaßt die Schwangerschaft der Mutter, die Geburt des Kindes und seine Auffälligkeiten im Säuglingsalter. Auch auf die familiäre Situation, sowie die Umweltverhältnisse (Wohnung, Verwandtschaft, Nachbarschaft) richtet sich unser Interesse, denn hier ergibt sich zuweilen Konfliktstoff, der ausgeräumt werden kann. Meistens gelingt es bereits im ersten Gespräch einen Überblick über die besondere Lage der Familie zu bekommen. Die auftauchenden Probleme werden partnerschaftlich erörtert, und eine Lösung wird angestrebt. Aber nicht für alle Fragen zeichnet sich bereits eine Lösung ab. Zuweilen muß der Partner sich auch einfach auf das Zuhören beschränken. Zuweilen wird er noch einmal über die Fragen nachdenken und das Ergebnis in den Bericht über das Kind einfügen.

Erstaunlich oft ergibt sich beim Erstgespräch jedoch, daß die Gegenwart der Familie durchaus beglückende Züge aufweist. Sorgen türmen sich erst dann vor den Eltern auf, wenn sie an die Zukunft ihres Kindes denken. Diese Sorgen werden gemeinsam erörtert.

Um diese Schwierigkeiten aufzufangen, wurde für die Eltern ein Merkblatt entworfen. Es soll die Funktion eines „roten Fadens" erfüllen. Sie erfahren dadurch, welche Entscheidungen ihnen im Laufe der Entwicklung ihres Kindes abverlangt werden und können sich rechtzeitig darauf einstellen. Dieses Merkblatt kann individuell über ETV zusammengestellt werden und findet sich am Ende der Tabellen auf S. 349 bis 355.

Beim Wiederholungsgespräch werden die Ereignisse der Zwischenzeit erfragt. Erkrankungen, Veränderungen im Wesen des Kindes, evtl. auch Verhaltensauffälligkeiten werden durchgesprochen. Es wird darauf eingegangen, wie weit sich das Kind in den Verrichtungen des täglichen Lebens verselbständigen konnte, ob intrafamiliäre Konflikte entstanden sind oder Konflikte mit der Umwelt; ob die Mutter den Belastungen gewachsen ist oder ob etwas für sie getan werden sollte. Zum Schluß wird das vorige Programm auf seine Durchführbarkeit hin gemeinsam durchgesprochen.

Die innere Haltung, die der Gesprächsführung mit den Eltern zugrunde liegt, kann folgendermaßen umschrieben werden: aus Achtung vor dem Ringen der Eltern um eine eigenständige Lösung ihrer Probleme ist Zurückhaltung geboten. Diese Zurückhaltung äußert sich darin, daß keine fertigen „Patentrezepte" angeboten werden, sondern die Denkansätze der Eltern bei der Darstellung ihres Problems möglichst aufgegriffen und weiterverfolgt werden. Die Eltern werden letzten Endes nur diejenige Lösung als gelungen empfinden, die ihnen gemäß ist. Mit wesensfremden Lösungen ist ihnen nicht gedient.

Wenn dieser zentrale Teil der Arbeit beendet wurde, beginnt die umfangreiche Nacharbeit.

Ein kurzes Gespräch der Team-Mitglieder über besondere Beobachtungen dient der gegenseitigen Information.

Die Arbeit des pädagogischen Team-Mitgliedes

Die gesamte Arbeit des pädagogischen Team-Mitgliedes ist in etwa 3 1/2 – 4 Stunden zu bewältigen und umfaßt:

1. Die Vorarbeit: Zusammenfassung der im Entwicklungsgitter markierten Items zu Spieleinheiten (etwa 1/2 Stunde)

2. Die Spielbeobachtung (etwa 2 Stunden)

3. Übertragung der Ergebnisse auf das Entwicklungsgitter und kurzer Bericht über die Art, wie das Kind an die Lösung der ihm gestellten Aufgaben herangin. Verhaltensauffälligkeiten des Kindes, aber auch Schilderung seiner liebenswerten Züge (etwa 1 Stunde).

Die Arbeit des pädiatrischen Team-Mitgliedes

Sie ist trotz technischer Hilfen noch recht zeitaufwendig. Es sind etwa 10 Stunden je Langzeitprogramm zu veranschlagen.

1. Vorarbeit: Übertragung der Ergebnisse von den Elternberichtsbögen auf das Entwicklungsgitter, Markierung der für die Spielbeobachtung vorgesehenen Items, Erarbeiten des vorläufigen Entwicklungsprofils.

    – Bei der Erstberatung: Entwicklung eines „roten Fadens" für das Elterngespräch (stichwortartige Fragen)

    – Bei einer Nachberatung: Übertragen der früheren Entwicklungsprofile auf das Gitter, Erarbeitung des augenblicklichen (vorläufigen) Entwicklungsprofils, Markierung der für die Spielbeobachtung vorgesehenen Items, Durcharbeiten des vorigen Berichtes und des Programms (stichwortartige Fragen)

    (gesamter Zeitaufwand: 1 1/2 – 2 Stunden)

2. Elterngespräch (im Schnitt 2 Stunden)

3. Nacharbeit: (im Schnitt 5 1/2 bis 6 Stunden)

3.1 Errechnen des Entwicklungsalters in den einzelnen Entwicklungssäulen. Kennzeichnen dieses Niveaus durch farbige Linien: sie ergeben das Entwicklungsprofil des Kindes. Berechnung des Gesamtentwicklungsalters durch Addieren der Zahlen in den 6 Säulen und Dividieren durch 6.

Anmerkung

Das Gesamtentwicklungsalter des Kindes hat als isolierte Zahl wenig Aussagekraft. Sie ermöglicht jedoch eine rasche Orientierung über den Entwicklungstrend des Kindes, sobald es mehrfach bei uns war. Dieser wird dadurch deutlich, daß die verschiedenen farbigen Markierungen der Entwicklungsprofile bei jeder nächsten Untersuchung auf das neue Gitter übertragen werden.

3.2 Zusammenfassen der Notizen aus dem Elterngespräch, die dem pädagogischen Bericht gegenübergestellt werden. (S. Formblatt S. 188 bis 191)

3.3 Zusammenfassender Bericht über das Kind. Eingehen auf sein Entwicklungsprofil, seine Hauptschwierigkeiten, wie sie sich im Gitter darstellen. Die Vorgeschichte (bzw. Zwischenanamnese), familiäre Situation, soziales Umfeld, Wesen des Kindes. Einbauen der pädagogischen Beobachtungen über die Besonderheiten des Kindes in das

Mosaik. Schilderung des Ablaufs der Spielbeobachtung (im Schnitt 4 Stunden).

3.4 Anweisung für die ETV mit den individuellen Einfügungen (im Schnitt 1 1/2 Stunden)

Die Schreibarbeit (Büroarbeit)

1. Schreiben des Berichtes über das Kind in konventioneller Form (im Schnitt 3 Stunden)

2. Abrufen der einzelnen Punkte der Programmanweisung von den Mini-Disketten, drucken des Programms über ETV (im Schnitt 2 Stunden)

Auf die Programmanweisung und auf das Ausdrucken durch die Speicherschreibmaschine soll nunmehr noch näher eingegangen werden, damit der Leser sich ein Bild vom Gang der einzelnen Handlungen machen kann. Um zunächst eine Vorstellung vom Aufbau des Gesamtprogramms zu vermitteln, wird hier ein Überblick eingefügt.

Anmerkung

Es handelt sich bei dieser Arbeit um eine Entwicklungsdiagnose und Erstellung von Frühförderungsprogrammen, die sich nicht auf Kinder mit Down-Syndrom beschränkt. Weil diese jedoch die größte Gruppe unter unseren Patienten darstellen, wurde der Erfahrungsbericht über sie zusammengestellt. Er fußt auf der Praxis und deshalb wurden im ersten Teil dieses Buches die Auffälligkeiten der Kinder nach praktischen Gesichtspunkten geordnet. – Der Aufbau eines Trainingsprogrammes erfordert jedoch eine andere Systematik. Diese soll nunmehr vorgestellt und erläutert werden.

✦ **Aufbau des Programms**

A. Training der Sinnesorgane

1. Optische Wahrnehmung (Sehen)

Genaues Sehen und Hinsehen ist eine Voraussetzung für die Weiterentwicklung im Handgeschick

Text für individuelle Einfügungen

1.1. Die Analyse des Entwicklungsgitters ergibt:

Ausfälle
Unsicherheiten
Anzustrebende neue Fertigkeiten

1.2. *Trainingsprogramm für die optische Wahrnehmung*

1.3. Hilfsmaterial zur Durchführung des Programms

2. Akustische Wahrnehmung (Hören)

Genaues Hören und Hinhören ist eine Voraussetzung für das Erlernen der Sprache

Text für individuelle Einfügungen

2.1. Die Analyse des Entwicklungsgitters ergibt:

Ausfälle
Unsicherheiten
Anzustrebende neue Fertigkeiten

2.2. Trainingsprogramm für die akustische Wahrnehmung

2.3. Hilfsmaterial zur Durchführung des Programms

3.1. Hautsensibilität

Die angstfreie und sichere Einordnung dieser Sinneseindrücke ist eine Voraussetzung für die aktive Auseinandersetzung mit der Umwelt

Text für individuelle Einfügungen

3.1.1. Trainingsprogramm für die Wahrnehmung im Bereich der Hautsensibilität

3.1.2. Hilfsmaterial zur Durchführung des Programms

3.2. Der **Tastsinn** der **Hände** nimmt eine Sonderstellung im Bereich der Hautsensibilität ein

Die angstfreie und sichere Einordnung dieser Sinneseindrücke ist eine Voraussetzung für die aktive Auseinandersetzung mit der näheren Umwelt (Handgeschick)

Text für individuelle Einfügungen

3.2.1. Trainingsprogramm für die Wahrnehmung im Bereich des Tastsinnes der Hände

3.2.2. Hilfsmaterial zur Durchführung des Programms

3.3. Der **Tastsinn** der **Lippen**, der **Zunge** und der **Mundschleimhaut** nimmt eine weitere Sonderstellung im Bereich der Hautsensibilität ein

> *Die angstfreie und sichere Einordnung dieser Sinneseindrücke ist eine Voraussetzung für eine komplikationslose Nahrungsaufnahme und damit auch für das physiologische Training der Sprachwerkzeuge (Kauen fester Nahrung)*
>
> *Der Tastsinn von Lippen und Zunge wird außerdem zur Unterstützung des Tastsinnes der Hände eingesetzt und dient damit auch dem Handgeschick*
>
> Text für individuelle Einfügungen

3.3.1. *Trainingsprogramm für die Wahrnehmung im Bereich des Tastsinnes der Lippen, der Zunge und der Mundschleimhaut*

3.3.2. Hilfsmaterial zur Durchführung des Programms

4. Geschmack

> *Die angstfreie und sichere Einordnung dieser Sinneseindrücke ist die Voraussetzung für eine komplikationslose Nahrungsaufnahme*
>
> *Die Nahrungsaufnahme (Saugen, Schlucken, Kauen fester Nahrung) stellt außerdem das erste physiologische Training der Sprachwerkzeuge dar.*
>
> Text für individuelle Einfügungen

4.1. *Trainingsprogramm für die Wahrnehmung im Bereich des Geschmackssinnes*

4.2. Hilfsmaterial für die Durchführung des Programms

5. Geruch

> *Die sichere Einordnung dieser Sinneseindrücke erhöht die Genußfähigeit bei der Nahrungsaufnahme*
>
> *Das Erkennen und Wiedererkennen von Duftnuancen ruft außerdem Erinnerungen an bestimmte Situationen hervor.*

5.1. *Trainingsprogramm für die Wahrnehmung im Bereich des Geruchssinnes*

5.2. Hilfsmaterial zur Durchführung des Programms

B. Training der motorischen Fähigkeiten

1. Körperkontrolle (Grobmotorik)

> *Die sichere Beherrschung der Körpermuskulatur ist eine Voraussetzung für die handelnde Auseinandersetzung mit der weiteren Umwelt*
>
> Text für individuelle Einfügungen

1.1. Die Analyse des Entwicklungsgitters ergibt:

    Ausfälle
    Unsicherheiten
    Anzustrebende neue Fertigkeiten

1.2. Trainingsprogramm für die Körperkontrolle

1.3. Hilfsmaterial zur Durchführung des Programms

2. Handgeschick (Feinmotorik)

Die sichere Beherrschung der feinmotorischen Muskelgruppen ist eine Voraussetzung für die handelnde Auseinandersetzung mit der näheren Umwelt

Text für individuelle Einfügungen

2.1. Die Analyse des Entwicklungsgitters ergibt:

    Ausfälle
    Unsicherheiten
    Anzustrebende neue Fertigkeiten

2.2. Trainingsprogramm für das Handgeschick

2.3. Hilfsmaterial für die Durchführung des Programms

3. Sprache (Sprachwerkzeuge und Formulierung von Gedanken)

Die sichere Beherrschung der Sprachwerkzeuge ist eine Voraussetzung für das Erlernen der Sprache

Eine zweite Voraussetzung ist das Intaktsein der Sinnesorgane: Hören und Hinhören, aber auch das Sehen: Absehen vom Munde des Sprechenden

Eine dritte Voraussetzung für die Entwicklung der Sprache ist die handelnde Auseinandersetzung des Kindes mit der Umwelt. Dadurch kann es die Zusammenhänge der „Wenn – Dann"-Folge so erfahren, daß es sie sich vorstellen kann: Es kann sie **denken**. *Wenn diese Entwicklungsstufe erreicht ist, hat es Veranlassung, sich sprachlich zu äußern.*

Text für individuelle Einfügungen

3.1. Die Analyse des Entwicklungsgitters ergibt:

    Ausfälle
    Unsicherheiten
    Anzustrebende neue Fertigkeiten

3.2. *Trainingsprogramm für die Sprache*

3.3. Hilfsmaterial für die Durchführung des Programms

C. Sozialkontakt

Voraussetzung für die Entwicklung im Sozialkontakt ist die Wahrnehmung der von der Umwelt angebotenen Kontakte und die Möglichkeit, auf diese situationsgerecht zu reagieren.

Für die Weiterentwicklung im Sozialkontakt wird es zunehmend von Bedeutung, daß ein Interesse am Partner geweckt wird und daß ein Mitteilungsbedürfnis an ihn besteht. Nicht nur die angebotenen Kontakte sollen aufgegriffen und beantwortet werden, sondern auch die Möglichkeit zu einer aktiven Kontaktaufnahme sollte sich allmählich entfalten.

Text für individuelle Einfügungen

C.1. Die Analyse des Entwicklungsgitters ergibt:

Ausfälle
Unsicherheiten
Anzustrebende neue Fertigkeiten

C.2. *Beobachtungen und Maßnahmen*

C.3. Hilfsmaterial zur Durchführung des Programms

D. Empfohlene Literatur

✦ **Empfehlungen für die Durchführung des Programms**

Merkblatt Down-Syndrom

Erläuterungen zum Aufbau des Programms

In fetter Schrift findet sich die erste Hauptgruppe des Programms: A. Training der Sinnesorgane. Dem steht gegenüber die zweite Gruppe: B. Training der motorischen Fähigkeiten und auf der letzten Seite des Programms: C. Sozialkontakt. Unter der Hauptüberschrift A. Training der Sinnesorgane befindet sich unter Ziffer 1. die optische Wahrnehmung, unter 2. die akustische Wahrnehmung, unter 3. die Hautsensibilität. Der Tastsinn der Hände wurde als Sonderbereich der Hautsensibilität aufgefaßt und der Tastsinn der Lippen, Zunge und Mundschleimhaut als weiterer Sonderbereich. Es folgen dann noch unter Punkt 4 der Geschmack und unter Punkt 5 der Geruch.

Wenden wir uns noch einmal zurück zur „Optischen Wahrnehmung". Dort findet sich ein Hinweis auf die Beziehung zum wichtigsten Nachbargebiet:

dem Handgeschick. Darunter besteht die Möglichkeit, individuelle Einfügungen zu machen. Die Analyse des Entwicklungsgitters verfolgt das Ziel, die Eltern und alle an der Erziehung des Kindes beteiligten Personen über seinen augenblicklichen Leistungsstand zu orientieren. Aus dieser Analyse ergibt sich zunächst einmal ein einfaches Programm. Dieses kann durch zusätzliche Hilfsmaßnahmen zu einem differenzierten Programm ausgeweitet werden. Am Schluß eines jeden solchen Abschnittes werden die Spielzeugvorschläge gemacht, die die Durchführung des Programmes erleichtern könnten.

Derselbe Aufbau findet sich in der akustischen Wahrnehmung. Hier wird auf die engere Beziehung zwischen Hören und Sprechen hingewiesen – auf den Zusammenhang zwischen passivem und aktivem Wortschatz. Es folgen die individuellen Einfügungen für das Kind sowie die Analyse des Entwicklungsgitters zur Orientierung der Eltern und der anderen Betreuungspersonen. Daraus ergeben sich die Vorschläge für das Trainingsprogramm.

Auch bei den folgenden Sinnesorganen wurde auf die engen Zusammenhänge mit den anderen Bereichen im Entwicklungsgitter hingewiesen. Die taktilen Wahrnehmungen, der Geschmack und der Geruch werden ja im Gitter nicht erfaßt. Deshalb kann auch keine Analyse des Entwicklungsgitters angeboten werden, sondern es müssen die von den Eltern angegebenen Auffälligkeiten bei den individuellen Einfügungen zur Darstellung kommen. Das ist in der Praxis auch durchaus möglich.

Mit dem Trainingsprogramm für die Geruchswahrnehmung verlassen wir die Gruppe A: Training der Sinneswahrnehmungen und kommen zur Gruppe B: Training der motorischen Fähigkeiten. Auch hier wird durch kurze Anmerkungen auf die Beziehungen zur Gesamtsituation des Kindes hingewiesen. Wie schon erwähnt, sind die Zusammenhänge zwischen den Entwicklungssäulen noch wesentlich enger und tiefer, als hier mit den Merksätzen angedeutet werden kann.

Ein Hinweis auf die Beziehungen zur weiteren Umwelt findet sich bei der Körperkontrolle und es folgt dann der Raum für die individuellen Bemerkungen. Da wir uns hier wieder auf dem Boden des Entwicklungsgitters befinden, können auch die Ausfälle und Unsicherheiten des Kindes zur Orientierung seiner Bezugspersonen angegeben werden. Hieraus ergibt sich das Trainingsprogramm und aus diesem wiederum leiten sich die Vorschläge für das Hilfsmaterial zur Durchführung des Programms ab.

Beim Handgeschick und bei der Sprachentwicklung erfolgt der Aufbau des Programms nach denselben Grundsätzen.

Auf der letzten Seite findet sich unter C. der Sozialkontakt. Auch hier wurden durch Merksätze die Beziehungen zu den übrigen Entwicklungssäulen angedeutet. Nach dem Text für individuelle Einfügungen kommt erneut die Analyse des Entwicklungsgitters und dann „Beobachtungen und Hinweise". Zum Schluß werden noch Vorschläge für die Durchführung des Programms gemacht.

Soviel zum Aufbau des Trainingsprogramms.

Beispiel

An Hand eines praktischen Falles soll nunmehr demonstriert werden, wie ein ETV-Programm erstellt wird. Hierbei wird eine Beschränkung auf die Entwicklungssäule „Optische Wahrnehmung" vorgenommen, weil es lediglich darum geht, das Prinzip darzustellen. Mit Einverständnis der Eltern wurde hierfür der kleine Matthias gewählt. Matthias ist ein Kind mit Down-Syndrom und war bei der ersten Untersuchung 9 1/4 Monate alt. Die Eltern hatten im Rahmen der „Lebenshilfe" von unserer Arbeit gehört. Sie baten telefonisch um ein Langzeitprogramm für ihr Kind. Die Elternberichtsbögen wurden ihnen mit dem Anschreiben zugesandt, und sie wurden von den Eltern ausgefüllt und an uns zurückgeschickt.

Zur Orientierung wird hier die erste Seite der Fragebögen (Optische Wahrnehmung) eingefügt, sowie die Übertragung der Ergebnisse auf das Entwicklungsgitter mit den Markierungen für die Nachtestung während der Spielbeobachtung.

Name: Anschrift:

Geb.-Datum: Tel.:

Fragebogen 1

Optische Wahrnehmung (Sehen)

Anzahl der Untersuchungen
1	2	3	4	5	6

0 J 1 M Folgt Ihr Kind einem orangefarbenen oder rotem Gegenstand in Ihrer Hand mit den Augen, wenn Sie ihn langsam in ca. 30 bis 50 cm Abstand waagerecht hin und her bewegen? (Dabei sollten keine Geräusche erzeugt werden!) [X][ ][ ][ ][ ]

0 J 2 M Betrachtet Ihr Kind Ihr Gesicht, wenn Sie sich ihm langsam bis auf ca. 30 cm Abstand nähern, ohne es anzusprechen? [X][ ][ ][ ][ ]

0 J 3 M Schütteln Sie einen leuchtend roten Gegenstand in ca. 30 cm Entfernung vor den Augen Ihres Kindes, um seine Aufmerksamkeit zu erregen. Dann vergrößern Sie den Abstand langsam bis auf ca. 60 cm. Verfolgt Ihr Kind mit den Augen die Bewegung? [X][ ][ ][ ][ ]

0 J 4 M Betrachtet Ihr Kind einen leuchtend roten Gegenstand einen Augenblick lang, wenn Sie ihm einen solchen in die Hand geben? [X][ ][ ][ ][ ]

0 J 5 M Betrachtet Ihr Kind für einen Augenblick eine Rosine, wenn Sie sie auf ein weißes Tuch oder ein Stück Papier fallen lassen? [/][ ][ ][ ][ ]

0 J 6 M Kann Ihr Kind seine Augen ungefähr parallel auf ein Objekt richten? [X][ ][ ][ ][ ]

0 J 7 M Wenn Ihr Kind auf Ihrem Schoß sitzt oder Sie es auf Ihrem Arm halten: verfolgt es dann mit seinen Augen eine Person, die sich leise im Zimmer bewegt? [X][ ][ ][ ][ ]

0 J 8 M Verfolgt Ihr Kind einen leuchtend roten Gegenstand suchend mit den Augen, wenn Sie ihn vor seinen Augen aus Ihrer Hand fallen lassen? [/][ ][ ][ ][ ]

0 J 9 M Betatscht Ihr Kind sein Spiegelbild, wenn Sie ihm die Möglichkeit geben, sich im Spiegel zu sehen? [X][ ][ ][ ][ ]

0 J 10 M Betrachtet Ihr Kind seine Hände, wenn diese beim Spielen zufällig in sein Blickfeld geraten? [X][ ][ ][ ][ ]

0 J 11 M Erkennt Ihr Kind sein Fläschchen (oder seinen Breiteller), wenn Sie langsam damit in sein Blickfeld kommen? (Das Essen sollte nicht mit Worten angekündigt werden!) [X][ ][ ][ ][ ]

1 J 0 M Bemerkt Ihr Kind es, wenn Sie ein geliebtes Spielzeug vor seinen Augen durch ein Tuch (oder einen Pappkarton) verdecken? Findet es sein Spielzeug wieder, indem es das Tuch fortzieht? [ ][ ][ ][ ][ ]

1 J 1 M Wählt Ihr Kind aus seinem angebotenen Spielmaterial aus? Hat es ein Lieblingsspielzeug? [ ][ ][ ][ ][ ]

1 J 2 M Erkennt Ihr Kind die Personen seiner häuslichen Umgebung wieder: Eltern, Großeltern, Geschwister? Reagiert es mit freudiger Erregung? [ ][ ][ ][ ][ ]

1 J 3 M Verfolgt Ihr Kind einen bunten Ball mittlerer Größe mit den Augen, wenn Sie ihn ca. 3 m von ihm wegrollen? [X][ ][ ][ ][ ]

1 J 4 M Betrachtet Ihr Kind sein Gesichtchen im Spiegel aufmerksam, wenn Sie ihm Gelegenheit dazu geben? [/][ ][ ][ ][ ]

1 J 5 M Betrachtet Ihr Kind mit Interesse bunte Bilder? Sie sollten groß und einfach in der Darstellung sein. Reagiert es freudig? [ ][ ][ ][ ][ ]

Auszug aus dem Entwicklungsgitter:

Nach den Angaben auf den Elternberichtsbögen zur Nachtestung vorbereitet

		A. OPTISCHE WAHRNEHMUNG		B. HANDGESCHICK	
4 Jahre (48 Mon.)		48. Puzzle aus 2 Teilen 47. Ordnet Detail zum Ganzen 46. Erkennt Junge und Mädchen 45. Findet 3 versteckte Dinge 44. Ordnet Menge 2 optisch zu 43. Sortiert Autos und Tiere		48. Schneidet mit Schere 47. Knöpft auf und zu* 46. Linie zwischen 2 Punkten 45. Knetet Kugel und Schlange 44. Schraubt, dreht Schlüssel 43. Wäscht und trocknet Hände*	
3½ Jahre (42 Mon.)		42. Orientiert sich draußen 41. Setzt 5 Formen ein 40. Räumt 5 Hohlwürfel ein 39. Sortiert 5 P.Lottobilder 38. Sortiert 3 Längen 37. Sortiert Grundfarben		42. Hält Stift mit Fingern 41. Zeichnet Kreis ab* 40. Baut Turm aus 8 Würfeln* 39. Wickelt Bonbon aus 38. Öffnet Zündholzschachtel 37. Zieht Kleidung an*	
3 Jahre (36 Mon.)		36. Unterscheidet 1 und viel 35. Erkennt Tätigkeit im Bild 34. Erkennt Orte wieder 33. Findet 2 versteckte Dinge 32. Sortiert Tee- und Eßlöffel 31. Kennt seine Kleidung		36. Malt Rundformen 35. Gießt von Becher zu Becher 34. Faltet Papier* 33. Holt Bonbon mit Rechen 32. Reiht Perlen auf Draht* 31. Steckt Kette ins Rohr	
2½ Jahre (30 Mon.)		30. Sortiert 2 P.Lottobilder 29. Sortiert Löffel u. Gabeln 28. Kennt Nachbarn und Besuch 27. Ordnet 2 Formen zu 26. Ordnet 2 Farben zu 25. Ordnet 2 Größen zu		30. Baut Turm aus 4 Würfeln* 29. Ißt allein mit Löffel* 28. Wirft Ball überkopf zu* 27. Kippt Perle aus Flasche* 26. Steckt Stock ins Rohr 25. Blättert Buchseiten um*	
2 Jahre (24 Mon.)		24. Ordnet 2 Dinge zum Bild 23. Zeigt Körperteil an Puppe 22. Findet ausgetauschte Dose 21. Sieht bei Turmbau zu 20. Schüttelt Kopf als Nein 19. Ordnet Ding zum Ding		24. Zieht Kleidung aus* 23. Kritzelt auf Papier* 22. Tut Rosine in Flasche 21. Öffnet Reißverschluß 20. Baut Turm aus 2 Würfeln* 19. Steckt Scheiben auf Stab	
1½ Jahre (18 Mon.)		18. Erkennt Person von weit 17. Besieht gern Bilderbuch 16. Betrachtet sich im Spiegel ? 15. Sieht rollendem Ball nach ? 14. Kennt Eltern und Geschwister ? 13. Bevorzugt ein Spielzeug	/ X	18. Packt Eingewickeltes aus 17. Trinkt allein aus Tasse* 16. Wirft Dinge weg 15. Zeigt mit Zeigefinger 14. Räumt Dinge aus und ein 13. Schlägt Dinge aneinander*	
1 Jahr (12 Mon.)		12. ~~Findet verdecktes Ding~~ ? 11. Erkennt sein Fläschchen* 10. Beobachtet seine Hände ? 9. Betatscht Spiegelbild* ? 8. Sieht Hingefallenem nach* ? 7. Verfolgt gehende Person	X X X X	12. Daumen-Zeigefinger-Griff* 11. Schüttelt Gegenstand 10. Befühlt, untersucht Dinge* 9. Gibt Ding von Hand zu Hand* 8. Nimmt 2 Dinge vom Tisch* 7. Greift und läßt los	
½ Jahr (6 Mon.)		6. Richtet Augen parallel 5. Sieht Rosine auf Tisch* 4. Betrachtet Ding in Hand* 3. Sieht Wegbewegtem nach 2. Blickt ins Gesicht* 1. Folgt bewegtem Objekt*		6. Steckt Dinge in den Mund 5. Langt in Richtung Objekt* 4. Spielt mit den Händchen* 3. Zupft an seiner Kleidung 2. Armbeuge- u. Streckbewegung 1. Schließt Hand um Objekt	
		Summe der Wertungen		Summe der Wertungen	

Die vorläufige Berechnung des Entwicklungsstandes geschieht durch Zusammenzählen der Kreuzchen. Die nur mit einem Schrägstrich versehenen Items werden als Leistungsansätze gewertet und als halber Punkt berechnet. Beim Matthias liegt das errechnete Entwicklungsalter bei 11 1/2 Monaten und wird (in der Praxis mit Bleistift) dort markiert. Sobald das in allen Entwicklungssäulen geschehen ist, haben die Team-Mitglieder schon einmal einen Überblick über die Leistungsspitzen des Kindes und über seine Hauptschwierigkeiten. Das Entwicklungsprofil wird im „Rohbau" sichtbar.

Die Elternberichtsbögen von Matthias waren schon im Dezember 1979 bei uns eingegangen. Die Vorstellung des Kindes konnte jedoch erst am 21.1.1980 erfolgen, und inzwischen hatte er natürlich schon wieder einige kleine Fortschritte gemacht. Diese wurden von uns nach dem Eintreffen der Eltern erfragt und in die Nachtestung einbezogen.

Die Spielbeobachtung konnte im Kinderzimmer durchgeführt werden, weil Matthias die Phase des Fremdelns noch nicht erreicht hatte. Während der 2stündigen Beobachtungszeit versuchte das pädagogische Team-Mitglied, dem Kind die markierten und zu Spieleinheiten zusammengefaßten Leistungen geschickt zu entlocken.

Auch das Elterngespräch konnte in 2 Stunden gut bewältigt werden. Das pädagogische Team-Mitglied hatte im Anschluß daran noch Zeit, seine Beobachtungen am Kind mit den Eltern durchzusprechen und Fragen an sie zu richten. Anschließend wurden seine einzelnen Leistungen beurteilt und in das Entwicklungsgitter eingetragen. Falls Zweifel in der Beurteilung bestehen, kann in Kiphards Buch: „Wie weit ist ein Kind entwickelt?" nachgelesen werden. Es steht immer griffbereit.

Sobald das Entwicklungsprofil „steht", ist die Basis geschaffen, auf der ein Programm erstellt werden kann. Das Gerüst ist nunmehr vorhanden.

Einfaches Langzeitprogramm

Dieses Gerüst soll zunächst zur Erstellung eines einfachen Langzeitprogrammes benutzt werden. Hierfür ist es notwendig, einen Auszug aus der Tabelle „Optische Wahrnehmung" einzufügen. Die vor den Überschriften und den einzelnen Items stehenden Buchstaben und Zahlen sind als Code anzusehen, unter dem der gewünschte Text abgerufen werden kann. Das hört sich viel schwieriger an, als es in Wirklichkeit ist. Mit diesem Code wird eine Anweisung für die Speicherschreibmaschine (beschränkt auf die optische Wahrnehmung) ausgefüllt (S. 107). Die „Geheimschrift" soll für den Leser anschließend entschlüsselt werden.

ao 0000 **A. Training der Sinnesorgane**

aa 0000 **1. Optische Wahrnehmung (Sehen)**

aa 1000   Genaues Sehen und Hinsehen ist eine Voraussetzung für die Weiterentwicklung im Handgeschick

aa 8010   Text der individuellen Einfügung

ab 0000 **1.1. Die Analyse des Entwicklungsgitters ergibt:**

ab 0010   **Ausfälle**

ab 0020   **Unsicherheiten**

ab 0030   **Anzustrebende neue Fertigkeiten**

ab 0050	keine		
ab 0100	Folgt bewegtem Objekt		1M
ab 0200	Blickt ins Gesicht		2M
ab 0300	Sieht Wegbewegtem nach		3M
ab 0400	Betrachtet Ding in Hand		4M
ab 0500	Sieht Rosine auf Tisch		5M
ab 0600	Richtet Augen parallel		6M
ab 0700	Verfolgt gehende Person		7M
ab 0800	Sieht Hingefallenem nach		8M
ab 0900	Betatscht Spiegelbild		9M
ab 1000	Beobachtet seine Hände		10M
ab 1100	Erkennt sein Fläschchen		11M
ab 1200	Findet verdecktes Ding	1J	
ab 1300	Bevorzugt ein Spielzeug	1J	1M
ab 1400	Kennt Eltern und Geschwister	1J	2M
ab 1500	Sieht rollendem Ball nach	1J	3M
ab 1600	Betrachtet sich im Spiegel	1J	4M
ab 1700	Besieht gern Bilderbuch	1J	5M
ab 1800	Erkennt Person von weit	1J	6M
ab 1900	Ordnet Ding zum Ding	1J	7M
ab 2000	Schüttelt Kopf als nein	1J	8M
ab 2100	Sieht beim Turmbau zu	1J	9M
ab 2200	Findet ausgetauschte Dose	1J	10M

ac 0000 **1.2. Trainingsprogramm für die Optische Wahrnehmung**

(Die mit *** versehenen Vorschläge sind als Hilfsmaßnahmen gedacht, um die im Entwicklungsgitter angegebenen Ziele zu erreichen)

ac 0100	Halten Sie einen kleinen roten Ball von 5-7 cm Durchmesser (oder eine rote Wolltroddel) in etwa 30-50 cm Entfernung von Ihrem Kind in sein Blickfeld, schütteln Sie den Gegenstand, um seine Aufmerksamkeit zu erringen und bewegen Sie ihn langsam waagerecht nach rechts und nach links bis etwa 45 Grad von der Mittellinie. Folgt Ihr Kind dem Gegenstand mit den Augen? Betrachtet es ihn für 2-3 Sekunden interessiert?
ac 0200	Nähern Sie sich dem Gesicht Ihres Kindes bis auf etwa 30 cm Entfernung, jedoch ohne es anzusprechen. Sie können den Kopf dabei bewegen und es anlächeln, sollten es aber nicht durch akustische Reize ablenken. Nimmt Ihr Kind Ihr Gesicht wahr? Betrachtet es Sie für 2-3 Sekunden? Können Sie einen „Blickkontakt" herstellen?
ac 0210	***Behängen Sie die Seiten des Kinderbettchens mit farbigen Tüchern (z.B. rotes und grünes Handtuch, orange und blaufarbiger Waschlappen). Wechseln Sie den Ort des Aufhängens hin und wieder, damit Ihr Kind die farbliche Veränderung registrieren kann.
ac 0220	***Hängen Sie ein buntes Mobile (am besten aus Metallfolie) über das Bettchen Ihres Kindes. Es wird die sanften Bewegungen verfolgen und hat immer etwas zum Schauen.
ac 0230	***Tragen Sie Ihr Kind häufiger im Zimmer herum, damit es umherblicken kann.
ac 0231	***Ziehen Sie ihm farbige Jäckchen an, beziehen sein Bettchen mit farbiger Bettwäsche.
ac 0232	*** Wählen Sie zum Ausfahren einen Kinderwagen mit Fenstern und legen Sie Ihr Kind auf den Bauch, damit es hinausschauen kann.
ac 0240	***Wenn es möglich ist, fahren Sie beim Spaziergang oder Einkaufsgang mit dem Kind unter Bäumen entlang.
ac 0300	Halten Sie einen kleinen roten Ball oder einen Bauklotz in etwa 30 cm Entfernung von Ihrem Kind und erwecken durch Bewegung seine Aufmerksamkeit. Führen Sie diesen Gegenstand langsam vom Kind weg bis zu etwa 60 cm Entfernung. Verfolgt es die Bewegung mit seinen Augen? Blickt es dem Gegenstand nach?

ac 0310	***Führen Sie mit einem bunten Spielzeug kreisende Bewegungen in 40-60 cm Abstand vor den Augen Ihres Kindes aus. Vergrößern Sie die Entfernung: kann es die Bewegungen verfolgen? Auch, wenn die Entfernung sich vergrößert?
ac 0400	Geben Sie Ihrem Kind einer leuchtend roten Ball oder eine Wolltroddel in sein Händchen und beobachten Sie, ob es den Gegenstand betrachtet, wenn er in sein Blickfeld gerät. Sie dürfen ihm helfen, den Gegenstand festzuhalten und vor seine Augen zu bringen, sollten aber keine Geräusche erzeugen, um es nicht abzulenken. Betrachtet Ihr Kind den Gegenstand in seiner Hand etwa 2-3 Sekunden lang?
ac 0410	***Geben Sie Ihrem Kind im Kinderbettchen oder Wagen etwas zum Anschauen als Anregung zum Greifen: z.B. Klimbim von Kiddikraft, verschiedene Rasseln in bunten Farben.
ac 0500	Nehmen Sie Ihr Kind auf den Schoß und setzen sich mit ihm an einen Tisch. Nun bitten Sie eine weitere Person (Vater, Oma) eine Rosine im Blickfeld des Kindes auf ein weißes Tischtuch oder ein weißes Stück Papier fallen zu lassen. Betrachtet Ihr Kind die Rosine? Sie dürfen sie ein paarmal mit den Fingern wegschnippen, um seine Aufmerksamkeit zu erregen, sollten aber die Hand rasch wieder zurücknehmen, damit die zweite Person erkennen kann, wohin der Blick Ihres Kindes gerichtet ist. Schaut es die Rosine für 2-3 Sekunden an?
ac 0505	***Regen Sie Ihr Kind zum „Schauen" an: Betrachten Sie gemeinsam einen ruhenden Gegenstand, lassen Sie Ihr Kind einen leuchtenden Gegenstand (z.B. eine Lampe) mit den Augen „abtasten", indem Sie Ihren Finger an dem Gegenstand entlangführen.
ac 0506	***Wenn Ihr Kind bei dieser Aufgabe noch Schwierigkeiten hat, können Sie ihm diese verringern, indem Sie mit einer roten Taschenlampe an den Konturen entlangfahren.
ac 0510	***Lassen Sie Ihr Kind an einer gemeinsamen Familienmahlzeit derart teilnehmen, damit es Sie alle sehen kann.
ac 0600	Kann Ihr Kind beim Betrachten eines Gegenstandes seine Augen etwa parallel darauf richten? Prüfen Sie dies auch, indem Sie den Gegenstand seinem Gesichtchen nähern und wieder langsam entfernen. Fixieren beide Augen den Gegenstand?

ac 0610	***Nehmen Sie in jede Hand ein buntes Spielzeug und halten Sie Ihre rechte Hand nach rechts oben, während die linke Hand verborgen bleibt. Dann verfahren Sie mit der linken Hand ebenso (rechte Hand verborgen). Macht Ihr Kind dies „Augenspringen" mit? Trainieren Sie auf diese Weise die Augenmuskulatur Ihres Kindes.
ac 0620	***Binden Sie einen Luftballon um das Handgelenk Ihres Kindes, so daß es die entstehenden Bewegungen verfolgen kann.
ac 0700	Nehmen Sie Ihr Kind auf den Arm oder auf den Schoß und beobachten Sie, ob es eine zweite Person mit seinen Blicken verfolgt, wenn diese sich in seinem Blickfeld bewegt. Das Kind sollte hierzu nicht durch lautes Auftreten oder Anrufe oder Hinzeigen ermuntert werden. Der optische Eindruck allein sollte genügen, die umhergehende Person für 2-3 Sekunden zu verfolgen.
ac 0710	***Lassen Sie Ihr Kind am Leben und Treiben der Umwelt als Zuschauer teilnehmen: im gefensterten Kinderwagen, in der Kinderkarre, auf dem Arm am Fenster oder auf dem Balkon.
ac 0711	***Auch das Babytragetuch von Didymos bietet hier eine gute Möglichkeit.
ac 0800	Nehmen Sie Ihr Kind auf den Schoß und erwecken Sie seine Aufmerksamkeit durch ein leuchtend rotes Spielzeug in Ihrer Hand. Dann öffnen Sie Ihre Hand, so daß das Spielzeug auf den Boden fällt. Blick Ihr Kind nunmehr suchend auf den Fußboden?
ac 0900	Bieten Sie Ihrem Kind die Möglichkeit, sich im Spiegel zu sehen. Er sollte nicht zu klein sein, sondern etwa die Größe eines DIN A4 Bogens haben. Versucht Ihr Kind, sein Spiegelbild zu betatschen? Streckt es seine Händchen aus, um danach zu greifen?
ac 0910	***Bieten Sie Ihrem Kind einen Spielspiegel von Kiddikraft an. Er ist unzerbrechlich, ist durch Greiflöcher im Plastikrand gut zu handhaben und Ihr Kind wird mit seinem eigenen Gesicht allmählich vertraut. Auch die zufälligen oder provozierten Lichtreflexe werden es interessieren.

ac 1000	Beobachten Sie, ob Ihr Kind seine Hände betrachtet, wenn diese bei seinen zufälligen Bewegungen in sein Blickfeld kommen.
ac 1010	***Bieten Sie Ihrem Kind Fingerspiele an. Machen Sie mit Ihren Händen die Spiele vor, anschließend mit den Händchen Ihres Kindes. Es soll dadurch auf seine eigenen Hände aufmerksam gemacht werden.
ac 1020	***Lassen Sie Ihr Kind auch seine Füßchen betrachten, indem sie ihm diese beim Wickeln durch Anheben deutlich vorzeigen.
ac 1100	Bringen Sie den Breiteller oder das Fläschchen Ihres Kindes in sein Blickfeld, ohne jedoch seine Mahlzeit mit den üblichen Worten anzukündigen. Bemerken Sie an seinen Reaktionen, daß es nunmehr erwartet, gefüttert zu werden? Hat der optische Eindruck eine Erwartungshaltung ausgelöst?
ac 1200	Legen Sie das Lieblingsspielzeug Ihres Kindes auf den Tisch in seinem Blickfeld. Vergewissern Sie sich, daß es das Spielzeug bemerkt hat. Nun decken Sie es vor seinen Augen mit einem Tuch zu. Bemerkt es, was geschehen ist? Zieht es das Tuch fort, um das Spielzeug zu ergreifen?
ac 1300	Prüfen Sie, ob Ihr Kind aus dem angebotenen Spielmaterial auswählt: ob es einen Gegenstand zum Spielen bevorzugt.
ac 1400	Versuchen Sie herauszufinden, ob Ihr Kind auf fremde Gesichter anders reagiert, als auf vertraute. Zeigt es durch freudige Reaktionen an, daß es die vertrauten Personen erkannt hat? Nimmt es dagegen bei fremden Gesichtern eine abwartende oder ablehnende Haltung ein?
ac 1500	Zeigen Sie Ihrem Kind einen mittelgroßen, bunten Ball und rollen ihn dann langsam vom Kind weg. Verfolgt Ihr Kind den Ball mit den Augen ungefähr 3 m weit?
ac 1510	***Bieten Sie Ihrem Kind die Möglichkeit, das Zielverfolgen waagerecht und senkrecht im Spiel zu üben. Waagerecht: Eisenbahn und Autos, senkrecht: Klettermaxe, herabschwebender Luftballon, Oskar der Specht.
ac 1520	***Bieten Sie Ihrem Kind einen Brummkreisel mit beweglichem Inhalt an: Zielverfolgen kreisend.
ac 1530	***Bieten Sie Ihrem Kind eine Kullerbahn mit „Musiktreppe" an: Zielverfolgen diagonal.

ac 1535	***Binden Sie ein buntes Spielzeug an eine lange Schnur und bewegen es: Zielverfolgen pendelnd.
ac 1540	***Lassen Sie einen Tischtennisball auf einer Tischplatte hüpfen und beobachten Sie, ob Ihr Kind die schnellen Bewegungen verfolgen kann.
ac 1550	***Als Entspannungsübung für die Augen lassen Sie Ihr Kind Seifenblasen verfolgen, im Winter Schneeflocken. Auch das Beobachten spielender Tiere ist hierfür geeignet sowie das Schaukeln auf einem Schaukelpferd.
ac 1560	***Ein Spielzeug, das noch mehrere Jahre zum konstruktiven Bauen anregt und gleichzeitig das Zielverfolgen in verschiedenen Richtungen fördert, ist die Kugelbahn von Kiddikraft.
ac 1600	Stellen Sie sich mit Ihrem Kind vor einen Spiegel und beobachten Sie seine Reaktionen. Betrachtet es sein Spiegelbild aufmerksam für die Dauer von mindestens 3 Sekunden?
ac 1610	***Erlauben Sie Ihrem Kind, an der Schnur eines Wandlämpchens zu ziehen und dadurch mehrfach das Licht an- und auszuknipsen.
ac 1700	Bieten Sie Ihrem Kind ein Bilderbuch mit großen, bunten Bildern an (Es dürfen auch einzelne große, bunte Bilder sein). Hat es Freude am Betrachten? Der Sinn des Dargestellten braucht noch nicht verstanden zu werden.
ac 1800	Prüfen Sie, ob Ihr Kind eine vertraute Person schon aus der Entfernung erkennt an ihren Bewegungen und ihrer Gestalt. Das Kind sollte jedoch nicht gerufen werden. Zeigt es durch seine Reaktionen, daß es den Vater, die Oma oder das Geschwister schon aus 10 m Entfernung an den optischen Merkmalen erkannt hat?
ac 1900	Stellen Sie fest, ob Ihr Kind schon die Gleichheit zweier Gegenstände erkennt, indem es sie einander zuordnet. Es ist hierfür notwendig, 2 Reihen gleichartiger Gegenstände zur Verfügung zu haben. Legen Sie auf der einen Seite des Spieltisches beispielsweise eine Reihe von Bauklötzen in gleicher Form und Farbe nebeneinander, auf der anderen Seite eine Reihe von Plastiklöffeln. Nun geben Sie Ihrem Kind einen Plastiklöffel (oder einen Bauklotz) in die Hand.

	Ordnet es diesen Gegenstand den anderen gleichartigen Gegenständen zu? Sie dürfen Ihrem Kind die Aufgabe mehrfach zeigen. Sie gilt auch als gekonnt, wenn das Kind einen zweiten gleichartigen Gegenstand in die andere Hand nimmt. Es hat die Gleichartigkeit optisch erfaßt.
ac 1910	***Für Kinder mit Down-Syndrom ist diese Aufgabe oft etwas zu theoretisch und unpersönlich. Versuchen Sie, ob Ihrem Kind die Zuordnung optisch gleichartiger Eindrücke leichter gelingt, wenn Sie beispielsweise die Bauklötze und Plastiklöffel in einen großen Baubecher legen und nunmehr ihm vormachen, wie Sie die Löffel (bzw. Bauklötze) aussortieren. Reichen Sie Ihrem Kind Ihre Hand bittend entgegen, damit es mit dem Aussortieren fortfährt. Gelingt es ihm auf diesem Wege?
ac 2000	Prüfen Sie, ob Ihr Kind die Geste des „Nein-sagens" durch Kopfschütteln verstanden hat. Stellen Sie Fragen, die es zu diesem Zeitpunkt sicher mit „nein" beantworten wird und beobachten Sie, ob es das Kopfschütteln dabei verwendet.
ac 2010	***Regen Sie Ihr Kind zum Nachahmen einfacher Bewegungen an.
ac 2100	Machen Sie Ihrem Kind vor, wie man einen Turm baut und begleiten Sie diese Tätigkeit mit Reden, damit die Aufmerksamkeit Ihres Kindes gefesselt wird. Verwenden Sie dabei mindestens 10 Klötze. Schaut Ihr Kind während der einzelnen Phasen mehrfach für einige Sekunden aufmerksam zu?
ac 2200	Legen Sie sich zwei gleichartige Dosen bereit und lassen ein geliebtes kleines Spielzeug ((Auto, Püppchen) für das Kind deutlich sichtbar in der einen Dose verschwinden. Anschließend vertauschen Sie langsam vor den Augen des Kindes den Standort der Dosen. Ergreift es auf Anhieb die Dose, in der das Spielzeug versteckt wurde?

Auszug aus dem Entwicklungsgitter:

Die Spielbeobachtung ist beendet – Das Entwicklungsprofil „steht"

	Optische Wahrnehmung		Handgeschick		Körperkontrolle	
2J	Ordnet 2 Dinge zum Bild		Zieht Kleidung aus *		Fußballstoß ohne Umfallen *	
	Zeigt Körperteil an Puppe		Kritzelt auf Papier *		Ersteigt Stuhl, faßt Lehne	
	Findet ausgetauschte Dose		Tut Rosine in Flasche		Treppauf mit Geländer *	
	Sieht Turmbau zu		Öffnet Reißverschluß		Geht rückwärts *	
	Schüttelt Kopf als Nein		Baut Turm aus 2 Würfeln *		Rennt 5 m ohne Hinfallen	
	Ordnet Ding zum Ding		Steckt Scheiben auf Stab		Hebt gehockt Dinge auf	
1J 6M	Erkennt Person von weit		Packt Eingewickeltes aus		Treppenkrabbeln auf Bauch	
	Besieht gern Bilderbuch		Trinkt allein aus Tasse *		Steht ohne Hilfe auf	
	Betrachtet sich im Spiegel	/	Wirft Dinge weg		Hebt im Bücken Dinge auf *	
	Sieht rollendem Ball nach	/	Zeigt mit Zeigefinger		Steht allein, geht allein *	
	Erkennt Eltern und Geschwister	X	Räumt Dinge aus und ein		Schiebt Kinderwagen	
	Bevorzugt ein Spielzeug	X	Schlägt Dinge aneinander *		Geht mit Halt an Möbeln	
1J	Findet verstecktes Ding	☐	Daumen-Zeigefinger-Griff *	☐	Kniet aufrecht / Krabbelt allein	
	Erkennt sein Fläschchen *	X	Schüttelt Gegenstand	X	Sitzt gut im Stuhl/Setzt sich allein auf	
	Beobachtet seine Hände	X	Befühlt, untersucht Dinge *	☐	Steht an Möbeln* / Zieht sich zum Stand *	
	Betatscht Spiegelbild *	X	Gibt Ding von Hand zu Hand *	X	Sitzt länger allein*/Robbt auf Bauch	
	Sieht Hingefallenem nach *	X	Nimmt 2 Dinge vom Tisch *	X	Vierfüßlerstand / Rollt in Bauchlage	
	Verfolgt gehende Person	X	Greift und läßt los	X	Beine tragen Körper / Tänzelt auf Schoß	/
6M	Richtet Augen parallel	X	Steckt Dinge in den Mund	X	Hebt Kopf in Rückenl. / Zieht sich zum Sitz	☐
	Sieht Rosine auf Tisch *	X	Langt in Richtung Objekt *	X	Handstütz in Bauchl.* / Rollt auf Rücken	X
	Betrachtet Ding in Hand *	X	Spielt mit den Händchen *	X	Im Sitz Rücken gerade* / Schwimmbew. i. Bauchl.	X
	Sieht Wegbewegtem nach	X	Zupft an seiner Kleidung	X	Unterarmstütz in Bauchl.* / Aktiv beim Boden *	X
	Blickt ins Gesicht *	X	Armbeuge- u. Streckbewegung	X	Kopfkontrolle auf Arm / Gleichseit. Strompeln	X
	Folgt bewegtem Objekt *	X	Schließt Hand um Objekt	X	Kopfheben in Bauchlage * / Fußstöße gegen Druck	X

Programmanweisung für ein einfaches Langzeitprogramm

Kennbuchst.	Kennziffern	Kennbuchst.	Kennziffern	Kennbuchst.	Kennziffern	Kennbuchst.	Kennziffern	Kennbuchst.	Kennziffern	Kennbuchst.	Kennziffern
Matthias: einfaches Halbjahresprogramm, wie es sich als „Gerüst" aus dem Entwicklungsgitter ergibt.											
ao	0000	aa	0000	aa	1000	ab	0000	ab	0010	ab	0050	ab	0020
ab	0500	ab	0800	ab	0030	ab	1200	ab	1500	ab	1600	ab	1700
ab	1800	ab	1900	ac	0000	ac	0500	ac	0800	ac	1200	ac	1500
ac	1600	ac	1700	ac	1800	ac	1900	ad	0000	ad	1010	ad	1020
ad	1050	ad	1110	ad	1100	ad	1060						

An erster Stelle in der Programmanweisung steht die Kennzeichnung ao 0000. Das entspricht in der Tabelle (S. 100) der obersten Überschrift: A. Training der Sinnesorgane". Die zweite Kennzeichnung auf der Programmanweisung rechts daneben lautet: aa 0000. Das entspricht der untergliedernden Überschrift: „Optische Wahrnehmung". Mit aa 1000 rufen Sie den erklärenden Zusatz und Hinweis ab: „Genaues Sehen und Hinsehen ist eine Voraussetzung für die Weiterentwicklung im Handgeschick". Es folgt dann in der Programmanweisung ab 0000 (in der Tabelle gibt es unter der Kennzeichnung aa 8010 dazwischen noch die Möglichkeit der individuellen Einfügung. Auf sie wird später noch einzugehen sein). Mit ab 0000 rufen Sie erneut eine Überschrift ab: „Die Analyse des Entwicklungsgitters ergibt:" und dann folgt in der Programmanweisung ab 0010: „Ausfälle". Ein Blick auf das Entwicklungsgitter des kleinen Matthias (S. 107) zeigt an, daß er keine Ausfälle hat. Er ist 9 1/4 Monate alt und seine erste Lücke liegt im Gitter bei 12 Monaten. Wir geben also über die Programmanweisung ein: ab 0050 = „keine". Diese Ziffer finden Sie als 1. Position vor den Items des Entwicklungsgitters auf S. 100. Es folgt dann mit ab 0020 die Überschrift: „Unsicherheiten". Matthias hat eine Unsicherheit in der optischen Wahrnehmung im 5. und 8. Lebensmonat: „Sieht Rosine auf dem Tisch" und „Sieht Hingefallenem nach". Diese beiden Punkte finden wir in der Tabelle unter ab 0500 und ab 0800. Sie werden in die Programmanweisung aufgenommen. Es folgt dann ab 0030 = „Anzustrebende neue Fertigkeiten". Ein Blick auf das Gitter verrät, daß Matthias ein verdecktes Ding noch nicht finden konnte. Zum Zeichen, daß es versucht wurde, ihm diese Leistung zu entlocken, daß es ihm jedoch nicht gelang, wird das entsprechende Kästchen eingerahmt. Es entspricht dem Alter von 12 Monaten und lautet in der Tabelle auf S. 100 und in der Programmanweisung ab 1200 = „Findet verdecktes Ding". Die nächsten beiden Leistungen, die im Gitter noch unsicher waren, entsprechen dem Alter von 15 und 16 Monaten und liegen damit über seinem Lebensalter. Sie sollten noch weiter trainiert werden, damit Matthias lernt, sie sicher zu beherrschen. Sie laufen in der Programmanweisung unter dem Kennzeichen ab 1500 und ab 1600: „Sieht rollendem Ball nach" und „Betrachtet sich im Spiegel" (S. 100).

Matthias erreichte schließlich bei der Nachtestung in der optischen Wahrnehmung das erfreuliche Entwicklungsalter von 1 Jahr und 1 Monat. Hierbei muß betont werden, daß Kiphard sich mit seinen Items an der unteren Grenze der Norm ausrichtet, so daß das mittlere Niveau gesunder Kinder höher zu veranschlagen ist. Wenn er von uns um 1/2 Jahr gefördert werden soll, müssen die entsprechenden Vorschläge bis zu 1 Jahr und 7 Monaten in unser Programm hineingenommen werden. Das liest sich in der Programmanweisung folgendermaßen: ab 1700 („Besieht gern Bilderbuch"), ab 1800 („Erkennt Person von weit") und ab 1900 („Ordnet Ding zu Ding"). Damit ist die Analyse des Entwicklungsgitters für Matthias abgeschlossen. Aus diesen Angaben ergibt sich nunmehr ein Programm für ihn.

In der Programmanweisung (S. 107) folgt als nächste Kennzeichnung ac 0000. Mit ihr wird die Überschrift für das Trainingsprogramm abgerufen: „1.2. Trainingsprogramm für die optische Wahrnehmung" (S. 100). Es folgen jetzt dieselben Ziffern, die sich aus der Analyse des Entwicklungsgitters von Matthias ergeben, nur diesmal mit den Kennbuchstaben ac (= Trainingsprogramm). Mit ac 0500 wird die erste Unsicherheit im Gitter dieses Kindes angesprochen: Optische Wahrnehmung, 5. Lebensmonat: „Sieht Rosine auf dem Tisch". In der Tabelle findet sich der entsprechende Text auf S. 102: „Nehmen Sie Ihr Kind auf den Schoß und setzen sich usw.". Dieser Text wird von der Maschine mit Hilfe der Kennziffer selbsttätig ausgedruckt als erster Programmpunkt für Matthias. Mit ac 0800 wird die zweite Unsicherheit bei ihm angesprochen: „Sieht Hingefallenem nach". In der Tabelle findet sich der entsprechende Text auf S. 102: „Nehmen Sie Ihr Kind auf den Schoß und erwecken seine Aufmerksamkeit usw.". Der Absatz wird von der Maschine als zweiter Programmpunkt für Matthias ausgedruckt. Es folgt dann das erste über sein Lebensalter (9 1/4 Monate) hinausführende Item: „Findet verdecktes Ding". Dieser Punkt wird in der Programmanweisung angesprochen unter dem Kennzeichen ac 1200. In der Tabelle finden Sie auf S. 104 den entsprechenden Text: „Legen Sie das Lieblingsspielzeug Ihres Kindes usw.". Der Text wird abgerufen und ausgedruckt. Er stellt den 3. Programmpunkt im Training der optischen Wahrnehmung für Matthias dar. Es folgen die beiden Kennzeichnungen ac 1500 und ac 1600, weil diese beiden Leistungen in der Spielbeobachtung noch Unsicherheiten aufwiesen (Entwicklungsalter 1J3M = 15 M. – Abrufnummer für das Programm: ac 1500, Entwicklungsalter 1J4M = 16 M – Abrufnummer: ac 1600). Mit dem Abrufen des Textes der Trainingsvorschläge für das Lebensalter 17 Monate, 18 Monate und 19 Monate wird dann das einfache Halbjahresprogramm für Matthias abgeschlossen. Das liest sich in der Programmanweisung (S. 107) dann: ac 1700, ac 1800 und ac 1900. Den Text finden Sie auf S. 105 und 106, und auch er wird von der Maschine über diese Kennzeichen selbsttätig ausgedruckt. Angefügt werden noch Spielvorschläge zur Durchführung des Programms. Sie finden sich zusammengestellt jeweils am Ende einer Tabelle und können ebenfalls nach Bedarf zusammengestellt werden.

Das auf diesem Wege erarbeitete **einfache Halbjahresprogramm** für die optische Wahrnehmung wird nunmehr hier eingefügt.

A. Training der Sinnesorgane

1. Optische Wahrnehmung (Sehen)

Genaues Sehen und Hinsehen ist eine Voraussetzung für die Weiterentwicklung im Handgeschick

1.1 Die Analyse des Entwicklungsgitters ergibt:

Ausfälle:

    keine

Unsicherheiten:

Sieht Rosine auf Tisch	5M
Sieht Hingefallenem nach	8M

Anzustrebende neue Fertigkeiten:

Findet verdecktes Ding	1J	
Sieht rollendem Ball nach	1J	3M
Betrachtet sich im Spiegel	1J	4M
Besieht gern Bilderbuch	1J	5M
Erkennt Person von weit	1J	6M
Ordnet Ding zum Ding	1J	7M

1.2 Trainingsprogramm für die optische Wahrnehmung

Nehmen Sie Ihr Kind auf den Schoß und setzen sich mit ihm an einen Tisch. Nun bitten Sie eine weitere Person (Vater, Oma), eine Rosine im Blickfeld des Kindes auf ein weißes Tischtuch oder ein weißes Stück Papier fallen zu lassen. Betrachtet Ihr Kind die Rosine? Sie dürfen Sie ein paarmal mit den Fingern wegschnippen, um seine Aufmerksamkeit zu erregen, sollten aber die Hand rasch wieder zurücknehmen, damit die zweite Person erkennen kann, wohin der Blick Ihres Kindes gerichtet ist. Schaut es die Rosine für 2-3 Sekunden an?

Nehmen Sie Ihr Kind auf den Schoß und erwecken Sie seine Aufmerksamkeit durch ein leuchtend rotes Spielzeug in Ihrer Hand. Dann öffnen Sie Ihre Hand, so daß das Spielzeug auf den Boden fällt. Blickt Ihr Kind nunmehr suchend auf den Fußboden?

Legen Sie das Lieblingsspielzeug Ihres Kindes auf den Tisch in seinem Blickfeld. Vergewissern Sie sich, daß es das Spielzeug bemerkt hat. Nun decken Sie es vor seinen Augen mit einem Tuch zu. Bemerkt es, was geschehen ist? Zieht es das Tuch fort, um das Spielzeug zu ergreifen?

Zeigen Sie Ihrem Kind einen mittelgroßen, bunten Ball und rollen ihn dann langsam vom Kind weg. Verfolgt Ihr Kind den Ball mit den Augen ungefähr 3 m weit?

Stellen Sie sich mit Ihrem Kind vor einen Spiegel und beobachten Sie seine Reaktionen. Betrachtet es sein Spiegelbild aufmerksam für die Dauer von mindestens 3 Sekunden?

Bieten Sie Ihrem Kind ein Bilderbuch mit großen, bunten Bildern an (Es dürfen auch einzelne große, bunte Bilder sein). Hat es Freude am Betrachten? Der Sinn des Dargestellten braucht noch nicht verstanden zu werden.

Prüfen Sie, ob Ihr Kind eine vertraute Person schon aus der Entfernung erkennt an ihren Bewegungen und ihrer Gestalt. Das Kind sollte jedoch nicht gerufen werden. Zeigt es durch seine Reaktionen, daß es den Vater, die Oma oder das Geschwister schon aus 10 m Entfernung an den optischen Merkmalen erkannt hat?

Stellen Sie fest, ob Ihr Kind schon die Gleichheit zweier Gegenstände erkennt, indem es sie einander zuordnet. Es ist hierfür notwendig, 2 Reihen gleichartiger Gegenstände zur Verfügung zu haben. Legen Sie auf der einen Seite des Spieltisches beispielsweise eine Reihe von Bauklötzen in gleicher Form und Farbe nebeneinander, auf der anderen Seite eine Reihe von Plastiklöffeln. Nun geben Sie Ihrem Kind einen Plastiklöffel (oder einen Bauklotz) in die Hand. Ordnet es diesen Gegenstand den anderen gleichartigen Gegenständen zu? Sie dürfen Ihrem Kind die Aufgabe mehrfach zeigen. Sie gilt auch als gekonnt, wenn das Kind einen zweiten gleichartigen Gegenstand in die andere Hand nimmt. Es hat die Gleichartigkeit optisch erfaßt.

1.3 Hilfsmaterial zur Durchführung des Programms

Mobile über dem Bettchen
Luftballon, am Handgelenk befestigt
Spielspiegel
„Das ist meins" (Otto Maier Verlag)
Einzelbilder (bei der Firma Moltex kostenlos zu bestellen)
Spielbox (Fisher-Price)

Wie bereits erwähnt, hat sich in unserer Arbeit bald herausgestellt, daß die Schritte zwischen den einzelnen Items im Entwicklungsgitter für behinderte Kinder zuweilen zu groß sind, um bewältigt werden zu können. Wir mußten sie in kleinere Einzelschritte zerlegen, oder es mußten den Eltern zusätzliche Hilfsmaßnahmen angeboten werden. In den Tabellen sind derartige Angebote jeweils mit *** versehen, um sie von den direkt auf das Gitter bezogenen Trainingsvorschlägen zu unterscheiden.

Da unsere Arbeit von Anbeginn auf die Zusammenstellung von individuellen Langzeitprogrammen ausgerichtet war, haben wir uns deshalb mit einem einfachen Programm – wie es sich unmittelbar aus dem Entwicklungsgitter ergibt – nicht zufrieden geben können. Ein einfaches Programm ist aber in allen denjenigen Fällen gerechtfertigt, wo eine Hausfrühbetreuung durchgeführt wird. Die Betreuerin sieht das behinderte Kind in regelmäßigen Abständen von 1-2 Wochen und kann dadurch ihre Maßnahmen den jeweiligen Besonderheiten des Kindes anpassen. Ihr darf es zugemutet werden, die einzelnen Schritte des Entwicklungsgitters in Teilschritte für das behinderte Kind zu zerlegen oder „vor Ort" eine Idee für zusätzliche Hilfsmaßnahmen zu entwickeln.

Ein derartiges elastisches Eingehen auf die besonderen, individuellen Schwierigkeiten ihres Kindes gelingt auch vielen Müttern spontan. Wenn sie jedoch allein vor diesen Aufgaben stehen, möchten wir sie in ihren Bemühungen so weit wie möglich unterstützen, damit Frustrationen bei ihnen und ihrem Kind vor vornherein vermieden werden. Deshalb wird ein Bericht aus den Angaben der Pädagogin und denen der Eltern zusammengestellt. Dadurch wird dem Programmgestalter das Bild des Kindes mit allen seinen Besonderheiten transparent. Erst nach Abschluß des Berichtes geht er daran, eine Anweisung für ein differenziertes Langzeitprogramm zu erstellen. Im Fall des kleinen Matthias wurde er durch die Angaben der Eltern darauf aufmerksam gemacht, daß bei Ermüdung ein „Silberblick" bei ihrem Kind zu beobachten sei. Da dies bei einem Kind mit Down-Syndrom auf eine „Augenmuskelschwäche" bezogen werden darf, wurden einige Maßnahmen zum Training der Augenmuskeln mit in das Programm aufgenommen.

Differenziertes Langzeitprogramm

Bei dieser Form der Programmgestaltung kommen nun die individuellen Einfügungen zum Tragen. Die Programmanweisung für das differenzierte Langzeitprogramm läßt unter der Ziffer aa 8010 zwischen der Überschrift und der Analyse des Entwicklungsgitters Raum für ein kurzes Eingehen auf die Besonderheiten des behinderten Kindes in dieser Entwicklungssäule. Diese Einfügungen werden unter der entsprechenden Kennzeichnung auf einem gesonderten Blatt schriftlich formuliert und beim Abrufen des Programms wie bei einer normalen Schreibmaschine eingefügt.

Programmanweisung für ein differenziertes Langzeitprogramm (beschränkt auf die optische Wahrnehmung)

Kennbuchst.	Kennziffern	Kennbuchst.	Kennziffern	Kennbuchst.	Kennziffern	Kennbuchst.	Kennziffern	Kennbuchst.	Kennziffern	Kennbuchst.	Kennziffern
ao	0000	aa	0000	aa	1000	aa	8010	ab	0000	ab	0010	ab	0050
ab	0020	ab	0500	ab	0800	ab	0030	ab	1200	ab	1500	ab	1600
ab	1700	ab	1800	ab	1900	ac	0000	ac	0500	ac	0505	ac	0506
ac	0510	ac	0610	ac	0620	ac	0800	ac	1200	ac	1500	ac	1510
ad	1520	ac	1530	ac	1535	ac	1540	ac	1550	ac	1600	ac	1610
ad	1700	ac	1800	ac	1900	ac	1910	ad	0000	ad	1010	ad	1020
ac	1050	ad	1110	ad	1120	ad	1100	ad	1060				

Es folgt nun das **differenzierte Halbjahresprogramm** für Matthias im Ausdruck.

A. Training der Sinnesorgane

1. Optische Wahrnehmung (Sehen)

Genaues Sehen und Hinsehen ist eine Voraussetzung für die Weiterentwicklung im Handgeschick

Es war nicht sicher zu entscheiden, ob Matthias einen kleinen ruhenden Gegenstand schon wahrnimmt und ob er Heruntergefallenes mit seinen Blicken verfolgt. Er beginnt aber schon, einen rollenden Ball zu verfolgen und sich im Spiegel zu betrachten. Um dem bei Ermüdung zu beobachtenden „Silberblick" entgegenzuwirken, werden Übungen für die Augenmuskeln in das Programm einbezogen.

1.1. Die Analyse des Entwicklungsgitters ergibt:

Ausfälle:

    keine

Unsicherheiten:

    Sieht Rosine auf Tisch   5M
    Sieht Hingefallenem nach   8M

Anzustrebende neue Fertigkeiten:

    Findet verdecktes Ding   1J
    Sieht rollendem Ball nach   1J   3M

Betrachtet sich im Spiegel	1J	4M
Besieht gern Bilderbuch	1J	5M
Erkennt Person von weit	1J	6M
Ordnet Ding zum Ding	1J	7M

1.2 Trainingsprogramm für die optische Wahrnehmung

(Die mit *** versehen Vorschläge sind als Hilfsmaßnahmen gedacht, um die im Entwicklungsgitter angegebenen Ziele zu erreichen).

Nehmen Sie Ihr Kind auf den Schoß und setzen sich mit ihm an einen Tisch. Nun bitten Sie eine weitere Person (Vater, Oma) eine Rosine im Blickfeld des Kindes auf ein weißes Tischtuch oder ein weißes Stück Papier fallen zu lassen. Betrachtet Ihr Kind die Rosine? Sie dürfen sie ein paarmal mit den Fingern wegschnippen, um seine Aufmerksamkeit zu erregen, sollten aber die Hand rasch wieder zurücknehmen, damit die zweite Person erkennen kann, wohin der Blick Ihres Kindes gerichtet ist. Schaut es die Rosine für 2-3 Sekunden an?

***Regen Sie Ihr Kind zum „Schauen" an: Betrachten Sie gemeinsam einen ruhenden Gegenstand, lassen Sie Ihr Kind einen leuchtenden Gegenstand (z.B. eine Lampe) mit den Augen „abtasten", indem Sie Ihren Finger an dem Gegenstand entlangführen.

***Wenn Ihr Kind bei dieser Aufgabe noch Schwierigkeiten hat, können Sie ihm diese verringern, indem Sie mit einer roten Taschenlampe an den Konturen entlangfahren.

***Lassen Sie Ihr Kind an einer gemeinsamen Familienmahlzeit derart teilnehmen, damit es Sie alle sehen kann.

***Nehmen Sie in jede Hand ein buntes Spielzeug und halten Sie Ihre rechte Hand nach rechts oben, während die linke Hand verborgen bleibt. Dann verfahren Sie mit der linken Hand ebenso (rechte Hand verborgen). Macht Ihr Kind dies „Augenspringen" mit? Trainieren Sie auf diese Weise die Augenmuskulatur Ihres Kindes.

***Binden Sie einen Luftballon um das Handgelenk Ihres Kindes, so daß es die entstehenden Bewegungen verfolgen kann.

Nehmen Sie Ihr Kind auf den Schoß und erwecken Sie seine Aufmerksamkeit durch ein leuchtend rotes Spielzeug in Ihrer Hand. Dann öffnen Sie Ihre Hand, so daß das Spielzeug auf den Boden fällt. Blick Ihr Kind nunmehr suchend auf den Fußboden?

Legen Sie das Lieblingsspielzeug Ihres Kindes auf den Tisch in seinem Blickfeld. Vergewissern Sie sich, daß es das Spielzeug bemerkt hat. Nun decken Sie es vor seinen Augen mit einem Tuch zu. Bemerkt es, was geschehen ist? Zieht es das Tuch fort, um das Spielzeug zu ergreifen?

Zeigen Sie Ihrem Kind einen mittelgroßen, bunten Ball und rollen ihn dann langsam vom Kind weg. Verfolgt Ihr Kind den Ball mit den Augen ungefähr 3 m weit?

***Bieten Sie Ihrem Kind die Möglichkeit, das Zielverfolgen waagerecht und senkrecht im Spiel zu üben. Waagerecht: Eisenbahn und Autos, senkrecht: Klettermaxe, herabschwebender Luftballon, Oskar der Specht.

***Bieten Sie Ihrem Kind einen Brummkreisel mit beweglichem Inhalt an: Zielverfolgen kreisend.

***Bieten Sie Ihrem Kind eine Kullerbahn mit „Musiktreppe" an: Zielverfolgen diagonal.

***Binden Sie ein buntes Spielzeug an eine lange Schnur und bewegen es: Zielverfolgen pendelnd.

***Lassen Sie einen Tischtennisball auf einer Tischplatte hüpfen und beobachten Sie, ob Ihr Kind die schnellen Bewegungen verfolgen kann.

***Als Entspannungsübung für die Augen lassen Sie Ihr Kind Seifenblasen verfolgen, im Winter Schneeflocken. Auch das Beobachten spielender Tiere ist hierfür geeignet sowie das Schaukeln auf einem Schaukelpferd.

Stellen Sie sich mit Ihrem Kind vor einen Spiegel und beobachten Sie seine Reaktionen. Betrachtet es sein Spiegelbild aufmerksam für die Dauer von mindestens 3 Sekunden?

***Erlauben Sie Ihrem Kind, an der Schnur eines Wandlämpchens zu ziehen und dadurch mehrfach das Licht an- und auszuknipsen.

Bieten Sie Ihrem Kind ein Bilderbuch mit großen, bunten Bildern an (Es dürfen auch einzelne große, bunte Bilder sein). Hat es Freude am Betrachten? Der Sinn des Dargestellten braucht noch nicht verstanden zu werden.

Prüfen Sie, ob Ihr Kind eine vertraute Person schon aus der Entfernung erkennt an ihren Bewegungen und ihrer Gestalt. Das Kind sollte jedoch nicht gerufen werden. Zeigt es durch seine Reaktionen, daß es den Vater, die Oma oder das Geschwister schon aus 10 m Entfernung an den optischen Merkmalen erkannt hat?

Stellen Sie fest, ob Ihr Kind schon die Gleichheit zweier Gegenstände erkennt, indem es sie einander zuordnet. Es ist hierfür notwendig, 2 Reihen gleichartiger Gegenstände zur Verfügung zu haben. Legen Sie auf der einen Seite des Spieltisches beispielsweise eine Reihe von Bauklötzen in gleicher Form und Farbe nebeneinander, auf der anderen Seite eine Reihe von Plastiklöffeln. Nun geben Sie Ihrem Kind einen Plastiklöffel (oder einen Bauklotz) in die Hand. Ordnet es diesen Gegenstand den anderen gleichartigen Gegenständen zu? Sie dürfen Ihrem Kind die Aufgabe mehrfach zeigen. Sie gilt auch als gekonnt, wenn das Kind einen zweiten gleichartigen Gegenstand in die andere Hand nimmt. Es hat die Gleichartigkeit optisch erfaßt.

***Für Kinder mit Down-Syndrom ist diese Aufgabe oft etwas zu theoretisch und unpersönlich. Versuchen Sie, ob Ihrem Kind die Zuordnung optisch gleichartiger Eindrücke leichter gelingt, wenn Sie beispielsweise die Bauklötze und Plastiklöffel in einen großen Baubecher legen und nunmehr ihm vormachen, wie Sie die Löffel (bzw. Bauklötze) aussortieren. Reichen Sie Ihrem Kind Ihre Hand bittend entgegen, damit es mit dem Aussortieren fortfährt. Gelingt es ihm auf diesem Wege?

1.3   Hilfsmaterial zur Durchführung des Programms

Mobile über dem Bettchen
Luftballon, am Handgelenk befestigt
Spielspiegel
„Das ist meins" (Otto Maier Verlag)
Einzelbilder (bei der Firma Moltex kostenlos zu bestellen)
Spielbox (Fisher-Price)

Erörterung der Programmanweisung für ein differenziertes Programm (S. 113)

Die Analyse des Entwicklungsgitters bleibt bei der Gestaltung eines differenzierten Langzeitprogrammes dieselbe: das Entwicklungsgitter von Matthias ist ja unverändert. Eine Abweichung vom einfachen Programm wird nach der individuellen Einfügung unter aa 8010 erst wieder deutlich, wenn unter ac 0000 das Trainingsprogramm für ihn zusammengestellt wird. Hier werden zusätzliche Hilfsmaßnahmen für ihn angeboten, um einmal die rasche Reaktionsfähigkeit seiner Augen auf bewegte Gegenstände zu steigern, zum anderen, um seine Augen im Wahrnehmen eines ruhenden Gegenstandes zu trainieren. Unter ac 1510, ac 1530, ac 1535, ac 1540 und ac 1550 findet sich erneut eine Gruppe von zusätzlichen Hilfsmaßnahmen, die das Training im Zielverfolgen zum Inhalt haben.

Es wird dem aufmerksamen Leser nicht entgangen sein, daß bei den mit *** versehenen Hilfsmaßnahmen nunmehr auch die 5. und teilweise sogar die 6. Position zur Kennzeichnung durch eine Ziffer besetzt wurde (z.B. ac 1535). Alle Kennzeichen, die zwei Nullen am Ende führen, beziehen sich direkt auf ein Item im Entwicklungsgitter. Dadurch, daß beispielsweise zwischen ac 0300 und ac 0400 noch keine zusätzlichen Hilfsmaßnahmen ersonnen wurden, besteht die Möglichkeit, noch weitere 99 Vorschläge einzufügen, damit ein behindertes Kind in der optischen Wahrnehmung den Entwicklungsschritt vom 3. zum 4. Lebensmonat vollziehen kann. Das System brauchte um dieser 99 Vorschläge willen nicht geändert zu werden. Das Einfügen von zusätzlichen Hilfsmaßnahmen als feste Bestandteile der Tabellen ist ohne Schwierigkeiten möglich, bis die Vorschläge für die Säule optische Wahrnehmung die Zahl 7000 erreicht haben. Auch dann läßt dieses System noch Möglichkeiten offen, doch soll darauf an dieser Stelle nicht näher eingegangen werden.

Da die Grenze von 7000 Vorschlägen für die Entwicklung der optischen Wahrnehmung so schnell nicht erreicht sein wird, können zunächst einmal weitere Hilfsangebote gesammelt werden. Sie werden von Zeit zu Zeit in die einzelnen Tabellen zum Erreichen des im Entwicklungsgitter angegebenen Zieles eingegliedert. Es sind noch viele gute Ideen erwünscht und erforderlich. Einige praktische Vorschläge stammen auch von den Eltern und wurden dankbar aufgegriffen. Das gesamte System ist angenehm flexibel und noch nahezu unbegrenzt erweiterungsfähig. Ein vernünftiges Maß sollte jedoch – wie immer – nicht überschritten werden.

Ausblick

Möglichkeiten der Verwendung dieser Methode

1. Hausfrühbetreuung

Solange die Mutter im Umgang mit ihrem Kind noch unsicher ist oder Schwierigkeiten bei der Durchführung der empfohlenen Maßnahmen hat, sollte ihr eine Hausfrühbetreuerin zur Seite stehen. Diese wird es sich zunächst zur Aufgabe machen, den Entwicklungsstand ihres Schützlings festzustellen. Das sollte in Zusammenarbeit mit der Mutter geschehen. Wenn hierfür das Kiphard'sche Gitter gewählt wird, kann aus den vorliegenden Tabellen ein einfaches Programm zusammengestellt werden. Damit liegt dann ein Gerüst für die Maßnahmen der Hausfrüherzieherin vor. Die Durchführung „vor Ort" würde ihrem pädagogischen Geschick überlassen bleiben. Da die Hausfrühbetreuerin ihren Schützling anfangs in wöchentlichen Abständen aufsuchen wird, um ihm Schritt für Schritt die gewünschten Leistungen zu entlocken, kann sie an den Reaktionen des Kindes ihre eigenen Maßnahmen laufend selbst korrigieren und schließlich den für dieses Kind optimalen Weg ausfindig machen. Das „einfache Programm" stellt dann für sie lediglich eine Leitplanke dar und läßt ihr die Möglichkeit, sich den wechselnden Situationen anzupassen.

Das Fernziel der Hausfrühbetreuerin sollte jedoch sein, sich im Einzelfall durch ihren Einsatz möglichst bald „selbst überflüssig" zu machen. Das erfordert eine gewisse menschliche Größe, denn es ist sicher in manchen Fällen schwer, einen lieb gewonnenen Schützling unter den Fittichen hervorzulassen, sobald die Übungstherapie Erfolge zeigt. Es sind vermutlich nicht die schlechtesten Frühbetreuerinnen, die hier zuweilen zögern. Dennoch sollte eine gegenseitige Abhängigkeit vermieden werden. Die Dauer der Hausfrühbetreuung sollte deshalb nicht von vornherein festgelegt werden.

Es wird auch Mütter geben, die sehr bald im Umgang mit ihrem Kind sicher werden und die Eigeninitiative bei der Durchführung des Programms entwickeln. Hier wäre dann ein Lösungsprozeß anzustreben, wobei die Besuche durch die Hausfrühbetreuerin allmählich seltener werden und schriftlich fixierte Programme der Mutter für die Zwischenzeit als Gedächtnisstütze dienen können.

Es wird aber auch Familien geben, wo die Hausfrühbetreuung nahtlos weitergeführt werden muß bis zur Aufnahme im Sondertagesheim oder Kindergarten. Die außerordentlich unterschiedlichen Startbedingungen der behinderten Kinder sowie die unterschiedlichen Umweltverhältnisse werden dies zuweilen erforderlich machen.

Und schließlich wird es Eltern geben, die die Betreuung ihres behinderten Kindes nicht aus der Hand geben möchten und die lediglich Anregungen für die Bewältigung dieser Aufgabe brauchen. Diese Eltern sind erfahrungsgemäß dankbar, wenn sie zur Unterstützung ihrer Arbeit ein Langzeitprogramm zur Verfügung haben.

2. Sondertagesheim oder integrierter Kindergarten
Nach Vollendung seines dritten Lebensjahres wird das behinderte Kind der Hausfrühbetreuung normalerweise entwachsen sein und in einem Sondertagesheim oder in einem integrierten Kindergarten aufgenommen werden. Wenn es bis zu diesem Zeitpunkt gezielt gefördert wurde, darf erwartet

werden, daß sekundäre Behinderungen weitgehend vermieden werden konnten. Dann wären die Startbedingungen des Kindes für diese Einrichtungen erfreulich günstig.

Die weitere Entfaltung seiner Fähigkeiten im sozialen wie im kognitiven Lernen geht von diesem Zeitpunkt an teilweise auf die Gruppenleiterin über. Für sie wird es eine Hilfe sein, sich zunächst einmal über den Leistungsstand des Kindes zu orientieren. Hier könnte nun das „aufgestockte Entwicklungsgitter" eingesetzt werden, weil dadurch ein kontinuierliches Verfolgen des Leistungsstandes bis zur Einschulung möglich wird. Unter Verwendung der im Anhang beigefügten Tabellen ließe sich auf dieser Basis ein Trainingsprogramm zusammenstellen. Falls in einem Frühförderungszentrum eine Speicherschreibmaschine vorhanden ist, könnten in Zusammenarbeit mit dem Sondertagesheim oder dem Kindergarten bis zur Einschulung Programme ausgedruckt werden, die Anregungen für die Gruppenleiterin enthalten würden. Auch hier wird ein einfaches Trainingsprogramm vermutlich ausreichen.

In unserer Einrichtung wird z.Zt. der Versuch unternommen, für jedes Kind in einem Sondertagesheim ein Entwicklungsprofil von den Gruppenleiterinnen erstellen zu lassen und danach ein Trainingsprogramm zu erarbeiten. Es sieht bisher so aus, als könnte diese Maßnahme für die gezielte Arbeit der Gruppenleiterinnen zu einer wertvollen Hilfe werden.

3. Kinderzentren

Diese Methode kann auch für die Kinderzentren von Interesse sein. Für alle diejenigen Eltern, deren Wohnsitz von einem Kinderzentrum so weit entfernt ist, daß regelmäßige Besuche in kurzen Abständen unzumutbar sind, kann hiermit ein Langzeitprogramm erarbeitet werden, das die Eltern in der Phase der Früherziehung hilfreich unterstützt. Auch für diejenigen Eltern, denen das regelmäßige Aufsuchen eines Kinderzentrums aus familiären Gründen erschwert ist, könnte ein solches Programm eine willkommene Alternative sein.

4. Vollheime

Wenn es auch das erklärte Ziel unserer Arbeit ist, die Eltern behinderter Kinder in ihrer Erziehungsarbeit so zu unterstützen, daß sekundäre Behinderungen im kognitiven und sozialen Lernen vermieden werden und damit die Erziehung des Kindes im häuslichen Milieu zu bewältigen ist, so wird dieses Ideal doch leider nicht in jedem Fall erreichbar sein. Haben die Eltern dann den schweren Entschluß gefaßt, ihr Kind in ein Heim zu geben, so könnte es für die Betreuungspersonen dort eine Hilfe sein, wenn für jedes Kind in den ersten Lebensjahren ein Entwicklungsprofil zur Verfügung stünde mit einem sich daraus ergebenden schriftlichen Förderungsprogramm. Die durch die Fluktuation des Personals bedingten Schwierigkeiten könnten dadurch gemildert werden. Ein Blick auf das Programm kann dann einer mit dieser Arbeit vertrauten Kraft sagen, wo das Kind behutsame Stimulation aus seiner Umwelt braucht. Damit ist eine Resonanz beim Kind zu erwarten, und diese beflügelt dann ihrerseits wieder die Betreuungsperson, so daß sie ihre schwere Aufgabe mit mehr Zuversicht erfüllen kann.

5. Kinderkrankenhaus

Auch ein Kinderarzt, der ein behindertes Kind zur Klärung der Diagnose auf seiner Station betreut und es ungeheilt in häusliche Pflege entlassen muß, könnte ein Interesse an dieser Arbeit haben. Es wird bedrückend für ihn sein, den besorgten Eltern bei der Entlassung mit völlig leeren Händen gegenüberzustehen und gleichzeitig zu wissen, wie dringend sie Hilfe brauchen werden. In derartigen Fällen könnte die stationäre Beobachtungszeit genutzt werden, um ein Entwicklungsprofil im Sinne der Sensomotorischen Funktionsdiagnostik zu erarbeiten und die daraus abzuleitenden Übungsmaßnahmen in einem Programm für die Eltern zusammenzufassen. Der Situation bei der Entlassung könnte Vieles von ihrer Bitterkeit genommen werden, wenn die Eltern und die Ärzte ihr nicht so hilflos ausgeliefert wären, wie es bisher leider immer noch der Fall war.

Schlußbetrachtungen

Seit Oktober 1975 wurden auf dem beschriebenen Weg 190 behinderte Kinder mit einem Langzeitprogramm versorgt. Besonders günstig reagieren Kinder mit Down-Syndrom auf diese Form der Frühbetreuung. Das hat vermutlich seinen Grund darin, daß bei ihnen die Verdachtsdiagnose im allgemeinen schon kurz nach der Geburt gestellt wird und in den ersten Lebenswochen durch eine cytogenetische Untersuchung abgesichert werden kann. Auf diese Weise kann bereits im Alter von 3-4 Monaten mit der Stimulierung der Sensomotorik begonnen werden, und das erweist sich für die optimale Entfaltung der in den Kindern ruhenden Möglichkeiten als Vorteil. Zahlreiche andere Formen von primärer Behinderung werden erst sehr viel später diagnostiziert, und damit verringern sich die Chancen, bereits in der sensomotorischen Phase die Entwicklung des Kindes durch die notwendigen Anregungen zu beeinflussen. Sekundäre Behinderungen im kognitiven und sozialen Lernen sind dann die Folge.

Die erfreulich positive Beeinflussungsmöglichkeit bei zahlreichen Kindern mit Down-Syndrom spricht sich natürlich in Elternkreisen rasch herum, und so stellen diese Kinder die größte Gruppe unserer Schützlinge dar. Ihre Anzahl ist inzwischen auf 117 angewachsen. Aus der jahrelangen praktischen Arbeit mit ihnen hat sich der Eindruck ergeben, daß ihre Erfolgschancen umso günstiger liegen, je früher wir mit den entwicklungsfördernden Maßnahmen beginnen können. Es wurde deshalb der Versuch unternommen, diesen Eindruck durch eine Statistik zu belegen.

Dabei ergab sich die Schwierigkeit, daß die Kinder mit Down-Syndrom keine in sich homogene Gruppe bilden, sondern durch zahlreiche zusätzliche Komplikationen beeinträchtigt sein können. Es wurden deshalb 9 Untergruppen gebildet, wodurch sich die Aussagekraft dieser Zahlen jedoch derart verringerte, daß sich daraus keine Schlüsse mehr ableiten ließen. Auch fehlt uns für eine aussagefähige Statistik eine Gruppe unbehandelter Down-Syndrom-Kinder. Die Möglichkeit, eine solche Gruppe den mit einem Frühförderungsprogramm versehenen Kindern gegenüberzustellen, wird sich voraussichtlich auch in Zukunft für uns nicht ergeben. Die Eltern wenden sich an unsere Einrichtung, weil sie an einem derartigen Programm interessiert sind. Diese Bitte muß erfüllt werden, auch wenn das Interesse an einer Kontrollgruppe aus der Sicht des Statistikers groß ist.

Für die Statistik stand lediglich das jeweilige Lebensalter und das Entwicklungsalter bei den einzelnen Untersuchungen der Kinder zur Verfügung. Aus diesen beiden Meßgrößen wurde eine Prüfgröße konstruiert, mit deren Hilfe der relative Behandlungserfolg ermittelt werden sollte. Es wurde die Differenz gebildet vom Entwicklungsalter bei der ersten und bei der letzten Untersuchung, und diese Zahl wurde dividiert durch die Differenz der dem jeweiligen Entwicklungsalter zugehörigen Lebensalter. Diese Prüfgröße für den Behandlungserfolg wurde daraufhin untersucht, ob sich eine Abhängigkeit vom Lebensalter beim Beginn der Behandlung nachweisen läßt.

Das Ergebnis dieser Untersuchung ist eine Zahl, die den Grad der Abhängigkeit der beiden Größen angibt und deren Vorzeichen die Richtung der Abhängigkeit anzeigt. Wenn unser Eindruck sich bestätigen läßt, müßte ein negatives Vorzeichen erwartet werden, weil der Erfolg dann umso größer sein wird, je geringer das Lebensalter bei Beginn der Behandlung war.

Die Erwartung bezüglich des negativen Vorzeichens konnte durch eine statistische Untersuchung im Institut für Mathematik und Datenverarbeitung in der Medizin (Universitätskrankenhaus Eppendorf) erfüllt werden. Das Ergebnis zeigt jedoch lediglich eine Tendenz an. Der Wert ist nicht so hoch, daß die Abhängigkeit als statistisch bewiesen angesehen werden kann.

Es wurde bereits erwähnt, daß Kiphard sich mit seinen Items an der unteren Grenze der Norm ausrichtet, so daß die Untersuchungsergebnisse bei Anwendung seines Gitters relativ günstig ausfallen. Dieser Tatbestand trifft besonders auf das Säuglingsalter zu. Nach unseren Erfahrungen müssen wir deshalb ganz allgemein jenseits des ersten Lebensjahres mit einem leichten Absinken des Entwicklungsalters rechnen. Solange den Team-Mitgliedern dieser Umstand bewußt ist, sie daraus keine voreiligen Schlüsse ziehen und ihre diesbezüglichen Erfahrungen auch den Eltern mitteilen, läßt sich diese vorübergehende Schwierigkeit ohne weiteres auffangen. Sie schlägt sich jedoch in der Statistik insofern nieder, als der Trainingserfolg sich dadurch beim Übergang in das zweite Lebensjahr rein rechnerisch verringert.

Es wurde bei der Darstellung des Arbeitsablaufes (Kapitel: Gegenwart, S. 89 „Anmerkung") bereits darauf hingewiesen, daß das Gesamtentwicklungsalter als isolierte Zahl einen relativ geringen Aussagewert hat. Das Entwicklungsprofil des behinderten Kindes hat eine wesentlich größere Aussagekraft. Es bleibt späteren Arbeiten vorbehalten, die Entwicklungsprofile derartig aufzubereiten, daß sie einer statistischen Auswertung zugänglich werden.

Vom Herbst 1975 bis zum Frühjahr 1982 wurden insgesamt 425 Halbjahresprogramme nach der geschilderten Methode erarbeitet. Die den Programmen zugrundeliegenden Tabellen sind auf Mini-Disketten gespeichert. Der gespeicherte Text kann überspielt werden, so daß die mühsame Arbeit des nochmaligen Abspeicherns sich erübrigt. Allerdings ist das Überspielen und das erneute Abrufen des Textes daran gebunden, daß derselbe Typ einer elektronischen Textverarbeitung gewählt wird, wie wir ihn verwenden.

Anhang

1. Anschreiben an die Eltern für die Fragebögen

   (Bei Änderung der Zielsetzung – Kurzzeitprogramme – sowie der örtlichen Gegebenheiten ist eine entsprechende Modifikation erforderlich) 125

2. Elternfragebögen 126

3. Entwicklungsgitter 161

4. Merkblatt Wahrnehmungsstörungen mit Anschreiben an die Eltern 164

5. Fragebögen Wahrnehmungsstörungen 171

6. Formblätter für die Akte 188 bis 191

7. Tabellen 192 bis 348

8. Merkblatt Down-Syndrom 349 bis 355

Anschreiben an die Eltern

Liebe Eltern!

Wenn Sie diese umfangreichen Fragebögen vor sich haben, werden Sie vielleicht erschrekken. Das wäre verständlich. Und deshalb möchte ich Ihnen ein paar erklärende Worte dazu sagen.

Sie haben uns um ein Trainingsprogramm für Ihr Kind gebeten. Um dieses mit der erforderlichen Sorgfalt erstellen zu können, müssen wir zunächst einmal den augenblicklichen Entwicklungsstand Ihres Kindes möglichst genau erfassen. Hierbei brauchen wir Ihre Hilfe.

Lesen Sie bitte die einzelnen Fragen auf den Bögen in Ruhe durch und machen Sie ein Kreuz in das erste Fach rechts, wenn Ihr Kind diese Handlung sicher beherrscht: ☒. Es wird unter den vielen Fragen aber vermutlich auch einige geben, die Sie nicht auf Anhieb beantworten können. Lassen Sie sich Zeit und beobachten Sie Ihr Kind, ob es diese Leistung spontan bringt. Unter Umständen inszenieren Sie ein kleines gemeinsames Spiel, in dessen Verlauf Sie Ihrem Kinde die fraglichen Reaktionen geschickt entlocken. Sollte die gewünschte Handlung Ihrem Kind nur im Ansatz gelingen oder nicht regelmäßig erfolgen, so machen Sie bitte nur einen Schrägstrich in das betreffende Kästchen: ☐. Alle Leistungen, die ihrem Kind nicht möglich sind, lassen Sie einfach offen.

Wir werden Ihnen dieselben Fragebögen vor jeder weiteren Untersuchung wieder zusenden. An Hand Ihrer eigenen Aufzeichnungen können Sie dann selbst verfolgen, auf welchem Gebiet und in welchem Umfang Ihr Kind Fortschritte erzielen konnte.

Wenn Sie die Fragebögen ausgefüllt haben, schicken Sie sie bitte an uns zurück. Wir übertragen Ihre Antworten dann auf ein Entwicklungsgitter, auf dem sich die Hauptschwierigkeiten Ihres Kindes, aber auch seine Leistungsspitzen darstellen: sie ergeben das sogenannte „Entwicklungsprofil". An Hand dieses vorbereiteten Entwicklungsgitters werden dann gemeinsam mit dem pädagogischen Team-Mitglied Überlegungen angestellt, welche Fragen einer Nachtestung bedürfen und auf welchem Wege wir diese Anforderungen am geschicktesten an Ihr Kind herantragen werden. Dies alles geschieht bereits, bevor Sie mit Ihrem Kind bei uns eintreffen und es ist eine Voraussetzung dafür, daß die Spielbeobachtung Ihres Kindes möglichst reibungslos verläuft.

Wenn uns das gelingt, haben Sie während der Spielbeobachtungszeit die nötige Ruhe, einerseits alle mündlichen Fragen zu beantworten, die ich noch an Sie stellen werde. Zum anderen haben Sie Gelegenheit, Ihrerseits alle die Fragen anzuschneiden, die Sie besonders bewegen.

Die Altersangaben auf der linken Seite der Fragebögen können Sie unbeobachtet lassen: sie dienen lediglich als Arbeitserleichterung beim Übertragen Ihrer Angaben auf das Entwicklungsgitter.

Mit freundlichen Grüßen!

Anmerkung:
Dieses Anschreiben ist mit den auf den folgenden Seiten abgedruckten 6 Elternfragebögen als geschlossener Satz beim verlag modernes lernen zu beziehen. Zur Verwendung in der Praxis sind die Fragebögen mit Kästchen zum Ankreuzen versehen. (*Einzelexpl.* Bestell-Nr. 5125; *10er Satz* Bestell-Nr. 5130. Jeder Elternfragebogen enthält zusätzlich auch ein Expl. des Entwicklungsgitters, das auf Seite 161-163 abgebildet ist)

Elternfragebögen*

Fragebogen 1

Optische Wahrnehmung (Sehen)

0 J   1 M   Folgt Ihr Kind einem orangefarbenen oder roten Gegenstand in Ihrer Hand mit den Augen, wenn Sie ihn langsam in ca. 30 bis 50 cm Abstand waagerecht hin und her bewegen? (Dabei sollten keine Geräusche erzeugt werden!)

0 J   2 M   Betrachtet Ihr Kind Ihr Gesicht, wenn Sie sich ihm langsam bis auf ca. 30 cm Abstand nähern, ohne es anzusprechen?

0 J   3 M   Schütteln Sie einen leuchtend roten Gegenstand in ca. 30 cm Entfernung vor den Augen Ihres Kindes, um seine Aufmerksamkeit zu erregen. Dann vergrößern Sie den Abstand langsam bis auf ca. 60 cm. Verfolgt Ihr Kind mit den Augen die Bewegung?

0 J   4 M   Betrachtet Ihr Kind einen leuchtend roten Gegenstand einen Augenblick lang, wenn Sie ihm einen solchen in die Hand geben?

0 J   5 M   Betrachtet Ihr Kind für einen Augenblick eine Rosine, wenn Sie sie auf ein weißes Tuch oder ein Stück Papier fallen lassen?

0 J   6 M   Kann Ihr Kind seine Augen ungefähr parallel auf ein Objekt richten?

0 J   7 M   Wenn Ihr Kind auf Ihrem Schoß sitzt oder Sie es auf Ihrem Arm halten: verfolgt es dann mit seinen Augen eine Person, die sich leise im Zimmer bewegt?

0 J   8 M   Verfolgt Ihr Kind einen leuchtend roten Gegenstand suchend mit den Augen, wenn Sie ihn vor seinen Augen aus Ihrer Hand fallen lassen?

0 J   9 M   Betatscht Ihr Kind sein Spiegelbild, wenn Sie ihm die Möglichkeit geben, sich im Spiegel zu sehen?

0 J   10 M   Betrachtet Ihr Kind seine Hände, wenn diese beim Spielen zufällig in sein Blickfeld geraten?

0 J   11 M   Erkennt Ihr Kind sein Fläschchen (oder seinen Breiteller), wenn Sie langsam damit in sein Blickfeld kommen? (Das Essen sollte nicht mit Worten angekündigt werden!)

---

* Wichtiger Hinweis: In den Original-Fragebögen befinden sich jeweils am rechten Rand Kästchen, die angekreuzt werden können.

1 J	0 M	Bemerkt Ihr Kind es, wenn Sie ein geliebtes Spielzeug vor seinen Augen durch ein Tuch (oder einen Pappkarton) verdecken? Findet es sein Spielzeug wieder, indem es das Tuch fortzieht?
1 J	1 M	Wählt Ihr Kind aus seinem angebotenen Spielmaterial aus? Hat es ein Lieblingsspielzeug?
1 J	2 M	Erkennt Ihr Kind die Personen seiner häuslichen Umgebung wieder: Eltern, Großeltern, Geschwister? Reagiert es mit freudiger Erregung?
1 J	3 M	Verfolgt Ihr Kind einen bunten Ball mittlerer Größe mit den Augen, wenn Sie ihn ca. 3 m von ihm wegrollen?
1 J	4 M	Betrachtet Ihr Kind sein Gesichtchen im Spiegel aufmerksam, wenn Sie ihm Gelegenheit dazu geben?
1 J	5 M	Betrachtet Ihr Kind mit Interesse bunte Bilder? Sie sollten groß und einfach in der Darstellung sein. Reagiert es freudig?
1 J	6 M	Kann Ihr Kind eine ihm vertraute Person schon in einer Entfernung von 10 m erkennen, ohne daß es gerufen wird?
1 J	7 M	Kann Ihr Kind schon 2 gleiche Dinge zuordnen? Legen Sie einige Plastiklöffel und einige Bausteine jeweils nebeneinander. Legt es den Plastiklöffel zu den anderen Löffeln, wenn sie ihm einen in die Hand geben?
1 J	8 M	Wenn Sie mit einer Aufforderung an Ihr Kind auf seine Ablehnung stoßen, drückt es diese dann durch Kopfschütteln aus? (Es kann natürlich dazu auch „nein" sagen.)
1 J	9 M	Verfolgt Ihr Kind Ihre Handlung aufmerksam, wenn Sie ihm einen Turm vorbauen? (Hierbei darf auch gesprochen werden, um seine Aufmerksamkeit wachzuhalten.)
1 J	10 M	Findet Ihr Kind einen begehrten Gegenstand wieder, wenn Sie ihn vor seinen Augen in eine von 2 gleichen Schachteln tun und nun die Schachteln langsam vertauschen?
1 J	11 M	Kann Ihr Kind einen Körperteil an seinem Püppchen oder Teddy zeigen?
2 J	0 M	Kann Ihr Kind 2 Gegenstände entsprechenden Abbildungen zuordnen? (Beispiel: einen Apfel und eine Banane jeweils einem Bild von Apfel und Banane.)

2 J	1 M	Kann Ihr Kind 2 verschiedene Größen richtig zuordnen? (z.B. Bierdeckel zu Bierdeckel, Muggelstein zu Muggelstein.)
2 J	2 M	Kann Ihr Kind schon 2 Farben zuordnen? Die Farbe braucht nicht von ihm benannt zu werden. (Beispiel: kann es rote Legosteine zu roten, weiße zu weißen ordnen?)
2 J	3 M	Gelingt es Ihrem Kind, 2 Formen richtig zuzuordnen (Beispiel: Dreieck zu Dreieck, Kreis zu Kreis.)
2 J	4 M	Erkennt Ihr Kind jetzt Verwandte und Freunde der Familie wieder, die häufiger zu Besuch kommen?
2 J	5 M	Ist die Differenzierung der optischen Wahrnehmung jetzt soweit fortgeschritten, daß Ihr Kind mühelos Löffel und Gabeln sortieren kann?
2 J	6 M	Kann Ihr Kind 2 Lottobilder den entsprechenden Legetafeln zuordnen?
2 J	7 M	Kennt Ihr Kind seine Kleidung? Kann es z.B. aus 6 Kleidungsstücken, von denen ihm 3 gehören, diese als sein Eigentum erkennen?
2 J	8 M	Ist die Unterscheidungsfähigkeit für die Größen bei Ihrem Kind schon so geübt, daß es jetzt 5 Eßlöffel und 5 Teelöffel mühelos sortieren kann?
2 J	9 M	Findet Ihr Kind 2 Gegenstände wieder, die kurz zuvor vor seinen Augen versteckt wurden?
2 J	10 M	Erkennt Ihr Kind Orte wieder, an denen es in der letzten Zeit mehrfach gewesen ist? (Post, Bahnhof, Einkaufshalle.)
2 J	11 M	Kann Ihr Kind bildlich dargestellte Tätigkeiten erkennen? (z.B. rollern, zähneputzen, telefonieren.)
3 J	0 M	Hat Ihr Kind die Begriffe 1 und viele optisch erfaßt? Prüfen Sie es durch entsprechende Spiele (Muggelsteine, Murmeln, Bohnen und dergl.)
3 J	1 M	Kann Ihr Kind die Grundfarben rot, grün, gelb, blau einander zuordnen? Prüfen Sie es mit Bauklötzen, Muggelsteinen, Murmeln und ähnlichem Material.
3 J	2 M	Versuchen Sie, ob Ihr Kind schon 3 verschiedene Längen optisch unterscheiden kann. Lassen Sie es z.B. 3 Paar Stöckchen von 5 cm, 10 cm und 15 cm Länge zuordnen.

3 J	3 M	Prüfen Sie, ob Ihr Kind schon 5 Lottobilder den Legetafeln zuordnen kann.
3 J	4 M	Kann Ihr Kind jetzt 5 Hohlwürfel wieder einräumen? Erleichtern Sie es Ihrem Kind, indem Sie aus dem üblichen Zehnersatz jeden Zweiten entfernen.
3 J	5 M	Prüfen Sie, ob Ihr Kind 5 geometrische Formen optisch so genau erfassen kann, daß es sie in ein Formenbrett richtig einsetzen kann.
3 J	6 M	Kann Ihr Kind sich draußen so weit orientieren, daß es schon einmal kleinere Wege allein machen kann?
3 J	7 M	Zeigen Sie Ihrem Kind, wie man nach einfachen Oberbegriffen sortiert, indem Sie 5 Autos und 5 Plastiktiere jeweils zusammenlegen. Kann es diese Handlung nachahmen?
3 J	8 M	Kann Ihr Kind die Begriffe eins und zwei vom optischen Eindruck her richtig erfassen?
3 J	9 M	Findet Ihr Kind 3 begehrte Gegenstände wieder, die Sie vor seinen Augen versteckt haben?
3 J	10 M	Kann Ihr Kind sagen, ob sein Spielgefährte ein Junge oder ein Mädchen ist?
3 J	11 M	Kann Ihr Kind eine aus einem Bild herausgelöste Einzeldarstellung einem Gesamtbild wieder richtig zuordnen? (Combi-Memory-Karten).
4 J	0 M	Ist Ihr Kind in der Lage, ein Puzzle aus 2 Teilen richtig wieder zusammenzusetzen? (Beispiel: diagonal durchgeschnittene Tierpostkarte.)
4 J	2 M	Gelingt es Ihrem Kind, aus einer größeren Menge von Tierfiguren 5 Paare herauszufinden? (Beispiel: 2 Giraffen, 2 Elefanten, 2 Schweine, 2 Kühe.)
4 J	4 M	Kann Ihr Kind auf einer Abbildung bereits die Verkleinerung eines Gegenstandes wahrnehmen? (Beispiel: Eine Uhr wird zunächst als „Großaufnahme" dargestellt und findet sich in einem weiteren Bild verkleinert unter anderen Gegenständen in einem Zimmer.)

4 J 6 M		Prüfen Sie die Nachahmungsfähigkeit von Gebärden bei Ihrem Kind: Schließen Sie beide Hände zur Faust und befreien beide Daumen aus der Umklammerung, indem Sie sie hochstrecken. Kann Ihr Kind diese Handlung nachvollziehen?
4 J 8 M		Stellen Sie fest, ob Ihrem Kind das Sortieren seines Spielmaterials nach 3 Oberbegriffen schon gelingt: Lassen Sie beim Aufräumen seines Spielzeugs beispielsweise alle Buntstifte in einen Kasten, alle Bauklötze in das eine Fach und die Autos in das andere Fach legen. Hat es Sie verstanden?
4 J 10 M		Kann Ihr Kind schon 10 verschiedene Formen in die dafür vorgesehenen Auslassungen eines Formenbrettes setzen?
5 J 0 M		Gelingt es Ihrem Kind, eine menschliche Figur aus 6 Teilen (Kopf, Bauch, Arme und Beine) richtig zusammenzulegen?
5 J 2 M		Ist Ihr Kind in der Lage, aus einer größeren Menge von Münzen 2 Bestimmte herauszufinden, wenn Sie es ihm vorgemacht haben? (Beispiel: Sie suchen 1 DM und ein Zweipfennigstück heraus und legen es beiseite. Ihr Kind soll nun ebenfalls 2 solche Geldstücke heraussuchen. Gelingt es ihm?)
5 J 4 M		Prüfen Sie, ob Ihrem Kind das Vervollständigen von Mustern bereits gelingt. Malen Sie ihm einen Kreis, ein Dreieck und ein Viereck zweimal in einer Reihe auf und bitten es, diese Reihe zu vervollständigen. Schafft es das mindestens zweimal?
5 J 6 M		Stellen Sie fest, ob Ihrem Kind die Zuordnung von 4 charakteristischen Tierköpfen gelingt, wenn diese auf einer Abbildung derart vom Rumpf getrennt wurden, daß die besonderen Merkmale klar erhalten geblieben sind.
5 J 8 M		Kann Ihr Kind jetzt bereits den geringen Größenunterschied zwischen 4 cm und 5 cm Länge wahrnehmen? Prüfen Sie es mit Legestäbchen oder vorbereiteten Trinkhalmen aus Plastik.
5 J 10 M		Gelingt Ihrem Kind jetzt die Zuordnung der Menge 3 über die optische Wahrnehmung? Prüfen Sie es im täglichen Leben oder beim Spiel mit dem Mengen-Domino.

6 J	0 M	Fordern Sie Ihr Kind auf, den üblichen Zehnersatz von Baubechern oder Hohlwürfeln nach der Größe geordnet in einer Reihe aufzustellen. Ist es dazu in der Lage?
6 J	2 M	Stellen Sie fest, ob Ihr Kind in einer Reihe von gleichen bildlichen Darstellungen auch schon kleine Abweichungen bemerkt: Sieht es den Unterschied zwischen Gleichem und Ähnlichem?
6 J	4 M	Fällt es Ihrem Kind auf, wenn bei der bildlichen Darstellung eines Gegenstandes etwas fehlt? (Ein Rad am Roller?)
6 J	6 M	Prüfen Sie die Nachahmungsfähigkeit von Gebärden bei Ihrem Kind: Machen Sie ihm durch Hochzeigen der gespreizten Zeige- und Mittelfinger in V-Stellung das Siegeszeichen vor. Kann Ihr Kind das Zeichen nachahmen?
6 J	8 M	Bemerken Sie an den Reaktionen Ihres Kindes, daß es bildlich dargestellte Handlungsfolgen erfaßt, wenn Sie ihm entsprechendes Material vorlegen? Äußert es sich zu der Bildgeschichte?
6 J	10 M	Prüfen Sie, ob Ihr Kind in entsprechenden Situationen bemerkt, wenn etwas Kategoriefremdes unter gleichartige Gegenstände „gemogelt" wurde (z.B. eine Haselnuß unter eine Handvoll Murmeln.)
7 J	0 M	Beobachten Sie Ihr Kind, wenn Sie ihm eine Abbildung mit der Darstellung einer Sinnwidrigkeit vorlegen. Wird es stutzig? Protestiert es?
7 J	2 M	Stellen Sie fest, ob Ihrem Kind die grobe Orientierung auf der Uhr bereits gelingt. (Es genügt, wenn es sagen kann, daß es „gleich halb fünf" ist.)
7 J	4 M	Fordern Sie Ihr Kind auf, eine Reihe auf die Menge 10 zu ergänzen. Legen Sie 10 Gegenstände in die erste Reihe, genau darunter nur 7. Vervollständigt Ihr Kind die zweite Reihe auf 10, wenn Sie es dazu auffordern?
7 J	6 M	Bieten Sie Ihrem Kind eine Handlungsfolge aus 5 Kärtchen an und beobachten Sie, ob es ihm gelingt, diese in der richtigen Reihenfolge anzuordnen.

Fragebogen 2

Handmotorik (Handgeschick)

0 J 1 M Schließen sich die Händchen Ihres Kindes zur Faust, wenn Sie mit Ihrem Finger oder einer Rassel die Innenfläche seiner Hand berühren?

0 J 2 M Können Sie bei Ihrem Kind links und rechts gleich starke Armbeuge und Streckbewegungen feststellen?

0 J 3 M Zieht Ihr Kind an den Falten der Bettdecke oder seiner Kleidung, wenn seine Händchen damit in Berührung kommen? Zupft es daran?

0 J 4 M Kann Ihr Kind schon seine beiden Hände zusammenführen und damit spielen?

0 J 5 M Streckt Ihr Kind seine Arme aus, wenn ein Spielzeug in sein Blickfeld gerät? Will es danach greifen?

0 J 6 M Steckt Ihr Kind einen ergriffenen Gegenstand in den Mund?

0 J 7 M Läßt Ihr Kind einen ergriffenen Gegenstand fallen, wenn Sie ihm für seine Greifhand einen zweiten Gegenstand anbieten?

0 J 8 M Kann Ihr Kind mit jeder Hand ein Klötzchen ergreifen, wenn Sie sie ihm in Reichweite hinlegen?

0 J 9 M Gibt Ihr Kind ein ergriffenes Klötzchen in die andere Hand, wenn Sie ihm für seine „Greifhand" ein zweites Klötzchen anbieten?

0 J 10 M Befühlt Ihr Kind den Gegenstand, den es in der Hand hat? Untersucht es ihn durch Drehen und Wenden?

0 J 11 M Führt Ihr Kind Schüttelbewegungen mit einem ergriffenen Gegenstand aus, um ihm Töne zu entlocken?

1 J 0 M Gelingt es Ihrem Kind, einen kleinen Gegenstand (Rosine, Muggelstein, Kekskrümel) mit dem Daumen-Zeigefingergriff (Pinzettengriff) zu erfassen?

1 J 1 M Schlägt Ihr Kind ergriffene Gegenstände aneinander?

1 J 2 M Kann Ihr Kind 5 Gegenstände einzeln aus einem Behälter ausräumen? Kann es sie auf Geheiß auch wieder einräumen?

1 J	3 M	Kann Ihr Kind seinen Zeigefinger schon isoliert einsetzen, indem es damit Krümel „aufpickt" oder auf Personen und Gegenstände zeigt?
1 J	4 M	Kann Ihr Kind einen Gegenstand mit beiden Händen ergreifen und anschließend wegwerfen?
1 J	5 M	Ist Ihr Kind in der Lage, seinen Becher (seine Tasse) selbst zu halten?
1 J	6 M	Kann Ihr Kind einen begehrten Gegenstand auswickeln, wenn Sie ihn vor seinen Augen in ein Papier eingewickelt haben?
1 J	7 M	Kann Ihr Kind gelochte Scheiben über den Stab einer Steckpyramide stecken?
1 J	8 M	Ist Ihr Kind in der Lage, einen „Turm" aus 2 Würfeln zu bauen?
1 J	9 M	Kann Ihr Kind schon einen Reißverschluß öffnen?
1 J	10 M	Gelingt es Ihrem Kind, eine Rosine (einen Muggelstein) in die Öffnung einer Flasche fallen zu lassen, wenn Sie es ihm vorher gezeigt haben?
1 J	11 M	Führt Ihr Kind „Kritzelbewegungen" mit einem Stift auf Papier aus, wenn Sie es ihm vorgemacht haben?
2 J	0 M	Kann Ihr Kind schon einige Kleidungsstücke selbständig auszuziehen? (Seine Strümpfe, Höschen, lange Hose, Jacke?)
2 J	1 M	Blättert Ihr Kind die Seiten seines Bilderbuches einzeln um?
2 J	2 M	Prüfen Sie, ob Ihr Kind einen Stock in ein Rohr stecken kann (z.B. ein Blumenstöckchen oder einen Bleistift durch eine Papprolle vom Toilettenpapier.)
2 J	3 M	Gelingt es Ihrem Kind, eine Perle oder Rosine aus einer Flasche zu holen, indem es diese umkippt? (Sie dürfen es ihm einmal vormachen.)
2 J	4 M	Kann Ihr Kind einen Ball mindestens 1 m weit in Richtung auf den Partner werfen, indem es den Arm hebt und die Wurfbewegung macht?
2 J	5 M	Ist Ihr Kind in der Lage, den Löffel mit seinem Brei selbständig zum Mund zu führen?

2 J 6 M		Kann Ihr Kind jetzt einen Turm aus 4 etwa gleich großen Würfeln bauen?
2 J 7 M		Ist Ihr Kind in der Lage, eine Kette in ein Rohr gleiten zu lassen? Halten Sie eine Kette senkrecht über eine Haushaltspapierrolle und lassen Sie sie hinein oder hindurchgleiten. Ahmt Ihr Kind es nach?
2 J 8 M		Gelingt es Ihrem Kind, mittelgroße Perlen auf eine Plastikschnur oder einen Schnürsenkel zu ziehen?
2 J 9 M		Kann Ihr Kind sich einen begehrten Gegenstand (Spielzeug, Bonbon) mit einer Harke oder einem ähnlichen Gerät „heranangeln", wenn es sonst nicht in seinen Besitz gelangen würde?
2 J 10 M		Ahmt Ihr Kind das Falten eines Stück Papieres in der Mitte nach, wenn Sie es ihm vorgemacht haben?
2 J 11 M		Kann Ihr Kind Wasser von einem Becher in den anderen gießen, ohne dabei etwas zu verschütten?
3 J 0 M		Malt Ihr Kind spontan runde Formen, wenn Sie es zum Malen auffordern? Werden es Spiralen? (Sie dürfen es ihm einmal vormachen.)
3 J 1 M		Kann Ihr Kind eines seiner Kleidungsstücke selbständig anziehen?
3 J 2 M		Ist Ihr Kind in der Lage, eine Streichholzschachtel zu öffnen, wenn Sie einen Bonbon, eine Perle hineingetan haben, so daß es durch Schütteln auf den besonderen Inhalt aufmerksam wird? Holt es den Bonbon (die Perle) spontan heraus?
3 J 3 M		Gelingt es Ihrem Kind, einen quadratischen oder länglichen eingewickelten Bonbon auszuwickeln?
3 J 4 M		Kann Ihr Kind aus 8 etwa gleich großen Klötzen einen Turm bauen?
3 J 5 M		Malt Ihr Kind einen Kreis ab, auch wenn es nicht dabei zusehen konnte, wie Sie diesen Kreis auf das Papier gezaubert haben?
3 J 6 M		Hält Ihr Kind den Malstift bereits zwischen Daumen, Zeige- und Mittelfinger, wie der Erwachsene?

3 J	7 M	Kann Ihr Kind seine Hände allein waschen? Öffnet und schließt es den Wasserhahn selbständig? Kann es seine Hände allein abtrocknen?
3 J	8 M	Ist Ihr Kind in der Lage, Schraubverschlüsse von Dosen und Gläsern zu öffnen? Ein Spielzeug aufzuziehen oder eine Schranktür aufzuschließen?
3 J	9 M	Gelingt es Ihrem Kind, aus weicher Knetmasse eine Kugel zu formen? Kann es anschließend daraus eine „Schlange" herstellen?
3 J	10 M	Kann Ihr Kind zwei vorgegebene Punkte (Sterne oder Kreuzchen) durch eine Linie miteinander verbinden?
3 J	11 M	Kann Ihr Kind an seinem Püppchen oder an sich selbst schon einen Knopf auf- und zumachen?
4 J	0 M	Gelingt es Ihrem Kind, einen etwa 2 1/2 cm breiten Papierstreifen durchzuschneiden, wenn Sie ihn zwischen Ihren Händen angespannt halten?
4 J	2 M	Kann Ihr Kind aus 3 Legehölzern (oder 3 Streichhölzern) ein Z legen, wenn Sie es ihm vormachen?
4 J	4 M	Gelingt es Ihrem Kind, sich eine Scheibe Brot allein zu schmieren, wenn Butter und Belag schön streichfähig sind?
4 J	6 M	Malt Ihr Kind ein Kreuz ab? Sie sollten es ihm vormachen und ihm die Vorlage überlassen. Gelingt ihm die Nachahmung?
4 J	8 M	Hat Ihr Kind genügend Ausdauer und Geschick, 10 Perlen nacheinander in eine Flasche zu tun?
4 J	10 M	Gelingt es Ihrem Kind, an einer Linie entlangzuschneiden? (z.B. einen geknifften DIN A4-Bogen quer durchzuschneiden?)
5 J	0 M	Ist Ihr Kind in der Lage, einen Faden in eine Nadel zu fädeln? (Der Faden sollte nicht zu dünn und das Öhr der Nadel nicht zu klein sein.)
5 J	2 M	Reicht das feinmotorische Geschick und die Ausdauer Ihres Kindes aus, bei dem entsprechenden Geduldspiel eine Maus in die Falle zu schütteln?

5 J 4 M		Ist Ihr Kind jetzt flink und geschickt genug, einen zugeprellten Ball aus etwa 1 1/2 m Entfernung aufzufangen?
5 J 6 M		Kann Ihr Kind einen Schlagball (Moosgummiball in Schlagballgröße) jetzt etwa 4 m weit werfen?
5 J 8 M		Ist Ihr Kind bereit und in der Lage, sich schon einmal völlig selbständig anzuziehen?
5 J 10 M		Malt Ihr Kind ein Haus, einen Baum und eine Sonne in einer Form, daß Sie sie als Gegenstände erkennen können?
6 J 0 M		Reichen Ausdauer und feinmotorisches Geschick Ihres Kindes aus, um einen 2 m langen Bindfaden auf eine Spule (Garnrolle) zu wickeln?
6 J 2 M		Kann Ihr Kind bereits einen Knoten um einen Stift binden? (Evtl. den Bleistift am Ende etwas einkerben, damit die Schnur Halt hat.)
6 J 4 M		Werden die Zeichnungen von einer menschlichen Gestalt bei Ihrem Kind so gegliedert, daß Sie 8 Teile klar erkennen können?
6 J 6 M		Ist Ihr Kind in der Lage, einen Ball in der Größe eines Fußballes 3 mal fortlaufend zu prellen?
6 J 8 M		Kann Ihr Kind 10 große Druckbuchstaben derart abmalen, daß Sie das Schriftzeichen klar erkennen können?
6 J 10 M		Gelingt es Ihrem Kind, einen „Salmi" abzumalen, wenn Sie ihm diese Form vorgemalt haben? (Rhombus)
7 J 0 M		Prüfen Sie, ob Ihr Kind schon mit allen Fingerkuppen nacheinander seinen Daumen erreichen kann. Ist ihm das möglich?
7 J 2 M		Stellen Sie fest, ob Ihr Kind beim Ballspiel an der Wand den Ball etwa einen Meter hochwirft (gemessen von der Ausgangshöhe des Wurfes). Gelingt es ihm?
7 J 4 M		Kann Ihr Kind in einem einfachen Labyrinth (Rätselecke der Zeitschriften) den richtigen Weg zum Ausgang finden?
7 J 6 M		Prüfen Sie, ob Ihr Kind bereits soviel Geschick in der Feinmotorik hat, daß es ein einfaches Bild in groben Umrissen ausschneiden kann. (Ein Auto, ein Haus oder dergleichen.) Ist die Figur erkennbar?

Fragebogen 3

Körpermotorik

0 J   1 M   Kann Ihr Kind für kurze Zeit sein Köpfchen heben, wenn es sich in Bauchlage befindet?

                 Beantwortet Ihr Kind einen Druck gegen seine Fußsohlen mit kräftigen Fußstößen?

0 J   2 M   Hält Ihr Kind für etwa 5 Sekunden sein Köpfchen aufrecht, wenn Sie es auf dem Arm halten?

                 Strampelt es beim Wickeln und Baden mit beiden Beinen gleich kräftig?

0 J   3 M   Stützt sich Ihr Kind in Bauchlage auf beide Unterarme, um mehr sehen zu können und sind in dieser Position die Beine in den Hüftgelenken gestreckt?

                 Ist es beim Baden besonders bewegungsfreudig?

0 J   4 M   Hält Ihr Kind seinen Rücken gerade, wenn Sie es kurzfristig mit Unterstützung aufsetzen?

                 Macht Ihr Kind in Bauchlage „Schwimmbewegungen"? (Streckt und beugt es seine Ärmchen und Beinchen in unregelmäßigem Rhythmus?)

0 J   5 M   Kann Ihr Kind sich schon mit den Händen abstützen, wenn es auf dem Bauch liegt?

                 Gelingt es Ihrem Kind, sich von der Bauchlage in die Rückenlage zu wälzen?

0 J   6 M   Kann Ihr Kind in Rückenlage schon sein Köpfchen und die Schultern anheben, wenn es etwas mit seinen Augen verfolgen möchte?

                 Kann es sich in seinem Bettchen oder Ställchen selbst aufsetzen?

---

0 J   7 M   Übernehmen die Beine Ihres Kindes schon für einen Augenblick sein Körpergewicht, wenn Sie es unter den Armen halten?

                 Wippt und federt es in dieser Haltung auf seinen Beinchen, so daß man den Eindruck hat, es würde „tänzeln"?

0 J 8 M		Kann Ihr Kind sein Gewicht ausbalancieren, wenn es in den „Vierfüßlerstand" geht? (Sich auf beide Hände und Knie stützt?)
		Gelingt es ihm schon, sich von der Rückenlage in die Bauchlage zu wälzen?
0 J 9 M		Kann Ihr Kind etwa 1 Minute allein sitzen, wenn es sich mit den Händen nach vorn oder seitlich abstützt?
		Bewegt es sich in der Bauchlage ein wenig vorwärts, indem es mit den Armen ausgreift und seinen Körper nachzieht? „Robbt" es?
0 J 10 M		Gelingt es Ihrem Kind schon, ca. 1/2 Minute mit Halt an Möbeln oder am Gitter zu stehen?
		Kann es sich schon selbst zum Stand hochziehen?
0 J 11 M		Sitzt Ihr Kind für längere Zeit in seinem Stühlchen, ohne in sich zusammenzusinken?
		Kann es sich ohne fremde Hilfe (und ohne Halt an Möbeln) selbständig aufsetzen?
1 J 0 M		Kann Ihr Kind jetzt für etwa 10 Sekunden aufrecht knien? (Oberkörper aufrecht, Hüftgelenke gestreckt.)
		„Krabbelt" Ihr Kind jetzt auf Händen und Knien vorwärts?
1 J 1 M		Geht Ihr Kind schon mit Halt an Möbeln seitlich an ihnen entlang?
1 J 2 M		Kann Ihr Kind einen Kinderwagen vor sich herschieben, indem es sich am Griff festhält?
1 J 3 M		Geht Ihr Kind jetzt etwa 10 Schritte allein? Kann es auch schon für etwa 10 Sekunden alleine stehen, ohne die Balance zu verlieren?
1 J 4 M		Gelingt es Ihrem Kind, ein vor ihm liegendes Spielzeug vom Boden aufzuheben, indem es sich bückt und wieder aufrichtet?
1 J 5 M		Kann Ihr Kind jetzt ohne Hilfe aufstehen? (Aus dem Sitzen oder aus dem Vierfüßlerstand über den Bärenstand zum Stand kommen?)
1 J 6 M		Krabbelt es allein eine nicht allzu steile Treppe hinauf und auch wieder herunter?

1 J	7 M	Kann Ihr Kind ein Spielzeug aufheben, indem es in Hockstellung geht und sich wieder aufrichtet?
1 J	8 M	„Rennt" Ihr Kind jetzt etwa 5 m, ohne dabei hinzufallen?
1 J	9 M	Geht Ihr Kind schon einmal rückwärts? (Wenn es z.B. mit dem Puppenwagen zurück muß, um eine Kurve zu bewältigen?)
1 J	10 M	Gelingt Ihrem Kind jetzt das Treppensteigen im Kinderschritt, wenn es sich dabei am Geländer festhalten kann?
1 J	11 M	Kann Ihr Kind selbständig auf einen Stuhl steigen? (Es darf sich an der Lehne festhalten, wenn es oben ist.)
2 J	0 M	Ist das Gleichgewicht Ihres Kindes so stabil, daß es einen Ball mit dem Fuß kräftig wegstoßen kann, ohne dabei umzufallen?
2 J	1 M	Spielt Ihr Kind in tiefer Hockstellung („Kauerstellung") für ca. 10 Sekunden am Erdboden, ohne sein Gleichgewicht zu verlieren?
2 J	2 M	Gelingt Ihrem Kind das Treppensteigen ohne Halt am Geländer, indem es ein Bein auf die nächste Stufe setzt und das andere Bein nachzieht? (Im Beistellschritt?)
2 J	3 M	Kann Ihr Kind das Treppabgehen jetzt selbständig bewältigen, wenn es sich am Geländer festhält?
2 J	4 M	Besteigt Ihr Kind schon 3 Stufen einer Trittleiter (Haushaltstritt)? Oder 3 Sprossen einer Leiter?
2 J	5 M	Ist das Gleichgewicht Ihres Kindes so sicher, daß es seine Arme nicht mehr zum Ausbalancieren braucht? (Hängen seine Arme beim Gehen herab?)
2 J	6 M	Kann Ihr Kind mit beiden Beinen hüpfen, so daß beide Füße sich federnd für einen Augenblick vom Boden abheben?
2 J	7 M	Gelingt es Ihrem Kind, etwa 3 m weit „auf Zehenspitzen" zu gehen, so daß die Fersen den Boden nicht berühren?
2 J	8 M	Kann Ihr Kind ohne Halt am Geländer im Beistellschritt selbständig treppab gehen?
2 J	9 M	Ist das Gleichgewicht Ihres Kindes so sicher, daß es mit geschlossenen Füßen und geschlossenen Augen 10 Sekunden stehen kann, ohne zu wackeln?

2 J 10 M		„Rennt" Ihr Kind schon ca. 15 m ohne hinzufallen? Hebt es sich dabei federnd vom Erdboden ab?
2 J 11 M		Gelingt es Ihrem Kind, mit Anlauf über einen Strich zu springen?
3 J 0 M		Kann Ihr Kind mit beiden Füßen gleichzeitig (im Schlußsprung) von der untersten Treppenstufe springen?
3 J 1 M		Ist Ihr Kind in der Lage, die Pedale eines Dreirades (Gocarts) so flüssig zu bedienen, daß es sich damit fortbewegt? Gelingt es ihm, dabei das Fahrzeug zu lenken?
3 J 2 M		Schafft Ihr Kind es, einen prall aufgeblasenen Luftballon zweimal hintereinander mit dem Fuß hochzukicken, so daß der Ballon in der Luft bleibt?
3 J 3 M		Trägt Ihr Kind einen Becher 3 m weit, wenn er bis zu 1 cm unter dem Rand mit Wasser gefüllt ist? Wird nichts dabei verschüttet?
3 J 4 M		Kann Ihr Kind auf einem etwa fußbreiten Streifen 3 m entlanggehen, ohne vom Streifen abzuweichen?
3 J 5 M		Gelingt es Ihrem Kind, über ein 20 cm breites und 5 cm hohes Kissen zu springen? (Schlußsprung, ohne Anlauf.)
3 J 6 M		Kann Ihr Kind jetzt ohne Halt am Geländer im Normalschritt die Treppe hinaufgehen? (Kann es im Fußwechsel mit dem rechten und dem linken Bein je eine Stufe bewältigen?)
3 J 7 M		Geht Ihr Kind schon mit „Armgegenschwung"? Schwingt der rechte Arm nach vorn, sobald das linke Bein vorgesetzt wird und umgekehrt?
3 J 8 M		Kann Ihr Kind etwa 2 Sekunden auf einem Bein stehen, ohne die Balance zu verlieren? (Auf dem rechten Bein? Auch auf dem linken Bein?)
3 J 9 M		Gelingt es Ihrem Kind, auf einem Bein einen Hüpfer durchzuführen? (Hierbei ist es gleichgültig, welches Bein bevorzugt wird.)
3 J 10 M		Ist Ihr Kind in der Lage, im Schlußsprung 5 Hüpfer hintereinander zu machen?

3 J 11 M		Kann Ihr Kind vom Rand eines Sessels (Couch, Sofa) ohne Hilfe im Schlußsprung auf den Boden springen? (Es geht um das Ausbalancieren des Gleichgewichts auf der elastischen Unterlage, bevor das Kind zum Sprung ansetzt.)
4 J	0 M	Gelingt es Ihrem Kind, ohne Halt am Geländer und im Fußwechsel treppab zu gehen? (Linkes und rechtes Bein nehmen je eine Stufe?)
4 J	2 M	Kann Ihr Kind so schnell laufen, daß es die Strecke von 30 m in 15 Sekunden schafft? (Uhr mit Sekundenzeiger – wenn vorhanden – Stoppuhr benutzen.)
4 J	4 M	Gelingt es Ihrem Kind, über eine Bodennaht (oder Schnur auf dem Fußboden) 5mal hintereinander seitlich hin- und herzuspringen?
4 J	6 M	Prüfen Sie, ob Ihr Kind beim Beidbeinsprung aus dem Stand schon eine Strecke von 50 cm überwindet. Markieren Sie die Stelle seine Absprunges und messen sie den Punkt nach, an dem es mit den Fersen landet.
4 J	8 M	Stellen Sie fest, ob Ihr Kind jetzt für die Dauer von 5 Sekunden auf je einem Bein balancieren kann.
4 J	10 M	Kann Ihr Kind 2 Hüpfer nacheinander auf einem Bein machen? (Hierbei ist es gleichgültig, welches Bein von ihm bevorzugt wird.)
5 J	0 M	Gelingt es Ihrem Kind, aus der Rückenlage über den Sitz in den Stand zu kommen, ohne dabei den Körper zu drehen? (Die Hände dürfen rechts und links zum Abstützen benutzt werden.)
5 J	2 M	Prüfen Sie, ob Ihr Kind den „Seiltänzergang" vorwärts bereits beherrscht. (Die Ferse des vorgesetzten Fußes berührt dabei die Zehen des rückwärtigen Fußes.) Schafft es diese Leistung auf der Strecke von 1 Meter?
5 J	4 M	Stellen Sie fest, ob Ihr Kind aus dem Stand bereits 25 cm hoch springen kann. (Schaumgummirolle oder Kissen.) Gelingt es ihm?
5 J	6 M	Fordern Sie Ihr Kind zu einem Wettlauf über die Strecke von 30 m auf. Kann es sie in 10 Sekunden bewältigen? (Benutzen Sie den Sekundenzeiger einer Uhr oder eine Stoppuhr.)

5 J 8 M		Prüfen Sie, ob Ihr Kind die Ausdauer hat, mit geschlossenen Füßen 10mal vorwärts zu hüpfen (wie bei „Sackhüpfen"). Hält es durch?
5 J 10 M		Ermuntern Sie Ihr Kind, auf seinem rechten und linken Bein 10 Sekunden zu balancieren. Benutzen Sie zur Messung der Zeit den Sekundenzeiger einer Uhr oder eine Stoppuhr. Reichen die Gleichgewichtsreaktionen Ihres Kindes hierfür aus?
6 J 0 M		Kann Ihr Kind jetzt auf jedem Bein 5 Hüpfer vorwärts machen?
6 J 2 M		Prüfen Sie, ob Ihr Kind in der Lage ist, für die Dauer von 10 Sekunden „auf Zehenspitzen" (auf seinen Zehenballen) zu stehen.
6 J 4 M		Fordern Sie Ihr Kind auf, den „Seiltänzergang" rückwärts durchzuführen. Hierbei berühren die Zehen des zurückgesetzten Fußes die Ferse des vorderen Fußes. Gelingt es ihm auf der Strecke von 1 Meter?
6 J 6 M		Zeigen Sie Ihrem Kind, wie man die Strecke von 5 Metern im „Fersengang" bewältigt. Fußsohle und Zehen werden dabei angehoben und nur die Fersen werden belastet. Kann Ihr Kind das nachvollziehen?
6 J 8 M		Schafft Ihr Kind es jetzt, über eine Schaumgummirolle von 30 cm Durchmesser aus dem Stand hinwegzuspringen? (Oder ein anderes Hindernis in 30 cm Höhe?)
6 J 10 M		Prüfen Sie, ob Ihr Kind ein Hindernis von 10 cm Höhe dadurch überwinden kann, daß es auf einem Bein hochhüpft und auf demselben Bein federnd landet.
7 J 0 M		Stellen Sie fest, ob Ihr Kind ohne Halt für seine Hände eine 50 cm hohe Bank (oder Kiste) ersteigen kann.
7 J 2 M		Fordern Sie Ihr Kind auf, aus dem Stand mit beiden Beinen soweit wie möglich zu springen. Schafft es das mindestens 1 m weit?
7 J 4 M		Prüfen Sie die Ausdauer und Balance Ihres Kindes, indem Sie es anregen, mit dem rechten und linken Bein je 10 Einbeinhüpfer vorwärts zu machen. Gelingt es ihm?
7 J 6 M		Beobachten Sie, ob Ihr Kind beim Bewältigen der Treppen jetzt schon gelegentlich 2 Stufen auf einmal nimmt. Falls nicht, ermuntern Sie es dazu und stellen fest, ob es mit dem Problem fertig wird.

Fragebogen 4

Sprache

0 J	1 M	Kann Ihr Kind kräftig saugen und schlucken? Macht es sich bei Unbehagen und Hunger durch Schreien bemerkbar?
0 J	2 M	Können Sie bei Ihrem Kind schon andere Laute feststellen als Weinen? Schnorchelnde Laute? Kehlkopflaute? Reibe- und Blasegeräusche?
0 J	3 M	Gibt Ihr Kind Laute von sich, die sich gurrend, gurgelnd oder girrend anhören?
0 J	4 M	Kann Ihr Kind jetzt schon lachen, vergnügt kichern oder quietschen?
0 J	5 M	Hält Ihr Kind seinen Mund überwiegend geschlossen? Hat seine Zunge im Mundraum Platz? Kann es seinen Speichel herunterschlucken?
0 J	6 M	Gibt Ihr Kind schon „Lautworte", wenn Sie mit ihm sprechen? Spüren Sie, daß es auf Anrede reagieren möchte?
0 J	7 M	Kann Ihr Kind durch Bewegungen von Lippen und Zunge seinen Breilöffel gut „ablecken"? Wird sein Löffel durch seine Eigenaktivität „sauber"?
0 J	8 M	Gelingt es Ihrem Kind, aus einer hingehaltenen, leicht gekippten Tasse zu trinken?
0 J	9 M	Kann es Dinge, die es nicht mag, mit seiner Zungenspitze wieder aus dem Mund befördern? Wird diese für einen Augenblick sichtbar?
0 J	10 M	Können Sie aus den Lautäußerungen Ihres Kindes bereits auf seine Stimmung schließen? Merken Sie, ob es sich freut, stillvergnügt oder verärgert ist?
0 J	11 M	Kann Ihr Kind schon Geräusche oder Laute (brummen, husten) imitieren?
1 J	0 M	„Spricht" Ihr Kind jetzt bereits 4 oder mehr Silben? (Sie brauchen noch nicht objektbezogen zu sein.)
1 J	1 M	Kann Ihr Kind feste Nahrung kauend bewältigen? Wird es z.B. mit einem Brothäppchen fertig?

1 J	2 M		Gelingt es Ihrem Kind bereits, seine Wünsche durch Lautäußerungen deutlich zu machen?
1 J	3 M		Stellen Sie fest, ob Ihr Kind die Vokale (Selbstlaute) A, O, U gebraucht. Verwendet es auch schon die Konsonanten (Mitlaute) M, B, P?
1 J	4 M		Spricht Ihr Kind zwei sinnbezogene Worte? Haben diese 2 Worte eine feste Bedeutung für Sie und Ihr Kind?
1 J	5 M		Ist Ihr Kind in der Lage, Tierlaute nachzuahmen? (z.B. Wauwau, Piep-piep oder dergleichen?)
1 J	6 M		Gelingt es Ihrem Kind, 2 vorgesprochene Worte nachzusprechen? (Beispiele: Auto, Ball, Baum, Bett, Teddy, Puppe.)
1 J	7 M		Drückt Ihr Kind jetzt seine Wünsche durch Einwortsätze aus? (Balla? Happhapp?)
1 J	8 M		Beobachten Sie, ob Ihr Kind schon die Konsonanten (Mitlaute) N, L, D, T, W, F gebraucht.
1 J	9 M		Verfügt Ihr Kind jetzt über einen Wortschatz von 5 Worten, die eine feste Bedeutung haben? (Mama, Papa, andere Personen oder Gegenstände.)
1 J	10 M		Kann Ihr Kind 3 Personen seiner Umgebung mit Namen rufen?
1 J	11 M		Prüfen Sie, ob Ihr Kind 4 Gegenstände seiner Umgebung benennen kann (Spielsachen, Gebrauchsgegenstände).
2 J	0 M		Benutzt Ihr Kind in seinem Wortschatz bereits 2 Tätigkeitsworte? (z.B. essen, trinken, schlafen, ausgehen und dergleichen.)
2 J	1 M		Umfaßt der aktive Wortschatz Ihres Kindes jetzt mehr als 10 Worte?
2 J	2 M		Gelingt es Ihrem Kind, sich selbst mit seinem Vornamen zu benennen?
2 J	3 M		Benutzt Ihr Kind Worte wie „da", wenn es etwas zeigen will? Und „weg", wenn es z.B. gestört wird? Und „bitte" und „danke" in entsprechenden Situationen?
2 J	4 M		Hat Ihr Kind schon 2 Eigenschaftsworte in seinen aktiven Sprachschatz aufgenommen? (z.B. lieb, schön, heiß, kalt?)

2 J 5 M		Spricht Ihr Kind in Zweiwortsätzen (z.B. „Brot haben", „Baller holen")
2 J 6 M		Gebraucht Ihr Kind jetzt schon unbestimmte oder bestimmte Artikel? (z.B. die Puppe, ein Ball)
2 J 7 M		Können Sie im Wortschatz Ihres Kindes Worte wie: „noch", „wieder", „viel" feststellen?
2 J 8 M		Kann Ihr Kind jetzt Sätze wiederholen, die aus 4 Silben bestehen? (Sprechen Sie ihm z.B. vor: Auto fahren, Oma gehen.) Spricht es sie nach?
2 J 9 M		Beginnt Ihr Kind jetzt zu fragen? Fragt es z.B. „Was'n das?" oder „Heißt das?"
2 J 10 M		Stellen Sie fest, ob Ihr Kind bereits 3 Worte zu einem Satz kombinieren kann.
2 J 11 M		Unterhält sich Ihr Kind mit seinem Teddy (seinem Püppchen), wenn es in sein Spiel vertieft ist? Verwendet es dabei einige verständliche Redewendungen?
3 J 0 M		Gelingt es Ihrem Kind, die Konsonanten (Mitlaute) R, S, Sch, X, Z richtig auszusprechen? (Kann es z.B. Worte nachsprechen wie: Turm (R), Haus (S), Tasche (Sch), Fuchs (X), Zug (Z)?)
3 J 1 M		Hat Ihr Kind bereits einige Fürworte in seinen Sprachschatz aufgenommen? (Gebraucht es Worte wie: „mein", „dein", „ich", „du"?)
3 J 2 M		Verwendet Ihr Kind bereits die Mehrzahl? (Sagt es z.B. „Kinder", wenn es auf dem Spielplatz mehrere von ihnen sieht?)
3 J 3 M		Kann Ihr Kind bereits Tätigkeiten, die auf einer Abbildung dargestellt sind, mit dem richtigen Wort benennen? (Der schläft, rollert, rennt, spielt?)
3 J 4 M		Gelingt es Ihrem Kind, Ihnen 5 Tiere zu nennen, wenn Sie es dazu auffordern? (Dies soll aus der Erinnerung geschehen und weder gezeigt noch vorgesagt werden.)
3 J 5 M		Prüfen Sie, ob Ihr Kind schon berichten kann, was es gesehen oder erlebt hat! Können Sie aus den Äußerungen Ihres Kindes ohne Rückfragen „schlau werden"?

3 J 6 M		Verwendet Ihr Kind jetzt bei seiner Satzbildung bereits die Vergangenheitsform? (z.B. „Da kam ein Hund" oder „Wir waren am Bahnhof".)
3 J 7 M		Verwendet Ihr Kind die Konsonantenverbindungen (Mitlaute) CH, CK, NG, NT, SP, FR und kann es diese richtig aussprechen? (Beispiel: Buch (CH), Ecke (CK), bringen (NG), Ente (NT), Spiegel (SP), frieren (FR).) Kann es mindestens 3 dieser Worte verständlich nachsprechen?
3 J 8 M		Fragen Sie Ihr Kind, was es da gerade spielt. Kann es den Inhalt seines Spiels in Worte fassen, so daß Sie sich eine Vorstellung davon machen können?
3 J 9 M		Kann Ihr Kind eine kurze Geschichte mit klarer Handlungsfolge nacherzählen? Erinnert es sich an alle Hauptpunkte der Handlung?
3 J 10 M		Verwendet Ihr Kind in seiner Sprache bereits Nebensätze? (z.B. „Kuck mal, was ich gebaut habe"?)
3 J 11 M		Gebraucht Ihr Kind die Frageworte: „wer", „wo", „warum", „wann"? (z.B. „Wann kommt Oma?", „Wer war der Mann?" usw.)
4 J 0 M		Kann Ihr Kind schon Gegensätze herausfinden (z.B. „Am Tag ist es hell, in der Nacht ist es ...)
4 J 2 M		Fordern Sie Ihr Kind auf, einen 5-Wort-Satz zu wiederholen. (Beispiel: Wir waren heute bei Oma.) Gelingt es ihm?
4 J 4 M		Kann sich Ihr Kind daran erinnern, was es heute alles getan hat? Und kann es diese Erinnerung in Worte fassen? Werden Sie „schlau" aus seinem Bericht?
4 J 6 M		Beantwortet Ihr Kind 3 Zweckfragen richtig? (Beispiel: Was macht man mit einem Kamm? usw.)
4 J 8 M		Benennt Ihr Kind mindestens 3 von 4 Grundfarben richtig? Hat es die Bezeichnung für den optischen Eindruck in seinen aktiven Wortschatz aufgenommen?
4 J 10 M		Gelingt es Ihrem Kind, vier vorgesprochene einstellige Zahlen nachzusprechen? (Die Zahlen sollen als Reihe gesprochen werden und das Kind sollte sie dann wiederholen.)
5 J 0 M		Beobachten Sie, ob Ihr Kind in seiner Spontansprache bereits 5 Worte zu einem Satz verbindet.

5 J 2 M		Stellen Sie fest, ob Ihr Kind Pläne für den morgigen Tag hat und ob es diese schon formulieren kann.
5 J 4 M		Beobachten Sie im Umgang mit Ihrem Kind, ob es nach der Bedeutung von Worten fragt, die ihm nicht geläufig sind oder nach Abkürzungen, die es nicht kennt.
5 J 6 M		Prüfen Sie, ob Ihr Kind bereits 2 gleichsinnige Worte (Analogien) finden kann. Beispiel: Mit den Augen kann man sehen, mit den Ohren kann man ...? Oder: Am Tag scheint die Sonne, in der Nacht scheint ...
5 J 8 M		Kann Ihr Kind die bildliche Darstellung eines Geschehens einigermaßen verständlich beschreiben? Reicht sein Wortschatz, um das Dargestellte wiederzugeben? (Bild vom Weihnachtsmarkt, vom Strandleben usw.)
5 J 10 M		Stellen Sie fest, ob Ihr Kind 3 Fragen mit „wenn – dann" befriedigend beantworten kann. Beispiel: Wenn Du hungrig bist, dann möchtest Du ...? Wenn Du müde bist, dann solltest Du ...?
6 J 0 M		Kann Ihr Kind jetzt 10 Gegenstände abzählen, die Sie der Reihe nach vor ihm aufgestellt haben? Kann es beim Nennen der Zahl auf einen Gegenstand deuten?
6 J 2 M		Prüfen Sie, ob Ihr Kind beim Nennen von Gegenständen oder beim Betrachten von Abbildungen in der Lage ist, die entsprechenden Oberbegriffe zu finden. Beispiel: Hund, Katze, Pferd, Elefant sind ...? Oder: Sessel, Schrank, Bett, Kommode sind ...?
6 J 4 M		Fragen Sie Ihr Kind, ob es weiß, aus welchem Material die Schuhe gemacht werden. Stellen Sie eine weitere Frage: Woraus wird eine Tür gemacht? Kann es derartige Fragen beantworten?
6 J 6 M		Stellen Sie fest, ob Ihr Kind bereits Unterschiede definieren kann. Beispiel: „Holz und Glas" oder „Auto und Flugzeug". Kommt es auf mindestens 2 wesentliche Punkte, die diese Begriffe unterscheiden?
6 J 8 M		Kann Ihr Kind aus 3 Stichworten einen Satz formulieren? (Beispiel: Katze-Futter-Schüssel, oder: Schuhe-Mantel-Einholtasche.)

6 J 10 M		Ist Ihr Kind in der Lage, konkrete Begriffe zu erklären? (Beispiel: Was ist ein Bett? Ein Eimer?) Findet es 2 wesentliche Begriffsmerkmale heraus?
7 J 0 M		Fordern Sie Ihr Kind auf, Ihnen einige Materialien zu nennen, die man beim Bau eines Hauses braucht. Fallen ihm 3 wesentliche Bestandteile ein?
7 J 2 M		Stellen Sie im Umgang mit Ihrem Kind fest, ob es zuweilen eine „blühende Phantasie" entwickelt – ob es Selbsterfundenes erzählt oder zu realen Begebenheiten noch Rankenwerk hinzudichtet. („Spinnt" es zuweilen?)
7 J 4 M		Gebraucht Ihr Kind Ausreden, wenn es sich in einer peinlichen Situation befindet. Kommt es überhaupt auf die Idee, sich herauszureden?
7 J 6 M		Prüfen Sie, ob Ihr Kind bereits Ähnlichkeiten definieren kann. Beispiel: Schmetterling-Fliege. Was ist gleich bei Ihnen? Was ist ähnlich an beiden? Und worin besteht der Unterschied?

Fragebogen 5

Akustische Wahrnehmung (Hören)

0 J 1 M		Zuckt Ihr Kind bei einem plötzlichen Ton oder Geräusch erschreckt zusammen, wenn es wach ist?
0 J 2 M		Zeigt Ihr Kind während des Schlafes in einem ruhigen Raum Reaktionen, wenn plötzlich ein Geräusch ertönt? Bewegt es sich?
0 J 3 M		Reagiert Ihr Kind während seines Wachseins auf einen leisen Glockenton, den Sie hinter ihm erzeugen? Auf ein leises anderes Geräusch? Sieht man an seinen Augen, daß es lauscht?
0 J 4 M		Blickt Ihr Kind Sie an, wenn Sie es ansprechen?
0 J 5 M		Reagiert Ihr Kind, wenn Musik ertönt? Wenn Sie ihm etwas vorsingen? Lauscht es?
0 J 6 M		Wendet Ihr Kind beim Erklingen eines Tones oder Geräusches den Kopf suchend hin und her?
0 J 7 M		Hört Ihr Kind auf zu weinen, wenn Sie ihm freundlich zureden? (Es sollte jedoch nicht vor Hunger weinen.)
0 J 8 M		Lauscht Ihr Kind, wenn Sie sich mit deutlich hörbaren Schritten seinem Bettchen nähern? Entsteht eine Erwartungshaltung bei ihm?
0 J 9 M		Wendet Ihr Kind Ihnen sein Köpfchen zu, wenn Sie in der Nähe seines Ohres (ca. 30 cm Abstand) mit ihm zu flüstern beginnen?
0 J 10 M		Reagiert Ihr Kind mit einem erstaunten oder ängstlichen Gesicht, wenn Sie die Stimme erheben und mit ihm „schimpfen" („Nein-nein", „Du-du")?
0 J 11 M		Wendet Ihr Kind seinen Blick unmittelbar in die Richtung, aus der ein Zuruf von Ihnen kommt?
1 J 0 M		Können Sie aus den Reaktionen Ihres Kindes schließen, daß es den Sinngehalt eines Wortes verstanden hat? („Winke-winke" machen, „Küßchen geben")

1 **J**	1 **M**		Blick Ihr Kind in die entsprechende Richtung, wenn Sie fragen: „Wo ist Mama"? Sucht es die genannte Person mit den Augen?
1 **J**	2 **M**		Kündigen Sie Ihrem Kind in der bei Ihnen üblichen Form seine Mahlzeit an. Reagiert es darauf mit Mundbewegungen oder Bewegungen der Zunge? Die Mahlzeit sollte jedoch noch nicht in seinem Blickfeld sein.
1 **J**	3 **M**		Versteht Ihr Kind die Aufforderung, zu Ihnen zu kommen, ohne daß Sie diese Aufforderung durch Gesten unterstreichen? Nur vom Wortlaut her?
1 **J**	4 **M**		Befolgt Ihr Kind die Aufforderung „bitte-bitte" oder: „backe Kuchen" zu machen, indem es in die Hände klatscht?
1 **J**	5 **M**		Befolgt Ihr Kind die Anweisung, den Mund zu öffnen, ohne daß Sie ihm durch Gesten dabei helfen?
1 **J**	6 **M**		Reagiert das Kind auf seinen Namen? Blickt es Sie erwartungsvoll an? Dreht es sich um, wenn Sie es hinter seinem Rücken rufen?
1 **J**	7 **M**		Kann Ihr Kind mit dem Finger auf 2 benannte Beziehungspersonen im Raum zeigen?
1 **J**	8 **M**		Zeigt Ihr Kind auf 4 bekannte Gegenstände, die Sie ihm benennen und die sich in seinem Blickfeld befinden?
1 **J**	9 **M**		Kann Ihr Kind einen benannten Körperteil an sich selbst zeigen? Zum Beispiel: „Wo ist Dein Bauch"? (Kopf, Arme, Beine, Augen, Mund, Haare?)
1 **J**	10 **M**		Reagiert Ihr Kind auf die Frage: „Möchtest Du"? eindeutig mit Zustimmung oder Ablehnung? (Trinken, Keks, Spielzeug.)
1 **J**	11 **M**		Versteht Ihr Kind die bei Ihnen gebräuchliche Aufforderung zum Zärtlichsein? Schmiegt es sich an Sie? Streichelt Sie es? Versteht es auch die Aufforderung, zu schlafen, indem es sich hinlegt und seine Schlafposition einnimmt?
2 **J**	0 **M**		Versteht Ihr Kind Sie, wenn Sie ihm das „Ausgehen" nur mit den bei Ihnen gebräuchlichen Worten ankündigen, ohne bereits die entsprechenden Vorbereitungen zu treffen?

2 J	1 M	Versteht Ihr Kind schon den Sinn und die Bedeutung von 20 Worten? Zählen Sie seine Bezeichnungen für Personen, Gegenstände und Handlungen zusammen!
2 J	2 M	Kennt Ihr Kind 8 Gegenstände in seiner Umwelt? Kann es darauf zeigen, wenn Sie sie benennen?
2 J	3 M	Kann Ihr Kind auf 4 Personen seiner Umwelt zeigen, wenn Sie sie ihm benennen?
2 J	4 M	Versteht Ihr Kind die Bedeutung des Wortes „Wiedersehen" oder „Ich gehe jetzt weg", ohne daß Sie diese Absicht mit Gesten untermalen? Nur vom Wort her?
2 J	5 M	Reagiert Ihr Kind auf die Aufforderung: „Gib mir noch eins"? Erfüllt es Ihre Bitte?
2 J	6 M	Befolgt Ihr Kind den Auftrag, sein Püppchen (Teddy oder dergleichen) schlafen zu legen? Oder es zu füttern?
2 J	7 M	Kann Ihr Kind schon eine doppelte Ortsangabe verstehen? (Z.B. Leg Deinen Ball in die Spielkiste auf dem Flur?)
2 J	8 M	Versteht Ihr Kind bereits einen Auftrag, der 2 Handlungen enthält und führt es ihn aus? (z.B.: „Bring dem Papa die Zeitung und dann mache die Tür zu".)
2 J	9 M	Kann Ihr Kind an sich selbst und auch bei Ihnen auf 6 benannte Körperteile richtig zeigen?
2 J	10 M	Legen Sie Ihrem Kind Bilder vor, auf denen Menschen eine ihm bekannte Tätigkeit durchführen. Benennen Sie die Tätigkeit, die auf einem Bild dargestellt ist und lassen Ihr Kind darauf zeigen. Gelingt es ihm?
2 J	11 M	Kann Ihr Kind nachahmend klopfen oder klatschen, wenn Sie zwischen 1mal und 2mal wechseln? Es soll Sie dabei nicht beobachten können, sondern sich nur auf sein Gehör verlassen. Nimmt es die Anzahl der Geräusche wahr?
3 J	0 M	Kennt Ihr Kind erste Mengenbegriffe wie „eins" und „viele"? Überprüfen Sie es im Spiel.
3 J	1 M	Kann Ihr Kind jetzt schon „groß" und „klein" unterscheiden? Legen Sie ihm z.B. Tee- und Eßlöffel vor und lassen Sie sich den „Großen" und „Kleinen" in unregelmäßigem Wechsel geben. Prüfen Sie es auch mit anderen Gegenständen!

3 J	2 M	Kennt Ihr Kind die Begriffe „rechts" und „links"? Weiß es, daß es eine „rechte Hand" gibt und daß die „linke Hand" dann auf der anderen Seite ist? (Es darf sich dabei noch irren, aber die „andere Seite" sollte ihm gelingen.)
3 J	3 M	Legen Sie 3 verschiedene farbige Gegenstände vor das Kind. Kann es den „roten" Gegenstand auf Aufforderung heraussuchen? Kann es den akustischen Begriff „rot" mit dem optischen Eindruck verbinden?
3 J	4 M	Bieten Sie Ihrem Kind eine dreieckige Form und eine runde Form (Kreis) an. Kann es auf „eckig" und „rund" auch nach Seitenwechsel 3mal richtig zeigen?
3 J	5 M	Kann Ihr Kind schon eine Minute lang gespannt zuhören, wenn Sie ihm in einer ruhigen Phase ein kurze, schöne Geschichte erzählen?
3 J	6 M	Bieten Sie Ihrem Kind eine Reihe von Worten an, in denen deutlich der Vokal A enthalten ist (z.B. Hase, Nase usw.). Kann es ihn heraushören?
3 J	7 M	Kann Ihr Kind jetzt auf Aufforderung seinen Daumen und Zeigefinger vorzeigen? Hat es diese Begriffe in seinen passiven Wortschatz aufgenommen?
3 J	8 M	Reagiert Ihr Kind sicher, wenn Sie es auffordern, Ihnen 2 Gegenstände (z.B. Teelöffel) zu geben? (Kann es z.B. für 2 Personen den Tisch decken?)
3 J	9 M	Kann Ihr Kind die Zeitbegriffe „morgens" und „abends" richtig verwenden? Überprüfen Sie es durch Fragen im täglichen Leben.
3 J	10 M	Hat Ihr Kind die Begriffe: „auf" und „unter", „hinter" und „vor" verstanden? Kann es etwas auf den Stuhl, unter die Bettdecke legen?
3 J	11 M	Kann Ihr Kind Ihnen durch seine Reaktionen anzeigen, daß es Begriffe wie: „kalt", „müde", „hungrig" verstanden hat?
4 J	0 M	Ist Ihr Kind in der Lage, Gehörtes nach einfachen Oberbegriffen zu ordnen? (Spielen Sie mit ihm „alle Vögel fliegen hoch", nennen 5 Vögel und 5 Tiere, die nicht fliegen können. Beim Nennen von Vögeln soll es jedesmal die Arme heben.)

4 J 2 M		Hat Ihr Kind bereits die Begriffe „dick" und „dünn" verstanden? Prüfen Sie es bei entsprechenden Gelegenheiten im täglichen Leben. Auch die Worte „gerade" und „krumm" sollten ihm in ihrer Bedeutung jetzt geläufig sein.
4 J 4 M		Stellen Sie fest, ob Ihrem Kind die Steigerungsformen: Viel, mehr, am meisten schon ein Begriff sind.
4 J 6 M		Kann Ihr Kind sich eine einstellige Zahl für die Dauer von einer Minute merken, wenn Sie ihm diese eindrücklich nennen und es bitten, sie im Gedächtnis zu behalten?
4 J 8 M		Prüfen Sie, ob bei Ihrem Kind das Verständnis für die Worte: „schief", „rauh" und „flüssig" bereits vorhanden ist. Fragen Sie es bei gegebener Gelegenheit oder fordern Sie es zu entsprechenden Handlungen auf. („Mach das Schiefe dort mal gerade" usw.)
4 J 10 M		Zeigen Sie Ihrem Kind Menschen in charakteristischer Berufskleidung und benennen 3 von diesen Berufen. Kann Ihr Kind darauf zeigen? (Schornsteinfeger, Bäcker, Friseur.)
5 J 0 M		Stellen Sie fest, ob die Aufmerksamkeit Ihres Kindes bereits so geschärft ist, daß es Sinnwidrigkeiten aus einer Kurzgeschichte oder aus einem Satz heraushört.
5 J 2 M		Hat Ihr Kind die Begriffe „schnell" und „langsam" inzwischen verstanden? Prüfen Sie es in den verschiedenen Situationen des täglichen Lebens.
5 J 4 M		Stellen Sie fest, ob Ihr Kind in der Lage ist, seine Eindrücke nach genannten Oberbegriffen zu ordnen. (Beispiel: sie betrachten gemeinsam ein Bild vom Wochenmarkt und Ihr Kind soll auf alle Fahrzeuge zeigen, auf alle Gemüsewaren und alle Menschen.)
5 J 6 M		Geben Sie Ihrem Kind einen Auftrag, der aus 3 Teilen besteht und stellen Sie fest, ob es in der Lage ist, diesen Auftrag auszuführen.
5 J 8 M		Stellen Sie fest, ob Ihrem Kind die ästhetischen Grundbegriffe „schön" und „häßlich" bereits geläufig sind. (Zeigen Sie ihm unter Umständen Märchenfiguren: Die schöne Prinzessin, die häßliche Hexe usw.) Ist Ihr Kind in seiner Wahl sicher?

5 J	10 M	Prüfen Sie, ob bei Ihrem Kind die Zeitbegriffe „morgen" und „gestern" schon vertraut sind. Hat es eine Vorstellung von Vergangenheit und Zukunft?
6 J	0 M	Fordern Sie Ihr Kind auf, Ihnen seinen Ellenbogen, seine Knie und seine Ferse zu zeigen. Kennt es sich so genau an seinem Körper aus, daß dies ohne Schwierigkeiten gelingt?
6 J	2 M	Führen Sie Ihr Kind „aufs Glatteis", indem Sie in einer Serie von zusammenhängenden Worten plötzlich ein kategoriefremdes Wort unterbringen. Bemerkt Ihr Kind den Fehler?
6 J	4 M	Prüfen Sie, ob Ihr Kind jetzt sicher ist im Zeigen auf die 4 benannten Grundfarben. Ist es auch sicher, wenn es um den Zahlenbegriff 4 geht? (Gib mir 4 Stückchen Zucker usw.)
6 J	6 M	Stellen Sie im täglichen Leben fest, ob Ihr Kind in der Lage ist, Ihnen aus einer Reihe von Gegenständen den „Vorletzten" herauszusuchen. (Erster? Letzter? Vorletzter?)
6 J	8 M	Fordern Sie Ihr Kind auf, Ihnen seinen Mittelfinger und seinen Ringfinger zu zeigen. Ist es in seiner Wahl sicher?
6 J	10 M	Prüfen Sie, ob Ihr Kind 5 gleichartige Geräusche als Anzahl wahrnehmen kann: Klatschen Sie hinter seinem Rücken 5x hintereinander in die Hände oder klopfen 5x gegen ein Möbelstück. Kann es diese Handlung nachvollziehen? Wenn es die Anzahl der Geräusche durch Hochheben der 5 Finger demonstriert, gilt dies ebenfalls als „gekonnt".
7 J	0 M	Stellen Sie fest, ob Ihrem Kind der Zeitbegriff „vorgestern" geläufig ist. Gehört er bereits zu seinem passiven Wortschatz?
7 J	2 M	Achten Sie im täglichen Leben darauf, ob Ihr Kind jetzt rechts und links an seinem Körper unterscheiden kann. Kann es seinen linken Fuß zeigen? Und sein rechtes Ohr?
7 J	4 M	Stellen Sie fest, ob Ihr Kind bereits die Anfangsbuchstaben eines Wortes heraushören kann. (Dies prüfen Sie am besten mit Worten, die mit einem Selbstlaut beginnen: „Esel" oder „Igel" und dergleichen.)
7 J	6 M	Prüfen Sie, ob Ihrem Kind die Bezeichnungen für die 4 Jahreszeiten geläufig sind. (Weiß es, daß das Weihnachtsfest im Winter gefeiert wird? Und Ostern im Frühling? Und welche Jahreszeit wir z.Zt. haben?)

Fragebogen 6

Psychosoziale Entwicklung

0 J   1 M   Beginnen die Händchen Ihres Kindes zu „tatschen", wenn Sie es auf Ihren Arm nehmen und seine Händchen zufällig mit Ihrem Gesicht, Ihren Armen oder Ihrer Kleidung in Berührung kommen?

0 J   2 M   Lächelt Ihr Kind Ihnen zu, wenn Sie sich über sein Bettchen beugen und mit ihm sprechen?

0 J   3 M   Macht Ihr Kind Saug- und Lutschbewegungen, wenn sein Handrücken oder seine Finger seinen eigenen Mund berühren?

0 J   4 M   Beginnt Ihr Kind zu jauchzen oder freudig zu krähen, wenn Sie sich ihm nähern und über sein Bettchen beugen?

0 J   5 M   Weint Ihr Kind oder zeigt es den Ausdruck von Trauer, wenn Sie sich von ihm abwenden, nachdem Sie sich längere Zeit mit ihm beschäftigt haben?

0 J   6 M   Hört Ihr Kind auf zu weinen, wenn Sie es hochnehmen und sich mit ihm beschäftigen? (Wenn Sie den Eindruck haben, daß es vor Schmerzen oder Hunger weint, ist diese Frage natürlich nicht zu beantworten.)

0 J   7 M   Beobachten Sie, ob Ihr Kind in sattem Zustand und frisch gewickelt noch eine kurze Zeit fröhlich vor sich hin plaudert, wenn Sie es in sein Bettchen zurücklegen.

0 J   8 M   Streckt Ihr Kind Ihnen die Ärmchen entgegen, wenn Sie an sein Bettchen herantreten? Möchte es aufgenommen werden?

0 J   9 M   Gerät Ihr Kind in freudige Erregung, wenn Sie mit ihm das „Tuchversteckspiel" (oder auch „Kuk-kuk"-Spiel) machen? Ist es zu diesem Partnerspiel bereit? Jauchzt es vor Vergnügen?

0 J   10 M   Macht Ihr Kind spielerische Greifversuche, wenn Sie ihm Gelegenheit geben, sich im Spiegel zu sehen? Betatscht es sein Spiegelbild?

0 J   11M   Hält Ihr Kind sein Spielzeug fest, mit dem es sich gerade beschäftigt? Versuchen Sie, es ihm ohne Überredung wortlos zu entziehen. Setzt es Ihren Bemühungen Widerstand entgegen?

1 J	0 M		Stellen Sie fest, ob Ihr Kind schon aktiv Zärtlichkeiten erwidern kann; streicheln Sie es und drücken Sie an sich: Versucht es, in irgendeiner Form darauf zu reagieren?
1 J	1 M		Fordern Sie Ihr Kind auf, „winke-winke" zu machen. Versteht es dieses Signal?
1 J	2 M		Reagiert Ihr Kind auf das Lied: „Backe, backe Kuchen", wenn Sie ihm das Händchenklatschen vormachen? Ahmt es die Bewegung aktiv nach?
1 J	3 M		Reicht Ihnen Ihr Kind die Hand, wenn Sie ihm „guten Tag" sagen und ihm dabei Ihre Hand entgegenstrecken?
1 J	4 M		Hilft Ihr Kind schon mit, wenn Sie es anziehen wollen? Steckt es seinen Arm in das Ärmelloch? Holt es seine Schuhe?
1 J	5 M		Ist Ihr Kind zum Partnerspiel bereit, wenn Sie beide mit gegrätschten Beinen auf dem Fußboden sitzen und ihm einen Ball zurollen? Rollt es ihn begeistert zu Ihnen zurück?
1 J	6 M		Läßt Ihr Kind Sie an seinem Spiel teilnehmen, indem es Ihnen sein Spielzeug zeigt, mit dem es sich gerade beschäftigt?
1 J	7 M		Können Sie bei Ihrem Kind beobachten, daß es seinem Teddy (Püppchen, Lieblingstier) Zärtlichkeiten entgegenbringt? Streichelt es seinen Teddy? Drückt es ihn an sich?
1 J	8 M		Kommt Ihr Kind freudig auf Sie zugelaufen, sobald es Sie erkannt hat? (Falls Ihr Kind nicht laufen kann, zeigt es durch andere Reaktionen an, daß es Sie erkannt hat und sich freut? Durch Händeklatschen, Rufen und dergleichen?)
1 J	9 M		Kann Ihr Kind schon sinnvoll spielen, wenn Sie es für ein Weilchen sich selbst überlassen? Probiert es sein Spielzeug aus? Experimentiert es? Verfolgt es eine Spielidee?
1 J	10 M		Plappert Ihr Kind munter drauflos, wenn Sie ihm ein Bilderbuch zum Besehen anbieten? Wird es durch das Betrachten zu sprachlichen Äußerungen angeregt?
1 J	11 M		Ahmt Ihr Kind bereits einige Tätigkeiten nach, die es bei Ihnen oder anderen Personen beobachten konnte? (Fegen, Staubwischen, Suppe rühren und dergleichen.)

2 J 0 M		Kann Ihr Kind seinen Wunsch durch Worte oder durch Gesten seinem Partner verdeutlichen, wenn es etwas Bestimmtes tun oder haben möchte?
2 J 1 M		Ist Ihr Kind zu kleinen Hilfeleistungen bereit und führt es sie auch durch? (Zeitung auf Vaters Platz legen, das Staubtuch holen, die Bauklötze weglegen?)
2 J 2 M		Zeigt Ihr Kind außer zu Ihnen auch zu bestimmten anderen Personen Zuneigung? (Zu bestimmten Kindern, bestimmten Personen aus Ihrem Verwandten- oder Freundeskreis?)
2 J 3 M		Benennt Ihr Kind sich mit seinem eigenen Vornamen bzw. dessen Abkürzung?
2 J 4 M		Probiert Ihr Kind gern einmal ein neues Gericht aus? Ist es neugierig, wenn eine neue Speise auf den Tisch kommt?
2 J 5 M		Gibt Ihr Kind seinem Teddy (Püppchen, Spieltier) unter anderem etwas zu essen und zu trinken, wenn es in sein Spiel mit ihm vertieft ist?
2 J 6 M		Ist Ihr Kind im allgemeinen schon tagsüber sauber und trocken? (Von gelegentlichen Pannen abgesehen.)
2 J 7 M		Zeigt Ihr Kind Eifersucht, wenn in einer besonderen Situation ein anderes Kind deutlich bevorzugt behandelt wird?
2 J 8 M		Kann Ihr Kind sich schon soweit in eine Gemeinschaft einordnen, daß es wartet, bis die Reihe an ihm ist? (Bis es „dran" ist?)
2 J 9 M		Wiederholt Ihr Kind gern Worte oder Handlungen, wenn es herausgefunden hat, daß es damit Lacherfolge erzielen kann?
2 J 10 M		Macht es Ihrem Kind deutlich Spaß, Ihnen oder anderen einen Gefallen zu tun? Geht es voller Stolz ans Werk?
2 J 11 M		Spielt Ihr Kind gern Tierrollen? (Häschen, Kätzchen, Hund o.ä.?)
3 J 0 M		Verwendet Ihr Kind jetzt das Fürwort „ich" statt seines Namens, wenn es von sich selbst spricht?
3 J 1 M		Zeigt Ihr Kind stolze Freude, wenn es von Ihnen oder anderen ein Lob erhält?

3 J 2 M		Stellt Ihr Kind viele Fragen an Sie? Haben Sie den Eindruck, daß es auf diese Weise einen Kontakt zu Ihnen herstellen möchte?
3 J 3 M		Zeigt Ihr Kind Freude, wenn ihm ein neues Kleidungsstück geschenkt wurde? Betrachtet es sich voller Stolz im Spiegel?
3 J 4 M		Führt Ihr Kind gern anderen Kindern oder Erwachsenen seine neuesten Fertigkeiten vor? („Kunststücke", Gesang, Gedicht oder Tanz?)
3 J 5 M		Spielt Ihr Kind gern mit anderen Kindern? Fühlt es sich zu ihnen hingezogen?
3 J 6 M		Kann Ihr Kind eine lärmende Tätigkeit schon einmal für eine Weile unterbrechen, wenn Sie es freundlich darum bitten?
3 J 7 M		Bevorzugt Ihr Kind zum Spielen bereits ein ganz bestimmtes anderes Kind? Hat es spezielle Freunde?
3 J 8 M		Kann Ihr Kind seine Zuneigung zu Ihnen schon in Worte fassen? („Du bist aber lieb!" oder dergleichen?)
3 J 9 M		Kann Ihr Kind sich für etwa 1/2 Stunde von Ihnen trennen, um mit anderen Kindern vor Ihrem Hause (in Ihrem Garten, auf dem nahen Spielplatz) zu spielen?
3 J 10 M		Nimmt Ihr Kind schon an den üblichen Kreisspielen der anderen Kinder teil? Ordnet es sich ohne Schwierigkeiten den Spielregeln unter?
3 J 11 M		Zeigt Ihr Kind sich freigiebig genug, Süßigkeiten an andere abzugeben, wenn es selbst genügend davon hat?
4 J 0 M		Ist Ihr Kind auch nachts trocken?
4 J 2 M		Kann Ihr Kind völlig selbständig essen? Ist es dazu in der Lage und auch bereit?
4 J 4 M		Geht Ihr Kind schon einmal zum Nachbarn, um etwas auszurichten oder sich einen Spielkameraden zu holen? Bringt es den erforderlichen Mut auf?
4 J 6 M		Kann Ihr Kind seinen vollen Namen und seine Adresse nennen, wenn es darum gefragt wird?

4 J 8 M		Spielt Ihr Kind gern Elternrollen? Ahmt es die Mutterfigur, die Vaterfigur (oder auch die Oma und den Opa) in seinem Spontanspiel nach?
4 J 10 M		Achtet Ihr Kind auf sein persönliches Eigentum? Weiß es, was ihm gehört und paßt es auf, daß ihm nichts abhanden kommt?
5 J 0 M		Nimmt Ihr Kind freudig an Wettkampfspielen teil? Zeigt es in solchen Situationen Wetteifer?
5 J 2 M		Hat Ihr Kind Achtung vor fremdem Eigentum,? Respektiert es die damit verbundenen Regeln?
5 J 4 M		Ist Ihr Kind bereit und in der Lage, schon einmal kleine Pflichten zu übernehmen? Den Abendbrottisch zu decken oder die Blumen zu begießen?
5 J 6 M		Kann Ihr Kind eine kleine Besorgung für Sie machen? (z.B. Brötchen holen, bezahlen und Ware sowie Wechselgeld ordnungsgemäß heimbringen?)
5 J 8 M		Hat Ihr Kind die Höflichkeitsformen der Erwachsenen soweit übernommen, daß es fremde Personen nunmehr mit „Sie" anredet?
5 J 10 M		Hat Ihr Kind seinen Bewegungsdrang soweit unter Kontrolle, daß es auf seinem Platz sitzen bleibt, wenn die Situation es erfordert? (Beim Kaspertheater oder auf einer kurzen Bahnfahrt?)
6 J 0 M		Fühlt Ihr Kind sich angesprochen, wenn Sie bei Ihren Plänen oder Ihrer Kritik das Wort „wir" gebrauchen? Bezieht es sich selbst mit ein?
6 J 2 M		Stellen Sie fest, ob Ihr Kind jetzt etwas leisten möchte: Entledigt es sich nicht nur „irgendwie" eines Auftrages, sondern ist es bemüht, nach seinen Kräften eine optimale Lösung eines Problems zu erzielen?
6 J 4 M		Ist Ihr Kind aufmerksam und zuverlässig genug, daß Sie ihm nunmehr das selbständige Überqueren einer Straße zutrauen können?

6 J	6 M	Kann Ihr Kind schon allein baden? Wird es mit dem Waschen in der Badewanne, dem Aussteigen nach Beendigung des Bades, dem Abtrocknen und erneuten Ankleiden ohne Ihre Hilfe fertig? (Das Waschen der Haare wird hier noch ausgenommen.)
6 J	8 M	Kann Ihr Kind eine schwierige Situation bei anderen Menschen so weit nachempfinden, daß es Mitleid zeigt?
6 J	10 M	Ist Ihr Kind von der Kontaktbereitschaft her in der Lage, einen Fremden um Auskunft zu fragen?
7 J	0 M	Kann Ihr Kind jetzt ohne Hilfe von Erwachsenen völlig allein zu Bett gehen? Ist es in der Lage, alle dazugehörigen Handlungen zu planen und selbständig durchzuführen?
7 J	2 M	Respektiert Ihr Kind den privaten Bereich seiner Mitmenschen jetzt so weit, daß es an die Tür klopft, bevor es einen fremden Raum betritt?
7 J	4 M	Können Sie bei Ihrem Kind feststellen, daß es dieselbe Kleidung wie seine Schulfreunde tragen möchte?
7 J	6 M	Ist Ihr Kind bereit, sein Eigentum an andere zu verleihen?

Sensomotorisches Entwicklungsgitter

Das vorliegende Gitter wurde von dem Diplom-Sportlehrer Prof. Dr. Ernst J. Kiphard erarbeitet. Bis zum 4. Lebensjahr ist es in seinem Buch „Wie weit ist ein Kind entwickelt?" veröffentlicht worden (verlag modernes lernen, Dortmund, 1975).

Dieses Gitter wurde für die Kinderärztin Dr. Gertrud Ohlmeier der Ausgangspunkt zur Entwicklung eines Systems, mit dessen Hilfe Früherziehungsprogramme für behinderte Kinder erstellt werden können. Sie strebte die kontinierliche Versorgung behinderter Kinder mit entwicklungsfördernden Programmen an für die Zeit vom Säuglingsalter bis zur Einschulung. Deshalb wurde Herr Kiphard von ihr um eine Erweiterung seines Gitters bis zum Alter von 7 1/2 Jahren gebeten. Diese Bitte wurde 1978 erfüllt.

Das erarbeitete System erlaubt die Erstellung von Förderungsprogrammen sowohl auf konventionellem Wege (Schreibmaschine-Kurzprogramme) als auch über die Textverarbeitung (Speicherschreibmaschine, ETV-Langzeitprogramme). Die für die Arbeit erforderlichen Tabellen und Fragebögen sind in dem Buch „Frühförderung behinderter Kinder" (verlag modernes lernen, Dortmund, 1983) veröffentlicht worden. Es enthält die Durchführungsanweisungen für die Items bis zu 7 1/2 Jahren.

Die Items jenseits des 4. Lebensjahres haben für die Entwicklungsdiagnostik nicht mehr den Aussagewert, wie diejenigen der ersten 4. Lebensjahre. Sie dienen vielmehr als Anhaltspunkt und Anregung zur weiteren Entwicklungsförderung behinderter Kinder im sensomotorischen Bereich.

Bis zum 4. Lebensjahr dient diese Tabelle als Grobdiagnostikum bei Entwicklungsauffälligkeiten. Die Alterswerte gelten für Spätentwickler, d.h. 90% der Kinder erfüllen diese Aufgaben. Die mit einem * versehenen Items sind statistisch gesichert.

Name: _____ geb. _____

Straße _____ Wohnort _____ Tel. _____

Erstuntersuchung: _____ LA: J   M / EA: J   M

Zweituntersuchung: _____ LA: J   M / EA: J   M

Drittuntersuchung: _____ LA: J   M / EA: J   M

Viertuntersuchung: _____ LA: J   M / EA: J   M

Fünftuntersuchung: _____ LA: J   M / EA: J   M

Sechstuntersuchung: _____ LA: J   M / EA: J   M

Es wird empfohlen, bei jeder Nachuntersuchung ein neues Gitter zu verwenden und darauf die früheren Untersuchungsergebnisse durch verschiedenfarbige Linien zu markieren. Auf diese Weise bleibt die angestrebte Übersichtlichkeit erhalten.

© 1984 verlag modernes lernen, Borgmann KG, Hohe Str. 39, D-44139 Dortmund

Bestell-Nr. 5120 (Satz à 25 Stück)

Urheberrecht beachten!
Alle Rechte der Wiedergabe, auch auszugsweise und in jeder Form, liegen beim Verlag. Mit der Zahlung des Kaufpreises verpflichtet sich der Eigentümer des Werkes, unter Ausschluß des § 53, 1-3, UrhG., keine Vervielfältigungen, Fotokopien und keine elektronische, optische Speicherung auch für den privaten Gebrauch, ohne schriftliche Genehmigung durch den Verlag anzufertigen. Er hat auch dafür Sorge zu tragen, daß dies nicht durch Dritte geschieht.
Zuwiderhandlungen werden strafrechtlich verfolgt und berechtigen den Verlag zu Schadenersatzforderungen.

4. Entwicklungsgitter

	Nr. Tab.	A. Optische Wahrnehmung	B. Handgeschick	C. Körperkontrolle	
7J 6M	69	Ordnet 5 Handlungsfolgen	Schneidet Figur aus	Nimmt 2 Stufen auf einmal	
	68	Ergänzt Menge auf 10	Fährt Labyrinth nach	Je 10 Einbeinhüpfer vorwärts	
	67	Kennt die Uhr	Ballhochwurf u. Fang, 1m	Standweitsprung, 1 m	
7J	66	Erkennt Sinnwidriges	Daumen trifft Fingerkuppen	Steigt frei ab 50-cm-Bank	
	65	Findet Kategoriefremdes	Zeichnet Rhombus ab	Einbeinsprung, 10 m	
	64	Erfaßt Bildhandlungen	Malt 10 Buchstaben ab*	Standhochsprung, 30 cm	
6J 6M	63	Imit. Finger-V-Stellung	Prellt Ball 3 x fortl.*	Auf Fersen gehen, 5 m	
	62	Sieht Fehlendes auf Abbildung	Zeichnet Mann, 8 Teile*	Seiltänzerung rückwärts, 1m*	
	61	Diff. Gleiches von Ähnl.	Bindet Knoten um Stift	Zehenballenstand, 10 Sekunden	
6J	60	Sortiert 10 Größen	Wickelt Faden auf Spule	Je 5 Einbeinhüpfer vorwärts	
	59	Ordnet Menge 3 zu	Zeichnet Haus, Baum, Sonne	Einbeinstand, 10 Sekunden	
	58	Sortiert Längen; 4 u. 5 cm	Zieht sich allein an*	10 Schlußsprünge vorwärts	
5J 6M	57	Ordnet 4 Tierköpfe zu	Schlagballweitwurf, 4 m	30 m Schnellauf, 10 Sekunden	
	56	Vervollständigt Muster	Fängt zugeprellten Ball*	Standhochsprung, 20 cm*	
	55	Kennt zwei Münzen	Schüttelt Maus in Falle	Seiltänzergang vorwärts, 1 m*	
5J	54	Ordnet 6 Mannteile zu	Fädelt Nadel ein	Gerades Aufstehen über Sitz	
	53	Setzt 10 Formen ein	Schereschneiden an Linie	2 Hüpfer auf einem Bein*	
	52	Sortiert 3 Oberbegriffe	Tut 10 Perlon in Flasche	Je Bein 5 Sekunden balancieren	
4J 6M	51	Imit. Beiddaumenstreckung	Zeichnet Kreuz ab*	Standweitsprung, 50 cm	
	50	Erkennt Verkleinerung	Schmiert Brot allein	5 x Seitensprünge über Linie	
	49	Ordnet 5 Tierpaare	Legt Z mit 3 Hölzern	30 m Schnellauf, 15 Sekunden*	
4J	48	Puzzle aus 2 Teilen	Schneidet mit Schere	Frei treppauf, Fußwechsel	
	47	Ordnet Detail zum Ganzen	Knöpft auf und zu*	Schlußsprung von Couch	
	46	Erkennt Junge und Mädchen	Linie zwischen 2 Punkten	5 fortl. Schlußsprünge	
	45	Findet 3 versteckte Dinge	Knetet Kugel und Schlange	1 Hüpfer auf einem Bein*	
	44	Ordnet Menge 2 optisch zu	Schraubt, dreht Schlüssel	Je Bein 2 Sek. balancieren	
	43	Sortiert Autos und Tiere	Wäscht und trocknet Hände*	Geht mit Armschwung	
3J 6M	42	Orientiert sich draußen	Hält Stift mit Fingern	Frei treppauf, Fußwechsel	
	41	Setzt 5 Formen ein	Zeichnet Kreis ab*	Springt 20 cm weit, 5 cm hoch*	
	40	Räumt 5 Hohlwürfel ein	Baut Turm aus 8 Würfeln*	Geht 3-m-Streifen entlang	
	39	Sortiert 5 P. Lottobilder	Wickelt Bonbons aus	Trägt Wasserglas 3 m weit	
	38	Sortiert 3 Längen	Öffnet Zündholzschachtel	Kickt Ballon aus der Luft	
	37	Sortiert Grundfarben	Zieht Kleidung an*	Fährt Dreirad, Gocart*	
3J	36	Unterscheidet 1 und viel	Malt Rundformen	Beidbeinsprung über Treppe	
	35	Erkennt Tätigkeit im Bild	Gießt von Becher zu Becher	Aufsprung über Strich	
	34	Erkennt Orte wieder	Faltet Papier*	Rennt 15 m ohne Hinzufallen	
	33	Findet 2 versteckte Dinge	Holt Bonbon mit Rechen	Fußschlußstand, Augen zu	
	32	Sortiert Tee- und Eßlöffel	Reiht Perlen auf Draht*	Frei treppab, nachgesetzt	
	31	Kennt seine Kleidung	Steckt Kette ins Rohr	Geht 3 m auf Zehenballen	
2J 6M	30	Baut Turm aus 2 P. Lottobilder	Baut Turm aus 4 Würfeln*	Beidbeinsprung am Boden	
	29	Sortiert Löffel und Gabel	Ißt allein mit Löffel*	Geht balancesicher	
	28	Kennt Nachbarn und Besuch	Wirft Ball überkopf zu*	Ersteigt 3 Leitersprossen	
	27	Ordnet 2 Formen zu	Kippt Perle aus Flasche*	Treppab mit Geländer	
	26	Ordnet 2 Farben zu	Steckt Stock ins Rohr	Frei treppauf, nachgesetzt	
	25	Ordnet 2 Größen zu	Blättert Buchseiten um*	Spielt in Kauerstellung	
2J	24	Ordnet 2 Dinge zum Bild	Zieht Kleidung aus*	Fußballstoß ohne Umfallen*	
	23	Zeigt Körperteil an Puppe	Kritzelt auf Papier	Ersteigt Stuhl, faßt Lehne	
	22	Findet ausgetauschte Dose	Tut Rosine in Flasche	Treppauf mit Geländer	
	21	Sieht Turmbau zu	Öffnet Reißverschluß	Geht rückwärts	
	20	Schüttelt Kopf als Nein	Baut Turm aus 2 Würfeln*	Rennt 5 m ohne Hinfallen	
	19	Ordnet Ding zum Ding	Steckt Scheibe auf Stab	Hebt gehockt Dinge auf	
1J 6M	18	Erkennt Person von weit	Packt Eingewickeltes aus	Treppenkrabbeln auf Bauch	
	17	Besieht gern Bilderbuch	Trinkt allein aus Tasse*	Steht ohne Hilfe aufm	
	16	Betrachtet sich im Spiegel	Wirft Dinge weg	Hebt im Bücken Dinge auf*	
	15	Sieht rollendem Ball nach	Zeigt mit Zeigefinger	Steht allein, geht allein*	
	14	Erkennt Eltern und Geschwister	Räumt Dinge aus und ein	Schiebt Kinderwagen	
	13	Bevorzugt ein Spielzeug	Schlägt Dinge aneinander*	Geht mit Halt an Möbeln	
1J	12	Findet verdecktes Ding	Daumen-Zeigefinger-Griff*	Kniet aufrecht	Krabbelt allein
	11	Erkennt Nachbarn*	Schüttelt Gegenstand	Sitzt gut im Stuhl	Setzt sich allein auf
	10	Beobachtet seine Hände	Befühlt, untersucht Dinge*	Steht an Möbeln	Zieht sich zum Stand*
	9	Betastet Spiegelbild	Gibt Ding von Hand zu Hand	Sitzt länger allein*	Robbt auf Bauch
	8	Sieht Hingefallenem nach*	Nimmt 2 Dinge vom Tisch*	Vierfüßlerstand	Rollt in Bauchlage
	7	Verfolgt gehende Person	Greift und läßt los	Beine tragen Körper*	Tänzelt auf Schoß
6M	6	Richtet Augen parallel	Steckt Dinge in den Mund	Hebt Kopf in Rückenlage*	Zieht sich zum Sitz
	5	Sieht Rosine auf Tisch*	Langt in Richtung Objekt*	Handstütz in Bauchl.*	Rollt auf Rücken
	4	Betrachtet Ding in Hand*	Spielt mit den Händchen*	Im Sitz Rücken gerade	Schwimmbew. i. Bauchl.
	3	Sieht Wegbewegtem nach	Zupft an seiner Kleidung	Unterarmstütz in Bauchl.*	Aktiv beim Baden*
	2	Blickt ins Gesicht*	Armbeuge- u. Streckbewegung	Kopfkontrolle auf Arm	Gleichseit. Strampeln
	1	Folgt bewegtem Objekt*	Schließt Hand und Objekt	Kopfheben in Bauchlage*	Fußstöße gegen Druck

D. Sprache	E. Akustische Wahrnehmungen	F. Sozialkontakt	Nr. Tab.
Erklärt Ähnlichkeiten	Kennt Jahreszeiten	Verleiht Eigenes an andere	69
Gebraucht Ausreden	Weiß Wortanfangsbuchstaben	Möchte Kleidung wie Schulfreunde	68
Erzählt Selbsterfundenes	Kennt rechts und links	Klopft beim Eintreten an	67
Nennt 3 Hausbaumaterialien*	Zeitbegriff: vorgestern	Geht ohne Hilfe zu Bett	66
Erklärt: Vorhang, Hecke, See*	Hört 5 Schläge heraus	Fragt Fremden um Auskunft	65
Satz aus 3 Stichworten	Zeigt Mittel- und Ringfinger	Zeigt Mitleid	64
Definiert 2 Unterschiede	Raumbegriff: Vorletzter	Badet allein	63
Nennt Material: Schuh, Tür*	Zeigt 4 Farben, gibt 4 Stück	Überquert allein Straßen	62
Nennt 3 Oberbegriffe	Raumbegriff: Vorletzter	Will etwas leisten	61
Zählt 10 Dinge ab	Zeig 4 Farben, gibt 4 Stück	Fühlt sich bei „wir" angesprochen	60
Beantw. 3 Wenn-dann-Fragen	Hört Kategoriefremdes heraus	Bleibt am Platz sitzen	59
Beschreibt Bildszene	Zeigt Ellbogen, Knie, Ferse	Sagt „Sie" zu Erwachsenen	58
Nennt 2 Analogien*	Zeitbegriff: Gestern/morgen	Kauft mit Geld ein	57
Fragt nach Wortbedeutung	Versteht: Schön/häßlich	Übernimmt kleine Pflichten	56
Sagt, was es morgen vorhat	Befolgt 3teiligen Auftrag	Achtet fremdes Eigentum	55
Spricht 5-Wortsätze	Zeigt 3 Oberbegriffe	Zeigt Wetteifer im Spiel	54
Spricht 4 Zahlen nach	Versteht: Schief, rauh, flüssig	Achtet auf sein Eigentum	53
Benennt 3 Farben*	Merkt einstell. Zahl für 1 Minute	Spielt gern Elternrollen	52
Beantwortet 3 Zweckfragen	Versteht: Mehr/am meisten	Nennt Namen und Adresse	51
Sagt, was es heute tat	Versteht: Dünn/dick, gerade/krumm	Geht allein zu Nachbarn	50
Wiederholt 5-Wortsatz		Ißt völlig allein	49
Nennt 2 Gegensätze*	Zeigt alles was fliegt	Bleibt nachts trocken	48
Fragt: wer, wo, wann, warum	Versteht: Müde, hungrig*	Gibt Süßigkeiten ab	47
Gebraucht Nebensätze	Legt etwas auf, unter*	Macht Kreisspiele mit	46
Wiederholt Kurzgeschichte	Versteht: Morgens, abends	Spielt allein draußen	45
Erklärt was es spielt	Befolgt: Gib mir dich zwei	Sagt: „Ich hab' dich lieb"	44
Laute: ch/ch, ng, nt, schp, fr	Kennt Daumen, Zeigefinger	Hat spezielle Freunde	43
Verwendet Vergangenheit	Hört Vokal „a" heraus	Unterbricht Lärm auf Bitten	42
Berichtet spontan Erlebnis	Hört Geschichte gespannt zu	Spielt gern mit anderen*	41
Nennt 5 Tiere	Zeigt eckig und rund	Macht gern etwas vor	40
Benennt Tätigkeit im Bild	Zeigt rote Farbe	Ist froh über neue Kleidung	39
Verwendet Mehrzahl*	Zeigt rechts/links (auch falsch)	Stellt viele Fragen	38
Sagt: ich, du, mein, dein	Zeigt größer und kleiner	Ist stolz über Lob	37
Laute: r, s, sch, x, z	Befolgt: Gib mir eins/viele	Spricht von sich als „ich"	36
Spricht mit Puppe, Teddy	Hört zwei Schläge heraus	Spielt gern Tierrollen	35
Spricht Dreiwortsatz	Zeigt Tätigkeit im Bild	Führt gern Aufträge aus	34
Fragt: was'n das?	Zeigt 2 benannte Körperteile	Bringt gern andere zum Lachen	33
Wiederholt Viersilbensatz	Befolgt Doppelauftrag*	Wartet, bis es dran ist	32
Sagt: noch, wieder, viel	Versteht doppelte Ortsangabe	Ist eifersüchtig auf andere	31
Verwendet der, die, das	Befolgt: Leg Puppe heia!	Bleibt tagsüber sauber	30
Spricht Zweiwortsatz*	Befolgt: Gib mir noch eins	Füttert Teddy oder Puppe	29
Benennt 2 Eigenschaften	Versteht: Wiedersehen, tschüs	Ist froh über neue Gerichte	28
Sagt: da, weg, bitte, danke	Zeigt 4 benannte Personen	Nennt sich beim Vornamen	27
Nennt sich beim Vornamen	Zeigt 8 benannte Personen	Zeigt Zuneigung zu anderen	26
Verwendet 10 Worte	Kennt 20 Wortbedeutungen	Hilft im Haushalt*	25
Benennt 2 Tätigkeiten	Versteht: Ata, teita (ausfahren)	Sagt, wenn es etwas möchte	24
Benennt 4 Dinge	Versteht: Eia und heia	Ahmt Fegen, Kochen nach*	23
Benennt 3 Personen	Versteht: Möchtest du...?	Plappert bei Bildbesehen	22
Verwendet 5 Worte	Zeigt benannten Körperteil*	Kann sinnvoll allein spielen	21
Laute: n, l, d, t, w, f	Zeigt 2 benannte Dinge	Kommt freudig entgegen	20
Einwortsatz als Wunsch	Reagiert auf seinen Namen	Drückt und streichelt Spieltier	19
Ahmt 2 Worte nach	Versteht: Mund auf	Zeigt sein Spielzeug her	18
Ahmt Tierlaute nach	Macht auf Geheiß „bitte"	Rollt Ball zurück*	17
Sagt 2 sinnvolle Worte	Befolgt: Komm her zu mir	Hilft beim Anziehen, holt Schuhe	16
Laute: a, o, u, m, b, p	Mundbewegung bei „ham", „happa"	Reagiert auf Handhinstrecken	15
Laute als Wunschäußerung	Blickt zur genannten Person	Klatscht bei „backe Kuchen"*	14
Kaut mühelos feste Nahrung	Versteht eine Wortbedeutung	Macht „winke winke" nach*	13
Lallt 4 verschiedene Silben	Dreht Kopf direkt zum Ton	Erwidert aktiv Zärtlichkeiten	12
Ahmt Laute nach*	Reagiert auf Schimpfen	Hält Ding bei Wegnahme fest	11
Äußert Stimmungsläufe*	Dreht Kopf beim Flüstern	Spielt mit Spiegelbild*	10
Spuckt mit Zungenspitze	Lauscht bei Schritten	Reagiert auf Tuchverstecksspiel*	9
Trinkt von gehaltener Tasse	Stoppt Weinen auf Zuspruch	Streckt Mutter Ärmchen entgegen	8
Leckt Breilöffel gut ab	Sucht Ton durch Kopfwenden*	Lallt fröhlich in seinem Bett	7
Antwortet durch Laute	Lauscht bei Gesang, Musik	Stoppt Weinen, wenn aufgenommen	6
Schließt Mund, schluckt Spucke	Sieht Sprechenden an	Weint, wenn man weggeht	5
Kichert, lacht, quietscht*	Hält bei leisem Ton inne*	Kräht freudig, wenn Mutter kommt	4
Laute: cha, grr, öh, eku, erre*	Geräuschereaktion im Schlaf	Lutscht an Finger u. Handrücken	3
Andere Laute als Weinen	Erschrickt bei lautem Geräusch	Lächelt die Mutter an	2
Saugt, schluckt, weint		Betatscht die Mutter	1

Merkblatt: Wahrnehmungsstörungen

Liebe Eltern!

Damit Sie die vielen Fragen in den beigefügten Fragebögen besser verstehen können, wurde dieses Merkblatt für Sie zusammengestellt. Sowohl Sie als Eltern als auch die anderen Betreuungspersonen der Kinder mit Wahrnehmungsstörungen stehen ihrem eigenartigen Verhalten oft ratlos gegenüber. Die Kinder spüren jedoch sehr genau, daß sie nicht verstanden werden, weil vom Gesunden keine Resonanz kommt, und sie versinken zunehmend in eine innere Einsamkeit. Manche von ihnen wehren sich verzweifelt gegen die drohende Isolierung, aber die gesunden Menschen in ihrer Umgebung begreifen ihre Signale nicht, weil diese Kinder ihre Not ja meistens nicht in Worte fassen können.*

Es handelt sich bei den Wahrnehmungsstörungen einmal um das Problem des Erkennens und Wiedererkennens unserer Sinneseindrücke auf dem Wege über das Gehirn. Das hört sich einfach an und ist unmittelbar einleuchtend. Schwierig wird die Angelegenheit erst dadurch, daß während der Verarbeitung der Wahrnehmungen diese vom Stammhirn bereits nach ihrer Wichtigkeit für die augenblickliche Situation sortiert werden. Das bedeutet, daß ein Teil unserer Wahrnehmungen von vornherein unterdrückt wird und nur eine „interessante Auswahl" in dem Bewußtsein des Gesunden landet. An einem Beispiel aus der Akustik soll im Folgenden versucht werden, Ihnen die Situation des wahrnehmungsgestörten Kindes deutlich zu machen.

Wir stellen uns einen Kreis junger Menschen vor, die sich lebhaft miteinander unterhalten. Einer von ihnen stellt unbemerkt ein Tonbandgerät an. Nach einer Weile läßt er die Aufnahme im Hintergrund ablaufen. Welche Reaktionen sind zu erwarten?

Phase 1: Reizblockierung

Es wird vermutlich eine Weile dauern, bis der Freundeskreis überhaupt bemerkt, daß die Unterhaltung als Aufnahme im Hintergrund wiedergegeben wird. Sie wird lediglich als „allgemeines Hintergrundgebrabbel" wahrgenommen, und daran verschwendet man seine Aufmerksamkeit nicht. Diese Phase kann auch mit dem Wort „Reizblockierung" umschrieben werden.

Phase 2: Reizhunger

Erst wenn im Ablauf der Wiedergabe einer der Partner seine Stimme zu einer besonders markanten Formulierung erhebt oder auch plötzlich hell auflacht, wird sich die Aufmerksamkeit des Freundeskreises der Wiedergabe ihres Gespräches über das Tonband zuwenden. **Durch angespanntes Lauschen** *wird jetzt jeder Teilnehmer bemüht sein, einige Fetzen der Gesprächswiedergabe zu erhaschen.*

Interessanterweise richten sich seine Bemühungen in erster Linie auf die Wiedergabe der eigenen Unterhaltung, weil man hier zu ihrer Rekonstruktion die **Erinnerung** *zur Hilfe nehmen kann. Dies geschieht sozusagen „von selbst". Diese Phase wird im Folgenden mit „Reizhunger" bezeichnet.*

Phase 3: Reizüberflutung

Es bedarf einer bewußten Anstrengung und zusätzlicher Konzentration, wenn man die Unterhaltung der übrigen Gesprächsteilnehmer heraushören möchte. Hier fehlt einem die Erinnerung, so daß man bei der Wiedergabe ausschließlich auf die akustische Wahrnehmung angewiesen ist – und das erweist sich als schwierig. Bei dieser angespannten Tätigkeit des Lauschens fühlt man sich nämlich gestört durch die vielen „Nebengeräusche". Es könnte sich daraus eine Debatte entwickeln, die die technische Qualität der Aufnahme in Zweifel zieht. Einige Teilnehmer werden ihr Erstaunen ausdrücken, daß man sich bei so viel „Krach" überhaupt unterhalten konnte und möglicherweise sogar ein sehr interessantes Gespräch führte. Fachleute unter ihnen werden hierzu jedoch erklären, daß keineswegs technische Mängel für diese „Nebengeräusche" verantwortlich zu machen sind, sondern daß das Gerät alle Geräusche wirklichkeitsgetreu wiedergibt. Denn es ist ein technisches Gerät, das keinerlei Auswahl trifft. Der Mensch mit gesunden Sinnesorganen hat jedoch die erstaunliche Fähigkeit, bei der Verarbeitung seiner Wahrnehmungen Unterschiede zu machen. Ihm gelangen nur diejenigen Eindrücke zum Bewußtsein, die im Augenblick für ihn von Bedeutung sind. Er bringt das Kunststück fertig, sich auf seine Gesprächspartner zu „konzentrieren" und bei dieser Bemühung wird in Zentren unterhalb der Großhirnrinde bereits eine Filterung seiner Sinneswahrnehmungen durchgeführt. Bei seiner „Konzentration" auf den Gesprächspartner hilft ihm der Blickkontakt zu diesem ebenso wie Mimik und Gestik. Die tatsächlich vorhandenen Nebengeräusche kann er durch einen noch unbekannten Mechanismus unterdrücken. Gelingt dies nicht, kommt es zur „Reizüberflutung".

Wenn wir es richtig überlegen, müßte diese Fähigkeit des Menschen mit gesunden Wahrnehmungen unsere Verwunderung hervorrufen, denn sie ist wirklich staunenswert. Das Kind mit Wahrnehmungsstörungen bringt nun das beschriebene „Kunststück" nicht fertig, sondern nimmt die Eindrücke wie die „Wiedergabe mit Nebengeräuschen" wahr: Im Grunde also realitätsgerechter, als wir Gesunden! Aber da das „Kunststück" als „normal" angesehen wird, kann das Kind kaum auf Verständnis bei seinen Mitmenschen hoffen. Je nach Temperament nehmen sie seine Reaktionen entweder mit Verlegenheit und Unbehagen zur Kenntnis oder aber mit Spott und Ärger. Die meisten werden sich achselzuckend abwenden und das Kind seiner zunehmenden Einsamkeit überlassen.

Was können wir tun, um die Not dieser Kinder zu lindern? Wir beziehen uns nochmals auf den Freundeskreis mit der Tonbandaufnahme. Ein Teil der Kinder befindet sich offenbar in der dort beschriebenen

Phase 1: Reizblockierung

Obgleich der Ohrenarzt keinen krankhaften Befund erheben konnte, dringen die Töne und Geräusche nicht bis zum Bewußtsein des Kindes vor. Der schalleitende Apparat ist in Ordnung und dennoch „landen" die Sinneseindrücke nicht bei dem Kind, wie wir es beim Gesunden als selbstverständlich hinnehmen. Sie leben in einer lautlosen Welt. Dies wird erstaunlicherweise als unerträgliche Belastung empfunden, auch vom gesunden Menschen. Psychologische Experimente haben gezeigt, daß bei absoluter Stille nach mehr oder weniger kurzer Zeit Angstzustände und akustische Halluzinationen auftreten. Wir sind auf gewisse Geräusche aus unserer Umwelt angewiesen, die uns die Sicherheit geben, mit dieser Welt vertraut und in ihr zu Hause zu sein. (Das Ticken einer Uhr, das Anspringen der Heizung, das Klappen einer Autotür usw.) Diese Geräusche brauchen gar nicht voll bis zu unserem Bewußtsein durchzudringen, sondern können unterschwellig bleiben, aber sie geben uns das Gefühl der vertrauten Geborgenheit. Wenn diese Informationen der Sinnesorgane an die Großhirnrinde völlig ausbleiben, greift diese sozusagen nach einer „Notlösung" und produziert selbst Wahrnehmungen: es kommt zu Sinnestäuschungen. Deshalb werden wir für das in einer „lautlosen Welt" lebende, wahrnehmungsgestörte Kind eine Möglichkeit ersinnen müssen, die ihm die Geräuschkulisse hörbar macht.

Maßnahmen

Wir werden versuchen, das Interesse dieser Kinder an der Welt der Töne zu wecken. Dies wird am ehesten gelingen, wenn wir sein Gesicht in beide Hände nehmen und Blickkontakt mit ihm herstellen. Man könnte in solcher Situation beispielsweise immer einen Gong einsetzen. Wir werden außerdem versuchen, ein solches Kind mit lauten und eindeutigen Klängen vertraut zu machen, die eine bestimmte Bedeutung für das Kind haben.

Phase 2: Reizhunger

Wenn schließlich ein Laut oder ein Geräusch oder ein Ton bis zum Bewußtsein des Kindes vordringt, möchte es erfahren, was diese Wahrnehmung zu bedeuten hat. Es ist begierig, die Tonquelle ausfindig zu machen und es geht dazu über, sich selbst in den Genuß akustischer Wahrnehmungen zu bringen. Das Kind wird versuchen, möglichst viele Geräusche und Töne selbst zu erzeugen, denn dann kann es sie wiederholen: es kann seine Erinnerung zur Hilfe nehmen bei der Deutung dieser Sinneswahrnehmung und bei dem Versuch, diese einzuordnen. Oft bemüht es sich zwar um das Registrieren des Wahrgenommenen, aber dies gelingt ihm nur bruchstückweise, es kann die aufgeschnappten Redewendungen und Gesprächsfetzen nicht zu einem geschlossenen Ganzen verknüpfen. Die Begriffe, die es tatsächlich erreichen, liegen zu weit auseinander, als daß es noch eine Gedankenverbindung zwischen ihnen herstellen könnte. Die Redeweise solcher Kinder besteht dann aus Floskeln und aufgeschnappten Redewendungen, die nicht situationsgerecht angewendet werden. Auch Schimpfworte werden von diesen Kindern oft in verblüffender Vielfalt benutzt, weil sie ja mit Gestik und Mimik normalerweise eindrucksvoll unterstrichen werden und auf diese Weise dann besonders gut haften bleiben.

Der Reizhunger des Kindes kann sich derartig steigern, daß es sich durch Eigenreizung seiner Sinnesorgane selbst zu stimulieren versucht. Es bohrt beispielsweise in seinen Ohren, oder es schlägt darauf. Der „Hunger" kann in manchen Fällen fast süchtigen Charakter annehmen, so daß ein solches Kind sich durch Eigen-Aggressionen selbst gefährdet.

Eine weitere Gefahr droht dem Kind in der Phase des Reizhungers dadurch, daß es in Leerlaufhandlungen hineingleiten kann. Diese sogenannten Stereotypien sind Handlungen, die endlos wiederholt werden und unter Ausschaltung des Bewußtseins ablaufen. Während einer solchen Stereotypie ist der Zugang zum Kind für den Außenstehenden blockiert, und das Kind kann in dieser Phase keine Lernerfahrung machen.

Maßnahmen

Auch bei diesem Kind sollte versucht werden, Blickkontakt mit ihm herzustellen. Wenn man mit ihm spricht, sollte man sich einer markanten Signalsprache bedienen, die man durch entsprechende Mimik und Gestik unterstreicht, damit es dem Kind erleichtert wird, die Bedeutung des gesprochenen Wortes zu erfassen. Das Kind sollte ermuntert werden, viele Klänge, Laute und Geräusche selbst zu erzeugen, die in ihrer Klangfarbe möglichst entgegengesetzt, aber laut und eindeutig sind. Dadurch soll erreicht werden, daß das Kind bei der Einordnung seiner Wahrnehmungen nicht verzweifelt und womöglich in die Phase der Reizblockierung zurücksinkt. Sein „Appetit" sollte wachgehalten werden. Es sollte in dieser Phase der Versuch gemacht werden, ihm zahlreiche Inseln von Lauterinnerungen zu schaffen, auf die es Bezug nehmen kann. Zunächst wird ein grobes Maschenwerk von Wahrnehmungsinseln angelegt, das allmählich immer feinmaschiger ausgestattet wird, damit Querverbindungen für das Kind herstellbar sind.

Das Hineingleiten in Handlungen, die der Eigenstimulation dienen, sollte möglichst durch Absättigung des vorhandenen Reizhungers vermieden werden. Sie können sonst leicht in die gefürchteten Leerlaufhandlungen (Stereotypien) einmünden. In einer derartigen Situation ist der Umwelt ein Zugang zu dem Kind versperrt – es ist für sie nicht mehr erreichbar.

Phase 3: Reizüberflutung

In dieser Phase erreichen alle Klänge, Geräusche und Töne das Bewußtsein des Kindes, ohne daß im Stammhirn die Arbeit des Vorsortierens hinsichtlich ihrer

Bedeutung für seine augenblickliche Situation durchgeführt wurde. Das Kind ist also nicht in der Lage, die tatsächlich vorhandenen Nebengeräusche zu unterdrücken und sich auf dasjenige zu „konzentrieren", was im Augenblick für das Verständnis seiner Situation von Bedeutung ist. Wenn es nicht die Erinnerung an Vergangenes zur Hilfe nehmen kann, befindet es sich in der Situation des Zuhörers, der beim Abhören der Tonbandaufnahme versucht, das Gespräch zweier anderer Partner aus dem Stimmengewirr herauszuhören. Sobald in der Phase des angespannten Lauschens noch zusätzliche Fremdgeräusche auf das Kind eindringen, wird dies als unerträgliche Störung empfunden, und es besteht die Gefahr, daß das Kind an der Einordnung seiner akustischen Wahrnehmungen verzweifelt. Dann kann es sich offenbar dazu entschließen, sich von den akustischen Eindrücken überhaupt nicht mehr tangieren zu lassen, d.h. das Kind sinkt zurück in die erste Phase.

Eine zweite Möglichkeit, mit dieser Situation fertig zu werden, besteht für das Kind darin, sich von der Außenwelt abzuschirmen: es zieht sich vor ihr zurück aus Angst vor unliebsamen Erfahrungen. Es entwickelt nicht die charakteristische Neugier des Kindes, die es antreibt, seine Erfahrungen mit der Umwelt immer weiter auszudehnen, sondern es beschränkt sich auf die bereits vertrauten Wahrnehmungsinseln und führt dort „ein Innenleben mit Komfort". Alles Neuartige, jede Veränderung wirkt angstauslösend, weil das Kind seinen ungefilterten Sinneseindrücken hilflos ausgeliefert ist. Es entsteht eine Vermeidenshaltung auf der Basis der für diese Phase charakteristischen „Veränderungsangst".

Maßnahmen

Was können wir tun, um die Nöte derjenigen Kinder abzubauen, die sich in der Phase der Reizüberflutung befinden? Zunächst werden wir versuchen, sie vor vermeidbarem Außenlärm zu schützen, weil es sie in der Deutung ihrer Wahrnehmungen unerträglich behindert. Das bedeutet, daß wir die Geräuschkulisse ausschalten, soweit dies im täglichen Leben möglich ist. Wenn ein solches Kind beispielsweise eine bestimmte Schallplatte hören möchte, werden wir ihm Kopfhörer anbieten, damit es diesen Genuß voll ausschöpfen kann und in seinem Bemühen um Konzentration auf das Gehörte einmal völlig ungestört ist. Wenn eine Unterrichtssituation angestrebt wird, ist hierfür derjenige Raum am besten geeignet, der vom Außenlärm weitgehend abgeschirmt ist.

Neben diesen Maßnahmen, die aus der Rücksicht auf das Kind entspringen, ist aber eine Trainingsarbeit mit dem Kind erforderlich, die seine Toleranzgrenze gegenüber Fremdgeräuschen ausweitet und es in der Deutung der Wahrnehmungen sicherer werden läßt. Auch diesem Kind werden wir also die Möglichkeit geben, eine Vielfalt von Tönen und Geräuschen zu erzeugen. Es kennt ihren Ursprung und hat deshalb mit der Einordnung keine besondere Mühe. Je bunter wir die Palette der selbsterzeugten Geräusche gestalten, umso leichter kann das Kind bei neuen Geräuschen seine Erinnerung zu Hilfe nehmen und damit kann es ihm schließlich gelingen, die Vielzahl seiner akustischen Eindrücke einigermaßen sicher zu deuten.

Für die Sinneseindrücke der optischen Wahrnehmung, Hautsensibilität und Tastsinn sowie Geschmack und Geruch wurde dasselbe Dreiphasen-Schema zugrundegelegt. Die therapeutischen Bemühungen sind zunächst immer darauf gerichtet, Wahrnehmungen für das Kind überhaupt erst einmal bewußt erfahrbar zu machen (Phase 1). Wenn dies gelungen ist, kommt es zu einem Reizhunger. Dieser sollte durch entsprechende Angebote gestillt werden. Wenn das Bild der Reizüberflutung nicht vermieden werden konnte, wird die abnorme Störbarkeit des Kindes zu berücksichtigen sein, wobei gleichzeitig die Ausweitung der Toleranzgrenzen angestrebt wird.

Liebe Eltern!

Die Schwierigkeiten bei Ihrem Kind ließen den Verdacht aufkommen, daß hier Wahrnehmungsstörungen die Ursache sein könnten. Wir haben darüber gesprochen, und ich möchte Sie bitten, die beigefügten Fragebögen in Ruhe durchzulesen und zu beantworten.

Wenn Sie eine der aufgeführten Fragen mit „ja" beantworten können, machen Sie bitte ein Kreuz in das erste Kästchen rechts ⊠ . Wenn Sie sich in der Beantwortung nicht ganz sicher sind oder das Verhalten Ihres Kindes in diesem Punkt auch unterschiedlich ist, setzen Sie bitte nur einen Schrägstrich in das erste Kästchen ⊡.

Nach Ihren Angaben auf diesen Bögen werden Ihnen dann Vorschläge gemacht, die der Linderung oder gar Überwindung dieser Schwierigkeiten bei Ihrem Kind dienen sollen.

Unterschrift

Fragebogen: Wahrnehmungsstörungen

Anzahl der Untersuchungen: 1 2 3 4 5 6

aw 0000	**Wahrnehmungsstörungen im visuellen Bereich (Sehen)**
aw 1000	**Phase 1: Reizblockierung**
aw 1100	Sieht das Kind durch Menschen und Dinge „hindurch"? Haben Sie Mühe, Blickkontakt zu Ihrem Kind herzustellen und ihn dann auch zu halten?
aw 1200	Haben Sie zuweilen den Eindruck, daß Ihr Kind bei geöffneten Augen Dinge wahrnimmt, die überhaupt nicht vorhanden sind?
	Haben Sie in einer derartigen Situation bei Ihrem Kind schon einmal eine Reaktion erlebt, die Sie beim besten Willen nicht verstehen konnten?
	Begann es plötzlich unmotiviert zu lachen?
	Geriet es ohne erkennbaren Grund in Angstzustände?
	Bekam es Schrei-Anfälle?
aw 2000	**Phase 2: Reizhunger**
aw 2100	Konnten Sie schon beobachten, daß Ihr Kind durch mechanische Reizung der Augen seine optischen Eindrücke stimulieren möchte? (Reiben der Lider, rhythmisches Berühren oder Schlagen auf die Augen, Augenbohren?)
aw 2200	Führt Ihr Kind dicht vor seinen Augen auffallend oft und ausdauernd Fingerspiele aus?
	Kommt es dabei zuweilen zu fast akrobatischen Fingerverrenkungen?
aw 2300	Hat Ihr Kind eine Vorliebe dafür, Gegenstände in schwingende oder kreisende Bewegungen zu versetzen?
	Entwickelt es in diesen Handlungen erstaunliche Geschicklichkeit?
	Ist es von diesem Anblick so fasziniert, daß es wie berauscht wirkt?
aw 2400	Verfällt Ihr Kind in einer Phase der Untätigkeit gern in rhythmisch schaukelnde Bewegungen?
	Verfällt es diesen Bewegungen fast rauschartig, so daß der Zugang zu ihm dann erschwert ist?

		Dreht es sich gern um seine eigene Achse und kann diese Handlung kaum beenden?
aw 2500		Sucht Ihr Kind die Lichtquellen mit seinen Augen?
		Macht es ihm nichts aus, wenn diese sehr grell sind?
		Starrt es auch dann hinein, wenn Sie selbst davon geblendet wären?
aw 2600		Zeigt Ihr Kind eine Vorliebe für alles was glänzt?
		Ist es von großen Spiegelflächen fasziniert?
		Erregen spiegelnde Wasserflächen seine Begeisterung?
aw 2700		Wird Ihr Kind bei gedämpfter Lichteinwirkung oder bei trüber Witterung auffallend unsicher in seinen Handlungen?
		Stolpert es an solchen Tagen leichter?
		Greift es daneben, wenn es einen Gegenstand erfassen möchte?
aw 2800		Wird Ihr Kind unsicher, wenn sich die Farbe oder die Struktur des Fußbodens von einem Raum zum anderen ändert?
		Sucht es Halt an Gegenständen oder Möbeln?
		Greift es hilfesuchend nach Ihrer Hand?
aw 2900		Geht Ihr Kind zuweilen prüfend um einen Gegenstand herum?
		Setzt es seine Hände mit ein, um sich eine bessere Vorstellung von seiner Form und Ausdehnung machen zu können?
aw 2950		Hält das Kind ergriffene Gegenstände immer sehr dicht vor seine Augen?
		Dreht es sie dabei prüfend hin und her, um sich eine bessere Vorstellung von ihrer Gestalt machen zu können?
aw 3000		**Phase 3: Reizüberflutung**
aw 3100		Fühlt Ihr Kind sich bei gedämpftem Licht am wohlsten?
		Zieht es sich in einem beleuchteten Raum gern in einen weniger beleuchteten Winkel zurück?
aw 3200		Sind Ihrem Kind Schaukelbewegungen (auf Karussells, auf dem Schaukelpferd) unangenehm, so daß es dabei in Abwehr gerät?

	Wehrt es sich auch gegen Schaukelbewegungen auf dem Arm?
	Kann es einen raschen Wechsel der optischen Eindrücke nur schwer ertragen?
	(Beim Herumtollen, bei den kinästhetischen Übungen?)
aw 3300	Wird Ihr Kind bei Autofahrten im grellen Sonnenschein völlig unleidlich?
	Beginnt es zu weinen?
	Schließt es die Augen oder hält es schützend seine Hände davor?
aw 3400	Meidet Ihr Kind den Anblick von blankem Material?
	Lehnt es ab, in den Spiegel zu gucken?
	Sind ihm große, glänzende Wasseroberflächen deutlich unangenehm?
aw 3500	Hat Ihr Kind eine Abneigung gegen plötzlich grelle Lichteindrücke (Feuerwerk, Jahrmarkt)?
	Hat es unverhältnismäßig große Angst vor Blitzen?
aw 3600	Lehnt Ihr Kind es ab, an einer Fernsehsendung teilzunehmen, auch wenn es sie vom Thema her eigentlich akzeptieren müßte?
	Ist ihm das leichte Flimmern dabei unerträglich?
	Folgen ihm die optischen Eindrücke allzu rasch aufeinander?
aw 3700	Nimmt Ihr Kind nur widerstrebend an Filmvorführungen in Ihrem Hause teil?
	Beklagt es sich, daß es vom Tempo der Bilderfolge geängstigt wird?
aw 3800	Zieht Ihr Kind sich ängstlich vor neuartigen optischen Eindrücken zurück?
	Kennt es nicht die übliche kindliche Neugier, sondern geht es primär in Abwehr?
bw 0000	**Wahrnehmungsstörungen im auditiven Bereich (Hören)**

bw 1000	**Phase 1: Reizblockierung**
bw 1100	Ist Ihr Kind manchmal über die Sprache überhaupt nicht erreichbar?
	Wirkt es zuweilen wie taub?
	Landen auch laute Geräusche und Töne dann nicht bei ihm?
bw 1200	Haben Sie zuweilen den Eindruck, daß Ihr Kind in sich hineinlauscht und dort etwas wahrnimmt, was Sie nicht registrieren können?
	Haben Sie bei Ihrem Kind schon Reaktionen erlebt, die Sie bei allem guten Willen nun wirklich nicht mehr verstehen konnten?
	Beginnt es beispielsweise nach dem Aufwachen ohne ersichtlichen Grund angstvoll zu schreien?
	Oder beginnt es ohne ersichtlichen Grund plötzlich zu lachen?
bw 2000	**Phase 2: Reizhunger**
bw 2100	Haben Sie schon einmal den Verdacht gehabt, daß Ihr Kind durch mechanische Reizung seine akustischen Eindrücke stimulieren möchte? (Durch Ohrenbohren, rhythmisches Schlagen auf die Ohren?)
	Atmet es zuweilen zwanghaft und macht dabei den Eindruck, als lausche es diesem Geräusch?
bw 2200	Fühlt Ihr Kind sich so richtig wohl, wenn es von einer „Lärmhülle" umgeben ist?
	Liebt es Geräuschkulissen? (Laute Radiomusik, Verkehrslärm, Meeresrauschen?)
	Ist es am friedlichsten, wenn es selbst „Krach" erzeugt, entweder mit Gegenständen oder mit seiner eigenen Stimme?
bw 2250	Hat Ihr Kind eine besondere Vorliebe für Spielzeug, mit dem man hohe Quietschtöne erzeugen kann?
	Oder helles Glockengeklingel?
	Oder schrille Pfeiftöne?
bw 2300	Hält Ihr Kind sich am liebsten in der Küche oder im Bad auf? (Schallreflexion durch die Kacheln?)

	Ist es angetan von den Geräuschen, die beim Betätigen des Wasserhahnes entstehen?	☐☐☐☐☐
	Oder bei der Betätigung der Toilettenspülung?	☐☐☐☐☐
bw 2400	Sitzt Ihr Kind oft andächtig lauschend vor der Waschmaschine oder Spülmaschine?	☐☐☐☐☐
	Ist es begeistert vom Röhren des Staubsaugers, vom Geräusch des Mixers?	☐☐☐☐☐
	Legt es zuweilen sein Ohr an die vibrierende Oberfläche eines elektrischen Haushaltsgerätes, um mehr über die Geräuschqualität zu erfahren?	☐☐☐☐☐
bw 2500	Beklopft Ihr Kind gern Möbelstücke oder andere Gegenstände und lauscht dabei auf die Klangreflexion?	☐☐☐☐☐
	Wiederholt es diese Handlungen mit unermüdlicher Ausdauer?	☐☐☐☐☐
bw 2600	Gerät Ihr Kind bei plötzlich auftretenden lauten Fremdgeräuschen in freudige Begeisterung?	☐☐☐☐☐
	Bei Sirenengeheul, Feuerwehr, Peterwagen?	☐☐☐☐☐
	Bei Hundegebell oder krachendem Donner?	☐☐☐☐☐
bw 2700	Zerstört Ihr Kind gern Spielzeug, mit dem es Geräusche erzeugen kann?	☐☐☐☐☐
	Tut es das möglicherweise deshalb, weil es hinter das Geheimnis der Tonerzeugung kommen möchte?	☐☐☐☐☐
bw 2800	Reagiert Ihr Kind auffallend oft verzögert oder gar nicht auf Ansprache, wenn es anderweitig mit der Lösung eines Problems beschäftigt ist?	☐☐☐☐☐
	Sind Sie ernsthaft im Zweifel, ob es nun nicht hören kann oder nicht hören will?	☐☐☐☐☐
	Reagiert es auch dann nicht, wenn Sie ihm ein verlockendes Angebot machen, von dem Sie genau wissen, daß Ihr Kind daran interessiert ist?	☐☐☐☐☐
bw 2850	Hat Ihr Kind ein erstaunlich gutes Gedächtnis für etwas ausgefallene Formulierungen und Redewendungen?	☐☐☐☐☐
	Schnappt es einige Gesprächsfetzen auf, um sie dann, nicht immer ganz situationsgerecht, an den Mann zu bringen?	☐☐☐☐☐

	Hat es ein verblüffendes Repertoire an Schimpfworten, so daß Sie sich zuweilen fragen müssen, wo es diese nur alle aufgefangen hat?
bw 2900	Bewegt Ihr Kind sich auf die Schallquelle zu, wenn es die Möglichkeit dazu hat?
	Ist es immer bemüht, seine akustischen Eindrücke genauer zu erfassen?
bw 3000	**Phase 3: Reizüberflutung**
bw 3100	Zieht Ihr Kind sich gerne in eine ruhige Ecke des Raumes zurück, wenn Sie Besuch bekommen oder die Familie allzu geräuschvoll wird?
	Verzieht es sich in einem solchen Fall lieber auf sein Zimmer?
bw 3200	Reagiert Ihr Kind auffallend empfindlich auf Fremdgeräusche?
	Hat es Schwierigkeiten, diese einzuordnen, zu „erkennen"?
	Lauscht es andererseits eifrig den Geräuschen, die es selbst hervorbringt – auch wenn es sich dabei um ohrenbetäubenden Krach handelt? (Hier hat es ja keine Schwierigkeit mit der Einordnung, weil es die Herkunft der Geräusche kennt.)
bw 3300	Vermeidet es nach Möglichkeit den Aufenthalt in Küche und Bad?
	Ist es erschreckt, wenn der Wasserhahn aufgedreht wird?
	Die Toilettenspülung benutzt wird?
bw 3400	Gerät Ihr Kind in ängstliche Abwehr, wenn elektrisch betriebene Haushaltsmaschinen angestellt werden?
	Macht es „einen Bogen" um den Staubsauger?
	Hält es sich die Ohren zu?
bw 3500	Haben Sie es schon erlebt, daß Ihr Kind beim Überschreiten seiner Toleranzgrenze im akustischen Bereich von einem Augenblick zum anderen „abschaltet" und dann plötzlich wie taub wirkt?
bw 3600	Gerät Ihr Kind bei plötzlich auftretenden lauten Fremdgeräuschen zuweilen in panische Angstzustände?

	Plötzliches lautes Lachen eines Familienmitgliedes?
	Hundegebell? Das Brüllen einer Kuh?
	Die erhobene Stimme beim Erteilen eines Verweises?
bw 3700	Reagiert Ihr Kind mit zitternder Angst, wenn Sie unvorbereitet mit dem Auto plötzlich durch einen Tunnel fahren?
	Oder wenn Sirenengeheul ertönt? Feuerwehr? Peterwagen? Donner?
bw 3800	Zeigt Ihr Kind sich durch monotone Dauergeräusche irritiert?
	Wird es durch Radiomusik als Geräuschkulisse gestört?
	Empfindet es sogar das Plätschern eines Brunnens oder das Rauschen des Meeres als Belästigung?
bw 3900	Wird Ihr Kind ängstlich und unsicher, wenn der erste Schnee gefallen ist?
	Kann es die Veränderung der Klangfarbe in seiner Umwelt nicht richtig deuten?
bw 4000	Bewegt Ihr Kind sich lieber von einer Tonquelle weg, wenn es dazu die Möglichkeit hat?
	Hält es sich häufiger die Ohren zu?
cw 0000	**Wahrnehmungsstörungen im taktilen Bereich (Fühlen)**
cw 1000	**Hautsensibilität**
cw 100	**Phase 1: Reizblockierung**
cw 1110	Können Sie sich erinnern, ob Ihr Kind im Säuglingsalter beim Baden erstaunlich ruhig blieb?
	Aalt es sich – auch jetzt noch – lediglich im körperwarmen Wasser?
	Vermissen Sie das fröhliche Herumplantschen?
cw 1120	Sind Sie zuweilen erstaunt, daß Ihr Kind auf Ihre Bemühungen beim Wickeln so wenig reagiert?
	Strampelt es nicht wie üblich vergnügt herum, wenn es unbekleidet auf dem Wickeltisch liegt?
cw 1130	Konnten Sie bei Ihrem Kind schon einmal beobachten, daß es an manchen Körperpartien ohne ersichtlichen Grund eine „Gänsehaut" bekam?

	Oder daß sich die feinen Härchen seiner Haut sträubten?	
cw 1140	Sind Sie zuweilen beunruhigt darüber, daß Ihr Kind über seine Haut nichts wahrzunehmen scheint?	
	Ist es unempfindlich gegen Schmerzen?	
	Gegen Wärme und Kälte?	
	Scheint es nicht zu spüren, ob seine Haut naß oder trocken ist?	
cw 1150	Hat Ihr Kind sich schon einmal Verletzungen zugezogen (oder Brandblasen) ohne mit der Wimper zu zucken?	
	Bleibt es in solchen Situationen erstaunlich gelassen?	
	Zieht es auch keine Lehre aus einem solchen Mißgeschick?	
	Wird es nicht durch „Schaden klug"?	
cw 1200	**Phase 2: Reizhunger**	
cw 1210	Kann Ihr Kind vom „Knuddeln" und Herumbalgen gar nicht genug bekommen? Ist es darin schier unersättlich?	
	Wird es immer begeisterter, je „ruppiger" es dabei zugeht? Ist es erstaunlich „hart im Nehmen"?	
cw 1220	Neigt Ihr Kind dazu, verschorfte Wunden immer wieder aufzukratzen?	
	Zupft es gerne gedankenverloren an bestimmten Hautstellen?	
	Oder macht es Wischbewegungen?	
cw 1230	Neigt Ihr Kind zu Eigenaggressionen?	
	Reißt es sich die Haare aus?	
	Schlägt es sich an die Wangen? Auf die Hände?	
	Beißt es sich selbst?	
	Oder schlägt es stundenlang seinen Kopf gegen eine Wand?	
cw 1240	Hat Ihr Kind sich schon einmal bewußt eine Verletzung zugefügt?	
	Zeigte es dabei keine Schmerzreaktionen, sondern eher Befriedigung?	

Schaut es voll Interesse zu, wenn aus einer selbst gesetzten Wunde das Blut hervorquillt?

Wiederholt es solche Handlungen, sobald sich ihm dazu die Gelegenheit bietet?

Haben Sie den Eindruck, daß es den Schmerz spüren **will**?

cw 1300 **Phase 3: Reizüberflutung**

cw 1310 Aalt Ihr Kind sich gern im körperwarmen Wasser?

Leistet es jedoch heftigen Widerstand in dem Augenblick, wo Sie es waschen wollen?

Geht es beim Abduschen in ängstliche Abwehr?

Setzt es sich auch beim Abtrocknen nach dem Baden heftig zur Wehr?

Ist das Waschen der Haare angstbesetzt?

Wird das Abspülen nach der Haarwäsche zu einer Dompteurleistung für Sie?

cw 1320 Gerät Ihr Kind in ängstliche Abwehr, wenn Sie ihm die Finger- oder Fußnägel schneiden wollen?

Setzt es auch dem Schneiden seiner Haare erheblichen Widerstand entgegen?

cw 1330 Ist Ihr Kind erstaunlich empfindlich gegen Hitze oder Kälte? Klagt es darüber, daß es schwitzt oder friert, selbst wenn alle anderen Familienmitglieder sich behaglich fühlen?

cw 1340 Setzt Ihr Kind sich zur Wehr, wenn Sie es morgens anziehen wollen?

Lehnt es bestimmte Kleidungsstücke beharrlich ab, weil sie angeblich „kratzen"? Oder „jucken"?

cw 1350 Gerät Ihr Kind in angstvolle Abwehr, wenn es unvermutet umarmt oder liebkost wird?

Setzt es sich gegen die Behandlung der Krankengymnastin energisch zur Wehr?

cw 1360 Sind Sie zuweilen erstaunt darüber, wie klaglos Ihr Kind Hautreize erträgt, die es an sich selbst setzt?

Wie empfindlich es andererseits auf Fremdberührung reagiert?

cw 2000	**Tastsinn der Hände**
cw 2100	**Phase 1: Reizblockierung**
cw 2110	Sind Sie zuweilen beunruhigt darüber, daß Ihr Kind nicht nach einem angebotenen Spielzeug greift?
	Zeigt es nicht die erwartete Neugierde?
	Hatten Sie deshalb schon einmal Sorge, ob es die Bewegung vielleicht nicht durchführen kann? Oder nicht sieht?
cw 2120	Haben Sie den Eindruck, daß der Tastsinn Ihres Kindes gestört ist?
	Spürt es Ihre Berührungen nicht?
	Scheint es unempfindlich gegen Schmerzen zu sein?
	Reagiert es weder auf Kälte noch auf Wärme mit der **erwarteten** Abwehr?
cw 2130	Greift Ihr Kind unbedenklich nach spitzen und scharfen oder auch stacheligen Gegenständen?
	Hat es sich hierbei schon einmal Verletzungen zugezogen?
	Nimmt es diese erstaunlich gelassen hin und wiederholt die Handlung, sobald sich ihm die Gelegenheit dazu bietet? Wird es nicht „durch Schaden klug"?
cw 2200	**Phase 2: Reizhunger**
cw 2210	Haben Sie den Eindruck, daß Ihr Kind sich bewußt Schmerzen im Bereich seiner Hände zufügt? Strebt es den Schmerz geradezu an?
	Beißt es in seine Hände, so daß sie von Narben bedeckt sind? Können Sie es an der Wiederholung nicht hindern?
	Sticht es in seine Hände oder fügt sich Schnittwunden zu, sobald es dazu Gelegenheit hat?
	Ist es befriedigt, wenn das Blut hervorquillt und schaut interessiert auf seine Wunde?
cw 2220	Hat Ihr Kind sich schon einmal Brandblasen an den Händen zugezogen, ohne mit der Wimper zu zukken?
	Wiederholt es diese Handlung provokatorisch, sobald es Gelegenheit dazu hat?

	Scheint es den dadurch entstehenden „Schmerz" geradezu herbeizusehnen?
cw 2300	**Phase 3: Reizüberflutung**
cw 2310	Geht Ihr Kind in ängstliche Abwehr, wenn Sie ihm ein neues Spielzeug anbieten?
	Greift es vielleicht deshalb nicht danach, weil es sich vor der Berührung fürchtet?
	Befühlt und untersucht es die ergriffenen Gegenstände nicht? Entwickelt es keine Neugierde?
cw 2320	Sind oder waren Sie beunruhigt darüber, daß Ihr Kind seine Hände nicht zum seitlichen Abstützen benutzt, um die Balance-Probleme beim Erlernen des Sitzens aufzufangen?
	Benutzt es dafür die Innenfläche der Handgelenke?
cw 2330	Setzt Ihr Kind beim Robben oder Kriechen nicht seine Hände zur Fortbewegung mit ein?
	Benutzt es dafür seine Ellenbogen?
	Oder die Innenflächen seiner Handgelenke?
cw 2340	Beschränkt Ihr Kind sich darauf, vertraute Gegenstände zu berühren (z.B. die Kacheln im Bad, die Stäbe seines Gitterbettchens)?
	Streckt es beim Hinfallen nicht schützend seine Arme nach vorn, um sich dadurch abzufangen?
	Ist es schon mehrfach auf sein Gesicht gefallen?
cw 3000	**Tastsinn von Lippen, Zunge und Mundschleimhaut**
cw 3100	**Phase 1: Reizblockierung**
cw 3110	Löst die Berührung der Mundregion bei Ihrem Kind keine Reaktionen aus?
	Macht es keine Suchbewegungen, wenn Sie mit Ihrem Finger oder dem Sauger an seine Lippen kommen?
	Reagiert es nicht mit Saugbewegungen, wenn Sie Ihren Finger in seinen Mund stecken? Bleibt es unbeteiligt?
cw 3120	Bleibt es auch bei der Nahrungsaufnahme gelassen?

	Läßt es die Nahrung beinahe unbeteiligt in sich hineinlaufen?	☐☐☐☐☐
	Lutscht es weder an seinen Fingern noch an seinem Handrücken?	☐☐☐☐☐
cw 3130	Führt Ihr Kind ergriffene Gegenstände nicht an den Mund?	☐☐☐☐☐
	Befühlt es sie nicht mit den Lippen?	☐☐☐☐☐
	Beleckt es sie nicht mit der Zunge?	☐☐☐☐☐
cw 3200	**Phase 2: Reizhunger**	
cw 3210	Stopft Ihr Kind ergriffene Gegenstände beängstigend weit in den Mund?	☐☐☐☐☐
	Entsteht dabei zuweilen ein Würgereiz?	☐☐☐☐☐
cw 3220	Kaut Ihr Kind gerne auf Bändern herum?	☐☐☐☐☐
	Zieht es sich diese in stereotyper Weise immer wieder durch seinen Mund?	☐☐☐☐☐
cw 3230	Ist es von einer Art „Beißwut" befallen? Nagt es an Möbelkanten herum?	☐☐☐☐☐
	An den Kanten der Treppenstufen?	☐☐☐☐☐
	Hinterlassen seine Zähnchen dabei Abdrücke?	☐☐☐☐☐
cw 3240	Beleckt Ihr Kind alle Gegenstände intensiv mit seiner Zunge?	☐☐☐☐☐
	Hat es sich dabei schon einmal eine Verletzung zugezogen?	☐☐☐☐☐
	Beißt es auf seine Zunge, so daß es blutet?	☐☐☐☐☐
	Beißt es in seine Wangenschleimhaut?	☐☐☐☐☐
cw 3250	Schlingt Ihr Kind die Nahrung ungekaut herunter?	☐☐☐☐☐
	Werden auch größere Brocken heruntergeschlungen, so daß zuweilen ein Würgereiz entsteht?	☐☐☐☐☐
cw 3300	**Phase 3: Reizüberflutung**	
cw 3310	Lehnt Ihr Kind es ängstlich ab, einen neuartigen Gegenstand an seine Lippen zu führen?	☐☐☐☐☐
	Beleckt es die ergriffenen Gegenstände nicht, sondern geht in Abwehr, wenn es Fremdreize im Mundbereich spürt?	☐☐☐☐☐

	Wendet es sich ungnädig ab, wenn Sie mit dem Finger seinen Mund berühren?	☐☐☐☐☐
	Wehrt es sich erschrocken, wenn es „Küßchen" geben soll?	☐☐☐☐☐
cw 3320	Ist Ihr Kind auf eine bestimmte Konsistenz der Nahrung fixiert?	☐☐☐☐☐
	Ißt es nur fein pürierte Kost?	☐☐☐☐☐
	Spuckt es jeden kleinsten Krümel in seinem Brei umgehend wieder aus?	☐☐☐☐☐
	Kommt es ihm weniger auf den Geschmack der Nahrung an, als auf die glatte, breiige Konsistenz?	☐☐☐☐☐
cw 3330	Gerät Ihr Kind bereits in ängstliche Abwehr, wenn Sie es auffordern, seinen Mund zu öffnen?	☐☐☐☐☐
	Wird es von Panik ergriffen, sobald Sie ihm die Zähne putzen wollen?	☐☐☐☐☐
dw 0000	**Wahrnehmungsstörungen im gustatorischen Bereich (Schmecken)**	
dw 1000	**Phase 1: Reizblockierung**	
dw 1100	Können Sie bei der Nahrungsaufnahme Ihres Kindes weder Vorlieben noch Abneigungen erkennen?	☐☐☐☐☐
	Ist ihm völlig gleichgültig, wovon es satt wird?	☐☐☐☐☐
	Schlingt es die Speisen ungekaut herunter?	☐☐☐☐☐
dw 1200	Ist es schon einmal vorgekommen, daß es Dinge gegessen oder getrunken hat, die ungenießbar sind?	☐☐☐☐☐
	Hat es sich dadurch schon einmal selbst gefährdet?	☐☐☐☐☐
dw 1300	Zeigt Ihr Kind an seinen Ausscheidungen mehr Interesse, als Ihnen lieb ist?	☐☐☐☐☐
	Hat es schon einmal versucht, seinen Kot zu essen?	☐☐☐☐☐
	Seinen Urin zu trinken?	☐☐☐☐☐
dw 1400	Bemerken Sie zuweilen bei Ihrem Kind schmatzende Geräusche, als wenn es sich mit der Nahrungsaufnahme beschäftigt?	☐☐☐☐☐
	Waren Sie irritiert, weil es für Ihr Kind gar nichts zum „Schmatzen" gab?	☐☐☐☐☐

	Macht Ihr Kind Leckbewegungen an den Lippen, ohne daß Sie etwas zum „Ablecken" bemerken können?
dw 2000	**Phase 2: Reizhunger**
dw 2100	Entwickelt Ihr Kind einen Appetit, der fast beängstigend ist?
	Ist ihm das Gefühl für Sättigung offenbar unbekannt?
	Ißt es ungebremst weiter, solange es noch etwas Eßbares auf dem Tisch entdeckt?
dw 2200	Konnten Sie schon einmal beobachten, daß es die Speisen wieder hochwürgt?
	Hatten Sie dabei den Eindruck, daß es sich nicht um eine Form des Erbrechens handelt, sondern daß dies geschieht, um erneut eine Empfindung des Geschmackssinnes zu provozieren?
dw 2300	Saugt Ihr Kind zuweilen hingegeben an seiner Zunge?
	Oder an seiner Wangenschleimhaut?
	Wirkt es in solchen Phasen beinahe „weltentrückt"?
dw 2400	Waren Sie schon einmal beunruhigt, weil es händevoll Sand verspeist?
	Läßt es sich durch nichts davon abbringen?
dw 3000	**Phase 3: Reizüberflutung**
dw 3100	Lehnt Ihr Kind neue Gerichte zunächst einmal angstvoll und konsequent ab?
	Ist es auch durch Überreden nicht dazu zu bringen, wenigstens einmal zu probieren?
	Ist es ein „mäkeliger Esser"?
dw 3200	Lehnt Ihr Kind „deftige Hausmannskost" ab?
	Ist es auch an den üblichen Süßigkeiten für Kinder nicht interessiert?
	Hält es sich lieber an milde Puddings?
dw 3300	Erträgt Ihr Kind nur eine geringe Variationsbreite in seiner Nahrung?
	Könnten Sie ihm jahraus-jahrein dieselbe „labbrige" Kost vorsetzen?

dw 3400	Setzt es dem Kauen fester Nahrung Widerstand entgegen?	☐☐☐☐☐
	Macht es zuweilen den Eindruck, als sei es ängstlich darauf bedacht, möglichst wenig zu schmecken?	☐☐☐☐☐
ew 0000	**Wahrnehmungsstörungen im olfaktorischen Bereich (Riechen)**	
ew 1000	**Phase 1: Reizblockierung**	
ew 1100	Stellen Sie bei Ihrem Kind selbst bei starker Geruchsbelästigung keinerlei Reaktionen fest?	☐☐☐☐☐
	Werden selbst Salmiak, Aceton, Baldrian und Zwiebeln überhaupt nicht wahrgenommen?	☐☐☐☐☐
	Hat es von ätzenden Flüssigkeiten schon einmal getrunken, weil es den warnenden Geruch nicht wahrnahm?	☐☐☐☐☐
ew 1200	Haben Sie zuweilen den Eindruck, als sei Ihr Kind fast nur noch mit dem Registrieren seiner Geruchswahrnehmungen beschäftigt, ohne daß Sie selbst jedoch einen Geruch bemerken können?	☐☐☐☐☐
ew 2000	**Phase 2: Reizhunger**	
ew 2100	Hat Ihr Kind eine Vorliebe für starke Gerüche?	☐☐☐☐☐
	Scheint es einen penetranten Geruch geradezu zu genießen, weil es nun endlich auch einmal etwas über den Geruchssinn wahrnehmen kann?	☐☐☐☐☐
ew 2200	Geht es anscheinend ständig auf neue Entdeckungen in diesem Bereich aus?	☐☐☐☐☐
	„Beschnubbert" es beispielsweise seine Hand, wenn es einen Fremden durch Handreichen begrüßt hat?	☐☐☐☐☐
ew 2300	Ist Ihr Kind am Geruch seiner Ausscheidungen mehr interessiert, als Ihnen lieb ist?	☐☐☐☐☐
	Hat es schon einmal mit seinem Kot und seinem Urin herumgeschmiert?	☐☐☐☐☐
	Vergißt es nach dem Absetzen seines Stuhlganges gern das Aufziehen der Toilette, weil es noch etwas länger in den Genuß dieses Geruchs kommen möchte?	☐☐☐☐☐
ew 2400	Neigt Ihr Kind dazu, sehr rasch durch die Nase zu atmen, als wolle es den Versuch machen, die Wege frei zu bekommen und so mehr über die Welt des Geruchs zu erfahren?	☐☐☐☐☐

	Beleckt es hin und wieder seine Hände, um anschließend daran zu „schnuppern"?	☐☐☐☐☐
ew 2500	Hält Ihr Kind häufiger seine Hand über den Mund- und Nasenbereich und haucht hinein, um den Geruch seines Atems wahrzunehmen?	☐☐☐☐☐
ew 2600	Wird Ihr Kind bei einer Schwellung seiner Nasenschleimhaut (einem Schnupfen) völlig unleidlich?	☐☐☐☐☐
	Haben Sie den Eindruck, daß es sich dabei betrogen fühlt, weil es nun überhaupt nichts mehr über den Geruch wahrnimmt?	☐☐☐☐☐
ew 3000	**Phase 3: Reizüberflutung**	
ew 3100	Weigert Ihr Kind sich hartnäckig, stark duftende Speisen auch nur zu kosten, weil schon der Geruch angstvolle Abwehr bei ihm auslöst?	☐☐☐☐☐
ew 3200	Zeigt Ihr Kind sich von stärkeren Küchendünsten deutlich irritiert?	☐☐☐☐☐
	Verläßt es fluchtartig die Küche, wenn beispielsweise Fisch zubereitet wird?	☐☐☐☐☐
	Oder hält es sich die Nase zu?	
	Oder stopft es sich kleine Gegenstände in die Nase, weil es sich davon die Wirkung eines Korkens erhofft?	☐☐☐☐☐
ew 3300	Lehnt Ihr Kind manche Menschen spontan und konsequent ab, weil es ihren spezifischen Geruch offenbar nicht erträgt?	☐☐☐☐☐
	Wehrt es sich gegen jeden Annäherungsversuch dieser Menschen und gerät dabei in eine panische Abwehrhaltung?	☐☐☐☐☐
ew 3400	Hält Ihr Kind seinen Kot und Urin oft ängstlich zurück?	☐☐☐☐☐
	Ekelt es sich möglicherweise vor sich selbst, weil es den Geruch seiner Ausscheidungen nicht ertragen kann?	☐☐☐☐☐
	Hat es schon einmal versucht, sich dieser „peinlichen Sache" zu entledigen, indem es sich verkriecht?	☐☐☐☐☐

Anmerkung:
Vorschläge, die der Linderung bzw. der Überwindung der Wahrnehmungsstörungen dienen sollen, finden sich jeweils am Ende der Tabellen für das Training der einzelnen Sinnesorgane. Wenn beispielsweise bei einem Kind mit Reizhunger im visuellen Bereich die Frage aw 2600 positiv beantwortet werden muß, findet sich am Ende der Tabelle zum Training der optischen Wahrnehmung unter aw 2600 ein Hinweis, wie die Lösung dieses Problems angegangen werden könnte. Unter aw 2610 und aw 2620 sind zusätzliche Hilfsmaßnahmen aufgeführt.

Um die Wahrnehmungsstörungen schon in ihren ersten Anfängen möglichst in den Griff zu bekommen, sind noch viele gute Einfälle und geschickte pädagogische Kunstgriffe erforderlich. Bisher stellen die Fragebögen und die Antworten darauf lediglich eine Art Gerüst dar, das noch differenzierter ausgefeilt werden sollte. Es läßt sich jedoch schon mit diesem Gerüst recht gut arbeiten. Nur ließen sich leider Wiederholungen bei dieser Art des Aufbaues nicht immer vermeiden.

Deckblatt für die Akte

Name: _____

genannt: _____

Vorname: _____

geb.: _____ wohnhaft: _____

PLZ _____ bei: _____

Vater

Name: _____ wohnhaft: _____

Vorname: _____ PLZ _____ Tel.: _____

Mutter:

Name: _____ wohnhaft: _____

Vorname: _____ PLZ _____ Tel.: _____

Wer wird das Kind vorstellen:

Name: _____

Anschrift: _____

Telefon: _____

Fotokopie des Berichtes an:

                              Datum   Bemerkungen

Erstberatung: _____

Neue Beratung: _____

Innenblatt für die Akte

Name: _____

genannt: _____

Vorname: _____

geb.: _____

Vater

Name: _____

Vorname: _____

Beruf: _____ Alter: _____

Mutter:

Name: _____

Vorname: _____

Alter: _____ Beruf: _____ berufstätig: _____

Steht das Kind unter ärztlicher Betreuung?

Bei wem? _____

Anschrift: _____ Tel.: _____

Sind die Sorgeberechtigten damit einverstanden, daß die bisher erhobenen ärztlichen Befunde dem Arzt der Beratungsstelle zur Verfügung gestellt und mit den Team-Mitgliedern besprochen werden, soweit dies zum Verständnis des Kindes notwendig ist? Ja ☐ / Nein ☐

_____
Unterschrift des Sorgeberechtigten

Umweltverhältnisse:

Geschwister: _____ tes Kind von _____

Alter und Name(n) der Geschwister: _____

Wo spielt das Kind? _____

Wer betreut es? _____

Innenblatt für die Akte

Weitere Angaben über die Umwelt des Kindes:

Schwangerschaftsverlauf:

Geburt:

Auffälligkeiten im Säuglingsalter:
(s. Bericht Dr.)

Auffälligkeiten im Kleinkindesalter:

Grund der Beratung:

Lockere Zusammenfassung der wesentlichen Punkte aus Elterngespräch und Spielbeobachtung

Name: _____

Vorname: _____

Datum: _____

Gespräch mit Eltern:	Beobachtungen im Spiel:

ao 0000 **A. Training der Sinnesorgane**

aa 0000 **1. Optische Wahrnehmung (Sehen)**

aa 1000 Genaues Sehen und Hinsehen ist eine Voraussetzung für die Weiterentwicklung im Handgeschick

aa 8010 Text der individuellen Einfügung

ab 0000 **1.1. Die Analyse des Entwicklungsgitters ergibt:**

ab 0100 **Ausfälle**

ab 0020 **Unsicherheiten**

ab 0300 **Anzustrebende neue Fertigkeiten**

ab 0050	keine		
ab 0100	Folgt bewegtem Objekt		1M
ab 0200	Blickt ins Gesicht		2M
ab 0300	Sieht Wegbewegtem nach		3M
ab 0400	Betrachtet Ding in Hand		4M
ab 0500	Sieht Rosine auf Tisch		5M
ab 0600	Richtet Augen parallel		6M
ab 0700	Verfolgt gehende Person		7M
ab 0800	Sieht Hingefallenem nach		8M
ab 0900	Betatscht Spiegelbild		9M
ab 1000	Beobachtet seine Hände		10M
ab 1100	Erkennt sein Fläschchen		11M
ab 1200	Findet verdecktes Ding	1J	
ab 1300	Bevorzugt ein Spielzeug	1J	1M
ab 1400	Kennt Eltern und Geschwister	1J	2M
ab 1500	Sieht rollendem Ball nach	1J	3M
ab 1600	Betrachtet sich im Spiegel	1J	4M
ab 1700	Besieht gern Bilderbuch	1J	5M
ab 1800	Erkennt Person von weit	1J	6M
ab 1900	Ordnet Ding zum Ding	1J	7M
ab 2000	Schüttelt Kopf als nein	1J	8M
ab 2100	Sieht beim Turmbau zu	1J	9M
ab 2200	Findet ausgetauschte Dose	1J	10M
ab 2300	Zeigt Körperteil an Puppe	1J	11M
ab 2400	Ordnet 2 Dinge zum Bild	2J	
ab 2500	Ordnet 2 Größen zu	2J	1M
ab 2600	Ordnet 2 Farben zu	2J	2M
ab 2700	Ordnet 2 Formen zu	2J	3M
ab 2800	Kennt Nachbarn und Besuch	2J	4M
ab 2900	Sortiert Löffel und Gabeln	2J	5M
ab 3000	Sortiert 2 P. Lottobilder	2J	6M
ab 3100	Kennt seine Kleidung	2J	7M
ab 3200	Sortiert Tee- und Eßlöffel	2J	8M
ab 3300	Findet 2 versteckte Dinge	2J	9M

ab 3400	Erkennt Orte wieder	2J	10M
ab 3500	Erkennt Tätigkeit im Bild	2J	11M
ab 3600	Unterscheidet 1 und viel	3J	
ab 3700	Sortiert Grundfarben	3J	1M
ab 3800	Sortiert 3 Längen	3J	2M
ab 3900	Sortiert 5 P. Lottobilder	3J	3M
ab 4000	Räumt 5 Hohlwürfel ein	3J	4M
ab 4100	Setzt 5 Formen ein	3J	5M
ab 4200	Orientiert sich draußen	3J	6M
ab 4300	Sortiert Autos und Tiere	3J	7M
ab 4400	Ordnet Menge 2 optisch zu	3J	8M
ab 4500	Findet 3 versteckte Dinge	3J	9M
ab 4600	Erkennt Junge und Mädchen	3J	10M
ab 4700	Ordnet Detail zum Ganzen	3J	11M
ab 4800	Puzzle aus 2 Teilen	4J	
ab 4900	Ordnet 4 Tierpaare	4J	2M
ab 5000	Erkennt Verkleinerung	4J	4M
ab 5100	Imitiert Beiddaumenstreckung	4J	6M
ab 5200	Sortiert 3 Oberbegriffe	4J	8M
ab 5300	Setzt 10 Formen ein	4J	10M
ab 5400	Ordnet 3 Mannteile zu	5J	
ab 5500	Kennt 2 Münzen	5J	2M
ab 5600	Vervollständigt Muster	5J	4M
ab 5700	Ordnet 4 Tierköpfe zu	5J	6M
ab 5800	Sortiert Längen 4 und 5 cm	5J	8M
ab 5900	Ordnet Menge 3 zu	5J	10M
ab 6000	Ordnet 10 Größen	6J	
ab 6100	Unterscheidet Gleiches und Ähnliches	6J	2M
ab 6200	Bemerkt Fehlendes auf Abbildungen	6J	4M
ab 6300	Imitiert V-Stellung der Finger	6J	6M
ab 6400	Erfaßt Handlungsfolgen auf Bildern	6J	8M
ab 6500	Findet Kategorienfremdes	6J	10M
ab 6600	Erkennt Sinnwidriges	7J	
ab 6700	Kennt die Uhr	7J	2M
ab 6800	Ergänzt Menge auf 10	7J	4M
ab 6900	Ordnet 5 Handlungsfolgen	7J	6M

ac 0000 **1.2. Trainingsprogramm für die optische Wahrnehmung**

(Die mit *** versehenen Vorschläge sind als Hilfsmaßnahmen gedacht, um die im Entwicklungsgitter angegebenen Ziele zu erreichen.)

ac 0100 Halten Sie einen kleinen roten Ball von 5-7 cm Durchmesser (oder eine rote Wolltroddel) in etwa 30-50 cm Entfernung von Ihrem Kind in sein Blickfeld, schütteln Sie den Gegenstand, um seine Aufmerksamkeit zu erringen und bewegen Sie ihn langsam waagerecht

	nach rechts und nach links bis etwa 45 Grad von der Mittellinie. Folgt Ihr Kind dem Gegenstand mit den Augen? Betrachtet es ihn für 2-3 Sekunden interessiert?
ac 0200	Nähern Sie sich dem Gesicht Ihres Kindes bis auf etwa 30 cm Entfernung, jedoch ohne es anzusprechen. Sie können den Kopf dabei bewegen und es anlächeln, sollten es aber nicht durch akustische Reize ablenken. Nimmt Ihr Kind Ihr Gesicht wahr? Betrachtet es Sie für 2-3 Sekunden? Können Sie einen „Blickkontakt" herstellen?
ac 0210	***Behängen Sie die Seiten des Kinderbettchens mit farbigen Tüchern (z.B. rotes und grünes Handtuch, orange und blaufarbiger Waschlappen). Wechseln Sie den Ort des Aufhängens hin und wieder, damit Ihr Kind die farbliche Veränderung registrieren kann.
ac 0220	***Hängen Sie ein buntes Mobile (am besten aus Metallfolie) über das Bettchen Ihres Kindes. Es wird die sanften Bewegungen verfolgen und hat immer etwas zum Schauen.
ac 0230	***Tragen Sie Ihr Kind häufiger im Zimmer herum, damit es umherblicken kann.
ac 0231	***Ziehen Sie ihm farbige Jäckchen an, beziehen sein Bettchen mit farbiger Bettwäsche.
ac 0232	*** Wählen Sie zum Ausfahren einen Kinderwagen mit Fenstern und legen Sie Ihr Kind auf den Bauch, damit es hinausschauen kann.
ac 0240	***Wenn es möglich ist, fahren Sie beim Spaziergang oder Einkaufsgang mit dem Kind unter Bäumen entlang.
ac 0300	Halten Sie einen kleinen roten Ball oder einen Bauklotz in etwa 30 cm Entfernung von Ihrem Kind und erwecken durch Bewegung seine Aufmerksamkeit. Führen Sie diesen Gegenstand langsam vom Kind weg bis zu etwa 60 cm Entfernung. Verfolgt es die Bewegung mit seinen Augen? Blickt es dem Gegenstand nach?
ac 0310	***Führen Sie mit einem bunten Spielzeug kreisende Bewegungen in 40-60 cm Abstand vor den Augen Ihres Kindes aus. Vergrößern Sie die Entfernung: kann es die Bewegungen verfolgen? Auch, wenn die Entfernung sich vergrößert?
ac 0400	Geben Sie Ihrem Kind einer leuchtend roten Ball oder eine Wolltroddel in sein Händchen und beobachten Sie, ob es den Gegenstand betrachtet, wenn er in sein Blickfeld gerät. Sie dürfen ihm helfen, den Gegenstand festzuhalten und vor seine Augen zu bringen, sollten aber keine Geräusche erzeugen, um es nicht abzulenken. Betrachtet Ihr Kind den Gegenstand in seiner Hand etwa 2-3 Sekunden lang?

ac 0410	***Geben Sie Ihrem Kind im Kinderbettchen oder Wagen etwas zum Anschauen als Anregung zum Greifen: z.B. Klimbim von Kiddikraft, verschiedene Rasseln in bunten Farben.
ac 0500	Nehmen Sie Ihr Kind auf den Schoß und setzen sich mit ihm an einen Tisch. Nun bitten Sie eine weitere Person (Vater, Oma) eine Rosine im Blickfeld des Kindes auf ein weißes Tischtuch oder ein weißes Stück Papier fallen zu lassen. Betrachtet Ihr Kind die Rosine? Sie dürfen sie ein paarmal mit den Fingern wegschnippen, um seine Aufmerksamkeit zu erregen, sollten aber die Hand rasch wieder zurücknehmen, damit die zweite Person erkennen kann, wohin der Blick Ihres Kindes gerichtet ist. Schaut es die Rosine für 2-3 Sekunden an?
ac 0505	***Regen Sie Ihr Kind zum „Schauen" an: Betrachten Sie gemeinsam einen ruhenden Gegenstand, lassen Sie Ihr Kind einen leuchtenden Gegenstand (z.B. eine Lampe) mit den Augen „abtasten", indem Sie Ihren Finger an dem Gegenstand entlangführen.
ac 0506	***Wenn Ihr Kind bei dieser Aufgabe noch Schwierigkeiten hat, können Sie ihm diese verringern, indem Sie mit einer roten Taschenlampe an den Konturen entlangfahren.
ac 0510	***Lassen Sie Ihr Kind an einer gemeinsamen Familienmahlzeit derart teilnehmen, damit es Sie alle sehen kann.
ac 0600	Kann Ihr Kind beim Betrachten eines Gegenstandes seine Augen etwa parallel darauf richten? Prüfen Sie dies auch, indem Sie den Gegenstand seinem Gesichtchen nähern und wieder langsam entfernen. Fixieren beide Augen den Gegenstand?
ac 0610	***Nehmen Sie in jede Hand ein buntes Spielzeug und halten Sie Ihre rechte Hand nach rechts oben, während die linke Hand verborgen bleibt. Dann verfahren Sie mit der linken Hand ebenso (rechte Hand verborgen). Macht Ihr Kind dies „Augenspringen" mit? Trainieren Sie auf diese Weise die Augenmuskulatur Ihres Kindes.
ac 0620	***Binden Sie einen Luftballon um das Handgelenk Ihres Kindes, so daß es die entstehenden Bewegungen verfolgen kann.
ac 0700	Nehmen Sie Ihr Kind auf den Arm oder auf den Schoß und beobachten Sie, ob es eine zweite Person mit seinen Blicken verfolgt, wenn diese sich in seinem Blickfeld bewegt. Das Kind sollte hierzu nicht durch lautes Auftreten oder Anrufe oder Hinzeigen ermuntert werden. Der optische Eindruck allein sollte genügen, die umhergehende Person für 2-3 Sekunden zu verfolgen.
ac 0710	***Lassen Sie Ihr Kind am Leben und Treiben der Umwelt als Zuschauer teilnehmen: im gefensterten Kinderwagen, in der Kinderkarre, auf dem Arm am Fenster oder auf dem Balkon.

ac 0711	***Auch das Babytragetuch von Didymos bietet hier eine gute Möglichkeit.
ac 0800	Nehmen Sie Ihr Kind auf den Schoß und erwecken Sie seine Aufmerksamkeit durch ein leuchtend rotes Spielzeug in Ihrer Hand. Dann öffnen Sie Ihre Hand, so daß das Spielzeug auf den Boden fällt. Blick Ihr Kind nunmehr suchend auf den Fußboden?
ac 0900	Bieten Sie Ihrem Kind die Möglichkeit, sich im Spiegel zu sehen. Er sollte nicht zu klein sein, sondern etwa die Größe eines DIN A4 Bogens haben. Versucht Ihr Kind, sein Spiegelbild zu betatschen? Streckt es seine Händchen aus, um danach zu greifen?
ac 0910	***Bieten Sie Ihrem Kind einen Spielspiegel von Kiddikraft an. Er ist unzerbrechlich, ist durch Greiflöcher im Plastikrand gut zu handhaben und Ihr Kind wird mit seinem eigenen Gesicht allmählich vertraut. Auch die zufälligen oder provozierten Lichtreflexe werden es interessieren.
ac 1000	Beobachten Sie, ob Ihr Kind seine Hände betrachtet, wenn diese bei seinen zufälligen Bewegungen in sein Blickfeld kommen.
ac 1010	***Bieten Sie Ihrem Kind Fingerspiele an. Machen Sie mit Ihren Händen die Spiele vor, anschließend mit den Händchen Ihres Kindes. Es soll dadurch auf seine eigenen Hände aufmerksam gemacht werden.
ac 1020	***Lassen Sie Ihr Kind auch seine Füßchen betrachten, indem sie ihm diese beim Wickeln durch Anheben deutlich vorzeigen.
ac 1100	Bringen Sie den Breiteller oder das Fläschchen Ihres Kindes in sein Blickfeld, ohne jedoch seine Mahlzeit mit den üblichen Worten anzukündigen. Bemerken Sie an seinen Reaktionen, daß es nunmehr erwartet, gefüttert zu werden? Hat der optische Eindruck eine Erwartungshaltung ausgelöst?
ac 1200	Legen Sie das Lieblingsspielzeug Ihres Kindes auf den Tisch in seinem Blickfeld. Vergewissern Sie sich, daß es das Spielzeug bemerkt hat. Nun decken Sie es vor seinen Augen mit einem Tuch zu. Bemerkt es, was geschehen ist? Zieht es das Tuch fort, um das Spielzeug zu ergreifen?
ac 1300	Prüfen Sie, ob Ihr Kind aus dem angebotenen Spielmaterial auswählt: ob es einen Gegenstand zum Spielen bevorzugt.
ac 1400	Versuchen Sie herauszufinden, ob Ihr Kind auf fremde Gesichter anders reagiert, als auf vertraute. Zeigt es durch freudige Reaktionen an, daß es die vertrauten Personen erkannt hat? Nimmt es dagegen bei fremden Gesichtern eine abwartende oder ablehnende Haltung ein?
ac 1500	Zeigen Sie Ihrem Kind einen mittelgroßen, bunten Ball und rollen ihn dann langsam vom Kind weg. Verfolgt Ihr Kind den Ball mit den Augen ungefähr 3 m weit?

ac 1510	***Bieten Sie Ihrem Kind die Möglichkeit, das Zielverfolgen waagerecht und senkrecht im Spiel zu üben. Waagerecht: Eisenbahn und Autos, senkrecht: Klettermaxe, herabschwebender Luftballon, Oskar der Specht.
ac 1520	***Bieten Sie Ihrem Kind einen Brummkreisel mit beweglichem Inhalt an: Zielverfolgen kreisend.
ac 1530	***Bieten Sie Ihrem Kind eine Kullerbahn mit „Musiktreppe" an: Zielverfolgen diagonal.
ac 1535	***Binden Sie ein buntes Spielzeug an eine lange Schnur und bewegen es: Zielverfolgen pendelnd.
ac 1540	***Lassen Sie einen Tischtennisball auf einer Tischplatte hüpfen und beobachten Sie, ob Ihr Kind die schnellen Bewegungen verfolgen kann.
ac 1550	***Als Entspannungsübung für die Augen lassen Sie Ihr Kind Seifenblasen verfolgen, im Winter Schneeflocken. Auch das Beobachten spielender Tiere ist hierfür geeignet sowie das Schaukeln auf einem Schaukelpferd.
ac 1560	***Ein Spielzeug, das noch mehrere Jahre zum konstruktiven Bauen anregt und gleichzeitig das Zielverfolgen in verschiedenen Richtungen fördert, ist die Kugelbahn von Kiddikraft.
ac 1600	Stellen Sie sich mit Ihrem Kind vor einen Spiegel und beobachten Sie seine Reaktionen. Betrachtet es sein Spiegelbild aufmerksam für die Dauer von mindestens 3 Sekunden?
ac 1610	***Erlauben Sie Ihrem Kind, an der Schnur eines Wandlämpchens zu ziehen und dadurch mehrfach das Licht an- und auszuknipsen.
ac 1700	Bieten Sie Ihrem Kind ein Bilderbuch mit großen, bunten Bildern an (Es dürfen auch einzelne große, bunte Bilder sein). Hat es Freude am Betrachten? Der Sinn des Dargestellten braucht noch nicht verstanden zu werden.
ac 1710	***Das erste Angebot von Bilderbüchern sollte aus dicken Pappseiten oder Plastik bestehen, da das Kind in diesem Alter seine Lippen und seine Zunge noch zum Betasten der Oberflächenstrukturen einsetzt, um sich zu informieren.
ac 1720	***Die Auswahl der Bilderbücher sollte nach folgenden Gesichtspunkten geschehen: Die Abbildungen sollten möglichst Gegenstände oder Lebewesen darstellen, die dem Kind aus seinem täglichen Leben vertraut sind, und es sollte sich dabei um Einzeldarstellungen handeln. Die Formen sollten klar und einfach sein, die Farbgebung leuchtend.

ac 1800	Prüfen Sie, ob Ihr Kind eine vertraute Person schon aus der Entfernung erkennt an ihren Bewegungen und ihrer Gestalt. Das Kind sollte jedoch nicht gerufen werden. Zeigt es durch seine Reaktionen, daß es den Vater, die Oma oder das Geschwister schon aus 10 m Entfernung an den optischen Merkmalen erkannt hat?
ac 1900	Stellen Sie fest, ob Ihr Kind schon die Gleichheit zweier Gegenstände erkennt, indem es sie einander zuordnet. Es ist hierfür notwendig, 2 Reihen gleichartiger Gegenstände zur Verfügung zu haben. Legen Sie auf der einen Seite des Spieltisches beispielsweise eine Reihe von Bauklötzen in gleicher Form und Farbe nebeneinander, auf der anderen Seite eine Reihe von Plastiklöffeln. Nun geben Sie Ihrem Kind einen Plastiklöffel (oder einen Bauklotz) in die Hand. Ordnet es diesen Gegenstand den anderen gleichartigen Gegenständen zu? Sie dürfen Ihrem Kind die Aufgabe mehrfach zeigen. Sie gilt auch als gekonnt, wenn das Kind einen zweiten gleichartigen Gegenstand in die andere Hand nimmt. Es hat die Gleichartigkeit optisch erfaßt.
ac 1910	***Für Kinder mit Down-Syndrom ist diese Aufgabe oft etwas zu theoretisch und unpersönlich. Versuchen Sie, ob Ihrem Kind die Zuordnung optisch gleichartiger Eindrücke leichter gelingt, wenn Sie beispielsweise die Bauklötze und Plastiklöffel in einen großen Baubecher legen und nunmehr ihm vormachen, wie Sie die Löffel (bzw. Bauklötze) aussortieren. Reichen Sie Ihrem Kind Ihre Hand bittend entgegen, damit es mit dem Aussortieren fortfährt. Gelingt es ihm auf diesem Wege?
ac 1920	***Behinderte Kinder stehen bei der Zuordnung von optisch gleichartigen Eindrücken nach unseren Erfahrungen oft vor großen Schwierigkeiten. Das liegt offenbar weniger daran, daß sie die Gleichartigkeit ihrer Wahrnehmungen nicht erfassen können, als vielmehr daran, daß sie den Sinn der Aufgabenstellungen nicht verstehen. Sie demonstrieren im täglichen Leben immer wieder, daß sie die Gleichartigkeit erkannt haben, aber sobald ihnen die spielerische Zuordnung abverlangt wird, leisten sie passiven Widerstand.
ac 1921	***Versuchen Sie, ob Sie Ihrem Kind den Sinn dieses Spieles dadurch verdeutlichen können, daß Sie ihm zunächst „totale Hilfsstellung" anbieten. Geben Sie ihm beispielsweise einen Plastiklöffel in die Hand und umgreifen Sie anschließend sein Händchen mitsamt dem Löffel. Dann führen Sie seine Hand zu der Reihe von Löffeln auf dem Spieltisch und öffnen die Hand, so daß die Reihe vervollständigt wird. Wiederholen Sie diese Handlung mehrfach gemeinsam mit Ihrem Kind. Sie werden an seinen Reaktionen bald bemerken, daß es mitmacht und zunehmend auch Spaß an diesem Spiel hat. Begleiten Sie die Bewegungen immer wieder mit denselben klaren, einfachen Satzmustern.

ac 1922	***Wenn Sie den Eindruck haben, daß Ihr Kind den Sinn der Aufgabe nunmehr verstanden hat, führen Sie seine Hand nur noch bis zu der Reihe von Löffeln und warten ab, ob es seine Hand öffnet, wenn Sie es dazu auffordern. Sobald dieser Handlungsschritt sicher von Ihrem Kind vollzogen wird, blenden Sie Ihre Handführung langsam aus: beenden Sie Ihre Hilfsstellung schon kurz vor dem Ziel und überlassen Sie es Ihrem Kind, seine Hand nunmehr selbständig bis zu der Reihe von Löffeln zu führen und den Löffel der Reihe hinzuzufügen. Muten Sie Ihrem Kind allmählich immer größere Selbständigkeit zu im Bewegungsablauf seiner Hand auf das Ziel hin, aber unterstützen Sie es dabei weiterhin durch die ihm vertrauten einfachen Satzmuster.
ac 1923	***Bauen Sie schließlich die Handführung Ihres Kindes so weit ab, daß Sie ihm nur den Löffel in die Hand geben und ihm die Durchführung des eingeübten Bewegungsmusters soweit überlassen, daß Sie die Bewegung nur noch durch die bekannten Satzmuster lenken. Schließlich überlassen Sie Ihrem Kind auch das Ergreifen des Löffels und beschränken sich auf die verbale Unterstützung seiner Handlung: die „totale Hilfsstellung" wurde abgebaut.
ac 2000	Prüfen Sie, ob Ihr Kind die Geste des „Nein-sagens" durch Kopfschütteln verstanden hat. Stellen Sie Fragen, die es zu diesem Zeitpunkt sicher mit „nein" beantworten wird und beobachten Sie, ob es das Kopfschütteln dabei verwendet.
ac 2010	***Regen Sie Ihr Kind zur nachahmenden Tätigkeit im Haushalt an: Staubwischen, Fegen u.ä.
ac 2020	***Regen Sie Ihr Kind zum Nachahmen einfacher Bewegungen an.
ac 2100	Machen Sie Ihrem Kind vor, wie man einen Turm baut und begleiten Sie diese Tätigkeit mit Reden, damit die Aufmerksamkeit Ihres Kindes gefesselt wird. Verwenden Sie dabei mindestens 10 Klötze. Schaut Ihr Kind während der einzelnen Phasen mehrfach für einige Sekunden aufmerksam zu?
ac 2200	Legen Sie sich zwei gleichartige Dosen bereit und lassen ein geliebtes kleines Spielzeug ((Auto, Püppchen) für das Kind deutlich sichtbar in der einen Dose verschwinden. Anschließend vertauschen Sie langsam vor den Augen des Kindes den Standort der Dosen. Ergreift es auf Anhieb die Dose, in der das Spielzeug versteckt wurde?
ac 2300	Regen Sie Ihr Kind dazu an, einen bestimmten Körperteil an seiner Puppe zu zeigen. Nehmen Sie zum Beispiel Ihren Arm, sodann nehmen Sie einen Arm Ihres Kindes. Anschließend soll Ihr Kind einen Arm am Püppchen oder Teddy zeigen. Gelingt es ihm?

ac 2310	***Stellen Sie sich ein Körperschema her: Bauch, Kopf, Arme und Beine so aufgemalt und aus Pappe ausgeschnitten, daß Ihr Kind die Körperteile gut erkennen kann. Legen Sie den „Mann" zusammen und lassen Sie ein Körperteil von Ihrem Kind hinzufügen.
ac 2400	Suchen Sie aus Bilderbüchern oder Illustrierten nach Abbildungen, die der Realität weitgehend entsprechen: z.B. einem Apfel, einem Löffel, einem Becher, einem Teller. Jetzt suchen Sie die entsprechenden Gegenstände zusammen und prüfen, ob Ihr Kind diese der bildlichen Darstellung zuordnen kann. Sie dürfen die Aufgabe ein paarmal vormachen, aber dann sollte es Ihrem Kind wenigstens in 2 Fällen allein gelingen.
ac 2410	***Kinder mit Down-Syndrom haben bei dieser Aufgabe zuweilen Schwierigkeiten, weil die realen Gegenstände den Abbildungen ja nicht völlig gleichen. Sie müssen die wesentlichen Merkmale erfaßt haben und die Zufälligkeiten in Farbe und Form als solche erkennen, d.h. bei dieser Aufgabe ist bereits eine gewisse Abstraktion erforderlich. Versuchen Sie deshalb für den Anfang, daß der reale Gegenstand der Abbildung möglichst genau entspricht.
ac 2420	***Machen Sie Fotografien von dem Becher, dem Püppchen, dem Breiteller Ihres Kindes und prüfen Sie, ob nunmehr die Zuordnung von dem realen Gegenstand zur Abbildung gelingt.
ac 2500	Stellen Sie aus Pappe 2 Paar kreisrunde gleichfarbige Plättchen her: 1 Paar große „Untersätze" – Sie können natürlich auch Bierdeckel nehmen – und 1 Paar kleine Plättchen. Legen Sie die beiden großen vor den Augen Ihres Kindes mehrfach aufeinander, so daß sie sich decken. Das Gleiche zeigen Sie Ihrem Kind mit den beiden kleinen Plättchen und bringen die Paare wieder durcheinander. Kann Ihr Kind Ihre Handlung nachahmen? Legt es den großen „Untersatz" nun nach Aufforderung auf den zweiten „Untersatz"?
ac 2510	***Nach unseren Erfahrungen kommen Sie eher zum Ziel, wenn Sie eine Serie von großen Gegenständen in gleicher Form und Farbe (z.B. große Naturbauwürfel) und eine Serie von kleinen Gegenständen (z.B. kleine Naturbauwürfel) in einen Baubecher legen und Ihrem Kind vormachen, wie man diese aussortiert. Veranlassen Sie Ihr Kind, Ihnen alle Kleinen (bzw. Großen) nacheinander in die Hand zu geben.
ac 2600	Legen Sie 4 gleichartige Gegenstände auf den Tisch, die sich paarweise lediglich in der Farbe unterscheiden (z.B. 2 rote Legosteine und 2 blaue Legosteine). Ordnen Sie zusammengehörige Farben vor den Augen Ihres Kindes einander zu. Kann Ihr Kind Ihre Handlung mehrfach nachahmen, wenn Sie es dazu auffordern?

ac 2610	***Da das Aussortieren und in die Hand geben den behinderten Kindern leichter fällt und auch persönlicher ist, legen Sie beispielsweise eine Serie blauer und roter Muggelsteine derselben Größe in ein Gefäß und nehmen nacheinander einige von der gleichen Farbe heraus. Veranlassen Sie Ihr Kind durch entsprechende Gesten, das Aussortieren fortzuführen und Ihnen alle Muggelsteine nacheinander in die Hand zu geben, die von gleicher Farbe sind.
ac 2700	Schneiden Sie aus Pappe zwei Kreise gleicher Größe aus, desgleichen zwei Dreiecke gleicher Größe. Ordnen Sie vor den Augen des Kindes Kreis zu Kreis, Dreieck zu Dreieck. Ist Ihr Kind in der Lage, nach Aufforderung diese Handlung mehrfach nachzuvollziehen?
ac 2705	***Sie können für diese Aufgabe natürlich auch gleichfarbige Bauplättchen verwenden und 2 gleich große runde Formen sowie 2 gleich große Dreiecksformen wählen.
ac 2706	***Legen Sie die Bauplättchen in einen Behälter und beginnen Sie mit dem Aussortieren (beispielsweise der Dreiecke). Veranlassen Sie Ihr Kind, Ihnen alle Dreiecke nacheinander in die Hand zu geben.
ac 2710	***Versuchen Sie, ob Ihr Kind schon Farben und Formen zuordnen kann. Für längere Zeit brauchbar ist das Spiel: „Farben und Formen" von Ravensburg. Bei den einzelnen Legetafeln ist der Schwierigkeitsgrad verschieden. Ihr Kind kann daher an einem Spiel der Familie teilnehmen, wenn Sie ihm diejenige Legetafel zuteilen, die es bewältigen kann.
ac 2711	***Die einzelnen Kärtchen dieses Spieles lassen sich auch nach anderen Gesichtspunkten ordnen: alle runden Formen herausfinden, alle eckigen Formen, alle mit 2 Farben, alle mit 3 Farben, alle mit der Farbkombination rot und grün usw.
ac 2800	Zeigt Ihr Kind Wiedersehensfreude, wenn Nachbarn oder Gäste kommen, die es bereits kennt und die es freundlich behandeln? Erkennt es den Besuch?
ac 2900	Fordern Sie Ihr Kind auf, nach der Abwäsche oder beim Leeren der Spülmaschine Löffel und Gabeln auseinander zu sortieren. Diese Aufgabe gilt als gekonnt, wenn es Ihrem Kind bei 5 Löffeln und Gabeln gelingt.
ac 3000	Zeigen Sie Ihrem Kind 4 Bilder, von denen 2 völlig gleich aussehen (Farbfotos oder Lottobilder). Kann es die Gleichheit der Bilder auf Anhieb wahrnehmen? Kann es gleiche Bilder mehrfach einander zuordnen?
ac 3010	***Bieten Sie Ihrem Kind das Lottino von Dick Bruna an. Wenn es durch die Vielzahl der Bilder anfangs noch verunsichert wird, decken Sie die untere Bildreihe mit einem Stück Papier ab. Versuchen Sie, diese Hilfe allmählich abzubauen.

ac 3100	Prüfen Sie, ob Ihr Kind in der Lage ist, aus mehreren Kleidungsstücken in der Garderobe seine Kleidung herauszufinden. Es sollten mindestens 6 Kleidungsstücke vorhanden sein, von denen 3 Ihrem Kind gehören. Wenn es 2 von seinen Sachen mit Sicherheit herausfindet, gilt diese Aufgabe als gekonnt.
ac 3200	Fordern Sie Ihr Kind auf, nach der Abwäsche die angefallenen Eß- und Teelöffel zu sortieren. Kann es die Größenunterschiede klar erkennen? Ist es sicher in der Zuordnung?
ac 3300	Verstecken Sie vor den Augen Ihres Kindes und von ihm deutlich bemerkbar 2 begehrte Gegenstände (Süßigkeiten oder seine Lieblingsspielsachen). Kann es sich erinnern wohin Sie sie gelegt haben? Findet es die beiden Gegenstände auf Anhieb wieder?
ac 3400	Stellen Sie fest, ob Ihr Kind Orte wiedererkennt, an denen Sie schon mehrfach mit ihm gewesen sind (Bahnhof, Spielplatz, Bäcker usw.). Zeigen seine Reaktionen, daß es sich erinnert?
ac 3500	Zeigen Sie Ihrem Kind Bilder, auf denen Menschen eine Tätigkeit ausführen (z.B. telefonieren, Blumen begießen, sich kämmen und dergleichen). Kann das Kind die Tätigkeit benennen?
ac 3510	***Für die Erfassung der optischen Eindrücke von Tätigkeiten im Bild sind die Lernspielbücher von Anderson recht gut geeignet: „Wie kleine Kinder denken lernen", Verlag Hyperion.
ac 3520	***Wenn Ihr Kind von der Sprache her noch Schwierigkeiten hat, die Antwort zu formulieren, so legen Sie ihm Gegenstände bereit, die der abgebildeten Tätigkeit entsprechen und lassen es durch Gesten zeigen, ob es die Frage verstanden und die Tätigkeit auf der Abbildung erkannt hat. (Ahmt es z.B. das Kämmen auf dem Bild nach, wenn Sie ihm unter anderem einen Kamm hinlegen?)
ac 3600	Nehmen Sie aus einem Säckchen mit Murmeln (oder einem Eimer mit Kastanien, Schüssel mit Bohnen) eine Murmel heraus und legen Sie auf Ihre Hand, um sie gemeinsam zu betrachten. Mit der anderen Hand verfahren Sie genauso. Dann nehmen Sie eine ganze Handvoll Murmeln und zeigen Sie Ihrem Kind. Kann es Ihnen auf Aufforderung eine geben? Kann es auch viele herausholen, wenn Sie es ihm vorgemacht haben und Sie es darum bitten?
ac 3610	***Geben Sie Ihrem Kind häufiger die Gelegenheit, die Zahl 2 zu erfassen und zuzuordnen. Fragen Sie beim Anziehen „Wo ist der zweite Strumpf?" – „Der zweite Schuh?" – und lassen ihn von Ihrem Kind suchen.
ac 3700	Bieten Sie Ihrem Kind Spielmaterial an, das sich nur in den Grundfarben unterscheidet, z.B. rote, grüne, blaue und gelbe Würfel

(oder Bauklötze oder Muggelsteine). Ordnen Sie jeweils die roten Würfel zueinander, desgleichen die grünen, gelben und blauen. Dann stellen Sie das wahllose Durcheinander wieder her und beobachten, ob Ihr Kind nach Aufforderung die Farben richtig sortieren kann.

ac 3710   ***Zum weiteren Training des raschen Erfassens von Formen und Farben ist auch das Spiel „Colorama" von Ravensburg gut geeignet.

ac 3800   Stellen Sie aus Stöckchen, Pappstreifen oder einfarbigen Trinkhalmen paarweise 3 verschiedene Längen von 5 cm, 10 cm und 15 cm her. Ordnen Sie die beiden Kurzen, die beiden Mittellangen und die beiden Langen jeweils zusammen und lassen Sie Ihr Kind dabei zuschauen. Dann bringen Sie diese Ordnung durcheinander und fordern Ihr Kind auf, die verschiedenen Längen erneut zu sortieren.

ac 3810   ***Bieten Sie Ihrem Kind ein Größensortierbrett an, wie es im Spielwarenhandel üblich ist.

ac 3900   Bieten Sie Ihrem Kind 5 Paar gleichartige Lottobilder an (oder 5 Paar farbige Fotografien) und fordern es auf, die gleichen Bilder jeweils aufeinander oder nebeneinander zu legen. Gelingt Ihrem Kind die Zuordnung?

ac 4000   Entfernen Sie aus dem üblichen Zehnersatz der Hohlwürfel (Würfelpyramide) jeden zweiten Würfel und zeigen Sie Ihrem Kind, wie man diese Würfel der Größe nach richtig wieder einsortiert. Dann nehmen Sie die Würfel wieder auseinander und fordern Ihr Kind auf, die Aufgabe alleine zu wiederholen. Gelingt es ihm?

ac 4100   Bieten Sie Ihrem Kind ein Formenbrett an, wie es im Spielwarengeschäft zu bekommen ist. Kann es 5 verschiedene geometrische Formen (z.B. Kreis, Quadrat, Dreieck, Eiform, Rechteck) richtig in die dafür vorgesehenen Auslassungen einsetzen?

ac 4110   ***Das Dorf-Puzzle von Ravensburg ist hierfür recht gut geeignet, wobei beim Zusammenbauen der Kirche vermutlich noch Hilfsstellung erforderlich sein wird.

ac 4200   Versuchen Sie, ob Ihr Kind schon eine kleine Besorgung (z.B. Brötchen holen mit Zettel) für Sie erledigen kann oder ob es allein den Weg zum nahegelegenen Spielplatz finden kann. Findet es auch ohne Schwierigkeiten wieder zurück?

ac 4120   ***Für Kinder, die diese Aufgabe wegen einer körperlichen Behinderung nicht lösen können, genügt es, wenn sie auf Befragen in der Karre oder auf dem Arm in die Richtung weisen können, die jetzt eingeschlagen werden müßte.

ac 4220	***Wenn Sie sich nicht ganz sicher sind, ob Sie Ihrem Kind eine derartige Aufgabe schon zutrauen können, besorgen Sie ihm einen „SOS-Anhänger". Es handelt sich um eine Art Medaillon, das an einem Kettchen um den Hals oder am Armband getragen werden kann. Wenn man es öffnet, findet man darin die wesentlichen Daten Ihres Kindes – vor allem Ihre Anschrift – so daß Passanten oder auch die Polizei nicht hilflos sind, wenn unter Umständen Schwierigkeiten in der Verständigung auftauchen. (Der Preis für diesen Anhänger liegt etwa bei DM 20,-)
ac 4300	Bieten Sie Ihrem Kind 5 kleine Plastikautos und 5 kleine Plastiktiere an. Ordnen Sie vor den Augen Ihres Kind die Autos und die Tiere zueinander. Dann bringen Sie diese Ordnung wieder durcheinander und bitten Ihr Kind, die Tiere vor den Autos „zu retten", indem sie auseinandersortiert werden.
ac 4400	Nehmen Sie aus einem Kasten mit Muggelsteinen (oder einer Schüssel mit Bohnen oder einem Säckchen mit Murmeln) zunächst eine heraus und betrachten sie gemeinsam. Dann nehmen Sie eine zweite dazu und machen daraus ein Spiel: Ihr Kind soll immer so viele Muggelsteine auf der Handfläche haben, wie Sie auch. Kann es Ihre Handlungen in buntem Wechsel nachvollziehen?
ac 4500	Verstecken Sie 3 begehrte Gegenstände (Spielzeug, Süßigkeiten) so vor den Augen Ihres Kindes, daß es Ihre Handlungen bemerken muß. Kann es auf Aufforderung alle 3 Gegenstände sofort wiederfinden?
ac 4600	Prüfen Sie, ob Ihr Kind auf den Darstellungen in den Bilderbüchern erkennen kann, ob es sich um einen Jungen oder um ein Mädchen handelt. Die Kleidung und Frisur der Mädchen sollte in diesem Fall allerdings eindeutig sein.
ac 4700	Bieten Se Ihrem Kind Bildkarten mit einer Gesamtdarstellung einer Situation an und lassen Sie 3 Abbildungen von Details den Bildern richtig zuordnen. (Vorschlag: Kombi-Memory-Karten oder, falls nicht mehr erhältlich: Lernspielbuch 3/1 von Anderson: „Wie kleine Kinder denken lernen", Verlag Hyperion.)
ac 4800	Zeigen Sie Ihrem Kind 2 hübsche Tier-Postkarten und zerschneiden Sie diagonal (von Ecke zu Ecke), so daß Sie jeweils 2 Dreiecke daraus erhalten. Diese 4 Dreiecke bringen Sie durcheinander und bitten Ihr Kind, daß es die Bilder wieder „heil machen" möchte. Ordnet es die Karten richtig zusammen?
ac 4900	Erzählen Sie Ihrem Kind die Geschichte von der Sintflut und erklären Sie eine kleine Kiste zur „Arche Noah". Sie brauchen dann weiter eine Anzahl von Tieren aus Plastik oder Holz, die sich vermutlich unter den Spielsachen Ihres Kind finden lassen. Nun fordern Sie Ihr Kind im Verlauf Ihrer Erzählung auf, die Tiere paarweise herauszusuchen und in die „Arche Noah" marschieren zu las-

sen. Gelingt es Ihrem Kind, 5 Tierpaare aus dem Material zusammenzufinden (z.B. 2 Elefanten, 2 Giraffen, 2 Kühe, 2 Schweine, 2 Hasen)?

ac 4910 ***Falls Sie kein geeignetes Material unter den Spielsachen Ihres Kindes finden, besorgen Sie sich bei Gelegenheit ein Beutelchen mit Tieren in einem Spielwarengeschäft: es gibt sie von Lorenz: „Fröbeltiere" oder „Zoo".

ac 4920 ***Besorgen Sie sich eine Reihe von Plastiktieren, wie sie in jedem Kaufhaus recht naturgetreu und farbenfroh angeboten werden. Achten Sie jedoch darauf, daß sich darunter 5 Tierpaare befinden.

ac 5000 Suchen Sie in den Bilderbüchern Ihres Kindes oder in Illustrierten Zeitschriften nach einer großen Abbildung eines Gegenstandes und legen Sie außerdem ein Bild bereit, auf dem dieser Gegenstand als verkleinerte Abbildung unter zahlreichen anderen Dingen vorkommt. (z.B. ein Roller als Großaufnahme und auf dem zweite Bild auf einem Spielplatz zusammen mit zahlreichen anderen Gegenständen.) Entdeckt Ihr Kind den Roller auch in verkleinerter Form?

ac 5010 ***Wenn Sie kein geeignetes Material für die Lösung dieser Aufgabe zur Hand haben, finden Sie es in den Lernspielbüchern von Anderson, Heft 3/1, S. 23.

ac 5100 Machen Sie Ihrem Kind vor, wie man mit beiden Händen eine Faust macht und fordern Sie es zur Nachahmung auf. Dann ziehen Sie Ihren Daumen aus der Umklammerung der Finger heraus und strecken ihn steil nach oben. Kann Ihr Kind diesen optischen Eindruck in eine Bewegung umsetzen, wenn Sie es dazu auffordern?

ac 5200 Wenn Sie mit Ihrem Kind gemeinsam seine Spielkiste oder seinen Spielschrank aufräumen, haben Sie eine gute Gelegenheit nebenbei festzustellen, ob es die Gegenstände bereits nach Oberbegriffen ordnen kann. Zur Not geben Sie ihm etwas Hilfsstellung, indem Sie es auffordern, die Buntstifte in die Schachtel, die Autos in den Kasten und die Bauklötze in den Beutel zu tun. Gelingt Ihrem Kind die Zuordnung bei mindestens 3 Oberbegriffen?

ac 5210 ***Wenn Sie glauben, daß Ihre eigenen Materialien nicht instruktiv genug sind für Ihr Kind, dann benutzen Sie die Lernspielbücher von Anderson: „Wie kleine Kinder denken lernen", Band 3/1, Verlag Hyperion. Die Situationsbilder eignen sich gut für die Zuordnung nach Oberbegriffen.

ac 5220 ***Gut geeignet sind hierfür die Situationsbilder aus der „Hamburger Bildserie zur Sprachförderung" von Eckel (Blatt 105-135).

ac 5300 Bieten Sie Ihrem Kind ein Formenbrett mit 10 verschiedenen Formen an, wie es in jedem Spielwarengeschäft zu haben ist. Fordern Sie es auf, diese 10 Formen wieder in die dazu gehörigen Auslassungen zu setzen. Gelingt es ihm?

ac 5400	Stellen Sie mit Ihrem Kind gemeinsam ein „Körperschema" her. Malen Sie eine menschliche Figur aus 6 Teilen: Kopf, Bauch, 2 Arme und 2 Beine. Wenn sie ganz besonders schön werden soll, nehmen Sie dafür rote Pappe und schneiden die einzelnen Teile sorgfältig aus. Gelingt es Ihrem Kind, diesen „Mann" richtig zusammenzulegen? Legt es Arme und Beine richtig herum an den Rumpf?
ac 5410	***Eine gute Möglichkeit zum Training der Gestalterfassung bietet das Spiel „Lustige Leute" von Ravensburg. Es handelt sich um 5 charakteristische Figuren, die aus Kopf, Bauch, Armen und Beinen zusammengesetzt werden sollen. Die Beine sind in diesem Fall in Ober- und Unterschenkel geteilt, so daß der Schwierigkeitsgrad etwas größer ist. Außerdem findet sich in diesem Spiel noch jeweils eine charakteristische Kopfbedeckung. Leider sind die Druckknöpfe, mit denen die Einzelteile zusammengefügt werden sollen, nur schwer zu handhaben. Hier kann man sich helfen, indem man Briefklammern für Warensendungen verwendet.
ac 5420	***Das Spiel „Mix-Max" von Ravensburg läßt sich für das Training der Gestalterfassung einsetzen.
ac 5500	Öffnen Sie den Spartopf Ihres Kindes, sofern er abschließbar ist oder schütteln Sie das Kleingeld aus Ihrer Geldbörse auf den Tisch und verteilen es „gerecht" in zwei gleiche Hälften. Dann nehmen Sie eine Münze aus Ihrem Anteil heraus und legen sie beiseite. Fordern Sie Ihr Kind auf, genauso eine Münze auch aus seinem Anteil herauszufinden. Dies wiederholen Sie ein paarmal und stellen dabei fest, ob Ihr Kind den optischen Eindruck in mindestens 2 Fällen erfaßt hat.
ac 5600	Fordern Sie Ihr Kind auf, ein von Ihnen vorgemachtes Muster zu vervollständigen. Wenn Ihr Kind im Malen schon recht geschickt ist, können Sie ihm mehrere Formen in regelmäßiger Reihenfolge vormalen (2 Dreiecke, 1 Kreis, 1 Viereck, 2 Dreiecke, 1 Kreis, 1 Viereck usw.) und es zur Fortführung dieser Reihe ermuntern. Wenn es in der Darstellung der Formen noch Schwierigkeiten hat, suchen Sie nach einfarbigen Bauplättchen, die sich lediglich in der Form unterscheiden und beginnen damit ein Muster, zu dessen Vervollständigung Sie Ihr Kind anregen.
ac 5610	***Sie können die Formen natürlich auch aus farbigem Karton ausschneiden oder aber in einem Spielwarengeschäft das naturfarbene hölzerne Bastelmaterial „Varianta" erwerben. Mit diesen Formen lassen sich schöne Reihungen legen und wenn Sie dann noch eine Mark für den Bastelbogen anlegen, hat Ihr Kind geeignetes Material für kleine Geschenke zum Selberbasteln.
ac 5620	***Der Schwierigkeitsgrad dieser Aufgabe läßt sich noch steigern, indem Sie das Muster etwas anspruchsvoller gestalten: 2 Dreiecke, 1 Rhombus, 3 Kreise usw..

| ac 5630 | ***Anregungen für das Vervollständigen von Mustern mit dem Filzstift finden Sie in einfacher Form in den Lernspielbüchern von Anderson: „Wie kleine Kinder denken lernen", Heft 3/2, S. 47 und 55. |

| ac 5700 | Suchen Sie aus dem vorrätigen Spielmaterial Ihres Kindes oder aus Illustrierten nach charakteristischen Tierbildern. Auch Tierpostkarten eignen sich für diesen Zweck. Die Abbildungen müssen so geartet sein, daß die typischen Merkmale des Tieres auch dann noch erhalten sind, wenn Kopf und Rumpf voneinander getrennt werden. Zerschneiden Sie die Bilder derartig, daß dies gewährleistet ist und fordern Sie Ihr Kind auf, die einzelnen Tiere wieder „heil" zu machen. Gelingt es Ihrem Kind in 4 Fällen, Kopf und Rumpf eines charakteristischen Tieres wieder zusammenzufügen? |

| ac 5800 | Stellen Sie aus einigen Trinkhalmen (gleichfarbige Plastikhalme) Röhrchen von 4 und 5 cm Länge her und bitten Sie Ihr Kind, diese nach der Länge zu sortieren. Gelingt es ihm, obgleich der Größenunterschied so gering ist? |

| ac 5900 | Beobachten Sie im täglichen Leben, ob Ihrem Kind das Erfassen der Menge 3 über die optische Wahrnehmung bereits gelingt und ob es diese zuordnen kann. Nehmen Sie z.B. 3 Erbsen oder Murmeln auf Ihre Hand und fordern Sie Ihr Kind auf, dieselbe Anzahl auf seine Handfläche zu legen. Oder prüfen Sie es beim Spiel mit dem Zahlendomino. |

| ac 6000 | Bieten Sie Ihrem Kind den üblichen Zehnersatz von Hohlwürfeln an und fordern Sie es auf, diese nach der Größe geordnet nebeneinander zu stellen. Oder nehmen Sie ein Größensortierbrett, wie es in den Spielwarengeschäften zu haben ist und ermuntern Sie Ihr Kind, die Formen richtig einzuordnen. Es kommt hierbei darauf an, daß die geringen Unterschiede in den 10 verschiedenen Abstufungen bereits von Ihrem Kind wahrgenommen werden. |

| ac 6100 | Suchen Sie aus dem Bildmaterial Ihres Kindes nach Darstellungen von Gegenständen, bei denen 2 völlig gleich sind und ein Drittes leichte Abweichungen aufweist. Kann Ihr Kind die leichten Abweichungen wahrnehmen? |

| ac 6110 | ***Zum Training der Fähigkeit, leichte Veränderungen auf Bildern zu erkennen, eignet sich das Spiel: „Schau genau" oder „Differix", beides von Ravensburg. |

| ac 6120 | ***Wenn Ihr Kind in diesem Bereich noch unsicher ist, können Sie mit relativ groben Unterschieden zunächst einmal das Training dieser Aufgabe beginnen. Geeignetes Material finden Sie dann in den Lernspielbüchern von Anderson, Band 3/2, S. 8 und 9 und S. 14/15. |

| ac 6200 | Bieten Sie Ihrem Kind Bilder an, auf denen ein wesentlicher Teil des abgebildeten Gegenstandes fehlt, z.B. ein Rad an einem Roller oder ein Ärmel an einem Mantel. |

ac 6205	***Wenn Sie kein geeignetes Material unter den Bilderbüchern Ihres Kindes finden, malen Sie ihm unter Umständen etwas Entsprechendes auf. Wird Ihr Kind stutzig? Bemerkt es, daß hier etwas nicht in Ordnung ist, daß etwas fehlt?
ac 6210	***Wenn Sie keine geeigneten Bilder finden und sich selbst die zeichnerischen Fähigkeiten für derartige Darstellungen nicht zutrauen, können Sie geeignetes Bildmaterial in einfacher Form in den Lernspielbüchern von Anderson, Band 3/1, S. 44 oder Band 3/2, S. 23/24 und S. 30 finden.
ac 6300	Stellen Sie fest, ob Ihr Kind schon differenzierte Gebärden nachahmen kann, wenn Sie sie ihm vormachen. Bringen Sie Ihren Zeige- und Mittelfinger der rechten Hand in V-Stellung (victoria = Sieg) und veranlassen Sie Ihr Kind, dieses Zeichen nachzuahmen. Gelingt es ihm?
ac 6400	Bieten Sie Ihrem Kind ein Einzelbild mit einem eindrücklichen Geschehen an oder auch eine Bilderfolge, die eine möglichst dramatische Handlung wiedergibt. Können Sie an den Reaktionen Ihres Kindes feststellen, daß es den Sinn des Dargestellten erfaßt hat?
ac 6410	***Falls Sie im täglichen Leben keine Gelegenheit haben sollten, diese Fähigkeit bei Ihrem Kind zu überprüfen, können Sie zu den Bildergeschichten von Rolf und Margret Rettich greifen: „Kennst Du Robert?" oder etwas Entsprechendes.
ac 6420	***Anregungen zum selbständigen Erfinden von Bildgeschichten zum Kombinieren und logischen Denken bietet das Spiel: „Denken und Kombinieren" von Pelikan.
ac 6500	Legen Sie eine Handvoll „Gummibären" oder eingewickelte Bonbons auf den Familientisch und mogeln „aus Versehen" eine Murmel darunter. Nun verteilen Sie die Leckerbissen gerecht unter alle interessierten Teilnehmer. Bemerkt Ihr Kind, daß die Murmel nicht dazugehört?
ac 6510	***In den Lernspielbüchern von Anderson „Wie kleine Kinder denken lernen" finden Sie in Band 3/2 auf S. 29, 36 und 51 geeignete Bilder, mit denen Sie prüfen können, ob Ihr Kind Kategorienfremdes über die optische Wahrnehmung bereits erfassen kann. Diese Bilder sind allerdings sehr einfach und Sie sollten versuchen, den Schwierigkeitsgrad langsam zu steigern, sobald Sie geeignetes Bildmaterial dafür finden.
ac 6600	Stellen Sie fest, ob Ihr Kind beim Betrachten entsprechender Bilder bereits Sinnwidrigkeiten erfaßt. Zeigen Sie ihm Darstellungen von Dingen oder Begebenheiten, auf denen ganz offensichtlich etwas nicht stimmt. Können Sie an den Reaktionen Ihres Kindes feststellen, daß es den „Unfug" bemerkt hat?

ac 6610	***Zum ersten Training dieser „Kritischen Betrachtungsweise" können Sie Ihrem Kind die Lernspielbücher von Anderson: „Wie kleine Kinder denken lernen" anbieten. Sie finden dort in Band 3/2 auf S. 29 einige einfache Bilder mit Sinnwidrigkeiten, sollten im täglichen Leben aber versuchen, den Schwierigkeitsgrad langsam zu steigern, damit Ihr Kind auch schon bei kleinen Ungereimtheiten aufmerksam wird.
ac 6700	Prüfen Sie, ob Ihr Kind die Uhr bereits kennt. Fordern Sie es auf, Ihnen anhand der Küchen- oder Stubenuhr die Uhrzeit zu sagen.
ac 6710	***Wenn hierbei noch größere Unsicherheiten bestehen, dann besorgen Sie eine einfache große Plastik-Uhr zum Spielen und stellen darauf jeweils diejenige Uhrzeit ein, die für Ihr Kind besonders bedeutungsvoll ist: z.B. wann der Vater nach Hause kommt, die gemeinsame Familienmahlzeit beginnt oder aber auch die Sendung „Sesamstraße" im Fernsehen. Hängen Sie diese eingestellte Plastik-Uhr neben Ihre Küchenuhr und lassen Sie Ihr Kind verfolgen, wann die Zeiger auf beiden Uhren gleich stehen und damit der ersehnte Zeitpunkt erreicht ist.
ac 6720	***Zum Verständnis des Systems, das der Uhr zugrundeliegt, ist die „Logic-Klock" von Kiddikraft recht gut geeignet: mittels großer Zahnräder aus Plastik wird dem Kind verdeutlicht, daß sich der große Zeiger einmal „rundherum" dreht, während der kleine Zeiger nur den Weg von einer Ziffer zur anderen macht.
ac 6800	Bieten Sie Ihrem Kind eine Menge von 30 gleichartigen Gegenständen an: Legosteine, Muggelsteine oder auch weiße Bohnen oder Schokoladenplätzchen. Nun legen Sie aus diesem Material eine Reihe von 10 Exemplaren in gleichmäßigen Abständen auf den Tisch. Genau darunter legen Sie noch 2 Reihen, beenden diese aber schon bei der Zahl 7. Fordern Sie Ihr Kind auf, diese beiden „kurzen Reihen" auf 10 zu ergänzen. Gelingt es ihm?
ac 6900	Stellen Sie fest, ob Ihr Kind bereits Handlungsfolgen in der richtigen Reihenfolge anordnen kann. Sie brauchen dafür Serien von 5 Bildern, auf denen die Handlungen derartig dargestellt sind, daß sich aus der einen Abbildung die jeweils darauf folgende Situation ergibt. Hat Ihr Kind den Sinn der Bildgeschichte erfaßt und kann es die 5 Kärtchen im der richtigen Reihenfolge anordnen?
ac 6910	***Wenn hier noch Anfangsschwierigkeiten bestehen, finden Sie einfache Handlungsfolgen von 3 Bildern in den Lernspielbüchern von Anderson: „Wie kleine Kinder denken lernen", Bd. 3/3.
ac 6920	***Anspruchsvoller sind bereits die lottoartig angeordneten 12 Einzelbilder aus dem Spiel: „Wir legen Geschichten", Finken Lernspiele. Die Beschäftigung mit diesem Material ist ein gutes Training für das Erfassen von Handlungsfolgen.

ac 6930	***Um mit den Bildgeschichten vertraut zu werden, können Sie Ihrem Kind diejenigen von Rolf und Margret Rettich anbieten: „Kennst Du Robert?", Verlag Ravensburg. Sie enthalten allerdings schon bis zu 20 Bilder pro Geschichte – stellen also bereits einige Ansprüche an die Konzentration und das Durchhaltevermögen Ihres Kindes.
aw 0000	***Wahrnehmungsstörungen im visuellen Bereich (Sehen)***
aw 0050	(Die mit *** versehenen Vorschläge sind als Hilfsmaßnahmen gedacht)
aw 1000	**Phase 1: Reizblockierung**
aw 1100	Nehmen Sie Ihr Kind in den Arm und wenden Sie ihm Ihr Gesicht zu. Sprechen Sie es freundlich an und versuchen Sie, Blickkontakt zu ihm herzustellen. Halten Sie diesen Blickkontakt so lange wie möglich fest, indem Sie mit Ihrem Kind sprechen, ihm zunicken, es anlächeln und streicheln.
aw 1110	***Versuchen Sie, die Aufmerksamkeit Ihres Kindes durch sehr starke Lichtreize zu erregen: zünden Sie beispielsweise Wunderkerzen in einem abgedunkelten Raum an. Haben Sie den Eindruck, daß das Licht von Ihrem Kind wahrgenommen wird?
aw 1120	***Führen Sie mit den Wunderkerzen waagerechte Bewegungen durch und beobachten Sie, ob Ihr Kind die Lichtquelle verfolgt. Gehen Sie anschließend zu senkrechten Bewegungen über und später zu kreisenden Bewegungen. Loben Sie Ihr Kind, wenn es den Lichtschein verfolgt hat.
aw 1130	***Bedecken Sie das rechte Auge mit einer Augenklappe (oder Binde) und versuchen Sie, ob das Kind mit seinem linken Auge die Lichtreize wahrnimmt und verfolgt. Dasselbe führen Sie bitte auch durch, indem Sie das linke Auge abdecken.
aw 1200	Es muß angenommen werden, daß dem Verhalten Ihres Kindes Sinnestäuschungen zu Grunde liegen. Versuchen Sie, durch starke optische Reize in die Einsamkeit Ihres Kindes einzudringen und es für bewegte Gegenstände der Außenwelt zu interessieren.
aw 2000	**Phase 2: Reizhunger**
aw 2100	Hindern Sie Ihr Kind nach Möglichkeit daran, sich durch mechanische Reizung seiner Augen selbst zu optischen Eindrücken zu verhelfen: es erzeugt auf diesem Wege Sinneswahrnehmungen, die mit der Realität nichts zu tun haben und kann sich dadurch immer weniger mit seiner Umwelt auseinandersetzen.
aw 2110	***Bieten Sie Ihrem Kind eine Insta-Sensorette (Firma Philipps) an: es handelt sich um eine Lampe, die schon durch die leiseste Berührung hell aufleuchtet, so daß Ihr Kind nicht durch das Geräusch

	des An- und Ausknipsens motiviert wird, die Lichtquelle mit den Augen zu suchen. Prüfen Sie, ob Sie die Aufmerksamkeit Ihres Kindes auf diese Lichtquelle lenken können.
aw 2120	***Führen Sie mit der Insta-Sensorette waagerechte Bewegungen in ca. 50 cm Entfernung vor den Augen Ihres Kindes durch und beobachten Sie, ob Ihr Kind die Lichtquelle verfolgen kann.
aw 2130	***Gehen Sie zu senkrechten Bewegungen mit der Insta-Sensorette über und beobachten Sie, ob Ihr Kind den Lichtschein im Abstand von 1/2 m verfolgen kann. Vergrößern Sie den Abstand allmählich, damit Ihr Kind lernt, auch eine entferntere Lichtquelle wahrzunehmen.
aw 2140	***Bedecken Sie ein Auge Ihres Kindes mit einer Augenklappe (oder einer Binde) und versuchen Sie, diese Übungen rechts und links durchzuführen.
aw 2200	Bieten Sie Ihrem Kind eine sehr helle Taschenlampe zum gemeinsamen Spiel an und versuchen Sie, ob Sie es damit für Fremdbewegungen interessieren können.
aw 2210	***Führen Sie mit dieser Lampe im Abstand von ca. 50 cm langsame waagerechte Bewegungen vor den Augen Ihres Kindes durch.
aw 2220	***Gehen Sie zu senkrechten Bewegungen über, später zu diagonalen, kreisenden, spiralförmigen und pendelnden Bewegungen.
aw 2230	***Wenn Ihr Kind gelernt hat, diese Bewegungen mit beiden Augen zu verfolgen, bedecken Sie das rechte und später das linke Auge mit einer Augenklappe und prüfen, ob diese Übungen auch bei einäugigem Sehen ausführbar sind.
aw 2240	***Stellen Sie fest, ob Ihr Kind den Lichtschein der Taschenlampe auch dann noch verfolgen kann, wenn Sie sich damit von ihm entfernen oder um Ihr Kind herumgehen.
aw 2250	***Zum Training der schnellen Reaktionsfähigkeit der Augen eignet sich das Spiel: „Taschenlampenfangen". Sie brauchen dafür 2 Lampen, die man auf „rot" und „grün" schalten kann. Lassen Sie Ihr Kind seine Farbe wählen und richten Sie den Lichtkegel Ihrer Lampe an die Decke oder an die Wand. Dann fordern Sie Ihr Kind auf, Ihren Lichtkegel „anzuticken" und nehmen anschließend die Verfolgung seines Lichtkegels auf.
aw 2300	Schalten Sie sich ein, wenn Ihr Kind sein Spielzeug in schwingende oder kreisende Bewegungen versetzt. Zeigen Sie ihm, wie man dieses Schauspiel beenden kann, ohne ihm rauschartig zu verfallen.
aw 2310	***Lassen Sie das Pendel (den Kreisel) langsam ausschwingen und wenden sich mit Ihrem Kind einer anderen interessanten Beschäftigung zu.

aw 2320	***Manchmal ist es geschickter, die für diese Stereotypie verwendeten Gegenstände völlig aus dem Umkreis des Kindes zu entfernen, weil es der Verlockung z.Zt. noch nicht widerstehen kann.
aw 2400	Schalten Sie sich in die Schaukelbewegungen Ihres Kindes ein (bzw. in seine kreisende Bewegung).
aw 2410	***Zeigen Sie ihm, daß man diesen Bewegungen nicht rauschartig zu verfallen braucht, indem Sie sie gemeinsam mit ihm auslaufen lassen.
aw 2420	***Setzen Sie ein akustisches Signal ein (Gong, Triangel) und trainieren gemeinsam, die Bewegung beim Ertönen des Signals zu unterbrechen.
aw 2500	Fahren Sie mit einer Taschenlampe an den Konturen einer Lichtquelle entlang. Wählen Sie möglichst eine Taschenlampe, die sich auf „rot" und „grün" schalten läßt und versuchen Sie, ob Ihr Kind dieses bewegte Licht verfolgen kann.
aw 2510	***Benutzen Sie mit der Zeit immer schwächere Reize, um Ihr Kind zum optischen Abtasten der Konturen anzuregen – zuletzt nur Ihren Finger. Es soll damit erreicht werden, daß Ihr Kind nicht nur die Lichtquelle wahrnimmt, sondern auch ihre Begrenzung und ihre Umgebung.
aw 2600	Sie möchten erreichen, daß Ihr Kind sich nicht nur von der spiegelnden Fläche faszinieren läßt, sondern darauf auch etwas wahrnimmt. Setzen Sie einen großen Ankleidespiegel als Hilfsmittel ein. Er sollte gut vom Tageslicht beleuchtet sein, wenn Sie mit Ihrem Kind davor treten. Berühren Sie die einzelnen Körperteile Ihres Kindes und benennen Sie diese.
aw 2610	***Fordern Sie Ihr Kind nunmehr auf, die von Ihnen benannten Körperteile an sich und an Ihnen zu zeigen.
aw 2620	***Fahren Sie mit Ihrem Finger die Körperkontur Ihres Kindes in der Art entlang, daß es Ihre Fingerspitze verfolgen kann. Gelingt es ihm?
aw 2630	***Die Schwierigkeit Ihres Kindes beruht auf einer Störung in der Figur-Grundwahrnehmung. Das heißt, daß es dem Kind beim Beurteilen einer Situation schwerfällt, Wesentliches von Unwesentlichem zu unterscheiden. Diese Trennung wird aber bereits im Hirnstamm (im RAS = Retikulären-Aktivations-System) durchgeführt und ist deshalb durch „Übung" im üblichen Sinne nicht zu erreichen. Das Problem muß auf einem Umweg angegangen werden.
aw 2700	Geben Sie Ihrem Kind bei gedämpfter Lichteinwirkung mehr Hilfsstellung als gewöhnlich.

aw 2710	***Helfen Sie ihm bei der Bewältigung von Treppen und Kantsteinen, indem Sie ihm Ihre Hand reichen.
aw 2720	***Unterstützen Sie es bei seinen Versuchen, die Gegenstände zu ergreifen.
aw 2800	Erlauben Sie Ihrem Kind, die Nähte des Fußbodenbelages oder die Türschwellen zu betasten, sobald die Situation es erlaubt.
aw 2810	***Wenn die Situation für die weitere Information über den Tastsinn ungeeignet ist, geben Sie Ihrem Kind Hilfsstellung bei der Überwindung seiner Schwierigkeiten.
aw 2900	Zeigen Sie Ihrem Kind, wie sich der optische Eindruck eines Gegenstandes verändert, wenn Sie eine starke Lichtquelle in mehrere verschiedene Positionen zu dem Gegenstand bringen: beleuchten Sie z.B. seinen Stuhl senkrecht von oben, schräg von unten, so daß eine markante Schattenwirkung entsteht. Beleuchten Sie den Stuhl auch einmal genau von der Seite und lassen Sie Ihr Kind durch Herumgehen sowie Betasten feststellen, daß der Stuhl immer der Gleiche geblieben ist (Wahrnehmungskonstanz), daß aber optisch ein anderer Eindruck durch die Beleuchtung entsteht.
aw 2910	***Machen Sie Aufnahmen von diesem „Spiel" und prüfen Sie, ob Ihr Kind den Gegenstand in den verschiedenen Beleuchtungsphasen als den Gleichen erkennt.
aw 2920	***Gehen Sie gemeinsam mit Ihrem Kind um die Gegenstände herum und setzen Sie seinen Tastsinn dabei ein, damit es sich eine Vorstellung von der räumlichen Ausdehnung eines Gegenstandes machen kann.
aw 2930	***Bestreichen Sie die Kanten der Möbelstücke im Aufenthaltsraum Ihres Kindes mit fluoreszierender Farbe, damit ihm die Orientierung erleichtert wird.
aw 2950	Regen Sie Ihr Kind an, den Tastsinn seiner Hände, seiner Lippen und evtl. auch seiner Zunge bei der Erforschung seiner Umwelt mit einzusetzen.
aw 3000 **Phase 3: Reizüberflutung**	
aw 3100	Entfernen Sie möglichst glitzerndes und stark reflektierendes Material (Spiegel) aus der unmittelbaren Umgebung Ihres Kindes und sorgen Sie dafür, daß in seinem Aufenthaltsraum gedämpftes Licht herrscht.
aw 3110	***Es wäre sicher angenehm für Ihr Kind, wenn die Farbgebung in seinem Zimmer in matten, zarten Tönen gehalten würde. Vielleicht läßt sich das bei einer Renovierung berücksichtigen. Ihr Kind wird Ihnen dankbar sein.

aw 3200	Haben Sie Verständnis dafür, daß Schaukeln oder Karussellfahren für Ihr Kind eine unnötige zusätzliche Belastung darstellt. Die Aufeinanderfolge der optischen Eindrücke geschieht so rasch, daß sie von ihm nicht verarbeitet werden können.
aw 3210	***Bedenken Sie diese Empfindlichkeit auch beim Herumtollen der Kinder miteinander: überreden Sie es nicht zum Mitmachen, wenn es sich für eine Weile still zurückgezogen hat.
aw 3300	Eine Autofahrt im grellen Sonnenschein mit dem ständigen Wechsel von Licht und Schatten kann für das Kind zu einer Tortur werden. Vermeiden Sie diese, wenn es möglich ist.
aw 3310	***Besorgen Sie für Ihr Kind eine gute Sonnenbrille, die auch seitlich gut abschließt. Selbst wenn Sie – mit vermutlich gesunden Augen – das Licht nicht als zu grell empfinden, kann es die Toleranzgrenze Ihres Kindes überschreiten.
aw 3400	Bedenken Sie bei Wochenendfahrten oder beim Planen Ihrer Urlaubsreise, daß glitzernde Wasserflächen Ihr Kind irritieren. Vermeiden Sie den Aufenthalt am Meer oder an größeren Binnenseen nach Möglichkeit.
aw 3410	***Überreden Sie Ihr Kind nicht, sich in einem hellbeleuchteten Spiegel zu betrachten: es wird vom Material allzusehr geblendet und dadurch verwirrt.
aw 3500	Vermeiden Sie nach Möglichkeit den Besuch von Veranstaltungen mit allzu greller Lichteinwirkung (Jahrmarkt, Weihnachtsmarkt, Feuerwerk). Ein Einkaufsbummel in der Vorweihnachtszeit ist für Ihr Kind eher eine Belastung als ein fröhliches Erlebnis.
aw 3510	***Sorgen Sie im Schlafraum Ihres Kindes für lichtundurchlässige, gut schließende Fenstervorhänge, damit es vor der grellen Lichteinwirkung von Blitzen einigermaßen geschützt ist. (Auch Jalousien wären natürlich eine Hilfe.)
aw 3600	Überreden Sie Ihr Kind nicht, an einer Fernsehsendung teilzunehmen. Das damit verbundene leichte Flimmern stellt für Ihr Kind lediglich eine unnötige zusätzliche Belastung dar.
aw 3610	***Bieten Sie Ihrem Kind ein Kaleidoskop an: hier kann es in eigener Initiative die Variationen der Bilder in dem Tempo hervorrufen, das es verkraften kann.
aw 3700	Geben Sie Ihrem Kind die Möglichkeit, die einzelnen Bilder Ihrer Filmaufnahmen gemeinsam mit Ihnen im Filmbetrachter anzuschauen. Es kann dann bei all den Aufnahmen länger verweilen, die es wirklich interessieren.
aw 3710	***Bieten Sie Ihrem Kind einen kleinen Projektionsapparat als Spielzeug an und besorgen Sie dafür ein paar Dias: es kann dann das Tempo der Bilderfolge selbst bestimmen.

aw 3800   Wenn Ihr Kind bei einem neuartigen Eindruck in der optischen Wahrnehmung zunächst in eine Abwehrhaltung gerät, versuchen Sie bitte, auf etwas Ähnliches, ihm bereits Vertrautes hinzuweisen. Erklären Sie ihm die Gemeinsamkeiten, die Unterschiede und wofür dieser Gegenstand gebraucht wird. Dadurch soll die Angst vor dem Neuartigen bei Ihrem Kind abgebaut werden.

ad 0000 **1.3. Hilfsmaterial zur Durchführung des Programms**

ad 1010	Mobile über dem Bettchen
ad 1020	Luftballon, am Handgelenk befestigt
ad 1030	Musikmobile (Fisher-Price)
ad 1040	Sanduhr-Rassel
ad 1050	Spielspiegel
ad 1060	Spielbox (Fisher-Price)
ad 1070	Hampelmann
ad 1080	Brummkreisel mit beweglichem Inhalt
ad 1090	„Oskar der Specht"
ad 1100	Einzelbilder (bei der Fa. Moltex kostenlos zu bestellen)
ad 1110	„Das ist meins" (Otto Meier Verlag)
ad 1120	„Dies und das aus meiner Welt" (Oetinger Verlag)
ad 1130	„Mein erstes Tierbuch" (Loewes Verlag, 6 Folgen)
ad 1140	„Mein erster Brockhaus" (Verlag Brockhaus, Wiesbaden)
ad 1150	„Wie kleine Kinder denken lernen" von Anderson, Band 1/1, 1/2, 1/3, Verlag Hyperion
ad 1160	2 Taschenlampen, die auf rot und grün zu schalten sind.
ad 1170	„Farben und Formen" (Ravensburg)
ad 1180	Formenbrett
ad 1190	Farbendomino
ad 1200	Kiddi-Tresor (Kiddikraft)
ad 1210	Party-Bestecke (Sortierübungen: Eßlöffel, Teelöffel, Gabeln)
ad 1220	Lottino
ad 1230	Schwarzer Peter (Ravensburg), Zuordnung
ad 1240	Größensortierbrett
ad 1250	Colorama (Ravensburg), Erfassen von Farben und Formen
ad 1260	„Wie kleine Kinder denken lernen", Lernspielbücher von Anderson, Heft 2/1, 2/2, 2/3, Verlag Hyperion
ad 1270	„Spielgarten" zur Selbstbeschäftigung: Legen von Bildern aus Haus, Garten usw.
ad 1280	Gleichfarbige Trinkhalme auf die Längen von 5 cm, 10 cm und 15 cm zurechtgeschnitten zum Sortieren
ad 1290	Plastik-Tiere (im Warenhaus erhältlich)
ad 1300	Haustiere („Fröbel-Tiere" von Lorenz)
ad 1310	Zoo-Tiere („Fröbel-Tiere" von Lorenz)
ad 1320	„Lustige Leute" (Gestalterfassung), Ravensburg
ad 1330	Dorf-Puzzle (Ravensburg), Einsetzen von 10 verschiedenen Formen
ad 1340	„Bauernhof-Puzzle" von Dick Bruna

ad 1350	Lernspielbücher von Anderson „Wie kleine Kinder denken lernen"; Band 3/1, 3/2 und 3/3, Verlag Hyperion
ad 1360	„Schau genau" (Ravensburg)
ad 1370	„Ich seh etwas, was Du nicht siehst" (Gesellschaftsspiel)
ad 1380	Einfarbige Trinkhalme auf 4 und 5 cm Länge zurechtgeschnitten zum Sortieren
ad 1390	Mengendomino (Ravensburg)
ad 1400	„Varianta" (farblose Holzformen zum Vervollständigen von Mustern)
ad 1410	Domino-Duett (Was gehört wohin?), Ravensburg
ad 1420	Tierpostkarten (Trennung von Kopf und Rumpf)
ad 1430	Zoo-mix-max (Zusammenfügen von Tiergestalten)
ad 1440	Denk- und Spielbuch A (Finken)
ad 1450	„Wir legen Geschichten" (Handlungsfolgen), Ravensburg
ad 1460	„Differix" (Ähnlichkeiten, Unterschiede), Ravensburg
ad 1470	„Kennst Du Robert?" von Rettich (Ravensburg)
ad 1480	„Was fehlt?" (Mertens Kunst)
ad 1500	„Wer kennt die Uhr?" (Didakta Puzzle, Ravensburg)
ad 1510	„Logic-Klock" (Kiddikraft)
ad 1520	Didakta-Puzzle in verschiedenen Schwierigkeitsgraden (Ravensburg)
ad 1530	Lernspielbücher von Anderson: „Wie kleine Kinder denken lernen", Band 5/1, 5/2, 5/3, Verlag Hyperion
ad 1540	„Ratebilderbuch" zum Herausfinden von Fehlern (Sellier)

ba 0000	**2. Akustische Wahrnehmung (Hören)**			
ba 1000	Genaues Hören und Hinhören ist eine Voraussetzung für das Erlernen der Sprache			
ba 8010	Text der individuellen Einfügung.			
bb 0000	**2.1 Die Analyse des Entwicklungsgitters ergibt:**			
bb 0010	**Ausfälle**			
bb 0020	**Unsicherheiten**			
bb 0030	**Anzustrebende neue Fertigkeiten**			
bb 0050	Keine			
bb 0100	Erschrickt bei lautem Geräusch			1M
bb 0200	Geräuschreaktion im Schlaf			2M
bb 0300	Hält bei leisem Ton inne			3M
bb 0400	Sieht Sprechenden an			4M
bb 0500	Lauscht bei Gesang, Musik			5M
bb 0600	Sucht Ton durch Kopfwenden			6M
bb 0700	Stoppt Weinen auf Zuspruch			7M
bb 0800	Lauscht bei Schritten			8M
bb 0900	Dreht den Kopf beim Flüstern			9M
bb 1000	Reagiert auf Schimpfen			10M
bb 1100	Dreht Kopf direkt zum Ton			11M
bb 1200	Versteht eine Wortbedeutung	1J		
bb 1300	Blickt zur genannten Person	1J		1M
bb 1400	Mundbewegung bei „ham", „happa"	1J		2M
bb 1500	Befolgt: komm her zu mir	1J		3M
bb 1600	Macht auf Geheiß „bitte"	1J		4M
bb 1700	Versteht: Mund auf	1J		5M
bb 1800	Reagiert auf seinen Namen	1J		6M
bb 1900	Zeigt 2 benannte Personen	1J		7M
bb 2000	Zeigt 4 benannte Dinge	1J		8M
bb 2100	Zeigt benannten Körperteil	1J		9M
bb 2200	Versteht: Möchtest Du…	1J		10M
bb 2300	Versteht: Eia und Heia	1J		11M
bb 2400	Versteht: Ata, Teita (ausfahren)	2J		
bb 2500	Kennt 20 Wortbedeutungen	2J		1M
bb 2600	Zeigt 8 benannte Dinge	2J		2M
bb 2700	Zeigt 4 benannte Personen	2J		3M
bb 2800	Versteht: Wiedersehen, „Tschüss"	2J		4M
bb 2900	Befolgt: Gib mir noch eins	2J		5M
bb 3000	Befolgt: Leg Puppe heia	2J		6M
bb 3100	Versteht doppelte Ortsangabe	2J		7M
bb 3200	Befolgt Doppelauftrag	2J		8M
bb 3300	Zeigt 6 benannte Körperteile	2J		9M
bb 3400	Zeigt Tätigkeit im Bild	2J		10M

bb 3500	Hört 2 Schläge heraus	2J	11M
bb 3600	Befolgt: Gib mir eins/viele	3J	
bb 3700	Zeigt größer und kleiner	3J	1M
bb 3800	Zeigt re./li. (auch falsch)	3J	2M
bb 3900	Zeigt auf rote Farbe	3J	3M
bb 4000	Zeigt eckig und rund	3J	4M
bb 4100	Hört Geschichte gespannt zu	3J	5M
bb 4200	Hört Vokal „A" heraus	3J	6M
bb 4300	Kennt Daumen, Zeigefinger	3J	7M
bb 4400	Befolgt: Gib mir 2	3J	8M
bb 4500	Versteht: morgens, abends	3J	9M
bb 4600	Legt etwas auf, unter	3J	10M
bb 4700	Versteht: müde, hungrig	3J	11M
bb 4800	Zeigt alles was fliegt	4J	
bb 4900	Versteht: dünn/dick, gerade/krumm	4J	2M
bb 5000	Versteht Begriff: mehr/am meisten	4J	4M
bb 5100	Merkt einstellige Zahl eine Minute	4J	6M
bb 5200	Versteht: schief, rauh, flüssig	4J	8M
bb 5300	Zeigt auf 3 benannte Berufe	4J	10M
bb 5400	Hört Sinnwidriges heraus	5J	
bb 5500	Besteht: schnell/langsam	5J	2M
bb 5600	Zeigt 3 Oberbegriffe	5J	4M
bb 5700	Befolgt 3-teiligen Auftrag	5J	6M
bb 5800	Versteht: schön/häßlich	5J	8M
bb 5900	Zeitbegriff: gestern/morgen	5J	10M
bb 6000	Zeigt Ellenbogen, Knie, Ferse	6J	
bb 6100	Hört Kategorienfremdes heraus	6J	2M
bb 6200	Zeigt 4 Farben, gibt 4 Stück	6J	4M
bb 6300	Raumbegriff: Vorletzter	6J	6M
bb 6400	Zeigt Mittel- und Ringfinger	6J	8M
bb 6500	Hört 5 Schläge heraus	6J	10M
bb 6600	Zeitbegriff: vorgestern	7J	
bb 6700	Kennt rechts und links	7J	2M
bb 6800	Hört Anfangsbuchstaben eines Wortes	7J	4M
bb 6900	Kennt die Jahreszeiten	7J	6M

bc 0000 **2.2 Trainingsprogramm für die akustische Wahrnehmung**

(Die mit *** versehenen Vorschläge sind als Hilfsmaßnahmen gedacht, um die im Entwicklungsgitter angegebenen Ziele zu erreichen)

bc 0100 Beobachten Sie, ob Ihr Kind in wachem Zustand eine Reaktion zeigt, wenn plötzlich ein lautes Geräusch ertönt (Das Fenster z.B. hart geschlossen wird o.ä.). Erschrickt Ihr Kind? Reagiert es auf das Geräusch

bc 0200 Treten Sie an das Bettchen Ihres schlafenden Kindes heran und schütteln Sie eine Rassel, ein Glöckchen. Reagiert es im Schlaf? Bewegt es sich?

bc 0300	Treten Sie -für das Kind unbemerkt- an das Kopfende seines Bettchens, wenn es wach ist. Schütteln Sie ein Glöckchen seitlich von ihm oder hinter ihm (oder schnippen Sie mit dem Finger an ein Weinglas). Hält es einen Augenblick inne mit seiner Beschäftigung? Sieht man es seinen Augen an, daß es lauscht?
bc 0400	Halten Sie Ihr Kind dazu an, daß es Sie anschaut, wenn Sie mit ihm sprechen. Nehmen Sie unter Umständen sein Köpfchen in beide Hände, so daß es „antlitzgerichtet" ist.
bc 0405	***Achten Sie darauf, daß Ihr Gesicht für Ihr Kind gut sichtbar und beleuchtet ist.
bc 0410	***Sprechen Sie viel mit Ihrem Kind und singen Sie ihm häufig etwas vor.
bc 0420	***Hin und wieder sollten Sie auch mit Ihrem Kind flüstern und die Lieder nur vorsummen.
bc 0430	***Bieten Sie Ihrem Kind Rasseln mit verschiedenen Klangfarben an, damit es auf die Unterschiede schon jetzt aufmerksam wird.
bc 0450	***Wenn Ihr Kind Ihr Gesicht „betatscht", sollten Sie ihm die Wahrnehmung seines Tastsinnes benennen, damit es diese mit dem akustischen Klangbild zu verbinden lernt (Nase, Augen, Mund, Haare usw.).
bc 0460	***Führen Sie die Händchen des Kindes über sein eigenes Gesicht und benennen Sie die Teile des Gesichts, die es da fühlt.
bc 0500	Singen Sie Ihrem Kind etwas vor, eines der bekannten Kinderlieder oder was Ihnen gerade einfällt. Wenn Sie meinen nicht singen zu können - was wahrscheinlich nicht stimmt -, dann stellen Sie Musik im Radio oder auf dem Plattenspieler ein. Lauscht Ihr Kind dem Gesang oder der Musik?
bc 0600	Treten Sie vom Kopfende her an das Bettchen Ihres Kindes heran. Schütteln Sie seitlich von seinem Köpfchen und hinter seinem Köpfchen eine Glocke. Wendet es seinen Kopf suchend hin und her?
bc 0610	***Bevor Sie Ihr Kind zum Füttern hochnehmen, setzen Sie ein Glöckchen oder einen Gong ein, damit es weiß, was nun passieren wird, damit eine Erwartungshaltung entsteht.
bc 0620	***Wenn Sie Ihr Kind zum Füttern hochnehmen, benutzen Sie möglichst immer dieselben Worte und Gebärden, damit sich eine Erwartungshaltung bei Ihrem Kind anbahnt.
bc 0700	Wenn Ihr Kind einmal weint, treten Sie an sein Bettchen heran und sprechen es freundlich und begütigend an. Läßt es sich durch solchen Zuspruch beruhigen? Sie sollten allerdings sicher sein, daß es nicht vor Hunger weint!

bc 0800	Nähern Sie sich mit für das Kind deutlich hörbaren Schritten seinem Bettchen. Beobachten Sie die Reaktionen Ihres Kindes: Lauscht es zunächst? Entsteht eine deutliche Erwartungshaltung?
bc 0900	Wenn Ihr Kind einmal auf Vaters oder Omas Schoß sitzt, nähern Sie sich von hinten und beginnen in etwa 30 cm Entfernung von seinem Ohr mit ihm zu flüstern. Wendet es sich Ihnen zu?
bc 1000	Wenn Sie mit Ihrem Kind einmal „schimpfen" müssen und Ihre Stimme erheben („Du-Du"! „Nein-nein"): Nimmt es die Veränderung in Ihrer Stimmlage wahr? Macht es ein erstauntes oder ängstliches Gesicht?
bc 1100	Rufen Sie Ihr Kind lockend mit seinem Namen an oder mit „Hallo"! Wendet es seinen Blick Ihnen zu? Sieht es den Rufenden an?
bc 1200	Versuchen Sie herauszufinden, ob Ihr Kind jetzt mit Sicherheit den Sinngehalt eines Wortes erfaßt hat („Teddy, Ball" oder „Winke-winke" oder „Wo ist das Licht?" und dergleichen).
bc 1210	***Sprechen Sie Ihrem Kind Kinderreime vor, dramatisieren Sie den Inhalt, untermalen Sie ihn mit Schaukeln, Hopsen und Gesten. Wenn Sie bei einem geliebten Vers das letzte Wort etwas hinauszögern, können Sie vermutlich eine Erwartungshaltung feststellen.
bc 1300	Fragen Sie Ihr Kind: „Wo ist Mama? (Papa, Oma, ein Geschwister)" Hat Ihr Kind die Frage verstanden? Blickt es in die Richtung, in der sich die genannte Person im Raum befindet?
bc 1310	***Bieten Sie Ihrem Kind Fingerspiele an (Vorschlag: „Das ist der Daumen" von Bertelsmann-Verlag oder „Die Unzertrennlichen", Don Bosco-Verlag). Benutzen Sie dabei die Finger Ihres Kindes, damit es auf seine Hände aufmerksam wird. Machen Sie eine spannende Geschichte daraus. Untermalen Sie diese mit Gesten und regen Sie Ihr Kind zum Ergänzen des letzten Wortes an.
bc 1320	***Setzen Sie eine Cantele ein (Ähnlich wie eine Leyer, 7 Ton-Saiteninstrument, keine Mißtöne). Ihr Kind wird mit seinen Händen darauf entlangfahren und die beruhigende Wirkung dieser 7 Ganz-Ton-Folge spüren.
bc 1400	Prüfen Sie, ob eine Erwartungshaltung bei Ihrem Kind entsteht wenn Sie ihm in der bei Ihnen üblichen Form seine Mahlzeit ankündigen. Macht es Mundbewegungen? Oder Leckbewegungen mit der Zunge? Seine Mahlzeit sollte hierbei nicht sichtbar sein. Versteht es Sie nur vom Wortlaut her?
bc 1500	Fordern Sie Ihr Kind auf, zu Ihnen zu kommen. Achten Sie jedoch darauf, daß Sie diese Aufforderung diesmal nicht mit Gesten unterstreichen. Versteht Ihr Kind Sie rein vom Wortlaut her? Reagiert es, indem es zu Ihnen läuft, krabbelt, Kriechbewegungen macht oder die Ärmchen nach Ihnen ausstreckt?

bc 1510	***Machen Sie Ihr Kind auf die verschiedenen Geräusche in Küche und Bad aufmerksam: Mutter fegt aus, wischt den Boden, das Wasser kocht, Eier werden aufgeschlagen und gebraten. Oder: Das Wasser läuft in die Badewanne, Vater putzt sich die Zähne, der Rasierapparat wird angestellt.
bc 1520	***Wenn Sie mit Ihrem Kind spazieren gehen oder einholen gehen, erklären Sie ihm die verschiedenen Geräusche des Verkehrs.
bc 1600	Versuchen Sie, ob Ihr Kind bereits die „Signalsprache" versteht: Befolgt es die Aufforderung: „Backe Kuchen" zu machen, oder „Wie groß bist Du?" zu zeigen, oder: „Bitte-bitte" zu machen?
bc 1700	Fordern Sie Ihr Kind auf, seinen Mund zu öffnen, ohne daß Sie ihm diese Handlung vormachen. Versteht es diese Anweisung rein vom Wortlaut her?
bc 1710	***Da Kinder mit einem Down-Syndrom dazu neigen, den Unterkiefer heruntersinken zu lassen, hören Sie das Signal „Mund´ zu" natürlich wesentlich öfter von ihren Eltern, als das Signal „Mund auf". Es kommt hier auf das Verständnis der Signalsprache an und deshalb darf man diesen Punkt als „gekonnt" bezeichnen, wenn Ihr Kind bei „Mund zu " um das Befolgen dieser Anweisung bemüht ist.
bc 1800	Prüfen Sie, ob Ihr Kind schon mit Sicherheit auf seinen Namen reagiert: Sprechen Sie es an, wenn es Ihnen den Rücken zudreht oder wenn es völlig versunken spielt. Blickt es Sie erwartungsvoll an?
bc 1810	***Bieten Sie Ihrem Kind Übungen zum Richtungshören an: Bei Schwierigkeiten in der optischen Wahrnehmung ist dieses Training eine wesentliche Hilfe bei der räumlichen Orientierung.
bc 1815	***Spielen Sie mit Ihrem Kind „Wecker suchen": Stellen Sie den Wecker so, daß er demnächst ablaufen wird und plazieren ihn: auf dem Schrank, unter dem Stuhl, hinter einem Kissen usw. Fordern Sie Ihr Kind auf, nach Erklingen des Geräusches den Standort des Weckers ausfindig zu machen. Anschließend erlauben Sie Ihrem Kind, den Wecker zu verstecken und Sie müssen ihn finden. (Sie werden natürlich einige Schwierigkeiten vortäuschen.)
bc 1820	***Lassen Sie rechts und links und hinter Ihrem Kind die verschiedensten Geräusche ertönen (evtl. Kinderinstrumente benutzen) und lassen Sie Ihr Kind in die Richtung zeigen, aus der das Geräusch kam.
bc 1830	***Bieten Sie Ihrem Kind einen Brummkreisel an: Lauschen Sie gemeinsam dem Summ-Ton und dem kleckernden Geräusch, wenn die Dreh-Bewegung ausläuft. Wählen Sie möglichst einen Kreisel mit beweglichem Inhalt (z.B. Eisenbahn), damit gleichzeitig die optische Wahrnehmung angeregt wird. Wenn Sie dann noch die Händchen Ihres Kindes zart an den Kreisel führen, wird außerdem der Tastsinn angeregt.

bc 1840	***Geben Sie Ihrem Kind Gelegenheit, auf den Knopf der Türglocke zu drücken, damit es erfährt, mit welchen Handlungen die Menschen seiner Umwelt darauf reagieren.
bc 1900	Benennen Sie 2 dem Kind bekannte Personen, die sich im Raum befinden und lassen Sie Ihr Kind darauf zeigen. Wenn es nur hinblickt, helfen Sie ihm, die Zeigebewegung durchzuführen.
bc 2000	Legen Sie einige dem Kind aus dem täglichen Umgang vertraute Dinge bereit (Löffel, Becher, Spielsachen) und benennen Sie 4 von diesen Gegenständen. Kann Ihr Kind darauf zeigen?
bc 2100	Fragen Sie Ihr Kind: „Wo ist Dein Bauch? Dein Mund? Dein Kopf?" usw. Ist es in der Lage, einen Körperteil an sich selbst zu zeigen? (Deuten Sie nicht mit einer Bewegung oder Geste auf diesen Körperteil - weder bei sich, noch bei dem Kind.)
bc 2200	Fragen Sie Ihr Kind bei passender Gelegenheit, ob es etwas zu essen, zu trinken oder zum Spielen haben möchte. Reagiert Ihr Kind auf diese Frage eindeutig mit Bejahung oder Verneinung? Hat es die Frage verstanden?
bc 2300	Bitten Sie Ihr Kind mit dem bei Ihnen üblichen Ausdruck, lieb zu Ihnen zu sein („ei" zu machen, ein „Küßchen" zu geben, zu „schmusen"). Versteht es, was gemeint ist? Streichelt es Sie? Schmiegt es sich an Sie? Prüfen Sie das Sprachverständnis Ihres Kindes auch in der „Gute Nacht"-Phase: Nach Beendigung der Zeremonie des „Zu-Bett-gehens" fordern Sie es mit dem bei Ihnen üblichen Ausdruck auf, nunmehr zu schlafen. Nimmt es seine typische Schlafhaltung ein? Hat es Sie verstanden?
bc 2400	Kündigen Sie Ihrem Kind an, daß sie gemeinsam ausgehen wollen. Treffen Sie aber vorher keine Vorbereitungen, aus denen das Kind auf dieses Vorhaben schließen könnte. Hat es Sie rein vom Wortlaut her verstanden?
bc 2500	Prüfen Sie, ob Ihr Kind mit Sicherheit den Sinngehalt von 20 Worten beherrscht. Machen Sie sich zur Not eine Strichliste. Es dürfen Personennamen, Gegenstandsbezeichnungen und Worte für bestimmte Handlungen sein.
bc 2505	***Begleiten Sie alle Handlungen, die Sie in Gegenwart Ihres Kindes durchführen, mit einfachen, klar formulierten Sätzen. Benennen Sie die Gegenstände, die Sie für Ihre Handlungen benötigen (Besen, Staubtuch, Staubsauger - oder Hammer, Nagel, Kneifzange) immer mit demselben Wort, damit der Gegenstand für Ihr Kind zu einem festen Begriff wird. Fragen Sie gelegentlich, wo ist ... (der Besen, das Staubtuch usw.) und lassen Sie Ihr Kind darauf zeigen.
bc 2510	***Setzen Sie zur Ausweitung und Festigung der konkreten Begriffsbildung die „Hamburger Bildserie zur Sprachförderung" von Eckel ein. Mit diesem Material läßt sich bis in das Schulalter hinein gezielt arbeiten.

bc 2600	Benennen Sie 8 Gegenstände in Ihrer Umgebung, die sich im Blickfeld Ihres Kindes befinden. Kann es mit seinen Ärmchen, seiner Hand oder mit dem Zeigefinger darauf zeigen?
bc 2700	Prüfen Sie, ob Ihr Kind auf 4 Personen aus seiner Umwelt zeigen kann, wenn deren Name genannt wird. Diese Personen brauchen nicht gleichzeitig im Raum zu sein: es genügt, wenn Ihr Kind mit 4 genannten Namen die Vorstellung von der entsprechenden Person verbindet.
bc 2800	Verabschieden Sie sich von Ihrem Kind mit den bei Ihnen üblichen Worten („Wiedersehen" oder „Tschüss"), ohne jedoch durch begleitende Handlungen Ihre Absicht deutlich zu machen. Versteht es Sie nur vom Wort her? Möchte es mitgenommen werden? Oder beginnt es zu winken?
bc 2900	Nehmen Sie während des Spielens mit Ihrem Kind einen Bauklotz oder einen Muggelstein in die Hand und fordern es auf, Ihnen noch einen zu geben. Befolgt es diese Aufforderung?
bc 3000	Fordern Sie Ihr Kind während des Spielens mit ihm auf, nunmehr sein Püppchen (seinen Teddy) schlafen zu legen (zuzudecken, zu füttern, zu kämmen oder dergleichen). Zeigt es durch entsprechende Handlungen, daß es diese Aufforderung verstanden hat?
bc 3100	Prüfen Sie, ob Ihr Kind in der Lage ist, eine doppelte Ortsanweisung zu verstehen. Fordern Sie es z.B. auf, sein Nachthemdchen in das Kinderzimmer zu bringen und auf das Bett zu legen, den Becher in die Küche zu bringen und dort auf den Tisch zu stellen.
bc 3200	Versuchen Sie, herauszufinden, ob Ihr Kind sich schon einen Doppelauftrag merken kann. (Nimm bitte den Teddy vom Boden auf und zieh Deinen Strumpf hoch.)
bc 3300	Prüfen Sie, ob Ihr Kind in der Lage ist, 6 benannte Körperteile an seinem Püppchen oder an sich selbst zu zeigen - oder auch an Ihnen. Hat es die Begriffe verstanden?
bc 3400	Benennen Sie beim gemeinsamen Betrachten von Bilderbüchern die dargestellten Tätigkeiten und ermuntern Sie Ihr Kind, darauf zu zeigen. Ist ihm das Wort geläufig? Hat es den Begriff verstanden?
bc 3500	Prüfen Sie, ob Ihr Kind rein von der Akustik her zwischen ein oder zwei gleichartigen Geräuschen unterscheiden kann. Fordern Sie es auf, sich umzudrehen und klatschen Sie einmal in die Hände (oder klopfen auf den Tisch). Kann es das nachahmen? Anschließend klatschen (klopfen) Sie zweimal kurz hintereinander. Kann es auch dies nachahmen? Dann wiederholen Sie 1mal Klatschen und 2mal Klatschen in buntem Wechsel. Hat Ihr Kind die Aufgabe verstanden? Klatscht es richtig?

bc 3510	***Bieten Sie Ihrem Kind eine umgedrehte Plastikschüssel oder eine Kindertrommel, Tamburin an: Kann es einfachste Rhythmen nachahmen? Versuchen Sie, den Schwierigkeitsgrad langsam zu steigern.
bc 3515	***Versuchen Sie, ob Ihr Kind bereit ist, beim Klatschen verschiedener Rhythmen mitzumachen. Für diesen Versuch ist das Lied: „Es klappert die Mühle am rauschenden Bach" gut geeignet.
bc 3520	***Lauschen Sie gemeinsam dem Klang einer Spieluhr. Wählen Sie möglichst ein Lied, das rhythmisch betont ist. Schwingen Sie die Ärmchen Ihres Kindes in diesem Rhythmus oder nehmen Sie seine Händchen und betonen den Grundton durch klatschen.
bc 3522	***Versuchen Sie, ob Ihr Kind den Grundrhythmus einer Spieluhrmelodie schon richtig betonen kann. Regen Sie es an, auch die Verlangsamung zu beachten. Es lernt dabei, sich einem Fremdrhythmus anzupassen: es gehorcht der Musik.
bc 3525	***Bieten Sie Ihrem Kind eine Platte mit Kinderliedern an. Wenn seine Aufmerksamkeitsspanne sehr gering ist, überspielen Sie sein Lieblingslied auf einen Kassettenrekorder. Betonen Sie den Grundton durch Klatschen, Wiegen, Schaukeln, Stampfen.
bc 3530	***Versuchen Sie, ob Sie Ihr Kind zum Befolgen von Anweisungen auf dem Wege über die Musik erziehen können. Eine geeignete Platte hierfür wäre z.B. „Peter und der Wolf". Versuchen Sie, ob es Ihrem Kind gelingt, z.B. immer beim Ertönen des Vogelmotivs eine kleine Pan-Flöte einzusetzen. Machen Sie es ihm mehrfach vor, später machen Sie es gemeinsam, schließlich sollte Ihr Kind es alleine ausführen.
bc 3540	***Versuchen Sie, die einzelnen Motive von „Peter und der Wolf" nach und nach mit verschiedenen Kinderinstrumenten zu untermalen: Konzentration und Ausdauer werden trainiert, es muß warten bis es „dran ist", es muß pünktlich einsetzen, d.h. es lernt gehorchen und sich zu disziplinieren, und es muß unter mehreren Instrumenten auswählen.
bc 3550	***Um schrittweise vom Gehorchenlernen über die Musik und Rhythmik das Befolgen verbaler Aufforderungen zu erlernen, bieten Sie Ihrem Kind eine Kindersprechplatte an. („Die kleine Lok" oder etwas Entsprechendes). Immer, wenn der Herr Bahnhofsvorsteher „Abfahren" ruft, setzen Sie eine Trillerpfeife ein.
bc 3560	***Wenn Ihr Kind verbale Aufforderung zu befolgen gelernt hat, untermalen Sie weitere markante Stellen auf einer Kindersprechplatte mit einer Knarre, Rumba-Rasseln, Trommeln und dergleichen. (Disziplinierung-Gehorsam lernen auf „neutraler Basis".)

bc 3600	Versuchen Sie, ob Ihr Kind schon die Mengenbegriffe 1 und viele verstanden hat: Spielen Sie Kaufmann mit ihm, kaufen Sie ihm eine Rosine ab und von den bunten Muggelsteinen „ganz viele". „Bedient" es Sie richtig? Hat es Sie verstanden?
bc 3700	Prüfen Sie, ob Ihr Kind schon die Begriffe „größer" und „kleiner" beherrscht: Legen Sie verschieden große Bausteine, Muggelsteine oder dergleichen auf den Tisch und fordern Sie es auf, jeweils einen „großen" oder einen „kleinen" herauszusuchen und Ihnen zu geben. Ist es in seiner Wahl sicher?
bc 3800	Fordern Sie Ihr Kind auf, Ihnen seine rechte Hand zu zeigen. (Wenn es Ihnen seine linke Hand zeigt, lassen Sie es dabei.) Jetzt fordern Sie es auf, seine linke Hand zu zeigen. Es kommt lediglich darauf an, festzustellen, ob Ihr Kind schon verstanden hat, daß die beiden Körperseiten verschiedene Namen haben; also auch, wenn es mit links anfängt und dann die rechte Hand (bei Aufforderung links zu zeigen) vorweist, gilt das als richtig.
bc 3900	Versuchen Sie, ob Ihr Kind den optischen Eindruck der Farbe „rot" schon mit dem akustischen Begriff „rot" in Verbindung bringen kann: Legen Sie 3 verschiedene Gegenstände in leuchtenden Grundfarben vor dem Kind auf den Tisch und fordern Sie es auf, den „Roten" herauszusuchen.
bc 4000	Prüfen Sie, ob Ihr Kind die Begriffe für die Formen „eckig" und „rund" richtig verstanden hat. Legen Sie einen dreieckigen Bauklotz und eine runde Walze oder ein kreisrundes Bauplättchen vor dem Kind auf den Tisch und fordern es in wechselnder Reihenfolge auf, Ihnen das „Eckige" oder das „Runde" zu geben.
bc 4100	Um die Aufmerksamkeit Ihres Kindes zu prüfen, lesen Sie ihm eine kurze, spannende Geschichte vor oder erzählen ihm ein Märchen, eine Tierfabel. Kann es sich für mindestens eine Minute ganz auf die Erzählung konzentrieren? Ist es „voll dabei?" (Vermeiden Sie Ablenkungen).
bc 4110	***Machen Sie kleine Tonbandreportagen aus dem Erlebnisbereich Ihres Kindes, z.B. „Vater kommt nach Hause" oder „Die Familie am Abendbrottisch" oder „Es kommt Besuch". Versuchen Sie dabei, die Lautäußerungen Ihres Kindes mit einzufangen: es wird sich freuen. Es ist wichtig, daß es einmal seine eigene Stimme hört.
bc 4200	Bieten Sie Ihrem Kind ein „neues Spiel" an: Sie sagen ihm eine Reihe von Worten vor, und immer, wenn ein A darin vorkommt, soll es seine Hand hochheben. Beginnen Sie zunächst mit Worten, die ein langes A enthalten, wie bei „Schaf": es ist für den Anfang leichter. (Beispiel: Igel, Reh, Hase, Weg, Wiese, Vase). Sprechen Sie langsam und deutlich und machen Sie nach jedem Wort eine kleine Pause.

bc 4210	***Setzen Sie zur weiteren Ausdifferenzierung der akustischen Wahrnehmung die Geräuschplatte von Ravensburg ein: „Hör, was ist das?" Es ist ein Bilderlotto beigefügt, so daß die Kärtchen beim Erkennen der Geräusche den Legetafeln zugeordnet werden können. (Bitte mit Seite B anfangen, da diese leichter ist.)
bc 4211	***Für den Anfang ist es manchmal zweckmäßig, die Geräusche auf einen Kassettenrekorder zu überspielen und nach jedem Geräusch eine Pause einzufügen, weil der Ablauf der Platte behinderte Kinder oft im Tempo überfordert.
bc 4220	***Nehmen Sie die verschiedenen Geräusche des Verkehrs auf ein Tonband auf und halten Sie entsprechende Bilder von Fahrzeugen bereit, die das Kind den Geräuschen zuordnen sollte.
bc 4230	***Nehmen Sie die Geräusche aus Küche und Bad auf eine Tonbandkassette auf und spielen Sie Ihrem Kind vor. Kann es sie richtig deuten?
bc 4240	***Bieten Sie Ihrem Kind die Möglichkeit, gleichartige Geräusche einander zuzuordnen. Nehmen Sie z.B. 5 Paar Salbendosen (in der Apotheke erhältlich) und füllen Sie jeweils paarweise mit gleichem Inhalt, z.B. je einem eingewickelten Bonbon. Nächste Paare: ein Teelöffel Zucker, 1 Teelöffel Linsen, 3 Stecknadeln, eine Nuß. Zeigen Sie Ihrem Kind, wie es sich anhört, wenn man diese Dosen schüttelt. Lassen Sie Dosen mit gleichen Geräuschen von Ihrem Kind zuordnen.
bc 4250	***Um Ihrem Kind die Zuordnung der Geräuschdosen zu erleichtern, kann man diejenigen mit gleichem Inhalt anfangs mit einer gleichen optischen Markierung versehen. Diese sollte jedoch später entfernt werden, da das Kind lernen soll, sich nur auf sein Gehör zu verlassen.
bc 4300	Fordern Sie Ihr Kind auf, Ihnen seinen Daumen zu zeigen. Kann es auch schon seinen Zeigefinger vorzeigen?
bc 4400	Prüfen Sie beim „Kaufmann-Spiel", ob Ihr Kind den Zahlenbegriff 2 jetzt sicher beherrscht: Kaufen Sie ihm 2 Rosinen ab, 2 Stückchen Zucker. Bedient Ihr Kind Sie richtig?
bc 4410	***Zur Vorbereitung des Zahlenbegriffes 2 lassen Sie sich im täglichen Leben von Ihrem Kind seinen zweiten Strumpf, seinen zweiten Schuh bringen.
bc 4500	Stellen Sie im Gespräch mit Ihrem Kind fest, ob es die Begriffe „Morgens" und „Abends" verstanden hat. Fragen Sie es: „Wenn Du aufstehst, ist es dann morgens oder abends?"
bc 4510	***Legen Sie 2 Bilder mit typischen morgendlichen und abendlichen Szenen bereit und zeigen sie Ihrem Kind. Fragen Sie es dann, auf welchem Bild es „Morgens" ist und lassen Sie es darauf zeigen, wenn es die Worte noch nicht formulieren kann.

bc 4520	***Sie finden derartige charakteristische bildliche Darstellungen in der „Hamburger Bildserie zur Sprachförderung" von Eckel.
bc 4600	Prüfen Sie, ob Ihr Kind die Präpositionen „auf", „unter", „in", „neben" usw. bereits verarbeitet hat. Lassen Sie den Bauklotz in die Spielkiste legen, das Püppchen auf den Stuhl setzen, Eimer und Schaufel neben die Sandkiste stellen.
bc 4700	Hat Ihr Kind den Wortsinn der Empfindungen wie „kalt", „müde", „hungrig" richtig verstanden? Stellen Sie entsprechende Fragen an Ihr Kind.
bc 4800	Spielen Sie mit Ihrem Kind „Alle Vögel fliegen hoch" oder „Alles, was fliegt", indem Sie abwechselnd Vogelnamen und bekannte Säugetiernamen nennen. Beim Nennen von Vogelnamen sollen jedesmal die Arme hochgehoben werden. (Dieses Spiel eignet sich gut für Kinder-Geburtstagsfeiern). Es soll hierdurch geprüft werden, ob Ihr Kind Gehörtes bereits nach einfachen Oberbegriffen ordnen kann.
bc 4900	Stellen Sie durch Beobachtungen im täglichen Leben fest, ob Ihr Kind die Begriffe „dünn und dick" sowie die Begriffe „gerade und krumm" bereits verstanden hat. Gut geeignet für eine derartige Beobachtung dürfte die Situation sein, in der Sie gemeinsam mit Ihrem Kind ein kleines Geschenk basteln.
bc 4910	***Wenn Sie unsicher sind, ob die Begriffe „dick" und „dünn" Ihrem Kind wirklich schon vertraut sind, können Sie diese am Steckbrett von Siggikid trainieren. Es handelt sich um 10 verschiedene Walzen, die sich lediglich in ihrem Durchmesser unterscheiden.
bc 4920	***Falls Sie unsicher sind, ob die Begriffe „gerade" und „krumm" schon von Ihrem Kind verstanden werden, prüfen Sie dies an einer Hand voll Nägel, von denen Sie einige krummgeschlagen haben - oder an etwas Entsprechendem.
bc 5000	Beobachten Sie bei einem der üblichen Kinderspiele (Murmelspiel) oder Gesellschaftsspiele, ob Ihr Kind die Begriffe „mehr" und „am meisten" schon verstanden hat. Richten Sie entsprechende Fragen an Ihr Kind.
bc 5010	***Wenn Sie kein geeignetes Spiel zur Überprüfung dieser Begriffe zur Hand haben, können Sie natürlich auch Ihren Familienmitgliedern den Nachtisch einmal in deutlich unterschiedlicher Menge zuteilen und dabei das Wortverständnis Ihres Kindes prüfen. Um den Familienfrieden nicht zu gefährden, werden Sie anschließend sicher eine gerechte Verteilung vornehmen.
bc 5100	Nennen Sie Ihrem Kind eine einstellige Zahl und fordern Sie es auf, sich diese gut zu merken. Schauen Sie auf eine Uhr mit Sekundenzeiger und merken sich den Zeigerstand. Dann beschäftigen Sie Ihr

	Kind mit einer Hilfsleistung oder einem Spiel und fragen es nach Ablauf einer Minute, ob es die benannte Zahl noch weiß. Hat Ihr Kind sie behalten?
bc 5200	Beobachten Sie im täglichen Leben, ob Ihr Kind die Begriffe „schief" und „rauh" und „flüssig" schon verstanden hat. Wenn Sie unsicher sind, testen Sie dies nach, indem Sie Ihr Kind bewußt aufs Glatteis führen. Behaupten Sie von einem Gegenstand beispielsweise er sei schief, wenn er tatsächlich gerade ist oder er sei glatt, wenn er tatsächlich rauh ist oder er sei fest, wenn er tatsächlich flüssig ist. Können Sie aus den Reaktionen Ihres Kindes entnehmen, daß er mit Ihren Behauptungen nicht einverstanden ist?
bc 5300	Zeigen Sie Ihrem Kind Bilder, auf denen Menschen in ihrer charakteristischen Berufskleidung ihrer Arbeit nachgehen, z.B. der Bäcker beim Backen des Brotes oder der Feuerwehrmann beim Löschen des Feuers. Benennen Sie 3 Berufe von den entsprechenden Bildern und prüfen Sie, ob Ihr Kind das richtige Bild auswählt.
bc 5310	***Wenn es Ihnen Schwierigkeiten macht, derartige Bilder aus Ihrem vorhandenen Material herauszufinden, besorgen Sie sich gelegentlich die „Hamburger Bildserie zur Sprachförderung" von Walter Eckel. Auf den Seiten 2, 3 und 4 finden Sie geeignete charakteristische Darstellungen von Menschen in ihrem Beruf.
bc 5320	***Dieses Buch ist zwar recht kostspielig, aber auf Jahre hinaus für die Arbeit mit Ihrem Kind gut zu gebrauchen. Vielleicht sind Großeltern oder Patentanten bereit, dies als Geschenk zum Geburtstag oder zu Weihnachten vorzumerken.
bc 5400	Erzählen Sie Ihrem Kind eine kleine Geschichte oder berichten von einer Begebenheit, in die Sie etwas einflechten, was ganz offensichtlich nicht stimmen kann. Bemerkt Ihr Kind, daß Sie es verulken wollen? Hat es aufmerksam zugehört?
bc 5410	***Berichten Sie z.B. von einem Erlebnis und fügen im Verlauf der Erzählung Redewendungen ein, die sinnwidrig sind: „Der Wind wehte so schön eisig warm" - oder ähnliches. Bemerkt Ihr Kind, daß hier ein Widerspruch vorliegt?
bc 5420	***Folgende kleine Lügengeschichte ist auch für diese Aufgabe geeignet: *„Eine Kuh, die saß im Schwalbennest mit sieben jungen Ziegen, die feierten ihr Jubelfest und fingen an zu fliegen! Der Esel zog Pantoffel an, ist übers Haus geflogen - und wenn das nicht die Wahrheit ist, so ist es doch - gelogen"*. Bemerken Sie bereits nach der ersten Zeile, daß Ihr Kind stutzig wird? Beginnt es zu lachen?
bc 5430	***Ein alter Kindervers eignet sich ebenfalls gut, um herauszufinden, ob Ihr Kind Sinnwidrigkeiten in der Sprache erkennen kann: *„Des abends, wenn ich früh aufstehe, des morgens, wenn ich zu Bette gehe, da krähen die Hühner, da gackert der Hahn, da fängt*

das Korn zu dreschen an, die Magd, die fegt mit der Stube den Besen! da sitzen die Erbsen, die Kinder zu lesen! Ach, wie sind mir die Stiefel geschwollen, daß sie nicht in die Beine reinwollen. Nimm 3 Pfund Stiefel und schmiere das Fett: dann stelle mir unter die Stiefel das Bett." Hat Ihr Kind Spaß an so viel Unfug?

bc 5440 ***Führen Sie Ihr Kind gelegentlich aufs Glatteis: Berichten Sie von einem Erlebnis und fügen Redewendungen ein, die einer Korrektur bedürfen. Beispiel: „Das Wasser war mir einfach zu trocken". Hat Ihr Kind aufmerksam zugehört? Korrigiert es Sie?

bc 5500 Stellen Sie fest, ob Ihr Kind die Begriffe schnell und langsam schon verstanden hat. Wenn Sie diese Frage aus den Beobachtungen des täglichen Lebens nicht eindeutig beantworten können, zeigen Sie ihm beispielsweise Tierbilder von einer Schnecke und einem Hasen. Fordern Sie Ihr Kind auf, das langsame Tier zu zeigen.

bc 5510 ***Wenn diese Begriffe noch sehr unsicher sind, geben Sie Ihrem Kind die Möglichkeit, diese Erfahrungen im Bereich der Körpermotorik zu machen: Gehen Sie mit ihm gemeinsam „ganz langsam" und anschließend rennen Sie mir Ihm „ganz schnell". Oder Sie demonstrieren diese Begriffe durch klatschen, klopfen und dergleichen.

bc 5520 ***Sie können diese Begriffe auch über Abbildungen verschiedener Motor-Fahrzeuge prüfen. Wählen Sie z.B. einen Trecker oder eine Dampfwalze und stellen diese einem schnittigen Porsche gegenüber, oder Sie lassen einen Roller mit einem Moped vergleichen.

bc 5600 Betrachten Sie mit Ihrem Kind gemeinsam einige größere Abbildungen, auf denen es viele Details zu sehen gibt: Situationsbilder vom Jahrmarkt, vom Bahnhof, von einem Faschingsfest und dergleichen. Nennen Sie Ihrem Kind einige Oberbegriffe und veranlassen Sie es, auf die zu diesem Begriff gehörenden Einzeldarstellungen zu zeigen (z.B. auf alle Menschen, alle Luftballons, alle Fahrzeuge usw.)

bc 5610 ***Für diese Aufgabe sind die Situationsbilder von Eckel gut geeignet (Hamburger Bildserie zur Sprachförderung, Bl. 105-135.)

bc 5700 Stellen Sie fest, ob Ihr Kind sich bereits einen Auftrag merken kann, der aus 3 Teilen besteht. Beispiel: „Geh in Dein Zimmer und hole Dir aus Deiner Kommode ein paar saubere Strümpfe." Behält Ihr Kind den Auftrag und ist es zur Ausführung auch bereit?

bc 5800 Suchen Sie in Ihren Zeitschriften nach Abbildungen, die den kindlichen Vorstellungen von „schön" und „häßlich" entsprechen und fragen Sie Ihr Kind, welche Abbildungen es „schön" und welche es „häßlich" findet.

bc 5810	***Da die ästhetischen Begriffe beim Erwachsenen etwas ins Wanken geraten sind und infolgedessen auch bei Ihrem Kind Schwierigkeiten auftreten könnten, möchten wir Ihnen zu den Bildern von Eckel, Seite 83 raten (Hamburger Bildserie zur Sprachförderung).
bc 5900	Prüfen Sie, ob Ihr Kind den Zeitbegriff von „gestern" und „morgen" schon erfaßt hat. Richten Sie entsprechende Fragen an Ihr Kind. Evtl. verwechseln Sie die beiden Begriffe zum Spaß und lassen sich korrigieren, um ganz sicher zu gehen.
bc 5910	***Versuchen Sie, den Zeitbegriff Ihres Kindes weiter auszudifferenzieren: Fragen Sie, was Sie gestern abend mit ihm besprochen haben, was Sie heute Mittag essen wollen und was Sie sich gemeinsam für morgen früh vorgenommen haben.
bc 6000	Stellen Sie fest, ob Ihr Kind schon differenziertere Bezeichnungen für bestimmte Regionen an seinen Gliedmaßen beherrscht: Kann es Ihnen seinen Ellenbogen, seine Knie, seine Ferse zeigen, wenn Sie es dazu auffordern?
bc 6100	Prüfen Sie, ob Ihr Kind in der Lage ist, das sogenannte „Kuckucks-Ei" herauszuhören, d.h. Kategorienfremdes in einer Serie von Worten zu bemerken. Überlegen Sie z.B. gemeinsam mit Ihrem Kind, was Sie alles beim Gemüsemann (oder in der Gemüseabteilung des Selbstbedienungsladens) besorgen wollen. Tun Sie so, als seien Sie sehr zerstreut und zählen auf: Kartoffeln, Radieschen, Tomaten, Kohl, Schuhcreme, Apfelsinen, Zitronen, Sahnejoghurt." Bemerkt Ihr Kind Ihre Schnitzer? Korrigiert es Sie?
bc 6200	Prüfen Sie, ob Ihr Kind die 4 Grundfarben: rot, grün, blau und gelb sicher beherrscht. Benennen Sie im täglichen Leben diese Farben und lassen Sie Ihr Kind darauf zeigen, wenn es in der sprachlichen Formulierung noch Schwierigkeiten haben sollte. Stellen Sie außerdem fest, ob Ihr Kind der Zahlenbegriff 4 bereits vertraut ist: Lassen Sie den Tisch für 4 Personen decken, fordern Sie es beim Kaufmannspiel auf, Ihnen 4 Rosinen zu verkaufen oder ähnliches.
bc 6300	Legen Sie eine Reihe von gleichartigen Gegenständen auf den Tisch: leere Streichholzschachteln, Legosteine, Kastanien oder dergleichen. Sodann zeigen Sie auf das „erste" Glied dieser Reihe und benennen es. Anschließend bitten Sie Ihr Kind, auf das „letzte" Glied zu zeigen. Wenn es dies verstanden hat, fordern Sie es auf, das „vorletzte" zu zeigen. Gelingt es ihm?
bc 6400	Fordern Sie Ihr Kind auf, Ihnen seinen Mittelfinger zu zeigen. Kann es Ihnen auch seinen Ringfinger zeigen? Prüfen Sie es.
bc 6500	Fordern Sie Ihr Kind auf, sich umzudrehen und dann klatschen Sie 5mal in die Hände oder klopfen gegen ein Möbelstück. Regen Sie Ihr Kind dazu an, entweder diese 5 Schläge nachzuahmen oder Ihnen mit den Fingern anzuzeigen, wie oft Sie geklatscht (oder geklopft) haben.

bc 6600	Prüfen Sie, ob Ihr Kind den Zeitbegriff „Vorgestern" bereits verstanden hat. Dies gelingt im Anfang am besten, wenn „Vorgestern" ein ganz besonderer Tag war: z.B. der Geburtstag des Kindes oder Heiligabend oder ein Besuch bei der Oma.
bc 6610	***Diese Aufgabe wird erleichtert und eindeutiger beurteilbar, wenn Ihr Kind die Wochentage bereits beherrscht. Sagen Sie ihm z.B.: „Heute haben wir Mittwoch. Was für einen Tag hatten wir dann gestern? und vorgestern?".
bc 6700	Lassen Sie sich von Ihrem Kind seine rechte Hand zeigen. Fordern Sie es anschließend auf, damit an sein linkes Ohr zu fassen. Ist es sicher in seinen Reaktionen?
bc 6800	Stellen Sie fest, ob Ihr Kind die Anfangsbuchstaben von einzelnen Worten heraushören kann. Am besten beginnen Sie mit Worten, die mit einem Selbstlaut (Vokal) anfangen: „Ofen" - „Igel". Gelingt es Ihrem Kind, diesen Buchstaben herauszuhören und zu wiederholen?
bc 6810	***Der nächste Schwierigkeitsgrad wäre dann, die Anfangsbuchstaben eines Wortes auch dann herauszuhören, wenn es sich dabei um Mitlaute (Konsonanten) handelt: „Baum" oder „Wasser".
bc 6900	Suchen Sie in den Bilderbüchern Ihres Kindes nach Abbildungen von den Jahreszeiten - oder versuchen Sie, diese aus Ihren Zeitschriften zusammenzufinden. Kann Ihr Kind die entsprechenden Bilder herausfinden, wenn Sie die Jahreszeit benennen?
bc 6910	***Wenn Sie kein geeignetes Material zur Hand haben, finden Sie in der „Hamburger Bildserie zur Sprachförderung" von Walter Eckel auf Blatt 137, 138, 139 und 140 charakteristische und kindgemäße Bilder von den 4 Jahreszeiten.
bw 0000	**Wahrnehmungsstörungen im akustischen Bereich (Hören)**
bw 0050	(Die mit *** versehenen Vorschläge sind als Hilfsmaßnahmen gedacht)
bw 1000	**Phase 1: Reizblockierung**
bw 1100	Versuchen Sie, die Aufmerksamkeit Ihres Kindes zu erreichen: nehmen Sie sein Gesicht in beide Hände, stellen Sie Blickkontakt her, sprechen Sie es an. Dann zeigen Sie ihm einen Gong (Triangel) und entlocken diesem einen kräftigen Ton. Hat Ihr Kind diesen Ton wahrgenommen? Lauscht es?
bw 1110	***Lassen Sie Ihr Kind selbst mit dem Erzeugen von Tönen und Klängen experimentieren, die zu Beginn allerdings sehr laut, hell und eindeutig sein müssen. Erst später kann man Ihrem Kind Material anbieten, mit dem sich zartere Töne und dumpfere Klänge erzeugen lassen.

bw 1120	***Bringen Sie die Haut Ihres Kindes mit Klangkörpern in Berührung, so daß es die Vibrationen auf dem Wege über seine Hautsensibilität wahrnehmen kann.
bw 1200	Es muß angenommen werden, daß dem Verhalten Ihres Kindes Sinnestäuschungen zu Grunde liegen. Versuchen Sie, durch starke akustische Reize in die Einsamkeit Ihres Kindes einzudringen und es für die Welt der Töne zu interessieren.
bw 2000	**Phase 2: Reizhunger**
bw 2100	Hindern Sie Ihr Kind nach Möglichkeit daran, durch mechanische Reizung der Ohren sich selbst zu akustischen Wahrnehmungen zu verhelfen: diese Wahrnehmungen entsprechen nicht der Realität und Ihr Kind entfernt sich damit von seiner Umwelt.
bw 2110	***Lenken Sie die Aufmerksamkeit Ihres Kindes auf Gegenstände, mit denen es selbst Töne oder Geräusche erzeugen kann, damit es sich durch Eigeninitiative mit der Welt der Töne vertraut macht.
bw 2200	Erlauben Sie Ihrem Kind nach Möglichkeit, selbst mit den verschiedenen Tonqualitäten zu experimentieren: Diejenigen Geräusche und Töne, die es selbst erzeugen kann, werden ihm auf diesem Wege vertraut und es gelingt ihm die Einordnung besser. Es baut sich durch seine Tätigkeit „Wahrnehmungsinseln" auf.
bw 2230	***Gehen Sie allmählich auf etwas leisere Geräuschqualitäten über: geben Sie Ihrem Kind Packpapier zum Zerreißen, Alu-Folie zum Zerknautschen und schließlich Seidenpapier zum Zerknüllen.
bw 2250	***Sehr jungen Kindern kann man für diese Experimente das Activity-Center von Fisher-Price anbieten: jede manuelle Betätigung des Kindes wird begleitet von akustischen (und optischen) Signalen.
bw 2300	Die Vorliebe für Küche und Bad entsteht dadurch, daß hier der Schall durch die Kacheln reflektiert wird und außerdem viele unvermutet plötzliche Geräusche auftreten.
bw 2310	***Erlauben Sie Ihrem Kind, den Wasserhahn zu öffnen und zu schließen, damit es die daraus resultierenden Geräusche in sich aufnehmen kann.
bw 2320	***Tolerieren Sie es nach Möglichkeit, wenn Ihr Kind das Aufziehen der Toilette vorübergehend zu seiner Hauptbeschäftigung macht.
bw 2400	Erlauben Sie Ihrem Kind, unter Ihrer Aufsicht ein elektrisch betriebenes Haushaltsgerät in Gang zu setzen.
bw 2410	***Ermuntern Sie Ihr Kind, sein Ohr an das Gehäuse eines elektrischen Haushaltsgerätes zu legen: es erfährt auf diese Weise mehr über die Geräuschqualität, die das Gerät hervorbringt.
bw 2420	***Bieten Sie Ihrem Kind Tonbandreportagen von den ihm bekannten Geräuschen der verschiedenen Haushaltsgeräte an und versuchen Sie, ob ihm die Zuordnung gelingt.

bw 2430	***Setzen Sie beim Abhören der Tonbänder Kopfhörer ein, damit es die Lautstärke der Wiedergabe selbst regulieren kann.
bw 2500	Erlauben Sie Ihrem Kind, die Gegenstände und Möbelstücke in seinem Zimmer nach dem Echolotprinzip zu beklopfen. Es erfährt auf diese Weise mehr über die Tonqualität.
bw 2510	***Versuchen Sie, seinen Raum so einzurichten, daß diese „Forschungsarbeit" nicht allzuviel Schaden anrichtet.
bw 2520	***Damit der Familienfriede gewahrt bleibt, bitten Sie Ihr Kind, sich mit dieser „Forschungsarbeit" auf sein Zimmer zu beschränken.
bw 2525	***Wenn Ihr Kind bei diesen Handlungen in eine Stereotypie hineinzugleiten droht, entfernt es sich damit von der Realität und kann keine Lernerfahrung machen. In einem solchen Fall sollten Sie ihm andere Möglichkeiten anbieten.
bw 2530	***Erlauben Sie Ihrem Kind, sich in seinem Zimmer eine Geräuschkulisse zu verschaffen: es braucht stärkere akustische Reize als die Gesunden, um nicht von der Angst der Einsamkeit überfallen zu werden.
bw 2540	***Vermeiden Sie nach Möglichkeit im Aufenthaltsraum Ihres Kindes (vielleicht auch in Ihrer Wohnung, Ihrem Haus) schalldämpfendes Material wie Teppichböden, Vorhänge, Wandverkleidungen, Schalldämmplatten. Ihr Kind wird es genießen, wenn die Geräusche reflektiert werden.
bw 2550	***Überlegen Sie, ob man den Bedarf an Hintergrundgeräuschen bei Ihrem Kind vielleicht damit decken kann, daß man eine Tonverstärkeranlage in seinem Raum anbringt.
bw 2600	Bieten Sie Ihrem Kind Spielzeug an, mit dem es selbst laute Geräusche erzeugen kann - (soweit Ihre Nerven und die der Nachbarn dies zulassen!). Versuchen Sie ihm zu erklären, wie und wo der Ton entsteht.
bw 2700	Haben Sie nach Möglichkeit Verständnis dafür, daß Ihr Kind hinter das Geheimnis der Tonerzeugung kommen möchte. Wählen Sie möglichst Spielzeugarten, bei denen man durch Auseinandernehmen und wieder Zusammensetzen die Neugierde des Kindes befriedigen kann.
bw 2800	Versuchen Sie, ob Sie mit Hilfe eines Gongs (oder eines anderen Instrumentes) Ihr Kind dazu bringen können, auf bestimmte Signale achtzugeben. Setzen Sie das Instrument immer leiser ein und rufen Sie gleichzeitig seinen Namen. Bauen Sie den Einsatz des Instrumentes nach und nach ab.
bw 2850	***Versuchen Sie, die ausgefallenen Formulierungen Ihres Kindes mit Humor zu ertragen - auch wenn diese nicht immer situationsgerecht von Ihrem Kind angewendet werden. Es kann die aufgeschnappten Gesprächsfetzen wegen seiner Wahrnehmungsstörung noch nicht gedanklich miteinander verbinden.

bw 2860	***Vermeiden Sie das Entstehen von Schuldgefühlen bei sich selbst, weil ausgerechnet die Schimpfworte bei Ihrem Kind so unerwünscht gut haften. Es trifft Sie vermutlich keine Schuld hierfür, wenngleich Ihre Umwelt natürlich dieser Auffassung ist.
bw 2900	Unterstützen Sie die Bemühungen Ihres Kindes, an die Schallquelle heranzukommen. Es hat einen Reizhunger, und der sollte nach Möglichkeit gestillt werden: erst wenn es in diesem Punkt abgesättigt ist, wird es selbst (und damit auch Ihre Familie) zur Ruhe kommen.
bw 3000	**Phase 3: Reizüberflutung**
bw 3100	Sorgen Sie stillschweigend dafür, daß Ihr Kind in einer lauten Fröhlichkeit die Möglichkeit hat, sich zurückzuziehen: bitten Sie ein Familienmitglied oder einen Besucher, einen kleinen Spaziergang mit ihm zu machen oder sich irgendeine Neu-Errungenschaft im Keller anzusehen. Ihr Kind wird Ihnen dankbar sein.
bw 3200	Bieten Sie Ihrem Kind Spielzeug an, mit dem es selbst Klänge und Töne erzeugen kann und lassen Sie Ihr Kind damit experimentieren. Versuchen Sie, das Vertrautsein mit bekannten Geräuschen allmählich immer mehr auszuweiten.
bw 3210	***Nehmen Sie diejenigen Töne und Geräusche auf ein Tonband auf, die Ihrem Kind vertraut sind und die nicht angstauslösend wirken. Stellen Sie fest, ob ihm die Einordnung dieser Töne und Geräusche sicher gelingt.
bw 3220	***Setzen Sie beim Abhören derartiger Tonbänder Kopfhörer ein, damit Ihr Kind von störenden Fremdgeräuschen abgeschirmt ist und sich die Lautstärke selbst wählen kann.
bw 3300	Vermeiden Sie in Ihrem Hause (Ihrer Wohnung) möglichst blanken Fußboden, Sonnenblenden, Kacheln und Fliesen: sie reflektieren den Schall und stellen dadurch eine zusätzliche Beunruhigung für Ihr Kind dar.
bw 3310	***Ermuntern Sie Ihr Kind, mit dem Wasserhahn zu spielen - zeigen Sie ihm die Bewegungen, lauschen Sie gemeinsam dem Geräusch, damit dieses ihm vertraut wird.
bw 3320	***Erlauben Sie Ihrem Kind, mehrfach die Spülung der Toilette zu benutzen, damit es von diesem Geräusch nicht mehr erschreckt wird.
bw 3330	***Versuchen Sie, die Umgebung Ihres Kindes (Ihr Haus, Ihre Wohnung) mit soviel schalldämpfenden Mitteln wie möglich auszustatten: Teppichböden, Teppiche, Vorhänge, Wandverkleidung, Schallschluckplatten. Sie schützen damit Ihr Kind vor unnötigen Störfaktoren.

bw 3400	Ermuntern Sie Ihr Kind, unter Ihrer Aufsicht ein elektrisch betriebenes Haushaltsgerät selbst in Gang zu setzen. Wählen Sie zu Beginn ein Gerät, das nur leise surrende Töne von sich gibt (Rasierapparat) und gehen Sie später dazu über, ihm das Anstellen des Staubsaugers zuzumuten.
bw 3500	Wenn Ihr Kind als Notlösung einfach seine Ohren „auf Durchzug stellt", machen Sie ihm Ihr Verständnis für seine Schwierigkeiten klar: Suchen Sie mit ihm einen vor Außenlärm möglichst geschützten Ort auf und warten dort mit ihm, bis es wieder Zutrauen zur Umwelt gefaßt hat. Es wird sich zeigen, daß es bald wieder hören kann.
bw 3600	Bitten Sie Ihre Familienmitglieder und Ihren Freundeskreis, auf die Störbarkeit Ihres Kindes Rücksicht zu nehmen und mit möglichst leiser, beherrschter Stimme zu sprechen.
bw 3610	***Bemühen Sie sich, auch einen Verweis an Ihr Kind mit beherrschter Stimme zu erteilen.
bw 3620	***Stellen Sie zuweilen auch im Flüsterton einen sprachlichen Kontakt mit Ihrem Kind her. Versuchen Sie, ihm etwas ins Ohr zu flüstern und regen Sie es an, auf dieselbe Weise zu antworten.
bw 3630	***Versuchen Sie, diejenigen Tiere aus der Nähe zu betrachten, deren Geräusche Ihr Kind in Angst und Schrecken versetzen. Vielleicht gelingt es Ihnen, Berührungskontakt zwischen Ihrem Kind und dem Tier herzustellen und allmählich die Angst abzubauen.
bw 3700	Wenn irgend möglich, bereiten Sie Ihr Kind auf plötzlich auftretende laute Geräusche vor: nehmen Sie es beispielsweise in den Arm, wenn es geblitzt hat und erklären ihm, daß nun gleich der Donner folgen wird und daß er ungefährlich ist. Warten Sie gemeinsam auf den Donner und begrüßen Sie ihn.
bw 3710	***Wenn Sie auf einer Bahn- oder Autofahrt einen Tunnel durchfahren müssen, sagen Sie es Ihrem Kind rechtzeitig, damit es darauf gefaßt ist.
bw 3800	Vermeiden Sie in Hörweite Ihres Kindes die Dauerberieselung durch Radiomusik oder andere Geräuschkulissen.
bw 3810	***Achten Sie bei der Wahl Ihres Urlaubsaufenthaltes darauf, daß Sie vor Verkehrslärm geschützt sind. Sogar das Rauschen des Meeres oder das Plätschern eines Brunnens kann Ihr Kind irritieren.
bw 3820	***Wenn es nicht gelingt, Ihr Kind gegen störende Außengeräusche genügend abzuschirmen, kann ein Versuch mit „Oropax" unternommen werden.

bw 3830	***Wählen Sie den ruhigsten Teil Ihres Hauses (Ihrer Wohnung) als Kinderzimmer. Achten Sie dabei auch auf Heizungs- und Wasserrohre, Müllkippen, knarrende Dielen usw. Versuchen Sie, diesen Raum so gut es geht gegen Außenlärm abzuschirmen.
bw 3900	Die Veränderung der Klangfarben bei Schneefall irritiert Ihr Kind. Zeigen Sie ihm, daß Sie dafür Verständnis haben: machen Sie eine Schneeballschlacht mit ihm; evtl. suchen Sie gemeinsam eine Rodelbahn auf, damit es erlebt, daß diese Veränderung der Tonqualität kein Grund zur ängstlichen Abwehr ist, sondern Freude auslöst.
bw 4000	Versuchen Sie, Ihrem Kind die Angst vor unbekannten Geräuschen zu nehmen. Machen Sie nach Möglichkeit die Tonquelle ausfindig und zeigen ihm, wie dieses Geräusch entsteht. Erlauben Sie ihm möglichst, dieses Geräusch selbst zu erzeugen.
bw 4010	***Ermuntern Sie Ihr Kind, seinen Tastsinn zur Erfassung des Geräusches mit einzusetzen: das Erlebnis der Vibration kann ihm eine Hilfe sein bei der Einordnung der Geräuschqualitäten.
bw 4020	***Schaffen Sie mit der Zeit ein breit gefächertes Spektrum von bekannten Tönen und Geräuschen, auf die Sie sich bei den Erklärungen Ihrem Kind gegenüber beziehen können. Es kann seine Angst vor dem Neuen besser überwinden, wenn Sie ihm sagen können: „Das hört sich ja an wie …(ein ihm Bekanntes) und dann eine Erklärung hinzufügen.

bd 0000	**2.3 Hilfsmaterial zur Durchführung des Programms**
bd 1010	Rasseln mit verschiedener Klangfarbe (Kiddikraft, Howalek)
bd 1020	Spieluhr
bd 1030	Glöckchen
bd 1040	Musik-Mobile (Fisher-Price)
bd 1050	Fröhlicher Apfel (Fisher-Price)
bd 1060	„Das ist der Daumen", Kinderverse (Bertelsmann Verlag)
bd 1070	„Die Unzertrennlichen", Kinderverse (Don Bosco Verlag)
bd 1080	Japanische Windglöckchen-Mobile aus gläsernen Rechtecken
bd 1090	Mobile-Klangspiel (Mustergilde)
bd 1100	Spielbox „Activity Center" (Fisher-Price)
bd 1110	Trommel
bd 1120	Tamburin
bd 1130	Plappertelefon (Fisher-Price)
bd 1140	Kullerbahn aus Holz mit „Musiktreppe"
bd 1145	Kinderplatte zum Untermalen mit Kinderinstrumenten (z.B. „Peter und der Wolf")
bd 1150	„Hamburger Bildserie zur Sprachförderung" von Walter Eckel, Druck und Papierverarbeitungsgesellschaft Schuffelen, Boschstr. 9, 50259 Pulheim
bd 1160	„Kölner Sprachlernspiele" (Holdan)
bd 1170	Xylophon mit möglichst breiten Klangplättchen

bd 1180	Klangstäbe von Orff
bd 1190	Orffsche Instrumente (Cimbeln, Knarren, Rasseln)
bd 1200	„Sprich genau - hör genau" (Ravensburg)
bd 1210	„Pinguin Pondus" zum Vorlesen (Carlsen)
bd 1220	„Pondus und die kleine Tina" zum Vorlesen (Carlsen)
bd 1230	Geräuschdosen (Zuordnung gleichartiger Geräusche)
bd 1240	„Hör - was ist das?" (Ravensburg)
bd 1250	Flutatuta (Kiddikraft)
bd 1260	Tonbandreportagen aus dem Erlebnisbereich des Kindes
bd 1270	„Das kunterbunte Kinderbuch" (Herder)
bd 1280	„Ein Elefant marschiert durchs Land" (Herder)
bd 1290	Zum Erlernen der Begriffe „dick und dünn": Steckbrett von Siggikid
bd 1300	„Dies und das" zur Förderung der Begriffsbildung (Sachbuchreihe vom Finken-Vrlag)
bd 1310	„So geht das Jahr durchs Land" (Ravensburg)
bd 1320	„Wenig oder viel" zur Förderung der Begriffsbildung (Sellier, Heft 1 und 2)
bd 1330	„Astrid Lindgren erzählt" (Oetinger)
bd 1340	„Kasperle ist wieder da!" (Schallplatte Ariola)
bd 1350	„Jahreszeiten" (Didakta-Puzzle, Ravensburg)
bd 1360	„Voll-leer, leicht-schwer" zur Förderung der Begriffsbildung (Reich)
bd 1370	„Hell und dunkel" (Spielen und lernen) Begriffsbildung.

ca 0000	**3.1 Hautsensibilität**
ca 1000	Die angstfreie und sichere Einordnung dieser Sinneseindrücke ist eine Voraussetzung für die aktive Auseinandersetzung mit der Umwelt
ca 8010	Text für individuelle Einfügungen
cb 0000	**3.1.1 Trainingsprogramm für die Wahrnehmung im Bereich der Hautsensibilität**
	(Die mit *** versehenen Vorschläge sind als Hilfsmaßnahmen gedacht)
cb 0100	Streicheln Sie Ihr Kind zart, drücken Sie es liebevoll an sich.
cb 0200	Frottieren und reiben Sie die Ärmchen und Beinchen Ihres Kindes mit einem weichen Frottee-Handtuch. Dasselbe führen Sie auch einmal am Rücken und am Bauch durch.
cb 0210	***Legen Sie einen warmen Waschlappen (oder eine kleine Wärmflasche) auf ein Ärmchen oder Beinchen Ihres Kindes. Versuchen Sie es auch einmal mit einem kühlen Waschlappen. Lassen Sie ihn betasten evtl. auch mit den Lippen Ihres Kindes.
cb 0220	***Begießen Sie beim oder nach dem Baden die Ärmchen und Beinchen Ihres Kindes mit Wasser - später duschen Sie Arme und Beine ab (zunächst vorsichtig, damit das Kind nicht erschrickt).
cb 0300	Bieten Sie Ihrem Kind beim Baden einen Trichter und eine Kindergießkanne an. Auch Schraubtonnen können hier sinnvoll eingesetzt werden. Lassen Sie das Wasser durch den Trichter auf seine Hände und Arme laufen und die feinen Strahlen der Gießkanne auf seine Schultern, seinen Rücken rinnen. Begießen Sie es auch einmal scherzhaft mit dem Inhalt der Schraubtonnen.
cb 0400	Sobald Ihr Kind beim Baden selbständig sitzen kann, überlassen Sie ihm den Trichter, die Tonnen und die Gießkanne zum Spielen. Es wird durch eigenes Experimentieren auf diese Weise mit den Wahrnehmungen vertraut, die durch den Wasserstrahl (Trichter), den Wasserguß (Tonnen) und das Abbrausen (Gießkanne) hervorgerufen werden.
cb 0500	Legen Sie ein Batisttaschentusch (oder ein kleines Tuch aus Seide, Frottee) auf das Gesicht Ihres Kindes und machen Sie mit ihm das „Kuck-kuck"-Spiel, indem Sie das Tuch fortziehen. Helfen Sie ihm, das Tuch selbst fortzuziehen.
cb 0600	Pusten Sie gelegentlich einmal in die Handflächen Ihres Kindes, auch auf seine Wangen und hinter seine Ohren.
cb 0700	Kitzeln Sie Ihr Kind ruhig einmal kräftig an den verschiedensten Stellen, damit es krähend lacht und entsprechende Abwehrbewegungen macht.

cb 0750	Kitzeln Sie es zart mit einer Feder, einem Grashalm, einem Stückchen Fell oder einem Pinsel.
cb 0800	Halten Sie die Hände und die Füße Ihres Kindes unter lauwarmes Wasser - verringern Sie die Temperatur ein klein wenig.
cb 0810	Baden Sie gemeinsam mit Ihrem Kind und versuchen Sie, unter Wasser die Arme und Beine Ihres Kindes mit dem Hautreiz der Brause vertraut zu machen. Wählen Sie immer dieselbe Reihenfolge beim Abduschen der Gliedmaßen Ihres Kindes, damit eine Erwartungshaltung entsteht. Verstärken Sie den Duschstrahl allmählich.
cb 0850	Damit das Kind seine Abneigung gegen die Fremdberührung beim Waschen überwindet, bieten Sie ihm „Trockenbaden" an. Füllen Sie eine Kinderbadewanne (oder auch Fußbadewanne) mit Lupinensamen (oder Sonnenblumenkernen und dgl.) und setzen Sie es hinein, so daß es ganz von diesem Material umgeben ist und sich mit dem neuartigen Hautreiz auseinandersetzt.
cb 0900	Bieten Sie Ihrem Kind Schwämme aus verschiedenem Material an deren Härtegrad unterschiedlich ist. Ermuntern Sie es, Arme und Beine damit zu bearbeiten.
cb 1000	Geben Sie Ihrem Kind die Möglichkeit, seine Arme und Beine mit Bürsten zu bearbeiten, die in Material und Härtegrad verschieden sind. Achten Sie darauf, daß die Handteller und die Fußsohlen hierbei nicht vergessen werden.
cb 1050	Ermuntern Sie Ihr Kind, Arme und Beine kräftig abzuduschen, den Duschstrahl allmählich zu verstärken und die Temperatur langsam zu verringern. Erfahrungsgemäß geht es am besten, wenn man dem Kind zeigt, wie es dies selbst machen kann.
cb 1060	Versuchen Sie, die ängstliche Abwehr Ihres Kindes beim Waschen der Haare dadurch zu überwinden, daß Sie sich in seiner Gegenwart die Haare waschen. Gestalten Sie diese Maßnahme möglichst fröhlich: machen Sie z.B. aus Ihrem eingeseiften Haarschopf einen Moritzkopf oder einen Maxkopf, betrachten Sie mit Ihrem Kind gemeinsam Ihr Spiegelbild und freuen sich darüber. Zeigen Sie Ihrem Kind, daß man diese Prozedur lebend und guter Dinge überstehen kann.
cb 1061	***Wenn Sie die Haare Ihres Kindes eingeseift haben, bieten Sie ihm einen Spiegel an und zeigen Sie ihm, wie verändert und lustig es jetzt aussieht.
cb 1070	Setzen Sie Ihr Kind beim Schneiden seiner Haare vor einen großen Spiegel, damit es beobachten kann, welche Handlungen da an seinem Kopf vorgenommen werden. Gestalten Sie diese Maßnahme möglichst einfallsreich und lustig.

cb 1100	Wenn Sie ein Planschbecken haben oder ein Freibad besuchen, bespritzen Sie Ihr Kind scherzhaft zunächst, aber nur mit ein paar Tropfen Wasser (Es darf nicht erschrecken!).
cb 1150	Lassen Sie Ihr Kind am Säuglingsschwimmen teilnehmen. Dies geschieht an „Warmbadetagen" und soll zu einer angstfreien Bewegung im Wasser und zu einer Steigerung der Bewegungsfreude führen.
cb 1151	***Wenn Sie unsicher sind, wie Sie dieses Training mit Ihrem Kind durchführen sollen, hilft Ihnen vielleicht die Lektüre der kleinen Schrift: „Kinder lernen Sport" von Lieselott Diehm, Kösel-Verlag.
cb 1152	***Das kleine Heft von Jean Fouace gibt Ihnen Anregungen, wie Sie diese Übungen durchführen können. Es hat den Titel: „Babys lernen schwimmen" und ist im Falken-Verlag erschienen.
cb 1153	***Zur Vorbereitung auf das Säuglingsschwimmen ist die Lektüre des Buches: „In der Badewanne fängt es an" von Heinz Bauermeister (Compreß-Verlag, München) gut geeignet.
cb 1200	Pusten Sie bei Gelegenheit Ihr Kind einmal scherzhaft mit dem Föhn an oder halten sein Händchen vor die Düse eines Staubsaugers, damit es auch diese Erfahrungen macht.
cw 0000	**Wahrnehmungsstörungen im taktilen Bereich (Fühlen)**
cw 1000	**Hautsensibilität**
cw 1050	(Die mit *** versehenen Vorschläge sind als Hilfsmaßnahmen gedacht)
cw 1100	**Phase 1: Reizblockierung**
cw 1110	Setzen Sie beim Baden ein „Kiddi-Wipp" ein: Dieses Spielzeug läßt sich durch einen Saugnapf an der Wand der Badewanne befestigen und reagiert auf die leiseste Bewegung im Wasser. Es soll dadurch erreicht werden, daß die Bewegungsfreude Ihres Kindes beim Baden gesteigert wird und es die entstehenden Hautreize wahrnimmt.
cw 1111	***Bereiten Sie das Bad Ihres Kindes möglichst warm zu und übergießen Sie das Kind nach Beendigung des Bades mit etwas kühlerem Wasser. Wählen Sie den Temperaturunterschied derart, daß Sie an den Reaktionen Ihres Kindes bemerken, daß es diesen Hautreiz wahrgenommen hat.
cw 1120	Versuchen Sie, ob Sie durch kräftiges „Abrubbeln" nach dem Baden bei Ihrem Kind eine Reaktion hervorrufen können, aus der Sie schließen können, daß es diesen Hautreiz wahrgenommen hat. Wählen Sie für diese Maßnahme ein möglichst rauhes Handtuch.

cw 1121	***Bürsten Sie den Körper sowie die Arme und Beine Ihres Kindes mit einem Lufa-Schwamm oder setzen Sie Bürsten von verschiedenem Härtegrad ein und beobachten Sie, ob diese Reize bis zum Bewußtsein Ihres Kindes vordringen.
cw 1122	***Führen Sie indische Streichmassagen bei Ihrem Kind durch, wie Leboyer sie in seinem Buch „Sanfte Hände" (Verlag Kösel) beschrieben hat. Dieses Buch ist sehr gut illustriert, so daß Sie die Methode sicher mit der Zeit beherrschen werden.
cw 1130	Wenn ohne ersichtlichen Grund bei Ihrem Kind eine „Gänsehaut" eintritt, muß angenommen werden, daß die Großhirnrinde sich hier Sinnesreize vorgaukelt (Halluzinationen). In einem solchen Fall ist der Bahnung der Sinneseindrücke durch starke Reize noch mehr Aufmerksamkeit zu schenken als bisher, um das Kind mit zur Auseinandersetzung mit der Realität zu bewegen.
cw 1140	Versuchen Sie herauszufinden, welche Körperpartien bei Ihrem Kind von der Schmerzunempfindlichkeit betroffen sind. Massieren Sie diese Partien nach einem warmen Bad kräftig durch, kneten Sie sie durch, beklatschen Sie sie. Auch systematisches Durchkneifen und Zwicken ist hier erlaubt, denn es gilt, Ihrem Kind seine Hautreize erfahrbar zu machen.
cw 1141	***Legen Sie einen Eisbeutel auf die Schultern Ihres Kindes, auf seinen Nacken, seine Arme und seine Beine. Beobachten Sie seine Reaktionen und stellen daraus fest, wie lange Sie diesen starken Reiz anwenden müssen, bis es „etwas merkt". Passen Sie sich den Reaktionen Ihres Kindes an.
cw 1142	***Schimpfen Sie nicht mit Ihrem Kind, wenn es sich nicht sorgfältig abtrocknet: seine Haut spürt den Unterschied von „naß" und „trocken" z.Zt. wirklich noch nicht.
cw 1150	Solange Ihr Kind über seine Haut keinen warnenden Schmerz wahrnehmen kann, bedarf es ganz besonderer Aufsicht durch Sie: es könnte sich sonst in aller Harmlosigkeit ernsthaft selbst gefährden.

cw 1200	**Phase 2: Reizhunger**
cw 1210	Bieten Sie Ihrem Kind eine Sandkiste mit ca. erbsgroßem Kies zum Spielen an. Befriedigen Sie seinen Reizhunger, indem Sie seine Arme und Beine darin vergraben, den Kies in einen Eimer füllen, ihn auf die Arme und Beine Ihres Kindes herunterprasseln oder auch langsam herunterkleckern lassen.
cw 1211	***Sie können für dieses Spiel auch eine Fußbadewanne auf einer Loggia einsetzen und Ihr Kind zur Auseinandersetzung mit diesen Hautreizen anregen.

cw 1212	***Gehen Sie allmählich zu schwächeren Hautreizen über: bieten Sie Ihrem Kind „Trockenbaden" an. Füllen Sie die Fußbadewanne mit Lupinensamen, Styroporkugeln oder Sonnenblumenkernen und beobachten Sie, wie Ihr Kind auf diesen Hautreiz reagiert.
cw 1213	***Sobald Ihr Kind gelernt hat, auch schwächere Reize über seine Haut wahrzunehmen, können Sie zum Berieseln seiner Arme und Beine übergehen. Dazu ist Sand geeignet, aber auch Sago, Reiz, Linsen, Erbsen, Bohnen.
cw 1214	***Sie können den Schwierigkeitsgrad dieser Maßnahmen steigern, indem Sie Ihr Kind zum Schließen der Augen auffordern und das Material benennen lassen, das zum Berieseln eingesetzt wird. Sie regen Ihr Kind auf diesem Wege zur Differenzierung seiner Wahrnehmungen an.
cw 1220	Versuchen Sie, den Bedarf Ihres Kindes an Hautreizen abzuschätzen, indem Sie Streichmassagen mit einem Rupfenhandschuh durchführen. Besorgen Sie sich das Material in einem Kunstgewerbegeschäft und häkeln oder stricken Sie sich daraus einen Fausthandschuh.
cw 1221	***Führen Sie mit diesem Handschuh Streichmassagen bei Ihrem Kind durch. Dies sollte sehr ruhig und konzentriert geschehen, und es sollte immer derselbe Rhythmus eingehalten werden. Die Intensität sollte so kräftig sein, daß das Kind „vor Behagen stöhnt".
cw 1222	***Die indischen Streichmassagen lassen sich bei Säuglingen gut einsetzen zur Überwindung ihres Reizhungers (Leboyer: „Sanfte Hände", Verlag Kösel).
cw 1230	Versuchen Sie, die Eigenaggressionen Ihres Kindes abzubauen, indem Sie den Reizhunger seiner Haut stillen. Sie brauchen dafür allerdings kräftige Reize.
cw 1231	***Besorgen Sie sich ein Gerät zur Vibrationsmassage und bearbeiten Sie damit die Gliedmaßen Ihres Kindes - bei Bedarf auch seinen Rumpf. Benutzen Sie für diese Maßnahme möglichst verschiedene Ansatzstücke.
cw 1232	***Nageln Sie ein Stückchen Teppich auf ein Holzbrettchen und massieren Sie damit diejenigen Hautpartien Ihres Kindes, die es selbst attackiert. Regen Sie es dazu an, diese Behandlung in eigener Regie zu übernehmen. Zeigen Sie ihm, daß die angenehme Wirkung sich erhöht, wenn die Bewegung mit sanfter Intensität durchgeführt wird und sich der Reiz mehrfach wiederholt.
cw 1240	Besprechen Sie mit Ihrem Kinderarzt, ob er zur Absättigung des Reizhungers der Haut nicht einige Unterwassermassagen für Ihr Kind verschreibt. Es geht hier um etwas sehr Wesentliches in der Entwicklung Ihres Kindes: es soll aus der Sackgasse der Eigenaggression herausgeführt werden, damit es sich weiter entfalten kann.

cw 1241	***Beobachten Sie, welche Körperteile Ihr Kind wählt, wenn es sich selbst Verletzungen zufügt. Durchwärmen Sie diese mit einer Wärmflasche, einer Wärmelampe oder einem Teilbad und führen Sie anschließend mit einem feuchten, kalten Tuch Beklatschungen durch, bis die Reaktionen Ihres Kindes anzeigen, daß es die Berührungen spürt.
cw 1300	**Phase 3: Reizüberflutung**
cw 1305	Die Abwehr gegenüber neuartigen Sinneseindrücken im Bereich der Hautsensibilität führt deshalb zu so heftigen Reaktionen bei Ihrem Kind, weil es Teil eines uralten Warn- und Schutzsystems ist. Es wird das spino-thalamische System genannt und endet im Mittelhirn. Die Reaktionen laufen also nicht über unser Bewußtsein, sondern sie werden „subcortical" ausgelöst.
cw 1310	Um die Ängste Ihres Kindes abzubauen, gehen Sie auf diejenigen Hautreize zurück, die ihm von seiner vorgeburtlichen Phase vertraut sind: der wohlige Aufenthalt im körperwarmen Wasser, u.U. gemeinsam mit der Mutter (Geborgenheit). Nach einem solchen Bad massieren Sie ein mildes Körperöl in die Haut des Kindes ein. Wählen Sie bitte immer dieselbe Reihenfolge von Armen und Beinen. Später regen Sie Ihr Kind dazu an, selbst an seinem Körper Hautreize zu setzen. Die Reize, die es sich selbst zumutet, pflegen nicht angstauslösend zu wirken.
cw 1311	***Bieten Sie ihm beim Baden eine Kindergießkanne zum Spielen an, einen Trichter und Schraubtonnen. Lassen Sie Ihr Kind damit experimentieren, damit es sich an die verschiedenen Gefühlsqualitäten gewöhnen kann: an die Gießkanne (Dusche), den Trichter (Strahl des Wasserhahns), die Tonnen (Wassergußabspülen der Haut).
cw 1312	***Erlauben Sie Ihrem Kind, die Dusche selbst ganz leicht aufzudrehen, so daß nur ein ganz sanfter Strahl herauskommt, wie bei der Kindergießkanne. Evtl. machen Sie es ihm vor und trainieren Sie mit ihm, wie man die Dusche anstellt.
cw 1313	***Gewöhnen Sie es vorsichtig an diesen Berührungsreiz, indem Sie die Haut Ihres Kindes zunächst unter Wasser mit einem schwachen Duschstrahl vertraut machen. Verstärken Sie den Duschstrahl allmählich und gehen Sie dann vorsichtig dazu über, die Haut Ihres Kindes über Wasser mit der Brause in Berührung zu bringen. Verwenden Sie mit der Zeit einen härteren Duschstrahl.
cw 1314	***Regen Sie Ihr Kind dazu an, das Waschen seines Körpers selbst zu übernehmen. Bieten Sie ihm für diese Handlung zunächst den vertrauten Waschlappen oder Schwamm an, und versuchen Sie allmählich, Ihr Kind von Schwämmen aus verschiedenem Material anzuregen.

cw 1315	***Solange Ihr Kind sich hartnäckig gegen das Waschen seines Körpers zur Wehr setzt, können Sie die Sauberkeit auch erreichen, indem Sie dem Badewasser „Badedas" zusetzen und Ihr Kind darin sozusagen „einweichen".
cw 1316	***Verändern Sie die Wasserstruktur durch Zusatz von Grieß, Sand, Gelatine und dergl. mehr. Verändern Sie die Farbe durch Kaliumpermanganat, Fichtennadelöl u.a.. Verändern Sie die Wasseroberfläche durch Holzteile, Holzwolle, Styroporbälle usw.
cw 1317	***Wenn Ihr Kind sich gegen die Hautreize beim Abtrocknen sträubt, opfern Sie ein altes Badetuch und schaffen in der Mitte eine Öffnung für seinen Kopf. Hängen Sie ihm dieses Tuch über und lassen Sie es „an der Luft trocknen".
cw 1318	***Demonstrieren Sie Ihrem Kind, wie Sie bei sich selbst eine Haarwäsche durchführen. Gestalten Sie diese Vorführung möglichst lustig: machen Sie aus Ihrem eingeschäumten Haar einen „Max-Kopf" oder eine „Moritz-Frisur", schauen Sie gemeinsam in den Spiegel und freuen Sie sich über das komische Aussehen. Zeigen Sie ihm, daß man auch das Abspülen lebend übersteht und dabei sogar noch fröhlich ein kann.
cw 1319	***Bieten Sie Ihrem Kind einen Spiegel an, sobald Sie seine Haare eingeschamponiert haben. Zeigen Sie ihm, wie merkwürdig es aussieht, verändern Sie seine „Frisur" mit ein paar Griffen und lassen Sie ihm Zeit, diese Eindrücke in sich aufzunehmen.
cw 1320	Singen Sie Ihrem Kind beim Schneiden seiner Fuß- und Fingernägel etwas vor oder erzählen ihm eine spannende Geschichte, damit es abgelenkt wird. Es empfindet diese Prozedur vermutlich wirklich als schmerzhaft.
cw 1321	***Geben Sie Ihrem Kind die Möglichkeit, sich beim Schneiden der Haare im Spiegel zu betrachten. Setzen Sie es vor einen großen Wandspiegel, damit es beobachten kann, was da an seinem Kopf geschieht und es ihm gelingt, seine Ängste allmählich zu überwinden.
cw 1330	Versuchen Sie, die Temperatur in Ihrem Hause (Ihrer Wohnung) möglichst konstant zu halten. Nehmen Sie auch bei der Kleidung Ihres Kindes Rücksicht auf seine Empfindlichkeit: sie sollte möglichst atmungsaktiv und schweißaufsaugend sein.
cw 1331	***Trainieren Sie die Hautdurchblutung Ihres Kindes durch vorsichtig dosierte Abhärtungsmaßnahmen: ermuntern Sie es, sich nach dem Baden abzuduschen und dabei die Wassertemperatur allmählich etwas zu verringern. Loben Sie es, wenn es hierbei immer mehr „riskiert".
cw 1340	Nehmen Sie beim Erwerb eines neuen Kleidungsstückes Rücksicht auf die Hautempfindlichkeit Ihres Kindes: seine Wäsche sollte locker sitzen und angenehm weich sein.

cw 1341	***Regen Sie Ihr Kind dazu an, das morgendliche Ankleiden in zunehmenden Maße selbst zu übernehmen, auch wenn dies einige Zeit in Anspruch nimmt. Versuchen Sie, Geduld zu haben. Die Berührungsreize, die Ihr Kind an sich selbst setzt, pflegen nicht angstbesetzt zu sein.
cw 1350	Bitten Sie Familienangehörige und Freunde Ihres Hauses von Umarmungsversuchen und Liebkosungen bei Ihrem Kind abzusehen, solange dadurch nur Verwirrung bei ihm entsteht. Trainieren Sie mit ihm, Fremdreize ertragen zu lernen.
cw 1351	***Machen Sie Ihr Kind möglichst schon im Säuglingsalter mit verschiedenen Gefühlsqualitäten über seine Hautempfindung vertraut: legen Sie es auf verschiedene Unterlagen wie Velour, PVC, Kacheln, Jute, Kokos, Kunstgras, Tierfelle.
cw 1352	***Gewöhnen Sie Ihr Kind auch an flexible Unterlagen wie eine mäßig aufgeblasene Luftmatratze, einen Knautschsack oder eine Hängematte.
cw 1353	***Versuchen Sie, die angstvolle Abwehr Ihres Kindes gegen fremdartige Hautreize zu überwinden, indem Sie ihm eine Trockenbehandlung seiner Haut anbieten: streicheln Sie es mit einem Stückchen Fell, einem weichen Pinsel, einem Borstenpinsel. Regen Sie es an, diese Behandlung selbst zu übernehmen.
cw 1354	***Die Abwehr Ihres Kindes gegen fremdartige Hautreize kann schrittweise überwunden werden, indem Sie seine Arme und Beine mit verschiedenem Material berieseln: Reis, Hirse, Mais, Erbsen, Bohnen, Lupinensamen, Sonnenblumenkernen u.a.m. Es lernt dadurch, bei neuartigen Gefühlssensationen nicht sofort in Panik zu geraten.
cw 1355	***Füllen Sie eine Kinderbadewanne (oder Fußbadewanne, Kinderplanschbecken) mit Styroporbällchen, Lupinensamen, Kastanien, Eicheln oder Korken und veranlassen Sie Ihr Kind, sich da hineinzugraben, so daß es ganz von diesem Material umgeben ist und sich mit diesem Hautreiz auseinandersetzt. Dieses „Trockenbaden" führt oft überraschend schnell zur Überwindung von angstbesetzter Abwehr.
cw 1356	***Bitten Sie die Krankengymnastin Ihres Kindes, Ihnen in regelmäßigen Abständen die erforderlichen Übungen für das Kind zu zeigen und führen Sie diese Übungen mit Ihrem Kind gemeinsam durch.
cw 1357	***Versuchen Sie, das Bewußtsein für die Sinneswahrnehmung des Berührtwerdens bei Ihrem Kind zu schärfen: Fordern Sie es zum Schließen seiner Augen auf und lassen Sie es denjenigen Körperteil benennen, den Sie berührt haben. Mit dem Training des bewußten Lokalisierens wird das Kind seine panischen Ängste allmählich zu beherrschen lernen.

cw 1360　　Regen Sie Ihr Kind dazu an, an seiner Haut aus eigener Initiative Berührungsreize zu setzen. Machen Sie ihm dafür ein möglichst breitgefächertes Angebot von verschiedenartigem Material. „Vergessen" Sie es absichtlich, derartiges Material wieder wegzuräumen und beobachten Sie, ob die Neugierde Ihres Kindes wachgerufen werden konnte. Wenn dieser Schritt erreicht ist, wird es von sich aus jede Möglichkeit zum Eigentraining ergreifen: es hat aus der Sackgasse herausgefunden und wird nunmehr auch Fremdberührungen zu ertragen lernen.

cw 1370　　***Ganz allgemein konnte beobachtet werden, daß Kinder mit Symptomen der Reizüberflutung im Bereich der Hautsensibilität empfindlicher reagieren, wenn die Außentemperatur ansteigt. Sorgen Sie nach Möglichkeit dafür, daß im Aufenthaltsraum Ihres Kindes und im Therapieraum eine relativ niedrige Temperatur herrscht. Auch kühles Abduschen kann im Bedarfsfall hilfreich eingesetzt werden.

cc 0000　　**3.1.2 Hilfsmaterial zur Durchführung des Programms**

cc 1010　　Handtücher aus verschiedenem Material

cc 1020　　Sand, Kies, Reis, Erbsen, Mais zum Berieseln der Haut

cc 1030　　„Kiddi-Wipp" (Kiddikraft) zur Steigerung der Bewegungsfreude beim Baden

cc 1040　　Verschiedenartige Unterlagen (Fußbodenbeläge) zum Kriechen und Krabbeln

cc 1050　　Lupinensamen, weiße Bohnen, Kastanien, Styroporbällchen zum „Trockenbaden" oder „Berieseln"

cc 1060　　Fellstücke, Pinsel aus verschiedenem Material zur Trockenbehandlung der Haut

cc 1070　　Rupfenhandschuh

cc 1080　　Schwämme aus verschiedenem Material zum Bearbeiten von Armen und Beinen beim Baden

cc 1090　　Lufa-Schwamm

cc 1100　　Kindergießkanne, Trichter, Tonnen zur spielerischen Gewöhnung an „Brause" und „Wasserstrahl"

cc 1110　　„Badedas" oder „Nivea-Öl" als Badezusatz

cc 1120　　„Kinder lernen Sport" von Lieselott Diehm (Kösel Verlag)

cc 1130　　Verschiedene Brauseköpfe

cc 1140　　Bürsten aus verschiedenem Material und von verschiedenem Härtegrad zum Bearbeiten von Armen und Beinen

cc 1150　　Geräte für Vibrationsmassage mit verschiedenen Aufsätzen

cd 0000	**3.2 Der Tastsinn der Hände nimmt eine Sonderstellung im Bereich der Hautsensibilität ein**
cd 1000	Die angstfreie und sichere Einordnung dieser Sinneseindrücke ist eine Voraussetzung für die aktive Auseinandersetzung mit der näheren Umwelt (Handgeschick)
cd 8010	Text für individuelle Einfügungen
ce 0000	**3.2.1 Trainingsprogramm für die Wahrnehmung im Bereich des Tastsinnes der Hände**
ce 0100	Es ist für ein sehbehindertes Kind von besonderer Bedeutung, seinen Tastsinn sehr genau auszudifferenzieren, weil dies ihm hilft, sich in der Welt zu orientieren und mehr über die Beschaffenheit der Gegenstände seiner Umgebung zu erfahren.
ce 0200	Schauen Sie mit Ihrem Kind gemeinsam in den Spiegel und regen Sie Ihr Kind dazu an, das Spiegelbild zu betatschen. Geben Sie ihm anschließend die Möglichkeit, Ihr Gesicht und sein eigenes Gesichtchen zur Kontrolle dieses Eindrucks mit seinen Händchen zu befühlen.
ce 0300	Verwenden Sie für das „Kuck-kuck"-Spiel mit Ihrem Kind die verschiedensten Materialien (Batist, Frottee, Leinen), damit es beim Wegziehen des Tuches den Unterschied fühlen kann.
ce 0400	Seifen Sie die Hände und die Füße Ihres Kindes ein und waschen Sie sie kräftig.
ce 0500	Bringen Sie am Gitter des Bettchens (an den Seiten der Wiege, des Stubenwagens) Tücher aus verschiedenem Material an, so daß bei zufälligen Berührungen die Händchen zum Tasten angeregt werden. Streicheln Sie mit diesem verschiedenen Material die Wangen, seine Ärmchen und Beinchen.
ce 0600	Bieten Sie Ihrem Kind Bälle aus verschiedenem Material an: Plüsch, Gummi, Frottee, Plastik.
ce 0700	Knüpfen Sie um einen Beißring oder Tennisring Kordeln aus verschiedenem Material: Hanf, Sisal, Perlon, Seide, Baumwolle usw. Regen Sie Ihr Kind an, die Kordeln durch die Hände gleiten zu lassen. (Auch die Greiflöcher des Spielspiegels eignen sich zum Einknüpfen der Kordeln.)
ce 0800	Lassen Sie beim Herumtragen in Ihrer Wohnung (Ihrem Haus) die Händchen an den Wänden, am Handlauf der Treppe entlanggleiten. Dasselbe führen Sie hin und wieder auch mit den Füßchen durch.
ce 0900	Bringen Sie quer am Bettchen oder Kinderwagen ein Spielzeug an wie Klim-bim von Kiddikraft oder die Kinderwagenkugeln. Sie setzen damit einen Anreiz zum Greifen und das Kind trainiert seinen Tastsinn.

ce 1000	Achten Sie beim Erwerb eines neuen Spielzeuges für Ihr Kind darauf, daß das Material möglichst verschieden geartet ist. Beispiele: Quietschtier aus Gummi, Teddybär aus Nylon-Pelz, Ente aus Zelluloid.
ce 1100	Geben Sie das Fläschchen Ihres Kindes für einen Augenblick in seine Hände oder veranlassen Sie es, während seines Trinkens das Fläschchen zu umgreifen bzw. zu berühren.
ce 1200	Sobald Ihr Kind kriechen und krabbeln kann, geben Sie ihm möglichst verschiedene Unterlagen für diese Betätigung. Wenn Ihre Wohnung mit verschiedenem Material (PVC, Velour, Nylon-Filz, Teppich-Fliesen) ausgelegt ist, lassen Sie Ihr Kind möglichst schon im Kriechalter die Erfahrung machen, wie sich so etwas anfühlt.
ce 1300	Bieten Sie Ihrem Kind die Dinge zum Betasten an, die der Jahreszeit entsprechen. Im Frühling: frisches Gras, Blattknospen, Buschwindröschen; im Sommer: Blumenwiese, Kornähren usw.; im Herbst: Kastanien, Eicheln, Bucheckern; im Winter: einen Zweig mit Rauhreif, einen Eiszapfen, Schnee.
ce 1400	Wenn Sie die Möglichkeit haben, bieten Sie Ihrem Kind eine Sandkiste an. (Dies läßt sich auch auf einer Loggia mit einer Plastiksandkiste einrichten.) Ein starker Anreiz für den Tastsinn wäre zu Beginn etwa erbsengroßer Kies. Vergraben Sie seine Händchen und Füßchen darin, lassen Sie ihm aus größerer Höhe aus einem Plastikeimer herunterprasseln oder auf seine Arme und Beine klekkern.
ce 1500	Bieten Sie Ihrem Kind einen Behälter mit feinem sauberen Sand an. Halten Sie mehrere Paare gleichartiger Gegenstände bereit (z.B. 2 Eierlöffel, 2 Eierbecher, 2 Teeier). Verstecken Sie das 1. Sortiment im Sand. Vom 2. Sortiment bieten Sie Ihrem Kind beispielsweise den Eierlöffel zum Betasten und zum Befühlen mit dem Mund an. Dann fordern Sie es auf, diesen Gegenstand aus dem Sand herauszusuchen.
ce 1600	Räumen Sie Ihrem Kind ein Fach in Ihrer Küche ein, in dem Sie ausgediente Dinge des täglichen Umganges verwahren: ein Sieb, einen Trichter, einen Topf, einen Deckel, ein paar Dosen, Gläser mit Schraubverschluß, Schachteln, Seidenpapier, ein Stückchen Alu-Folie zum Zerknautschen. Lassen Sie Ihr Kind damit hantieren und Erfahrungen sammeln.
ce 1700	Lassen Sie Ihr Kind verschiedenes Material von einer Plastik-Schüssel in die andere füllen, indem es mit beiden Händen hineingreift. Geeignet sind dazu: weiße Bohnen, gelbe Erbsen, Linsen, Reis, Hirse, Sago, Sonnenblumenkerne, Lupinensamen, Kastanien, Eicheln, Bucheckern usw.

ce 1740	***Wenn Sie in Sorge sind, daß der Inhalt der Schüssel im wesentlichen auf dem Fußboden landet, dann belassen Sie es bei passiven Bewegungen der Hände des Kindes in diesem Material oder Sie füllen es in dünne Stoffsäckchen und machen auf diese Weise „Knautschsäckchen" daraus.
ce 1750	***Bewegen Sie die Hände Ihres Kindes in einer Schüssel mit verschiedenem Material: Hirse, Reis, Sonnenblumenkerne, Buchekkern, Kies, Lupinensamen, weiße Bohnen, grüne Erbsen, Eicheln usw. Es soll dadurch lernen, wie verschieden die Tastqualitäten sein können.
ce 1800	Gegen Sie verschiedenes Material (Bohnen, Linsen, Lupinensamen, Sonnenblumenkerne) in ein kleines Säckchen oder eine Plastiktüte. Zeigen Sie Ihrem Kind, wie Sie ein geliebtes kleines Spielzeug darin verschwinden lassen und fordern es auf, das kleine Spielzeug wieder hervorzuzaubern.
ce 1900	Erhöhen Sie den Schwierigkeitsgrad: Geben Sie in einen Sack mit Kastanien eine große Holzperle von Kiddikraft. Findet es sie? Oder in ein Säckchen mit Erbsen eine erbsgroße Holz- oder Glasperle (Unterscheidung nach Material).
ce 2000	Schütten Sie 2 verschiedene Materialien (z.B. Bohnen und Linsen) zusammen und geben Sie jedem Familienmitglied oder jedem Kind einer Gruppe einen kleinen Becher voll davon zum Auseinandersortieren. Das Kind trainiert dabei seinen Tastsinn, die Augen, Pinzettengriff, Ausdauer, Konzentration und sein Tempo.
ce 2100	Bi eten Sie Ihrem Kind farbige Glasmurmeln in einer Schüssel an. Lassen Sie es mit beiden Händen hineingreifen und in eine andere Schüssel umfüllen.
ce 2200	Stellen Sie im Waschbecken oder einer größeren Schüssel Rasierschaum her, so daß Ihr Kind daraus mit wenig Kraftaufwand phantastische Gebilde formen kann. Man kann auch das Kindershampoon „Irsa" verwenden - es beißt nicht in den Augen.
ce 2210	***Mit dem Rasierschaum kann man auch herrlich malen. Besonders auf Spiegeln lassen sich eindrucksvolle Kunstwerke herstellen.
ce 2220	***Zum Training des Tastsinnes kann man auch Ton oder „Baggermatsch" verwenden, wenn die Räumlichkeiten das zulassen und der Sinn für Sauberkeit bei den übrigen Familienmitgliedern dadurch nicht überstrapaziert wird.
ce 2300	Richten Sie für Ihr Kind einen „Grabbelkasten" ein, in dem verschieden geformte Gegenstände aus dem verschiedensten Material liegen. Schaffen Sie eine Öffnung für beide Hände, so daß es beim Erkennen der Gegenstände nur auf seinen Tastsinn angewie-

sen ist. Lassen Sie den Gegenstand, den es herausfinden soll, zunächst gründlich befühlen, evtl. auch an die Lippen führen. Legen Sie ihn dann in den „Grabbelkasten" zurück und regen Sie es an, ihn wiederzufinden. Als „Grabbelkasten" können Sie einen umgestülpten Karton verwenden.

ce 2400   Die Feinheit des Tastempfindens läßt sich fast unendlich ausdifferenzieren, indem Sie immer ähnlichere Gegenstände in den „Grabbelkasten" legen (z.B. Perlen aus Holz, Glas und Plastik, darunter eine gleich große Kugel aus Eisen, die Ihr Kind herausfinden soll). Unterscheidung nach Material.

ce 2410   ***Legen Sie Bauklötze der verschiedensten Form in den „Grabbelkasten" und fordern Sie Ihr Kind auf, Ihnen einen dreieckigen Klotz herauszusuchen, einen Würfel, einen säulenförmigen Bauklotz. (Unterscheidung nach der Form.)

ce 2420   ***Legen Sie verschiedene Schlüssel in den „Grabbelkasten", geben Sie Ihrem Kind einen ganz Bestimmten zum Betrachten und Befühlen. Legen Sie ihn in den Grabbelkasten zurück und lassen Sie ihn mit dem Tastsinn erkennen. (Feinere Unterscheidung nach der Form.)

ce 2500   Richten Sie eine Schublade für Stoffreste, Reste von Litzen und Borten ein, lassen Sie Ihr Kind die Stoffarten befühlen und benennen Sie sie. Versuchen Sie, ob es schon die eine oder andere markante Stoffart auf Geheiß herausfinden kann (Samt, Wolle, Rips).

ce 2510   ***Versuchen Sie, das Erkennen der Stoffarten durch den Tastsinn weiter bei Ihrem Kind auszudifferenzieren (ähnlich wie die Hausfrau ihren Tastsinn zur Hilfe nimmt beim Sortieren der Wäsche für die verschiedenen Waschgänge). Bieten Sie ihm Perlon, Dralon, Webpelz, Leinen, Linon, Batist, Seide, Baumwolle, Wolle an. Benennen Sie die Stoffe und lassen Sie sich eine bestimmte Stoffart auf Aufforderung heraussuchen. (Feinere Unterscheidung nach Material.)

ce 2520   ***Schneiden Sie einige markante Stoffproben (Samt, Webpelz, Cord, Perlon, Nylon und dergl.) in 2 gleiche Teile und geben Sie ihm eine Hälfte der Stoffe in einen zugedeckten Kasten. Lassen Sie Ihr Kind eine der Stoffproben sorgfältig befühlen und fordern Sie es auf, die andere Hälfte aus dem Kasten hervorzusuchen, ohne die optischen Eindrücke zur Hilfe zu nehmen.

ce 2600   Geben Sie Ihrem Kind im täglichen Leben die Möglichkeit, Gegensatzpaare des Tastempfindens kennenzulernen und benennen Sie sie: hart-weich, naß-trocken, warm-kalt, glatt-rauh.

ce 2605   ***Versuchen Sie, Ihr Kind zu feineren Vergleichen anzuregen: nicht nur „naß" und „trocken" zu unterscheiden, sondern Abstufungen wahrzunehmen und auch zu benennen. Zum Beispiel: „Dieser

	Waschlappen ist trocken, dieser ist etwas feucht (klamm), der da ist naß und der andere ist patschnaß."
ce 2606	***Legen Sie einen Metallbolzen (oder eine dicke Schraube) in den Eisschrank und einen weiteren auf die Heizung. Geben Sie Ihrem Kind das kalte und das warme Material in die Hand, damit es den Unterschied spürt. Sie können für diesen Zweck auch saubere Steine verwenden.
ce 2610	***Lassen Sie Ihr Kind Gewichte von Gegenständen vergleichen: 1 Päckchen mit Nähnadeln ist leicht, ein Döschen mit Heftzwecken ist schwer, ein Paket mit Nägeln ist noch schwerer.
cw 2000	**Wahrnehmungsstörungen im Bereich des Tastsinns der Hände**
cw 2050	(Die mit *** versehenen Vorschläge sind als Hilfsmaßnahmen gedacht)
cw 2100	**Phase 1: Reizblockierung**
cw 2105	Schneiden Sie in einen Pappkarton an der einen Seite 2 Löcher für die Hände Ihres Kindes und an der gegenüberliegenden Seite 2 größere Löcher für ihre Hände. Bitten Sie Ihr Kind, seine Hände durch die Löcher in den Kasten zu stecken und nehmen Sie ihm gegenüber Platz. Berühren Sie - vom Kind ungesehen - erst seine eine, dann seine andere Hand. Können Sie aus seinen Reaktionen entnehmen, daß es diesen Reiz wahrgenommen hat?
cw 2110	Sobald Sie sicher sind, daß die Greif-Unlust Ihres Kindes nicht durch mangelndes Bewegungsvermögen oder durch Schwierigkeiten in der optischen Wahrnehmung hervorgerufen wird, sondern durch mangelnde Wahrnehmung über seinen Tastsinn, sollte der Versuch gemacht werden, mit starken, eindeutigen Reizen die Empfindungen des Tastsinnes für Ihr Kind erfahrbar zu machen.
cw 2111	***Geben Sie Ihrem Kind ein Stückchen Eis in seine Hand und beobachten Sie, ob es diesen starken Kältereiz nach einer Weile spürt.
cw 2112	***Legen Sie die Hände Ihres Kindes um einen Becher oder eine Flasche mit heißem Getränk. Können Sie aus seinen Reaktionen entnehmen, daß es diesen Wärmereiz wahrgenommen hat?
cw 2120	Um die Wahrnehmungsfähigkeit über den Tastsinn zu fördern, machen Sie Wechselbäder der Hände mit Ihrem Kind. Dadurch wird die Durchblutung in diesem Bereich gesteigert und damit auch die Empfindlichkeit für die Sinnesreize. Tauchen Sie die Hände für ca. 1-2 Minuten in heißes Wasser. Prüfen Sie die Temperatur mit Ihren Händen und wählen Sie den Grad, den Sie für 1-2 Minuten aushalten können, denn Ihr Kind hat für „zu heiß" vermutlich kein Empfinden. Anschließend tauchen Sie seine Hände für 1-2 Sekunden in eiskaltes Wasser. Wiederholen Sie diese Maßnahme 4-5 mal.

cw 2121	***Anschließend an die Wechselbäder frottieren Sie die Hände Ihres Kindes kräftig mit einem möglichst rauhen Handtuch ab. Dann kneten Sie sie kräftig durch und bieten dabei den einzelnen Fingern Widerstand.
cw 2122	***Wenn Sie den Eindruck haben, daß diese Reize noch immer nicht bis zum Bewußtsein Ihres Kindes durchgedrungen sind, ist es erlaubt, in diesem Fall die Hände systematisch zu kneifen und zu zwicken oder schnippen, bis Sie an den Reaktionen Ihres Kindes feststellen können, daß es „etwas merkt".
cw 2123	***Beklatschen Sie die Handinnenflächen Ihres Kindes mit feuchten Tüchern, bearbeiten Sie sie systematisch mit den Außenkanten Ihrer Hand, bis Ihr Kind Abwehrreaktionen zeigt.
cw 2124	Führen Sie Bürstenmassagen an den Handinnenflächen Ihres Kindes durch. Wählen Sie dafür Bürsten von verschiedenem Härtegrad und aus verschiedenem Material.
cw 2125	Bitten Sie Ihren Kinderarzt, Unterwassermassagen für die Hände Ihres Kindes zu verschreiben und prüfen Sie, ob die Physiotherapeutin Reaktionen bei Ihrem Kind auslösen kann, die auf die Wahrnehmung des Reizes schließen lassen.
cw 2126	***Machen Sie häufig Fingerspiele nach den üblichen Kinderversen („Das ist der Daumen") mit Ihrem Kind. Es soll dadurch auf die einzelnen Finger seiner Hand aufmerksam gemacht werden und lernen, sie isoliert einzusetzen.
cw 2127	***Legen Sie die Hand Ihres Kindes auf einen Tisch mit abwaschbarer Platte und fahren Sie an den einzelnen Fingern mit Kreide entlang. Ihr Kind soll dadurch lernen, daß seine Hand aus Handteller und 5 Fingern besteht.
cw 2130	Solange Ihr Kind die Schmerzempfindung nicht wahrnimmt, kann es auch nicht „durch Schaden klug" werden. Intensivieren Sie Ihre Bemühungen, mit kräftigen Hautreizen bis zum Bewußtsein Ihres Kindes vorzudringen.
cw 2200	**Phase 2: Reizhunger**
cw 2210	Da Ihr Kind den Schmerz in seinen Händen spüren will, sollte es einerseits vor seinen Eigenaggressionen geschützt werden, andererseits sollte aber sein Reizhunger auch abgesättigt werden.
cw 2211	***Ziehen Sie Ihrem Kind Handschuhe an, die dem Zubiß Ihres Kindes standhalten und so gut gefüttert sind, daß seine Zähne das Material nicht durchdringen können. Greifen Sie zu dieser Maßnahme, wenn Sie Ihr Kind für eine Weile unbeobachtet lassen müssen.
cw 2212	***Machen Sie weiterhin Wechselbäder und Massagen der Hände Ihres Kindes: Durchkneten Sie sie, beklatschen Sie sie mit feuchten Tüchern, bearbeiten Sie sie mit den Außenkanten Ihrer Hände.

cw 2213	***Bearbeiten Sie die Handinnenflächen Ihres Kindes mit einem Luffa-Schwamm, mit einem Glitzi-Schwamm oder mit grobem Sandpapier und beobachten Sie, ob Ihr Kind diesen Hautreiz mit Befriedigung annimmt.
cw 2214	***Versuchen Sie, ob Sie den Reizhunger Ihres Kindes durch Unterwassermassage stillen können: Der Wasserstrahl knetet das Gewebe sehr viel kräftiger durch, als die menschliche Hand und man kann deshalb hoffen, daß nach dieser kraftvollen Massage Berührungsreize von Ihrem Kind besser wahrgenommen werden. Prüfen Sie nach einer solchen Massage, ob Ihr Kind es merkt, wenn Sie seine Hand zwicken oder dagegenschnippen.
cw 2220	Da Ihr Kind den Schmerz an den Händen geradezu herbeizusehnen scheint, muß es bis zu einem gewissen Grade vor sich selbst geschützt werden. Besonders, solange es nicht unter Ihrer Aufsicht ist, braucht es dann Handschuhe, die seinen Attacken standhalten. Es sollte jedoch immer versucht werden, durch intensives Wahrnehmungstraining den Reizhunger abzusättigen, damit das Kind seine Hände zu gebrauchen lernt.
cw 2221	***Bieten Sie Ihrem Kind eine Plastikschüssel mit erbsgroßem Kies an. Bewegen Sie seine Hände passiv darin, ergreifen Sie eine Hand voll Kies und lassen Sie ihn auf die Handinnenflächen Ihres Kindes prasseln, lassen Sie ihn auch einmal langsam herunterklekkern. Oder füllen Sie Kies in einen Eimer und „gießen" ihn über die Handinnenfläche des Kindes.
cw 2222	***Geben Sie Ihrem Kind Kiefernzapfen zum Spielen. Sie sind scharf konturiert und bieten dennoch kaum die Möglichkeit zu Verletzungen. Legen Sie einen Zapfen in seine Hand und beobachten Sie, ob ihm dieser Reiz Behagen verschafft. Später können Sie vermutlich auf die glatteren Tannenzapfen übergehen.
cw 2223	***Bewegen Sie die Hände Ihres Kindes in einer Schüssel mit weißen Bohnen, Erbsen, Linsen, Reis, Hirse oder dergl. Lassen Sie das Material auf seine Hände rinnen, lassen Sie es darüberrieseln. Nimmt es diesen zarten Reiz schon wahr?
cw 2224	***Wenn Sie den Eindruck haben, daß Ihr Kind sich mit diesen relativ schwachen Sinnesreizen noch etwas intensiver auseinandersetzen sollte, dann füllen Sie Bohnen, Erbsen, Linsen, Reis oder Hirse jeweils in eine weiche Stoffhülle und machen daraus Knautschsäckchen bzw. Knautschtiere. Diese kann Ihr Kind dann auch in der übungsfreien Zeit in seiner Hand behalten und sich mit den Berührungsreizen „absättigen".
cw 2225	***Vermeiden Sie es nach Möglichkeit, die Hände Ihres Kindes aus Angst vor der Eigenaggression festzubinden. Dadurch wird das Kind zusätzlich in der Möglichkeit der Lernerfahrung weiter eingeengt.

cw 2300 **Phase 3: Reizüberflutung**

cw 2310 Um die angstbesetzte Abwehr Ihres Kindes gegenüber fremdartigen Tasteindrücken allmählich zu überwinden, kehren Sie zu dem Eindruck zurück, der ihm von seiner vorgeburtlichen Zeit vertraut ist: baden Sie seine Hände in körperwarmem Wasser.

cw 2311 ***Gewöhnen Sie Ihr Kind langsam und vorsichtig daran, neue Reize im Bereich seines Tastsinnes zu ertragen. Brausen Sie seine Hände unter Wasser zunächst mit sanftem Duschstrahl ab. Verstärken Sie den Duschstrahl ganz allmählich, verändern Sie die Temperatur stufenweise.

cw 2312 ***Gehen Sie dazu über, nunmehr die Hände Ihres Kindes auch außerhalb des Wassers mit dem Duschstrahl vertraut zu machen. Verändern Sie die Intensität des Strahls allmählich und die Temperatur stufenweise.

cw 2320 Prüfen Sie, welches Material Ihr Kind im Hinblick auf seinen Tastsinn am wenigsten beunruhigt (Zuweilen sind es die kalten Fliesen im Bad!). Wählen Sie diesen Fußboden, wenn Sie mit ihm Übungen zum Erlernen des freien Sitzens durchführen, damit es sich mit seinen Händen möglichst unbedenklich nach vorn oder zur Seite abstützt.

cw 2330 Wählen Sie für Ihr Kind einen Raum zum Erlernen des Kriechens und Krabbelns, dessen Fußbodenbelag keine ängstliche Abwehr bei der Berührung mit seinen Handflächen auslöst. Versuchen Sie, das herauszufinden, und trainieren Sie gleichzeitig mit Ihrem Kind das Verarbeiten und Ertragen fremdartiger Tasteindrücke.

cw 2331 ***Führen Sie eine Trockenbehandlung der Handflächen bei Ihrem Kind durch: bestreichen Sie sie mit einem Stückchen Fell, einem weichen Pinsel, einem Borstenpinsel. Auch ein Rupfenhandschuh leistet hier oft gute Dienste.

cw 2332 ***Bewegen Sie die Hände Ihres Kindes in einer Schüssel mit Sago, Hirse, weißen Bohnen, Erbsen, Lupinensamen, Kastanien, Eicheln, Bucheckern. Regen Sie Ihr Kind dazu an, dieses Material mit seinen Händen von einer Schüssel in die andere zu füllen.

cw 2333 ***Führen Sie an den Fußsohlen Ihres Kindes dieselbe Trockenbehandlung durch: Bewegen Sie die Füße Ihres Kindes in einer Schüssel mit Erbsen, Hirse, Sago, Reis, Lupinensamen, Kastanien oder ähnlichem Material. Es soll dadurch lernen, sich mit verschiedenen Berührungsreizen an seinen Fußsohlen auseinanderzusetzen, ohne in ängstliche Abwehr zu geraten.

cw 2334 ***Bestreichen Sie die Fußsohlen Ihres Kindes mit einem Stückchen Fell, einem Borstenpinsel, einem Luffa-Schwamm oder einem Glitzi-Schwamm.

cw 2335	***Fertigen Sie für Ihr Kind ein paar Hüttenschuhe an und legen Sie Einlegesohlen aus dem verschiedensten Material hinein: aus Kork, Lammfell, Schaumgummi, Plastik mit verschiedenen Oberflächenstrukturen. Dadurch wird Ihr Kind sich notgedrungen mit dem Berührungsreiz verschiedener Oberflächenstrukturen auseinandersetzen, und es wird seine Vermeidenshaltung in diesem Bereich allmählich überwinden.
cw 2340	Respektieren Sie zunächst die Abwehr Ihres Kindes gegen neue Tasteindrücke: Wählen Sie beim Erwerb eines neuen Spielzeugs für Ihr Kind dasjenige Material, das ihm bereits vertraut ist. U.U. wählen Sie so gar auch dieselbe Farbe.
cw 2341	***Versuchen Sie, die selbstgezogene Eingrenzung Ihres Kindes im Bereich seiner Tasterfahrung allmählich auszuweiten: wählen Sie ähnliches Material, so daß ihm auch dieses vertraut wird und dehnen Sie die Toleranzgrenze immer weiter Schritt für Schritt aus.
cw 2342	***Streben Sie an, daß bei Ihrem Kind in diesem Bereich allmählich die Neugierde über die ängstliche Abwehr siegt: erst dann ist das Training als beendet zu betrachten. Sobald Ihr Kind von sich aus neugierig die Gegenstände befühlt und diese Eindrücke auch verarbeitet, wird es sich eigenständig die erforderlichen Anreize für seine weitere Entwicklung verschaffen.
cw 2343	***Sie werden feststellen, daß Ihr Kind seine Arme beim Hinfallen schützend nach vorn ausstreckt, sobald es seine Berührungsscheu überwunden hat. Trainieren Sie das Ertragen fremdartiger Tasteindrücke.
cw 2350	In manchen Fällen ängstlicher Reizabwehr kann mit Erfolg das Babytragetuch von Dydimos eingesetzt werden: wohin das Kind in dieser Situation auch greift, alles steht in enger Beziehung zur Mutter, und die ist ihm vertraut. Solange die Mutter ihr Kind in einer Position trägt, in der sie Blickkontakt mit ihm hat, läßt sich vermutlich auch das Abgleiten in Stereotypien und Eigenaggressionen besser verhüten.

cf 0000   3.2.2 Hilfsmaterial zur Durchführung des Programms

cf 1010	Tücher aus verschiedenem Material (Frottee, Seide, Baumwolle, Batist, Dralon, Perlon, Trevira) für das Kuckuck-Spiel
cf 1020	Bälle aus Plüsch, Gummi, Plastik, Frottee
cf 1030	Kordeln aus verschiedenem Material (Sisal, Hanf, Seide, Baumwolle) um den Beißring geknüpft oder durch die Greiflöcher des Spielspiegels gezogen
cf 1040	Rasseln und Beißringe aus verschiedenem Material
cf 1050	Klimbim (Kiddikraft)

cf 1060	Verschiedene Unterlagen oder Fußbodenbelag zum Kriechen und Krabbeln
cf 1070	Sandkiste (oder Fußbadewanne) mit sauberem Kies in Erbsgröße
cf 1080	Farbige Glasmurmeln
cf 1090	Rasierschaum oder Irsa
cf 1100	Metallstäbe oder Seine (Training: kalt und warm)
cf 1110	Weiße Bohnen, Erbsen, Linsen, Reis, Hirse, Kastanien, Lupinensamen, Sonnenblumenkerne, Tannenzapfen, Sago, Eicheln zum Umfüllen von einer Plastikschüssel in die andere
cf 1120	Weiße Bohnen, Erbsen, Linsen, Sago, Reis, Eicheln, Bucheckern, Lupinensamen in einer Schüssel, um die Hände passiv darin zu bewegen
cf 1130	„Grabbelkasten" oder „Grabbelsack"
cf 1140	Markante Stoffproben für den „Grabbelkasten" oder „Grabbelsack": Webpelz, Samt, Cord, Rips, Leinen, Batist, Linon, Sackleinen, Perlon, Dralon, Baumwolle usw.
cf 1150	Kunststofflockenwickler (mit und ohne Stacheln)
cf 1160	Ruffelbrett
cf 1170	„Blindekuh" zur weiteren Differenzierung des Tastsinnes (Ravensburg)
cf 1180	„Blindekuh" als Gruppenspiel
cf 1190	Verschiedene Schlüssel für den „Grabbelkasten" bzw. „Grabbelsack"
cf 1200	„Wäschesortieren" als Gruppenspiel
cg 0000	**3.3 Der Tastsinn der Lippen, der Zunge und der Mundschleimhaut nimmt eine weitere Sonderstellung im Bereich der Hautsensibilität ein**
cg 1000	Die angstfreie und sichere Einordnung dieser Sinneseindrücke ist eine Voraussetzung für eine komplikationslose Nahrungsaufnahme und damit auch für das physiologische Training der Sprachwerkzeuge (Kauen fester Nahrung)
cg 2000	Der Tastsinn von Lippen und Zunge wird außerdem zur Unterstützung des Tastsinnes der Hände eingesetzt und dient damit auch dem Handgeschick
cg 8010	Text für individuelle Einfügungen
ch 0000	**3.3.1 Trainingsprogramm für Wahrnehmung im Bereich des Tastsinnes der Lippen, der Zunge und der Mundschleimhaut**

ch 0100		Lassen Sie Ihr Kind das mütterliche Gesicht mit dem Mund befühlen.
ch 0200		Bieten Sie Ihrem Kind Beißringe aus verschiedenem Material an: Knochen, Holz, Horn usw. An den Lippen ist der Tastsinn am feinsten ausgebildet und Ihr Kind bekommt ein Unterscheidungsvermögen für das angebotene Material, sobald es damit ausreichend vertraut ist.
ch 0300		Bitten Sie die Krankengymnastin, die Mundtherapie mit in ihre Behandlung einzubeziehen, solange die Zahnung noch nicht eingesetzt hat.
ch 0350		***Lassen Sie sich die entsprechenden Übungen zeigen und führen Sie sie regelmäßig mit Ihrem Kind durch.
ch 0400		Nach dem Einsetzen der Zahnung ist es zweckmäßig, die Mundtherapie durch mechanische Maßnahmen zu ersetzen, weil sonst der mütterliche Finger allzu gefährdet ist.
ch 0410		***Versuchen Sie, ob Sie mit einer einfachen, weichen Zahnbürste die obere und die untere Zahnleiste Ihres Kindes sowie seine Zunge bearbeiten können.
ch 0415		***Setzen Sie ein Mundspülgerät ein, damit Ihr Kind lernt, sich an fremde Sinneseindrücke im Bereich seiner Mundhöhle zu gewöhnen. Wählen Sie für den Anfang einen sanften Duschstrahl und steigern Sie diesen allmählich.
ch 0420		***Ersetzen Sie die Mundtherapie nunmehr durch eine Art Vibrationsmassage mittels einer elektrischen Zahnbürste. Zeigen Sie Ihrem Kind, daß man sich vor dieser Maßnahme nicht zu fürchten braucht, indem Sie selbst die Bürste beispielsweise an Ihrer Hand ausprobieren. Ihre begeisterte Reaktion darauf sollte anstekkend wirken, so daß es dieses Gefühl auch erfahren möchte. Anschließend tasten Sie sich vorsichtig an die Mundpartie Ihres Kindes heran.
ch 0430		***Sobald Ihr Kind gelernt hat, die elektrische Zahnbürste im Bereich seines Mundes zu ertragen, massieren Sie damit die obere Zahnleiste, die untere Zahnleiste und die Zunge.
ch 0440		***Es wäre gut, wenn Ihr Kind bald lernen könnte, dies selbst zu tun, weil die Handlung dann meistens nicht mehr angstbesetzt ist.
ch 0450		***Es ist zuweilen zweckmäßig, diese Maßnahme vor dem Spiegel einzuüben - u.U. mit einer trockenen Zahnbürste. Das Kind kann dann seine Handlungen selbst kontrollieren und überwindet seine ängstliche Abwehr auf diesem Wege leichter.
cw 3000		**Wahrnehmungsstörungen im Bereich des Tastsinns der Lippen, Zunge und Mundschleimhaut**
cw 3050		(Die mit *** versehenen Vorschläge sind als Hilfsmaßnahmen gedacht)

cw 3100 **Phase 1: Reizblockierung**

cw 3110 Solange die Zahnung bei Ihrem Kind noch nicht eingesetzt hat, führen Sie mit Ihrem Finger kräftige Streichmassagen im Mundraum Ihres Kindes durch. Fahren Sie an der oberen und unteren Zahnleiste des Kindes entlang, beziehen Sie auch die Wangenschleimhaut des Kindes, seinen harten Gaumen und seine Zunge in die Behandlung mit ein.

cw 3111 ***Bitten Sie die behandelnde Krankengymnastin Ihres Kindes, Ihnen die Mundtherapie zu zeigen, und führen Sie diese Maßnahme vor jeder Mahlzeit regelmäßig durch.

cw 3112 ***Sobald die Zahnung bei Ihrem Kind eingesetzt hat, ist es zweckmäßig, die Reizung der sensiblen Nerven im Bereich der Mundhöhle mit mechanischen Mitteln vorzunehmen, weil sonst der mütterliche Finger allzu gefährdet wäre.

cw 3120 Wählen Sie für die Flaschennahrung Ihres Kindes einen Sauger mit möglichst kleiner Öffnung, damit Ihr Kind daran gewöhnt wird, bei der Nahrungsaufnahme selbst aktiv zu werden und kräftig zu saugen.

cw 3121 ***Machen Sie vor Beginn jeder Mahlzeit Streichmassagen mit dem Stiel einer Kinderzahnbürste im Mundraum Ihres Kindes. Fahren Sie damit auf der oberen und unteren Zahnleiste entlang, setzen Sie Berührungsreize an der Wangenschleimhaut, am harten Gaumen und an der Zunge.

cw 3122 ***Setzen Sie Zahnbürsten von verschiedenem Härtegrad ein und versuchen Sie, ob diese Berührungen im Mundraum eine Reaktion bei Ihrem Kind auslösen.

cw 3123 ***Sie erreichen u.U. eine Abwehrbewegung bei Ihrem Kind, wenn Sie mit einer elektrischen Zahnbürste eine Art „Vibrationsmassage" im Mundraum Ihres Kindes durchführen. Es geht hierbei nicht so sehr um die Säuberung seiner Zähne, sondern darum, daß die Reizblockierung im Bereich seines Mundraumes durchbrochen wird: daß es den Berührungsreiz wahrnimmt.

cw 3130 Führen Sie an der Ober- und Unterlippe Ihres Kindes kräftige Streichmassagen durch. Lassen Sie Ihren Finger um den Mund Ihres Kindes kreisen, streichen Sie die Oberlippe nach unten, die Unterlippe nach oben.

cw 3131 ***"Ticken" Sie die Mundwinkel Ihres Kindes mit Ihrer Fingerkuppe an und beobachten Sie, ob dieser plötzliche Berührungsreiz eine Reaktion bei Ihrem Kind auslöst.

cw 3132 ***Setzen Sie hierfür die elektrische Zahnbürste oder den Stiel einer Zahnbürste ein. Gehen Sie allmählich auf schwächere Berührungsreize über, damit Ihr Kind lernt, auch diese wahrzunehmen.

cw 3133	***Regen Sie Ihr Kind dazu an, die ergriffenen Gegenstände an den Mund zu führen und mit Lippen und Zunge zu betasten. Es braucht diese Information über seine Umwelt, um sie wirklich „begreifen" zu können.
cw 3200	**Phase 2: Reizhunger**
cw 3210	Versuchen Sie, den Reizhunger im Bereich des Mundraumes bei Ihrem Kind zu stillen.
cw 3211	***Solange die Zahnung bei Ihrem Kind noch nicht eingesetzt hat, können Sie mit Ihrem Finger an seinen Zahnleisten, an der Wangenschleimhaut, am harten Gaumen und an der Zunge kräftige Streichbewegungen durchführen.
cw 3212	***Nach Einsetzen der Zahnung gehen Sie dazu über, mit mechanischen Mitteln kräftige Reize im Bereich des Mundraumes Ihres Kindes zu setzen (Elektrische Zahnbürste, Bürsten verschiedenen Härtegrades, Stil einer Zahnbürste).
cw 3220	Bieten Sie Ihrem Kind einmal einen anderen Reiz für die Sensibilität in seinem Mundraum an, damit es nicht in eine Stereotypie hineingleitet. Entfernen Sie für eine Weile alle erreichbaren Bänder aus seiner Umgebung und bieten ihm Rasseln aus verschiedenem Material an (Holz, Zelluloid).
cw 3230	Versuchen Sie, ob Sie den fast süchtigen Informationshunger Ihres Kindes auf dem Gebiet der Sinneswahrnehmung in seinem Mundraum abstillen können mit verschiedenen kräftigen Reizangeboten. Setzen Sie beispielsweise beim Baden ein Mundspülgerät mit ein. Stellen Sie den Strahl der Munddusche so kräftig ein, daß Ihr Kind ihn auch spürt und fahren Sie damit an seinen Zahnleisten, seiner Wangenschleimhaut, am harten Gaumen und auf seiner Zunge entlang.
cw 3231	***Versuchen Sie dasselbe vor einem Spiegel mit einer trockenen elektrischen Zahnbürste. Lassen Sie Ihr Kind diese Handlung nach Möglichkeit selbst durchführen. Gehen Sie allmählich zu schwächeren Reizen über, wenn Sie den Eindruck haben, daß der größte „Reizhunger" allmählich überwunden ist.
cw 3232	***Bieten Sie Ihrem Kind „Schieber-Eis" an: füllen Sie Eiswürfelschälchen mit Wasser, legen jeweils ein Holzstäbchen (Zahnstocher) hinein und stellen den Behälter ins Tiefkühlfach. Dieses „Eis am Stiel" ist unschädlich, und es wird ihm eine beruhigende Wirkung nachgesagt. Dadurch bekommt das Kind Gelegenheit, einmal etwas anderes zu tun als seinen quälenden Reizhunger zu stillen.
cw 3240	Massieren Sie die Zunge Ihres Kindes mit Ihrem Finger, solange die Zahnung noch nicht eingesetzt hat. Nach Einsetzen der Zahnung gehen Sie auf kräftige mechanische Reize möglichst verschie-

dener Qualität über (Duschstrahl eines Mundspülgerätes, elektrische Zahnbürste mit verschiedenen Ansatzstücken, Zahnbürsten von verschiedenem Härtegrad). Hierdurch soll erreicht werden, daß der als bedrohlich empfundene Informationsmangel über die sensiblen Nervenfasern im Mundraum bei Ihrem Kind allmählich gestillt wird: daß es lernt, auch schwächere Reize wahrzunehmen.

cw 3250 Regen Sie Ihr Kind dazu an, feste Nahrungsbrocken durch Kauen zu zerkleinern (Das ist allerdings leichter gesagt als getan!).

cw 3251 ***Schieben Sie ein Stückchen Brot (ein Stückchen Zwieback, Keks, Schokolade) in die Backentasche (zwischen Wangenschleimhaut und Zahnleiste). Führen Sie Hilfen zum Mundschluß durch und bewegen Sie den Unterkiefer rhythmisch auf und ab, um es zum Kauen und zum Bewegen seiner Zunge anzuregen. Es soll lernen, den Nahrungsbrocken aktiv mit der Zunge aus der Backentasche zu holen und den Kauvorgang zu trainieren.

cw 3252 ***Machen Sie Ihrem Kind mit lebhafter Mimik vor, wie man kaut. Führen Sie seine Hände an Ihren Unterkiefer und demonstrieren Sie ihm, wie sich dieser Vorgang bei Ihnen anfühlt.

cw 3253 ***Stellen Sie sich mit Ihrem Kind vor einen Spiegel und stecken Sie ihm und sich cine Leckerei in den Mund, von der Sie wissen, daß Ihr Kind sie schätzt. Machen Sie ihm vor, wie Sie das Problem bewältigen und fordern Sie es zur Nachahmung auf.

cw 3254 ***Bewegen Sie den Unterkiefer Ihres Kindes vorsichtig rauf und runter, hin und her.

cw 3255 ***Bieten Sie Ihrem Kind einen Brotknust, eine Brotrinde zum Abbeißen und Kauen an. Machen Sie ihm die gewünschten Handlungen vor. Sie sollten davon so angetan sein, daß es Sie nachahmen möchte.

cw 3300 **Phase 3: Reizüberflutung**

cw 3310 Berühren Sie die Mundregion Ihres Kindes vorsichtig mit Ihrem Finger und machen Sie kreisende Streichbewegungen um den Mund herum.

cw 3311 ***Nehmen Sie die Hände Ihres Kindes und berühren damit seine Mundpartie: es soll dadurch lernen, den Hautreiz an seinen Händen mit denen seines Mundes in Verbindung zu bringen und mit ihnen vertraut zu werden.

cw 3312 ***Veranlassen Sie Ihr Kind, Ihr Gesicht mit seinem Mund zu befühlen, mit seiner Zunge abzutasten. Es lernt dadurch „Fremdeindrücke" im Mundbereich zu ertragen und optischen Eindrücken - Ihrem vertrauten Gesicht - zuzuordnen, ohne sofort in Abwehr zu gehen.

cw 3313 ***Versuchen Sie, vorsichtig mit Ihrem Finger in den Mundraum Ihres Kindes einzudringen, solange die Zahnung noch nicht eingesetzt hat. Setzen Sie Berührungsreize an seinen Zahnleisten, seiner Wangenschleimhaut, seinem harten Gaumen und seiner Zunge.

cw 3314 ***Nach Einsetzen der Zahnung benutzen Sie Wattestäbchen, um Berührungsreize in der Mundhöhle zu setzen und es allmählich an der Verarbeitung der Fremdreize heranzuführen.

cw 3315 ***Benutzen Sie für diese Handlung mit der Zeit immer kräftigere Reize (Stil einer Zahnbürste, Zahnbürsten von verschiedenem Härtegrad, elektrische Zahnbürste mit verschiedenen Ansatzstücken, Mundspülgerät), um Ihrem Kind die ängstliche Abwehr gegen Fremdberührung im Mundraum zu nehmen. Sie bereiten es damit gleichzeitig auf das Kauen fester Nahrung vor.

cw 3316 ***Es wäre gut, wenn Ihr Kind es lernen könnte, die Massagen mit der Zahnbürste und mit der elektrischen Zahnbürste als Trockenmassage vor einem Spiegel selbständig durchzuführen. Es kann dann verfolgen, was da an seinem Mund geschieht, und es hat die Dosierung der Reize selbst in der Hand. Die eigene Handlung wird bald nicht mehr angstbesetzt sein.

cw 3317 ***Wenn Ihr Kind es gelernt hat, die elektrische Zahnbürste als Vibrationsmassage bei sich selbst einzusetzen, achten Sie darauf, daß es neben den Zahnleisten auch seine Zunge und seine Wangenschleimhaut mit diesem Reiz in Berührung bringt.

cw 3320 Bieten Sie Ihrem Kind schon frühzeitig eine Kost an, die kleine Nahrungsbrocken enthält. Es soll dadurch angeregt werden, diese durch Kaubewegungen zu bewältigen. Durch die Kaubewegung treibt es einmal ein physiologisches Eigentraining seiner Sprachwerkzeuge, zum anderen aber gewöhnt es die sensiblen Fasern seiner Mundhöhle an die Auseinandersetzung mit Fremdreizen.

cw 3321 ***Wenn es im Säuglingsalter nicht erreicht werden konnte, das Kind an das Bewältigen fester Nahrung heranzuführen und es nunmehr auf feinpürierte Kost fixiert ist, so muß die Abwehr Ihres Kindes zunächst einmal respektiert werden. Die Konsistenz der Nahrung kann dann nur in kleinen Schritten verändert werden. Das Ziel sollte jedoch nicht aus den Augen verloren werden: das Abbeißen und Kauen fester Nahrung mag viel von Ihrer Kraft und Zeit in Anspruch nehmen, sollte aber dennoch weiter angestrebt werden.

cw 3322 ***Es soll durch Training versucht werden, Ihr Kind schrittweise zum Ertragen von Berührungen heranzuführen. Das geschieht am besten, indem das Kind vor einem Spiegel steht und mit seinem Finger an *seinen* Zahnleisten, Wangenschleimhaut, hartem Gaumen und seiner Zunge entlangfährt.

cw 3330 Das bewußte Öffnen des Mundes und das Putzen der Zähne lernt Ihr Kind am besten zunächst vor einem Spiegel mit einer trockenen

	Zahnbürste als selbständige, spielerische Handlung, die es nachahmen möchte.
cw 3331	***Zeigen Sie Ihrem Kind, daß man sich vor einer elektrischen Zahnbürste nicht zu fürchten braucht. Probieren Sie dieses „komische Gefühl" scherzhaft beispielsweise an Ihrer Hand aus. Sie sollten davon so begeistert sein, daß Ihr Kind diese Sensation auch erfahren möchte - zunächst natürlich auch an seiner Hand. In den darauffolgenden Tagen tasten Sie sich mit dem Gerät langsam an den Mundbereich heran und benutzen es zunächst zur trockenen Vibrationsmassage in der Mundhöhle Ihres Kindes. Das wird erfahrungsgemäß am besten ertragen, wenn es von Ihrem Kind selbständig vor einem Spiegel durchgeführt wird.
cw 3332	***Setzen Sie ein Mundspülgerät ein. Wählen Sie zunächst einen sanften Duschstrahl und beobachten Sie, wie Ihr Kind mit diesem Fremdreiz fertig wird. Später verstärken Sie den Duschstrahl schrittweise.
cw 3333	***In dem Maße, wie Ihr Kind die Fremdreize in seiner Mundhöhle zu deuten und zu verarbeiten lernt, wird es auch seine Schwierigkeiten im Kauen fester Nahrung überwinden.
cj 0000	**3.3.2 Hilfsmaterial zur Durchführung des Programms**
cj 1010	Wattestäbchen
cj 1020	Weiche Kinderzahnbürste
cj 1030	Zahnbürsten von verschiedenen Härtegraden
cj 1040	Elektrische Zahnbürste mit verschiedenen Ansatzstücken
cj 1050	Mundspülgerät.

da 0000 **4. Geschmack**

da 1000 Die angstfreie und sichere Einordnung dieser Sinneseindrücke ist die Voraussetzung für eine komplikationslose Nahrungsaufnahme

da 2000 Die Nahrungsaufnahme (Saugen, Schlucken, Kauen fester Nahrung) stellt außerdem das erste physiologische Training der Sprachwerkzeuge dar.

da 8010 Text für individuelle Einfügungen.

db 0000 **4.1 Trainingsprogramm für die Wahrnehmung im Bereich des Geschmackssinnes**

(Die mit *** versehenen Vorschläge sind als Hilfsmaßnahmen gedacht)

db 0100 Der Geschmackssinn wird zusammen mit dem Geruchssinn zwar gerne zu den „niederen Sinnesorganen" gerechnet, dennoch sollten die Möglichkeiten nicht zu gering veranschlagt werden, die sich bei ihrer Ausdifferenzierung ergeben. Dadurch, daß diese Sinneseindrücke unmittelbar erfahren werden, kann die Begriffswelt Ihres Kindes erweitert werden.

db 0110 ***Geben Sie Ihrem Kind weiterhin die Möglichkeit, den Geschmackssinn genauer auszudifferenzieren. Seine Begriffswelt wird erweitert, wenn Sie ihm benennen, was es da gerade schmeckt. Auch sein Wortschatz wird erweitert. (Wenn dies auch zunächst unter Umständen nur den passiven Wortschatz betrifft.)

db 0120 ***Versuchen Sie, die Eindrücke des Geschmackssinnes weiter auszudifferenzieren, indem Sie Ihrem Kind immer feinere Geschmacksnuancen anbieten und benennen. (Erweiterung von Begriffswelt und passivem Wortschatz.)

db 0200 Sobald Sie Ihrem Kind Breinahrung anbieten können, benennen Sie diese neue Kost. Besonders der Gemüsebrei bietet hier gute Möglichkeiten: Wurzeln, Kartoffeln, Spinat, Blumenkohl usw. Ihr Kind wird bald eine Erwartungshaltung und vermutlich auch Vorlieben entwickeln.

db 0300 Wenn Ihr Kind schon gut abbeißen und kauen kann, bieten Sie ihm kleine Kostproben an. Sie können zunächst mit den Sammelbegriffen: Brot, Wurst, Fleisch, Käse, Obst und Nachtisch beginnen, sollten aber bald die Angebote genauer benennen.

db 0310 ***Die Begriffe wie süß und sauer (evtl. auch bitter und salzig) können Ihrem Kind nunmehr schon nahe gebracht werden.

db 0320 ***Helfen Sie Ihrem Kind, seine Schwierigkeiten im Kauen zu überwinden, indem Sie den Unterkiefer sanft auf und ab, hin- und herbewegen.

db 0325	***Bitten Sie Ihre Krankengymnastin, die Mundtherapie von Bobath in Ihre Maßnahmen mit einzubeziehen.
db 0326	***Versuchen Sie, die obere und die untere Zahnleiste Ihres Kindes mit einer weichen Zahnbürste zu bearbeiten. Beziehen Sie auch die Zunge und die Lippen in die Behandlung mit ein.
db 0327	***Versuchen Sie, durch Einsatz einer elektrischen Zahnbürste an Ober- und Unterkiefer sowie an der Zunge und an den Lippen Ihr Kind zu Bewegungen der entsprechenden Muskeln anzuregen. Gestalten Sie diese Maßnahmen möglichst lustig und spannend.
db 0400	Die Gaumenfreuden werden vermutlich bei Ihrem Kind in zunehmendem Maße einen wichtigen Platz in seinem Leben einnehmen. Nutzen Sie diese Ansprechbarkeit, indem Sie ihm immer differenziertere Kostproben anbieten und sie auch genau benennen. Nicht nur: „Wurst", sondern: Zungenwurst, Leberwurst, Mettwurst, Teewurst, Polnische Wurst, Salami usw. Ähnlich verfahren Sie beim Brot: Schwarzbrot, Graubrot, Feinbrot, Knäckebrot (Erweiterung des Wortschatzes, Erwartungshaltung).
db 0500	Bieten Sie Ihrem Kind im täglichen Leben bei passender Gelegenheit eine neue Sensation für den Geschmackssinn an. Benennen Sie die Kostprobe möglichst differenziert. Es wird bald eine Erwartungshaltung entstehen und der Wortschatz Ihres Kindes wird dadurch erweitert.
db 0600	Da Ihr Kind ein „fröhlicher Esser" ist und bereits Vorlieben für bestimmte Speisen entwickelt hat, können Sie ihm die Grundbegriffe wie „süß-sauer-salzig-bitter" schon näherbringen. Die Lieblingsspeisen Ihres Kindes sollten besonders differenziert benannt werden.
db 0610	***Als Fernziel wäre das Spiel: „Mund auf-Augen zu" anzustreben, d.h., Ihr Kind kann mit geschlossenen Augen eine differenzierte Kostprobe rein vom Geschmack her erkennen und benennen.
db 0620	***Veranlassen Sie Ihr Kind, aus einer Nahrung schon einmal ein bestimmtes Gewürz herauszuschmecken: z.B. Zitrone oder Kakao bei Gebäcksorten.
db 0630	***Machen Sie bei einem Festtagsschmaus ein Spiel daraus, verschiedene Gewürze z.B. in der Bratensoße herauszuschmecken.
db 0640	***Bieten Sie Ihrem Kind eine „falsch gewürzte" Kostprobe an und beobachten Sie, ob seine Erwartungshaltung enttäuscht wird - ob es stutzig wird und bemerkt, daß es aufs Glatteis geführt werden sollte.

dw 0000	**Wahrnehmungsstörungen im gustatorischen Bereich (Schmecken)**
dw 0050	(Die mit *** versehenen Vorschläge sind als Hilfsmaßnahmen gedacht)
dw 1000	**Phase 1: Reizblockierung**
dw 1100	Das wahllose Essen Ihres Kindes beruht darauf, daß es den Geschmack der Speisen noch nicht wahrnehmen kann.
dw 1110	***"Würzen" Sie den Brei Ihres Kindes mit ein paar Enziantropfen. Es soll durch den sehr bitteren Geschmack erreicht werden, daß Ihr Kind erstmalig die Erfahrung macht, daß Nahrung auch schmecken kann. Diese Möglichkeit ist Ihrem Kind bisher offenbar vorenthalten geblieben, und es soll versucht werden, mit dem bitteren Geschmacksreiz bis zu seinem Bewußtsein vorzudringen.
dw 1120	***Wenn Ihr Kind auf das „Würzen" seines Breis mit Enziantropfen überhaupt nicht reagiert, saugen Sie ein paar Tropfen dieser Flüssigkeit mit einer Pipette an und lassen sie auf den Zungengrund Ihres Kindes fallen. Am Zungengrund befinden sich die Geschmacksknospen für bitter und sauer. Durch direkte Reizung des Zungengrundes mit dem bitteren Geschmack soll erreicht werden, daß Ihr Kind diesen Sinneseindruck wahrnimmt.
dw 1130	***Lösen Sie eine Vitamin-C-Tablette in etwas Wasser auf und saugen Sie diese Flüssigkeit mit einer Pipette an. Lassen Sie einige Tropfen davon auf den Zungengrund Ihres Kindes fallen und beobachten Sie, ob es diesen starken Reiz wahrnimmt.
dw 1140	***Wenn Ihr Kind diesen Reiz wahrgenommen hat, „würzen" Sie seinen Brei mit einer aufgelösten Vitamin-C-Tablette.
dw 1150	***In manchen Fällen hat es sich auch bewährt, Kindern mit Störungen in der Geschmackswahrnehmung Curry-Reis anzubieten: die bittere Komponente im Geschmack, verbunden mit der körnigen Konsistenz, weckte bei ihnen erstmalig Interesse an der Nahrungsaufnahme.
dw 1200	Da Ihr Kind Genießbares und Ungenießbares noch nicht unterscheiden kann, sollten alle festen und flüssigen Substanzen aus seiner Reichweite entfernt werden, die ungenießbar sind.
dw 1300	Widmen Sie Ihrem Kind in der Situation des Töpfens erhöhte Aufmerksamkeit, damit es nicht in Versuchung kommt, sich in unerwünschter Form mit seinen Ausscheidungen zu befassen.
dw 1400	Nach dem Gesamtbild Ihres Kindes müssen die schmatzenden Geräusche (bzw. Leckbewegungen der Zunge) als Ausdruck von Sinnestäuschungen angesehen werden. Durch Training der Sinneswahrnehmung soll versucht werden, diese Täuschungen abzubauen.

dw 2000 **Phase 2: Reizhunger**

dw 2100 Versuchen Sie, den Reizhunger Ihres Kindes zu stillen, indem Sie ihm kräftig und eindeutig gewürzte Speisen anbieten: ein Stück Salzgurke, ein Schluck Zitronensaft, einen Löffel Honig, ein Stück Chinarinde (bitter). Vermeiden Sie anfangs möglichst die Mischung von Geschmacksrichtungen, weil es Ihrem Kind vermutlich schwer fällt, hieran eine genaue Erinnerung zu behalten.

dw 2110 ***In dieser Phase müßte es eigentlich möglich sein, Ihr Kind zum sorgfältigen Kauen seiner Nahrung anzuregen. Das gründliche Kauen führt zu einer genaueren Wahrnehmung des Geschmackes, und da Ihr Kind daran so sehr interessiert ist, wird es Ihre Anregungen wahrscheinlich befolgen.

dw 2120 ***In dem Maße, wie Ihr Kind das sorgfältige Kauen fester Nahrung erlernt, wird es auch ein Gefühl für seine Sättigung bekommen. Versuchen Sie, ihm die 4 Grundrichtungen des Geschmacks immer wieder nahezubringen: „würzen" Sie seinen Brei mit Enziantropfen (bitter), mit Zitrone oder einer Vitamin-C-Tablette (sauer) und auch mit Salz. Führen Sie mit Ihrem Kind ein systematisches Training seiner Geschmackswahrnehmung durch und benennen Sie die Grundwahrnehmungen.

dw 2130 ***Die Geschmacksempfindungen für salzig und süß liegen an der Zungenspitze. Geben Sie Ihrem Kind Gelegenheit, seine Zunge in einen Löffel mit Kochsalz zu tauchen und sagen Sie ihm, daß das „salzig" ist, was er da schmeckt. Anschließend salzen Sie seinen Brei etwas ungewöhnlich stark, damit es diese Komponente deutlich spürt. Wiederholen Sie dies Training mehrfach.

dw 2140 ***Erst wenn die Geschmacksempfindungen: bitter, sauer, salzig bis zum Bewußtsein Ihres Kindes durchdringen besteht eine Chance, daß es auch Süßes wahrnehmen wird. Fordern Sie es auf, seine Zungenspitze in einen Löffel mit Zucker zu stecken und sagen Sie ihm, daß das „süß" ist, was es da schmeckt. Anschließend versehen Sie seinen Brei mit etwas ungewöhnlich viel Zucker, damit es diesen Geschmack deutlich wahrnimmt. Wiederholen Sie dieses Training mehrfach.

dw 2200 In dem Maße, wie Ihr Kind mit den üblichen Geschmackskomponenten umzugehen lernt, wird es das Hochwürgen seiner Speisen nicht mehr nötig haben. Es wird lernen, daß es Angenehmeres zu schmecken gibt, als den eigenen Magensaft.

dw 2300 Das hingegebene Saugen Ihres Kindes an seiner Zunge birgt die Gefahr in sich, zu einer Leerlaufhandlung zu werden. Versuchen Sie deshalb, ihm einen starken, eindeutigen Reiz für seine Geschmacksempfindung anzubieten, damit es sich der Realität zuwendet und nicht in Stereotypien abgleitet.

dw 2400	Sobald Ihr Kind gelernt hat, den Geschmack der Nahrung wahrzunehmen, wird es zunehmend auch einen Sinn dafür entwickeln, was genießbar bzw. ungenießbar ist. Bis zu diesem Zeitpunkt muß es davor geschützt werden, daß es sich selbst mit ungenießbarer Nahrung gefährdet.
dw 3000	**Phase 3: Reizüberflutung**
dw 3100	Versuchen Sie allmählich von bekannten und geduldeten Speisen auf eine sehr ähnliche Mahlzeit überzugehen, die sich zunächst nur in einem Punkt von dem bisherigen Essen unterscheidet: im Süßigkeitsgrad oder beim Mittagessen durch die Beigabe von ein paar Röschen Blumenkohl oder dergl.
dw 3110	***Wenn Sie auf ein dem Kind bisher unbekanntes Gewürz übergehen, sollten Sie sich mit sehr kleinen Dosierungen „einschleichen" und zunächst bei *einer* Geschmacksrichtung bleiben.
dw 3120	***Tupfen Sie von einer dem Kind unbekannten Speise eine kleine Menge auf die Zunge und hinter die oberen Schneidezähne. Beobachten Sie die Reaktionen Ihres Kindes, benennen Sie die neue Kost und versuchen Sie, Ihrem Kind eine kleine Menge davon zu füttern.
dw 3130	***Erlauben Sie Ihrem Kind, sich selbst die gewünschte Geschmackskomponente auszuwählen, sobald es am Geschmack der Speisen irgendein Interesse zeigt. Bieten Sie ihm Streudosen mit Zimt, Curry, Muskat an und ätherische Öle (Himbeer, Vanille, Zitrone). Ermuntern Sie Ihr Kind, seinen Abendbrei damit selbst zu würzen. Wecken Sie die Neugierde Ihres Kindes.
dw 3200	Um Ihr Kind an die 4 verschiedenen Geschmackskomponenten allmählich zu gewöhnen, führen Sie an manchen Tagen eine Art „Dauerberieselung" mit ihm durch. Beginnen Sie mit der süßen Komponente, weil hier am wenigsten zu befürchten ist. Erklären Sie „süß" zum „Geschmack des Tages" und bieten Sie ihm seine Getränke sowie seine Speisen in süßer Form an.
dw 3210	***Sodann gehen Sie zur salzigen Komponente über und erklären „salzig" zum „Geschmack des Tages". Würzen Sie sowohl die Getränke als auch seine andere Kost mit ein paar Körnchen Salz. Vermeiden Sie möglichst andere Geschmackskomponenten an einem solchen Tag.
dw 3220	***An einem weiteren Tag erklären Sie „sauer" zum „Geschmack des Tages" und würzen die Getränke Ihres Kindes sowie seine übrigen Mahlzeiten mit einer in Wasser aufgelösten Vitamin-C-Tablette.
dw 3230	***Erst ganz zum Schluß können Sie es vermutlich riskieren, nun auch „bitter" zum „Geschmack des Tages" zu erklären. Hierfür kön-

	nen Sie den Getränken und Speisen Ihres Kindes Enziantropfen zufügen. Sie können sich aber auch in der Apotheke ein Stückchen Chinarinde besorgen und diese Ihrem Kind in die Backentasche stecken - (Wenn Sie sicher sind, daß es Sie nicht „bemogelt" und sie in einem unbeobachteten Augenblick ausspuckt!).
dw 3235	Das Training mit dem „Geschmack des Tages" ist nur sinnvoll einzusetzen, wenn das Kind selbst dafür zu interessieren ist und „mitzieht".
dw 3240	***In dem Maße, wie Ihr Kind bereits gelernt hat, die 4 Geschmacksqualitäten wahrzunehmen und zu unterscheiden, wird auch sein Interesse für die sogenannte „deftige Kost" zu wecken sein und für die Kindersüßigkeiten: Beides enthält die verschiedensten Mischungen der Grundqualitäten.
dw 3300	Sobald Ihr Kind es gelernt hat, die 4 Grundqualitäten des Geschmacks (süß, salzig, sauer, bitter) richtig einzuordnen, wird es auch ein Interesse daran entwickeln. Wecken Sie seine Neugierde! - Erst, wenn dieser Punkt erreicht ist, darf das Training als abgeschlossen angesehen werden.
dw 3400	Die ängstliche Ablehnung des Kauens fester Nahrung entsteht bei Ihrem Kind dadurch, daß es sich vor einem „Reizchaos" im Bereich seiner Geschmackswahrnehmung fürchtet. Es kann die verschiedenen Sinneseindrücke noch nicht richtig einordnen und geht deshalb in Abwehr. Führen Sie ein Training im Erkennen der 4 Grundkomponenten des Geschmacks mit Ihrem Kind durch (süß, salzig, sauer, bitter).
dc 0000	**4.2 Hilfsmaterial für die Durchführung des Programms**
dc 1010	Süße Komponente: Honig, Zucker
dc 1020	Saure Komponente: Vitamin-C-Tablette, Zitrone
dc 1030	Salzige Komponente: Emser-Salz-Tablette, Kochsalz
dc 1040	Bittere Komponente: China-Rinde, Enzian-Tropfen
dc 1050	Ätherische Öle zum Selbstwürzen der Speisen
dc 1060	Spiel „Mund auf-Augen zu" (Ausdifferenzierung des Geschmackssinnes)
dc 1070	Gewürze aus einer Speise herausschmecken
dc 1080	„Falsch gewürzte Speise" erkennen

ea 0000	**5. Geruch**
ea 1000	Die sichere Einordnung dieser Sinneseindrücke erhöht die Genußfähigkeit bei der Nahrungsaufnahme
ea 2000	Das Erkennen und Wiedererkennen von Duftnuancen ruft außerdem Erinnerungen an bestimmte Situationen hervor
ea 8010	Text für individuelle Einfügungen
eb 0000	**5.1 Trainingsprogramm für die Wahrnehmung im Bereich des Geruchssinnes**
	(Die mit *** versehenen Vorschläge sind als Hilfsmaßnahmen gedacht)
eb 0100	Vom Geruch gilt dasselbe wie vom Geschmack: Begriffswelt und Wortschatz werden erweitert.
eb 0110	***Die Ausdifferenzierung der Geruchswahrnehmung ist bei einem sehbehinderten Kind von besonderer Bedeutung, weil sie eine zusätzliche Möglichkeit bieten, sich in der Welt zu orientieren.
eb 0120	***Bieten Sie Ihrem Kind weiterhin duftende Gegenstände zum „Beschnuppern" an und versuchen Sie, die Nuancen zu betonen. (Unmittelbare Erfahrung, Erweiterung der Begriffswelt und des Wortschatzes - wenn auch vielleicht zunächst nur passiv.)
eb 0200	Bieten Sie Ihrem Kind im täglichen Leben bei jeder sich ergebenden Gelegenheit duftende Gegenstände zum „Beschnuppern" an. Das Kind sollte den Gegenstand betrachten und auch betasten dürfen, wenn es dafür geeignet ist (Parfümfläschchen, duftende Blume). Benennen Sie die duftenden Gegenstände mit den bei Ihnen üblichen Bezeichnungen.
eb 0210	***Versuchen Sie, Ihrem Kind allmählich die einzelnen Duftnuancen näher zu bringen: Bieten Sie ihm frisch geriebene Zitronenschale an und benennen Sie sie, lassen Sie es an einer soeben geöffneten Apfelsine „schnuppern", so daß es den Unterschied des Duftes merkt. - Fernziel: Ihr Kind kann mit geschlossenen Augen z.B. eine Apfelsine und eine Zitrone vom Duft her unterscheiden.
eb 0220	***Bieten Sie Ihrem Kind den Duft verschiedener Küchengewürze an und benennen Sie sie genau. Kann es Essig von Vanille unterscheiden?
eb 0225	***Bieten Sie Ihrem Kind verschiedene ätherische Öle aus der Apotheke an, damit es merkt, wie unterschiedlich die Wahrnehmungen des Geruchssinnes sein können.
eb 0226	***Geben Sie Ihrem Kind die Möglichkeit, durch Umgang mit den im Spielwarengeschäft erhältlichen „Riechflaschen" seine Geruchswahrnehmung auszudifferenzieren.

eb 0230	Eine gute Differenzierung der Geruchswahrnehmungen ist schon erforderlich, wenn Sie Ihr Kind auffordern, Kräuterteesorten vom Duft her zu unterscheiden (Kamille-Pfefferminz).
eb 0235	***Versuchen Sie, ob der entstehende Duft beim Verbrennen bestimmter Stoffe von Ihrem Kind bemerkt wird (Tannennadeln, Bratapfel, Räuchermännchen, Wachskerzen und dergl.). Kann es den Duft unterscheiden?
eb 0240	***Versuchen Sie, ob Ihr Kind Vorlieben für bestimmte Duftnuancen entwickelt, z.B. für bestimmte Seifen, bestimmte Parfümsorten. Berücksichtigen Sie nach Möglichkeit diese Vorlieben.
eb 0245	***Wenn Ihr Kind bereits Vorlieben für gewisse Duft-Nuancen entwickelt hat, sollten Sie ihm sein Lieblingsspielzeug hin und wieder mit diesem Duft versehen. Ihr Kind wird Ihnen dankbar sein.
eb 0300	Da Ihr Kind ein fröhlicher Esser ist, sollte man diese Chance auch beim Ausdifferenzieren des Geruchssinnes nutzen. Bieten Sie ihm verschiedene Wurst- und Käsesorten zum „Beschnuppern" an.
eb 0310	***Spielen Sie mit Ihrem Kind: „Augen zu" und prüfen Sie, ob es nur vom Duft her eine bestimmte Duftnuance benennen kann. Versuchen Sie, dieses Spiel immer weiter auszubauen, und prüfen Sie, ob es nur vom Geruch her ein bestimmtes Parfüm (Seife, Badewasserzusatz) erkennen kann.
eb 0320	***Regen Sie Ihr Kind dazu an, nur vom Essensgeruch in der Küche her schon herauszufinden, was es heute zu Mittag geben wird. Machen Sie mit Ihm ein Spiel daraus.
eb 0400	Bieten Sie Ihrem Kind auch die weniger angenehm duftenden Stoffe an, wenn sich im täglichen Leben die Gelegenheit dazu bietet. Lassen Sie ihn an der Essigflasche riechen, am Baldrian-Fläschchen, Waschbenzin usw.
ew 0000	**Wahrnehmungsstörungen im olfaktorischen Bereich (Riechen)**
ew 0050	(Die mit *** versehenen Vorschläge sind als Hilfsmaßnahmen gedacht)
ew 1000	**Phase 1: Reizblockierung**
ew 1001	Eine Reizblockierung scheint mindestens bis zum Ende des 2. Lebensjahres physiologisch zu sein. Vermutlich gibt es hier eine breite Streuung, die als „normal" anzusehen ist.
ew 1100	Um Ihr Kind für die normalen Gerüche empfänglich zu machen, sollte der Versuch gemacht werden, mit starken Reizen bis zu seinem Bewußtsein vorzudringen. Bieten Sie Ihrem Kind Salmiakgeist zum „Beschnuppern" an oder Schwefelwasserstoff, Aceton, Baldrian. Beobachten Sie, ob Ihr Kind irgendwelche Reaktionen zeigt. Beachten Sie dabei auch die Schleimhautreaktionen.

ew 1110	***Prüfen Sie mit Hilfe von Zwiebeln (Meerrettich), ob diese Gerüche überhaupt wahrgenommen werden und beobachten Sie, ob bei Ihrem Kind das erwartete Augentränen evtl. ausbleibt. (Das würde für die Blockierung dieser Sinnesbahn sprechen.)
ew 1130	***Bei einer völligen Reizblockierung kann Ihr heranwachsendes Kind sich dadurch selbst gefährden, daß es den warnenden Geruch von ätzenden Flüssigkeiten nicht wahrnimmt. Besondere Sorgfalt im Umgang mit derartigen Mitteln ist dann geboten.
ew 1200	Bei älteren Kindern besteht die Möglichkeit, daß sie an Sinnestäuschungen im Bereich des Geruchssinnes leiden: sie scheinen etwas wahrzunehmen, was unser Geruchssinn nicht registriert. Führen Sie ein Training zur Wahrnehmungsförderung durch.
ew 2000	**Phase 2: Reizhunger**
ew 2100	Versuchen Sie, den „Reizhunger" Ihres Kindes zu befriedigen, indem Sie ihm bei jeder sich bietenden Gelegenheit die Möglichkeit geben, starke Düfte wahrzunehmen: erlauben Sie ihm, Käsesorten zu „beschnuppern" oder Fisch während der Zubereitung in Ihrer Küche.
ew 2110	***Geben Sie Ihrem Kind Gelegenheit, an einer soeben aufgeschnittenen Zwiebel zu riechen, den Duft beim Abreiben von Zitronenschale wahrzunehmen. Lassen Sie es an Ihrer Parfümflasche riechen (an Vaters Rasierwasser). Bieten Sie ihm Waschbenzin, Aceton, Fichtennadelöl an.
ew 2120	***Gehen Sie allmählich zu etwas schwächeren Reizen über: Prüfen Sie, ob Ihr Kind den Duft eines Apfels oder einer Blume bereits wahrnehmen kann.
ew 2200	Bieten Sie Ihrem Kind die in Spielzeugläden erhältlichen Riechfläschchen an, um seinen Bedarf an Geruchssensationen zu befriedigen.
ew 2210	***Erklären Sie den Verwandten und Freunden Ihres Hauses, daß Ihr Kind einen Reizhunger im Bereich seines Geruchssinnes hat, daß es sich deshalb so eigentümlich benimmt und das Sie mit ihm daran arbeiten, dieses Verhalten abzubauen.
ew 2300	Erlauben Sie Ihrem Kind möglichst sachlich, den Geruch seiner naßgemachten Windel und seines Stuhlganges wahrzunehmen. Bezeichnen Sie diese Gerüche mit den in Ihrem Hause üblichen Ausdrücken.
ew 2310	***Achten Sie darauf, daß das Töpfchen Ihres Kindes nach der Stuhlentleerung möglichst umgehend gesäubert wird, damit die Anreize zum Experimentieren mit dem Inhalt möglichst gering sind.

ew 2320	***Kontrollieren Sie das Bad bzw. die Toilette regelmäßig, nachdem Ihr Kind sie benutzt hat und regen Sie es dazu an, die Spülung nach Absetzen seines Stuhlganges auch zu betätigen. Haben Sie nach Möglichkeit Verständnis dafür, daß es dies im Grunde nicht einsehen kann, weil es den Geruch als angenehm empfindet.
ew 2400	Drängen Sie darauf, daß Ihr Kind sich ausreichend oft die Nase putzt, damit es durch eine verstopfte Nase nicht zusätzlich an seiner Geruchswahrnehmung gehindert wird und dadurch schließlich Sinnestäuschungen unterliegt.
ew 2500	Erlauben Sie Ihrem Kind, auch den Geruch Ihres Atems wahrzunehmen, wenn es schon so viel Interesse für den Duft des eigenen Atems zeigt. Verändern Sie Ihren Mundgeruch einmal durch ein Pfefferminzplättchen, Knoblauch, Zwiebeln, Eukalyptusbonbons oder Mundspülwasser und beobachten Sie, ob Ihr Kind diese Veränderungen wahrnimmt.
ew 2600	Nehmen Sie den Schnupfen Ihres Kindes ernster, als Sie es bei einem völlig gesunden Kind tun würden: behandeln Sie ihn mit abschwellender Nasensalbe bzw. Nasentropfen, damit es sich nicht unnötig lange zusätzlich irritiert fühlt.
ew 3000	**Phase 3: Reizüberflutung**
ew 3100	Führen Sie mit Ihrem Kind ein systematisches Training durch, damit es sich an neue Sensationen über den Geruchssinn gewöhnt und bei ihrer Wahrnehmung nicht sofort in Abwehr gerät.
ew 3110	***Solange Ihr Kind für ein systematisches Training noch zu jung ist, zwingen Sie es nicht zum Genuß stark duftender Speisen (Rosenkohl, Fisch).
ew 3120	***Erklären Sie einen Ihrem Kind bekannten und tolerierten Geruch (beispielsweise Ihr Parfüm oder das Rasierwasser des Vaters) zum „Duft des Tages" und betupfen Sie es mehrfach am Tage damit.
ew 3130	***Am nächsten Tag wählen Sie einen nicht gar so verschiedenen, aber doch deutlich anderen Geruch, den Sie zum „Duft des Tages" erklären. Benennen Sie den Duft.
ew 3140	***Weiten Sie dieses Training aus und geben Sie Ihrem Kind auf die Weise ein möglichst breitgefächertes Angebot von bekannten Düften, so daß es seine Erinnerung zur Hilfe nehmen kann, wenn es auf eine neue „Duftmarke" stößt. Es ist anzunehmen, daß es dann nicht mehr sofort in eine strikte Abwehrhaltung gerät.
ew 3200	Versuchen Sie, die Küchendünste nach Möglichkeit von Ihrem Kind fernzuhalten, indem Sie gut schließende Töpfe verwenden oder eine Dunstabzugshaube benutzen.
ew 3210	***Ganz allgemein ist bei Kindern aus dieser Gruppe von Wahrnehmungsstörungen zu empfehlen, sich mit ihnen soviel wie möglich an der frischen Luft aufzuhalten, weil sie dann nicht laufend durch Gerüche irritiert werden.

ew 3220	***Sorgen Sie in Ihrem Hause (Ihrer Wohnung) noch mehr als sonst üblich dafür, daß alle Räume gründlich gelüftet werden. Ein Versuch, durch Sprays oder Parfüms andere Gerüche zu verdecken, ist bei diesen Kindern sinnlos: sie vergrößern nur ihre Verwirrung.
ew 3230	***Verwenden Sie zum Waschen Ihrer Wäsche Mittel, die keinerlei Duftnote hinterlassen. Auch für die Körper- und Zahnpflege sollten Sie bei Ihrem Kind (und möglichst auch bei den übrigen Familienmitgliedern) tunlichst geruchlose Seifen und Zahnputzmittel verwenden, solange Ihr Kind noch nicht in der Lage ist, ein systematisches Training dieser Sinneswahrnehmung zu akzeptieren.
ew 3240	***Verwenden Sie für das tägliche Bad Ihres Kindes (für die abendliche und morgendliche Wäsche) jedesmal einen frischgewaschenen Waschlappen. Ein schon einmal benutzter Waschlappen kann zu heftigen Abwehrreaktionen bei Ihrem Kind führen, so daß das Waschen zu einer Dompteursarbeit wird - die mit einem so einfachen Mittel wie einem frischen Waschlappen leicht vermieden werden kann.
ew 3300	Bei einem geruchsgestörten Kind kann es zur konsequenten Ablehnung bestimmter Personen kommen, weil es ihre spezifischen Duftausscheidungen nicht erträgt. Dies hat nichts mit der Sauberkeit der betreffenden Person zu tun: wir alle haben einen ganz bestimmten Körpergeruch, den gesunde Menschen allerdings nicht wahrzunehmen pflegen. (Dafür aber die Hunde umso deutlicher!) Bitten Sie deshalb Verwandte und Freunde Ihrer Familie, es ohne Emotionen zu respektieren, wenn Ihr Kind bei dem Kontakt mit einigen von ihnen in Abwehr gerät.
ew 3400	Erlauben Sie Ihrem Kind, sich bei Ihnen aufzuhalten, wenn Sie die Toilette benutzen. Zeigen Sie ihm, daß auch Sie dieser menschlichen Verrichtung ausgesetzt sind und daß Sie das Problem mit Gelassenheit lösen.
ew 3410	***Betonen Sie die positive Seite dieses Vorgangs und loben Sie Ihr Kind, wenn seine Ausscheidungen im Töpfchen gelandet sind.

ec 0000	**5.2 Hilfsmaterial zur Durchführung des Programms**
ec 1010	Seifen, Parfüms, Bade-Essenzen
ec 1020	Baldrian, Waschbenzin, Aceton
ec 1030	Ätherische Öle aus der Apotheke
ec 1040	„Riechfläschchen" (im Spielwarengeschäft erhältlich)
ec 1050	Unterscheidung des Duftes von Apfelsine und Zitrone
ec 1060	Unterscheidung des Duftes von Kräuterteesorten
ec 1070	Unterscheidung des Duftes von Gewürzen
ec 1080	Herstellung verschiedener Duftsorten durch Räucherkerzen
ec 1090	Spiel „Augen zu" - vom Duft her eine Speise, eine Frucht oder einen Tee erkennen bei geschlossenen Augen.

fo 0000	**B. Training der motorischen Fähigkeiten**			
fa 0000	**1. Körperkontrolle (Grobmotorik)**			
fa 1000	Die sichere Beherrschung der Körpermuskulatur ist eine Voraussetzung für die handelnde Auseinandersetzung mit der weiteren Umwelt			
fa 8010	Text für individuelle Einfügungen			
fb 0000	**1.1 Die Analyse des Entwicklungsgitters ergibt**			
fb 0010	**Ausfälle**			
fb 0020	**Unsicherheiten**			
fb 0030	**Anzustrebende neue Fertigkeiten**			
fb 0050	Keine			
fb 0100	Kopfheben in Bauchlage			1M
fb 0150	Fußstöße gegen Druck			1M
fb 0200	Kopfkontrolle auf dem Arm			2M
fb 0250	Gleichseitiges Strampeln			2M
fb 0300	Unterarmstütz in Bauchlage			3M
fb 0350	Aktivität beim Baden			3M
fb 0400	Hält im Sitz seinen Rücken gerade			4M
fb 0450	Macht in Bauchlage „Schwimmbewegungen"			4M
fb 0500	Handstütz in Bauchlage			5M
fb 0550	Rollt von Bauch in Rückenlage			5M
fb 0600	Hebt den Kopf in Rückenlage			6M
fb 0650	Zieht sich zum Sitz			6M
fb 0700	Beine übernehmen Körpergewicht			7M
fb 0750	Tänzelt auf dem Schoß			7M
fb 0800	Geht in den Vierfüßlerstand			8M
fb 0850	Rollt von Rücken in Bauchlage			8M
fb 0900	Sitz länger allein			9M
fb 0950	Robbt auf dem Bauch			9M
fb 1000	Zieht sich zum Stand			10M
fb 1050	Steht an Möbeln			10M
fb 1100	Sitz gut im Stuhl			11M
fb 1150	Setzt sich allein auf			11M
fb 1200	Kniet aufrecht			12M
fb 1250	Krabbelt auf allen Vieren			12M
fb 1300	Geht mit Halt an Möbeln		1J	1M
fb 1400	Schiebt Kinderwagen		1J	2M
fb 1500	Steht allein, geht allein		1J	3M
fb 1600	Hebt im Bücken Dinge auf		1J	4M
fb 1700	Steht ohne Hilfe auf		1J	5M
fb 1800	Treppenkrabbeln auf Bauch		1J	6M
fb 1900	Hebt gehockt Dinge auf		1J	7M
fb 2000	Rennt 5 Meter ohne Hinfallen		1J	8M

fb 2100	Geht rückwärts	1J	9M
fb 2200	Treppauf mit Geländer	1J	10M
fb 2300	Ersteigt Stuhl, faßt Lehne	1J	11M
fb 2400	Fußballstoß ohne Umfallen	2J	
fb 2500	Spielt in Kauerstellung	2J	1M
fb 2600	Frei treppauf, nachgesetzt	2J	2M
fb 2700	Treppab mit Geländer	2J	3M
fb 2800	Ersteigt 3 Leitersprossen	2J	4M
fb 2900	Geht balancesicher	2J	5M
fb 3000	Beidbeinsprung am Boden	2J	6M
fb 3100	Geht 3 Meter auf Zehenballen	2J	7M
fb 3200	Frei treppab, nachgesetzt	2J	8M
fb 3300	Fußschlußstand, Augen zu	2J	9M
fb 3400	Rennt 15 Meter ohne Hinfallen	2J	10M
fb 3500	Anlaufsprung über Strich	2J	11M
fb 3600	Beidbeinsprung von Treppe	3J	
fb 3700	Fährt Dreirad, Gocart	3J	1M
fb 3800	Kickt Ballon aus der Luft	3J	2M
fb 3900	Trägt Wasserglas 3 Meter weit	3J	3M
fb 4000	Geht 3-Meter-Streifen entlang	3J	4M
fb 4100	Springt 20 cm weit, 5 cm hoch	3J	5M
fb 4200	Frei treppauf, Fußwechsel	3J	6M
fb 4300	Geht mit Armschwung	3J	7M
fb 4400	Je Bein 2 Sek. balancieren	3J	8M
fb 4500	1 Hüpfer auf einem Bein	3J	9M
fb 4600	5 fortlaufende Schlußsprünge	3J	10M
fb 4700	Schlußsprung von Couch	3J	11M
fb 4800	Frei treppab, Fußwechsel	4J	
fb 4900	30 m Schnellauf in 15 Sekunden	4J	2M
fb 5000	5 mal Seitensprünge über Linie	4J	4M
fb 5100	50 cm Weitsprung aus dem Stand	4J	6M
fb 5200	5 Sek. balancieren auf jedem Bein	4J	8M
fb 5300	2 Hüpfer auf einem Bein	4J	10M
fb 5400	Gerades Aufstehen über Sitz	5J	
fb 5500	Fersen-Zehengang vorwärts 1 m	5J	2M
fb 5600	Standhochsprung 20 cm	5J	4M
fb 5700	30 m Schnellauf in 10 Sek.	5J	6M
fb 5800	10 Schlußsprünge vorwärts	5J	8M
fb 5900	Einbeinstand 10 Sekunden	5J	10M
fb 6000	Je 5 Einbeinhüpfer vorwärts	6J	
fb 6100	10 Sekunden Zehenballenstand	6J	2M
fb 6200	Zehen-Fersengang rückwärts 1 m	6J	4M
fb 6300	5 m Fersengang	6J	6M
fb 6400	Standhochsprung 30 cm	6J	8M
fb 6500	Einbeinhochsprung 10 cm	6J	10M
fb 6600	Steigt frei auf Bank, 50 cm hoch	7J	
fb 6700	Standfreisprung 1 m	7J	2M

fb 6800	Je 10 Einbeinhüpfer vorwärts	7J	4M
fb 6900	Nimmt 2 Stufen auf einmal	7J	6M

fc 0000 **1.2 Trainingsprogramm für die Körperkontrolle**

(Die mit *** versehenen Vorschläge sind als Hilfsmaßnahmen gedacht, um die im Entwicklungsgitter angegebenen Ziele zu erreichen)

fc 0010 Mit diesen Vorschlägen ist nicht beabsichtigt, in die krankengymnastische Behandlung einzugreifen oder sie gar zu ersetzen. Sie sind vielmehr als Anregung für die Eltern gedacht, durch spielerische Angebote im häuslichen Milieu diese Behandlung nach Möglichkeiten zu unterstützen.

fc 0020 ***Die charakteristische Bindegewebsschwäche führt bei Ihrem Kind zu einer Überstreckbarkeit der Gelenke, weil die Gelenkkapseln „schlaff" sind. An den Hüftgelenken entstehen dadurch zuweilen besondere Schwierigkeiten beim Erlernen des freien Laufens. Achten Sie deshalb bitte darauf, daß Sie Ihrem Kind beim Füttern eine Haltung angewöhnen, die dieser Tendenz entgegenwirkt: Nehmen Sie selbst eine Art „Hockerstellung" ein, indem Sie Ihre Füße auf einen flachen Schemel stellen. Setzen Sie Ihr Kind derart auf den Schoß, daß sein Köpfchen sich an Ihr geschlossenes Knie anlehnt und daß seine Beine sich möglichst geschlossen in der Mulde zwischen Ihren Oberschenkeln befinden. Sie können dann mit der einen freien Hand den Schultergürtel Ihres Kindes umgreifen, um es notfalls zu stützen und beim Füttern zu lenken, und Sie haben die andere Hand frei zum Füttern.

fc 0100 Legen Sie Ihr Kind auf den Bauch und beobachten Sie, ob es sein Köpfchen für einen Augenblick anheben kann.

fc 0150 Drücken Sie mit Ihrer Hand gegen die Fußsohle Ihres Kindes, so daß dieses den Widerstand spürt. Reagiert es mit kräftigen Fußstößen?

fc 0200 Nehmen Sie Ihr Kind auf den Arm und beobachten Sie, ob es seinen Kopf etwa 5 Sekunden lang selbst halten kann (unter leichten Wackelbewegungen).

fc 0201 ***Das „Prager Eltern-Kind-Programm" enthält zahlreiche wertvolle Anregungen für den Umgang der Eltern mit ihrem jungen behinderten Kind. Vorsicht ist jedoch geboten, wenn bei dem Kind Zeichen einer Muskelhypertonie bestehen. Die Zusammenarbeit mit der Krankengymnastin ist hier unerläßlich.

fc 0205 ***Achten Sie darauf, daß Sie Ihr Kind beim Herumtragen in verschiedenen Lagen halten und daß es möglichst wenig bekleidet ist. Es lernt dadurch, sich den verschiedenen Situationen durch seine Haltung anzupassen und wird darin schnell geschickter.

fc 0206	***Nehmen Sie Ihr Kind hoch und legen es derart gegen Ihre rechte Schulter, daß sein Gesichtchen sich dagegen lehnt. Gehen Sie ein wenig mit Ihrem Kind im Raum umher, so daß es sich etwa für die Dauer von 2 Minuten Ihrer Körperhaltung anpaßt. Dann wechseln Sie Ihre und seine Haltung, indem Sie es an ihre linke Schulter anlehnen und sich ruhig mit ihm bewegen.
fc 0207	***Verändern Sie die Situation Ihres Kindes derart, daß es sein Gesicht dem Raum zuwendet und seinen Rücken an Sie anlehnt. Es nimmt auf diese Weise schon einmal etwas von seiner Umgebung über den optischen Sinneskanal wahr.
fc 0208	***Legen Sie Ihr Kind auf Ihre vor dem Körper verschränkten Arme und wechseln Sie auch in dieser Position gelegentlich seine Blickrichtung: lassen Sie es seitlich in den Raum schauen, sich Ihnen zuwenden, lassen Sie es bäuchlings auf Ihren verschränkten Armen liegen. Halten Sie Ihr Kind einmal derart, daß sein Köpfchen in Ihrer linken Ellenbeuge ruht und wechseln Sie Ihre Haltung nach einer Weile, so daß der Kopf Ihres Kindes in Ihrer rechten Ellenbeuge liegt.
fc 0210	**Kopfkontrolle (zusätzliche Hilfsmaßnahmen)**
fc 0211	***Reichen Sie Ihrem Kind beide Hände und ziehen es vorsichtig zum Sitz. Nimmt es den Kopf mit?
fc 0212	***Seitliche Bewegungen des Kopfes erreichen Sie am besten, wenn Sie in ca. 40-60 cm Entfernung eine bunte Rassel, einen Beißring oder eine Taschenlampe bewegen, zunächst in waagerechter Richtung bis 45 Grad, später bis 90 Grad beiderseits.
fc 0213	***Vorwärts- und Rückwärtsbewegungen des Kopfes können Sie mit Ihrem Kind trainieren, indem Sie in 40-60 cm Entfernung einen leuchtenden Gegenstand in der Längsrichtung des Kindes etwa vom Brustkorb bis über den Kopf hinausbewegen.
fc 0250	Achten Sie in Rücken- und Bauchlage Ihres Kindes darauf, ob Ihr Kind mit beiden Beinchen gleichseitig und kräftig strampelt.
fc 0300	Bringen Sie Ihr Kind in Bauchlage und beobachten Sie, ob es sich mit den Unterarmen abstützt, wenn es sein Köpfchen hebt. Sind seine Beinchen dabei in den Hüftgelenken gleichseitig gestreckt?
fc 0305	***Die Wachzeit Ihres Kindes beträgt vermutlich jetzt täglich etwa eine viertel bis eine halbe Stunde. Nutzen Sie diese Wachzeiten für Bewegungsanregungen, denn Sie fördern dadurch die gesamte Entwicklung Ihres Kindes.
fc 0306	***Wenn Sie Ihr Kind bäuchlings auf die vor Ihrem Körper verschränkten Arme nehmen, wird es sich bemühen, sein Köpfchen anzuheben.

fc 0307	***Setzen Sie in den Wachzeiten Ihres Kindes ein Babytragetuch ein. Es lernt dadurch, sich mit seinem Körper Ihren Bewegungen anzupassen. Sie stimulieren auf diesem Wege seine Gleichgewichtsreaktionen.
fc 0350	Achten Sie darauf, ob die Bewegungsfreude Ihres Kindes sich beim Baden deutlich erhöht.
fc 0360	***Wenn die Bewegungsfreude beim täglichen Bad gesteigert werden soll, bieten Sie ihm „Kiddi-Wipp" für die Badewanne an: Dies Spielzeug ist mit einem Saugnapf an der Wand der Badewanne zu befestigen und reagiert auf die leiseste Berührung, so daß Ihr Kind dadurch zu weiterer Aktivität angeregt werden wird.
fc 0400	Setzen Sie Ihr Kind aufrecht auf Ihren Schoß und unterstützen Sie es lediglich unter den Achseln. Kann es für kurze Zeit seinen Rücken gerade halten?
fc 0405	***Legen Sie sich entspannt auf den Rücken und unterstützen Sie Ihren Nacken durch eine Rolle. Anschließend legen Sie Ihr Kind in Bauchlage auf Ihren Oberkörper, so daß es antlitzgerichtet ist, wenn es sein Köpfchen hebt. Sie werden feststellen, daß es in dieser Position zu erstaunlichen Aktivitäten angeregt wird und daß die Kontaktaufnahme zu Ihnen sehr intensiv ist.
fc 0406	***Verändern Sie Ihre Haltung dadurch, daß Sie Ihre Beine hochheben und Ihren Füßen Halt geben an einer Wand oder einem Möbelstück. In dieser Position können Sie den Rücken Ihres Kindes durch Ihre Oberschenkel abstützen, wenn Sie es an seinen Händen halten. Sie können auch sein Becken mit Ihren Händen umgreifen, damit es seine Hände zum Agieren frei hat. Es wird sich freuen, eine so „erwachsene" Haltung einnehmen zu können. Versuchen Sie, es zu einem „Lall-Dialog" anzuregen, indem Sie es ansprechen und seine Lautantwort erwarten.
fc 0410	**Kinästhetische Übungen (zusätzliche Hilfsmaßnahmen)**
fc 0411	Diese Übungen sollen Ihrem Kind helfen, ein Lage- und Bewegungsgefühl zu entwickeln sowie eine räumliche Vorstellung von oben und unten, vorn und hinten.
fc 0412	***Führen Sie beide Arme Ihres Kindes in Rückenlage seitlich bis über den Kopf und wieder zurück.
fc 0413	***Ziehen Sie Ihr Kind an den Beinen soweit hoch, daß sein Gesäß ein wenig angehoben wird. Zeigen Sie ihm seine Füßchen, lassen Sie sie befühlen und in den Mund stecken.
fc 0414	***Ziehen Sie Ihr Kind an den Füßchen hoch und lassen es für einen Augenblick kopfüber hängen.
fc 0415	***Legen Sie Ihr Kind für kurze Zeit über die Schulter und bewegen sich mit ihm.

fc 0416	***Tanzen Sie mit Ihrem Kind auf dem Arm um Ihre eigene Achse, nach Ihrem Gesang oder nach Musik.
fc 0417	***Heben Sie Ihr Kind hoch über Ihren Kopf und lassen Sie es wieder herunter. Gebrauchen Sie dabei möglichst immer dieselben Worte wie: „rauf-runter".
fc 0418	***Lassen Sie Ihr Kind wie ein Flugzeug durch die Luft sausen.
fc 0419	***Werfen Sie Ihr Kind auch ruhig einmal in die Luft und kosen es, wenn Sie es wieder aufgefangen haben.
fc 0420	***Legen Sie einen beliebten Gegenstand auf den Tisch in Blickrichtung des Kindes. Dann drehen Sie sich mit ihm um, so daß es den Gegenstand aus den Augen verliert. Sucht es danach? Wendet es sich nach dem versteckten Spielzeug um?
fc 0421	***Verstecken Sie ein geliebtes Spielzeug hinter Ihrem Rücken: Sucht Ihr Kind danach? Verstecken Sie es hinter seinem Rücken: Wendet es sich um?
fc 0422	***Der sogenannte „Spastikerball" läßt sich für kinästhetische Übungen gut einsetzen. Ihre Krankengymnastin wird sicher so freundlich sein, Ihnen einige Kunstgriffe aus diesem Bereich zu demonstrieren.
fc 0450	Bringen Sie Ihr Kind in Bauchlage und beobachten Sie, ob es in unregelmäßigem Rhythmus seine Arme und Beine beugt und streckt: ob es sogenannte „Schwimmbewegungen" macht.
fc 0455	***Setzen Sie einen mittelgroßen Wasserball ein, an dessen Mundstück zum Aufblasen sie eine Schnur gebunden haben. Schieben Sie eine Hand unter das Gesäß Ihres Kindes und bringen Sie den aufgeblasenen Ball in eine Position, daß es ihn mit seinen Händen und Füßen spielend erreichen kann. Sie fördern damit die Koordination von Auge - Hand und Fuß.
fc 0500	Beobachten Sie Ihr Kind in Bauchlage: Kann es sich schon mit den Händen abstützen, wenn es jetzt sein Köpfchen hebt?
fc 0550	Haben Sie schon bemerkt, ob Ihr Kind sich selbständig von der Bauchlage in die Rückenlage wälzen kann?
fc 0560	**Anregungen zum Drehen von der Bauch- in die Rückenlage (zusätzliche Hilfsmaßnahmen)**
fc 0561	***Bringen Sie Ihr Kind in Bauchlage und bewegen eine bunte Klapper derart in seinem Blickfeld, daß es durch Verfolgen des akustischen und optischen Eindrucks angeregt wird, sich in die Seitenlage und schließlich in die Rückenlage zu drehen.
fc 0562	***Schwingen Sie eine Rassel oder ein Glöckchen und legen Sie es neben das Kind, so daß es sich ein wenig aus der Bauchlage seitwärts drehen muß, um es zu sehen und evtl. danach zu greifen.

fc 0600	Beobachten Sie Ihr Kind in Rückenlage und zeigen Sie ihm einen begehrten leuchtenden Gegenstand, den Sie langsam in Richtung seiner Füße bewegen: Folgt es dem bewegten Gegenstand mit den Augen? Hebt es Köpfchen und Schultern an, um ihn länger verfolgen zu können?
fc 0650	Stellen Sie fest, ob Ihr Kind sich im Bettchen oder Ställchen schon selbständig zum Sitzen aufrichten kann, indem es sich an den Stäben hochzieht.
fc 0655	***Um Ihrem Kind das Aufrichten zum Sitz zu erleichtern, bringen Sie an der seitlichen Begrenzung seines Bettchens eine Querleiste an. Diese Leiste sollte für die Hände des Kindes gut erreichbar und mühelos zu umgreifen sein, damit es sich in eigener Initiative zum Sitz ziehen kann.
fc 0660	***Bieten Sie Ihrem Kind einen kleinen Ring aus Plastik oder Holz an, den es mit seinen Händchen gut umgreifen kann. Regen Sie es zum Ergreifen des von Ihnen gehaltenen Ringes an und beobachten Sie, ob es sich um das Aufrichten zum Sitz bemüht. Trainieren Sie es, bis Ihr Kind immer weniger Unterstützung braucht.
fc 0661	***Bringen Sie am Bettchen Ihres Kindes „Klim-bim" von Kiddikraft an: Ihr Kind hat dann durch Ergreifen der Ringe die Möglichkeit, sich selbst zum Sitz hochzuziehen.
fc 0700	Nehmen Sie Ihr Kind auf den Schoß und halten Sie es unter den Achseln so hoch, daß seine Füßchen Ihren Schoß berühren. Übernehmen seine Beine in solcher Situation schon für einen Augenblick sein Körpergewicht? Zeigt es Standbereitschaft?
fc 0750	Halten Sie Ihr Kind unter den Achseln fest und beobachten Sie, ob es mit beiden Beinen abwechselnd federt und wippt, wie um sich von der Unterlage abzustoßen: „Tänzelt" es?
fc 0755	***Unterstützen Sie den Spaß an der tänzelnden Bewegung Ihres Kindes, indem Sie es leicht anheben, wenn Ihr Kind sich abzustemmen versucht und indem Sie nachgeben, wenn Sie es wieder herunterlassen. Ihr Kind wird Ihr Mitgehen freudig begrüßen.
fc 0760	***Legen Sie Ihr Kind bäuchlings derart auf den Wasserball, daß es mit seinen Füßchen gerade noch den Fußboden berührt und dadurch zu Abstoßbewegungen angeregt wird.
fc 0800	Stellen Sie fest, ob Ihr Kind in den „Vierfüßlerstand" geht: Kann es sein Gewicht ausbalancieren, wenn es sich auf seine Knie und Hände stützt?
fc 0805	***Um hier die Anfangsschwierigkeiten zu überwinden, rollen Sie eine Decke oder ein Badetuch zusammen und legen Sie Ihr Kind mit der Brust darüber. Dadurch wird es dem Kind erleichtert, seinen Kopf kräftig anzuheben und sich mit den Händen abzustützen.

	Wenn Sie nunmehr mit Ihrer flachen Hand sanft über den Rücken Ihres Kindes streichen, regen Sie es dadurch zu Kriechbewegungen an.
fc 0850	Beobachten Sie, ob Ihr Kind sich schon von der Rückenlage selbständig in die Bauchlage wälzen kann.
fc 0851	***Bieten Sie Ihrem Kind in Rückenlage einen Finger als Halt an und ziehen Sie es langsam auf die rechte Seite zurück in die Rückenlage - auf die linke Seite. Wiederholen Sie dies beim Wickeln mehrfach.
fc 0852	***Helfen Sie Ihrem Kind, ein Bewegungsmuster zu entwickeln, das ihm das selbständige Drehen von der Rücken- in die Bauchlage ermöglicht: ziehen Sie es durch Ergreifen seiner Hände in die Seitenlage und beugen sein nunmehr oben befindliches Bein derart, daß es sein unten befindliches Bein überkreuzt. Wiederholen Sie diese Bewegung mehrfach spielerisch, damit sie sich einschleift.
fc 0900	Stellen Sie fest, ob Ihr Kind schon etwa für die Dauer einer Minute selbständig sitzen kann, indem es sich mit seinen Händchen seitlich oder nach vorn abstützt.
fc 0910	***Regen Sie Ihr Kind durch verlockende Spielangebote an, sich mit einer Hand seitlich oder nach vorn abzustützen und mit der anderen Hand nach dem Spielzeug zu greifen (Gleichgewichtstraining für das Sitzen).
fc 0920	***Kinder mit Down-Syndrom haben beim Erlernen des freien Sitzens oft Schwierigkeiten, weil eine charakteristische „Mikromelie" besteht, d.h., sie haben relativ kurze Arme und Beine. Dadurch gelingt das seitliche Abstützen mit den Händen in manchen Fällen nicht. Versuchen Sie Ihr Kind dazu anzuregen, sich mit seinen Händen auf den eigenen Oberschenkeln abzustützen.
fc 0950	Bringen Sie Ihr Kind in Bauchlage und beobachten nun, ob es sich mit kräftigen Armzügen ein kurzes Stückchen vorwärts oder um die eigene Achse bewegt. Robbt es?
fc 0951	**Kriechen/Robben (zusätzliche Hilfsmaßnahmen)**
fc 0955	***Sie können Ihr Kind zu Kriechbewegungen anregen, indem Sie sich auf den Fußboden setzen und es bäuchlings über Ihre ausgestreckten Beine legen. Ihr Kind wird sich mit der Zeit immer kräftiger mit seinen Armen abstützen, und Sie können schließlich durch schiebende Bewegungen an seinem Gesäß sein Vorwärtskommen unterstützen.
fc 0956	***Regen Sie Ihr Kind zu aktiven Kriechbewegungen an, indem Sie sich auf den Boden legen und es ermuntern, über Ihren Körper hinweg einen begehrten Gegenstand zu erlangen. Helfen Sie bei Bedarf am Gesäß etwas nach.

fc 0957	***Legen Sie Ihr Kind auf Ihren Bauch und regen Sie es dazu an, einen begehrten Gegenstand neben Ihnen durch aktive Bewegungen zu erreichen.
fc 0961	***Bringen Sie Ihr Kind in Bauchlage und zeigen Sie ihm sein Fläschchen, so daß es in dieser Lage danach greift - sich also für einen Augenblick nur auf eine Hand stützt und die andere frei zur Verfügung hat (Kräftigung des Schultergürtels).
fc 0962	***Legen Sie ein begehrtes Spielzeug in Blickrichtung Ihres Kindes so weit entfernt, daß es nicht mit einer einfachen Greifbewegung erreichbar ist. Bringen Sie Ihr Kind in Bauchlage und geben Sie ihm eine Starthilfe, indem Sie Ihre Hand als Widerstand gegen die Füßchen Ihres Kindes halten. Stemmt es sich dagegen? Kommt es vorwärts? Kriecht es? Bei Bedarf helfen Sie am Gesäß etwas nach.
fc 0963	***Bringen Sie Ihr Kind in Bauchlage und ziehen einen begehrten Gegenstand langsam vor ihm her. Versucht es, ihn durch Kriechbewegungen zu erreichen? Belohnen Sie seine Bemühungen, indem Sie ihm das Spielzeug überlassen und es streicheln.
fc 0964	***Spielen Sie mit Ihrem Kind „Schiebkarre": Nehmen Sie die Füße Ihres Kindes in beide Hände und halten sie schräg nach oben, während Ihr Kind mit seinen Händen den Boden berührt. Stemmt es sich in dieser Position mit den Händen ab? Versuchen Sie, es zu „Gehbewegungen" auf den Händen anzuregen. Durch diese Übung soll der Schultergürtel Ihres Kindes gekräftigt werden.
fc 0965	***Lassen Sie einen geliebten Gegenstand von Ihrem Kind suchen. Veranlassen Sie es, auf diesem Wege unter einem Stuhl hindurchzukriechen und lassen Sie es den Gegenstand als Belohnung finden.
fc 0966	***Bieten Sie Ihrem Kind eine Schaumgummirolle oder ein Kissen als Hindernis an und ermuntern Sie es, darüber hinwegzukriechen.
fc 1000	Geben Sie Ihrem Kind die Möglichkeit, sich in seinem Bettchen (oder Ställchen) zum Stand hochzuziehen.
fc 1010	***Machen Sie Balance-Übungen mit Ihrem Kind: umgreifen Sie mit Ihren Händen seinen Brustkorb, ohne jedoch seine Atmung zu behindern. Bringen Sie Ihr Kind in die aufrechte Position, so daß seine Füßchen die Unterlage gerade noch berühren. Neigen Sie seinen Rumpf abwechselnd leicht zur rechten, dann zur linken Seite. Ihr Kind wird versuchen, durch Bewegungen seines Kopfes, seiner Schultern und Arme sein Gleichgewicht auszubalancieren. Führen Sie diese Bewegungen durch, bis die Neigung von etwa 45 Grad zur rechten und linken Seite von Ihrem Kind aktiv ausgeglichen werden kann.
fc 1011	***Umgreifen Sie den Brustkorb Ihres Kindes und heben Sie es in die Luft, so daß es quasi senkrecht schwebt. Dann neigen Sie es

zur rechten und zur linken Seite. Ihr Kind muß nunmehr mit dem Kopf und allen 4 Gliedmaßen sein Gleichgewicht ausbalancieren. Lassen Sie ihm hierfür genügend Zeit und trainieren Sie diese Bewegungsmuster, bis es ihm gelingt, eine Neigung von 90° gut auszugleichen.

fc 1012 ***Wenn Ihr Kind beim Seitwärtsneigen keine Balance-Probleme mehr hat, können Sie ihm nunmehr auch Bewegung vor- und rückwärts zumuten. Neigen Sie Ihr Kind derart, daß sein Kopf Ihnen zugewandt ist. Anschließend führen Sie eine Neigung durch, die zur Abwendung seines Kopfes von Ihnen führt. Für diese Übungen braucht es aber schon eine sehr sichere Kopfkontrolle.

fc 1013 ***Sie können dieses Gleichgewichtstraining nunmehr zu einer Kreisbewegung zusammenfügen, indem Sie eine Ausgangsposition wählen, bei der Ihr Kind waagerecht „wie ein Engelchen" in der Luft schwebt. Sein Gesicht ist dabei der Erde zugewandt. Dann drehen Sie Ihr Kind über seine linke Seite in die Rückenlage - sein Gesicht ist nunmehr der Zimmerdecke zugewandt - und gehen über eine Drehung zur rechten Seite in die Ausgangsposition zurück. Das Befinden des Kindes signalisiert Ihnen, wie groß der Neigungswinkel zu wählen ist. Solange es fröhlich ist und gern mitmacht, ist eine Gefahr der Überforderung nicht gegeben. Legen Sie genügend Pausen ein.

fc 1050 Beobachten Sie, ob Ihr Kind etwa für die Dauer einer 1/2 Minute aufrecht stehen kann, indem es sich am Gitter seines Bettchens, Ställchens oder an Möbeln festhält.

fc 1100 Stellen Sie fest, ob Ihr Kind sich schon ohne Halt an Möbeln selbständig aufsetzen kann.

fc 1110 ***Sobald Ihr Kind im Kriechen oder Krabbeln einige Sicherheit erreicht hat und seine Muskulatur gekräftigt ist, ist es normalerweise bereit, sich ohne Hilfe des Erwachsenen über die Seitenlage durch Abstemmen seines Oberkörpers mit der gleichseitigen Hand selbständig zum Sitz aufzurichten. Manchen Kindern muß man die Idee dieses Bewegungsmusters jedoch nahebringen und es dann durch Training „einschleifen".

fc 1150 Beobachten Sie, ob Ihr Kind während des Fütterns in seinem Stühlchen sitzen kann, ohne in sich zusammenzusinken.

fc 1200 Bringen Sie Ihr Kind in den „Kniestand", machen Sie es ihm vor und helfen Sie ihm: Kann es etwa 10 Sekunden lang mit aufrechtem Körper und in den Hüftgelenken gestreckt die Balance halten? Trainieren Sie es mit Ihrem Kind.

fc 1250 Regen Sie Ihr Kind dazu an, sich auf Händen und Knien krabbelnd fortzubewegen.

fc 1251	***Falten Sie eine Windel oder ein Kopftuch zunächst dreieckig und anschließend zu einem breiten Band zusammen (Etwa 15 cm Breite.) Führen Sie dieses Band unter den Brustkorb und Leib Ihres Kindes und helfen Sie ihm, seinen Körper vom Erdboden abzuheben, indem Sie die Enden des Bandes festhalten. Sie erleichtern es ihm damit, seine Knie unter den Rumpf zu ziehen und so die Bewegung auf allen Vieren zu erlernen. Legen Sie einen begehrten Gegenstand in seine Nähe, den es auf diese Weise mit Ihrer Hilfe krabbelnd erreicht.
fc 1252	***Lassen Sie Ihr Kind durch eine Trommel für Waschmittel krabbeln, aus der Sie den Boden gelöst haben. Oder entfernen Sie den Boden eines Pappkartons und lassen Sie Ihr Kind hindurchkrabbeln. Es soll hierdurch die Koordination der Bewegungen von Kopf und Gliedmaßen erlernen, damit es vor Verletzungen bewahrt bleibt.
fc 1253	***Um die Freude Ihres Kindes an seiner neuen Fortbewegungsmöglichkeit zu erhöhen, spielen Sie „Fangen" mit ihm. „Ticken" Sie Ihr Kind an und krabbeln Sie in großer Not vor Ihrem Kind her, bis es Sie schließlich doch „erwischt".
fc 1300	Regen Sie Ihr Kind dazu an, seitlich an den Möbeln entlangzugehen, indem es sich daran festhält.
fc 1400	Ermuntern Sie Ihr Kind, seinen Kinderwagen oder einen Puppenwagen vor sich herzuschieben.
fc 1410	***Wenn der Kinderwagen (oder der Puppenwagen) für Ihr Kind zu leicht gebaut ist, um seine Balance-Probleme aufzufangen, könnte vielleicht der Lauflernwagen von Siggikid hilfreich sein: Er ist aus Holz und ausgesprochen stabil gebaut.
fc 1420	***Bieten Sie Ihrem Kind einen stabilen Puppenwagen aus Holz an, um seine Gleichgewichtsprobleme beim Erlernen des freien Laufens aufzufangen. Derartige Wägen können Sie in dem Geschäft „Der Davidswagen - ausgesuchtes Holzspielzeug", Isestraße 81, 20149 Hamburg kaufen.
fc 1500	Regen Sie Ihr Kind zu seinen ersten selbständigen Schrittchen an, indem Sie es auffordern, aus den Armen Ihres Partners zu Ihnen zu kommen. Vergrößern Sie den Abstand allmählich, so daß es 10 Schritte allein macht.
fc 1510	**Übergang zum freien Laufen (zusätzliche Hilfsmaßnahmen)**
fc 1511	***Reichen Sie Ihrem Kind beide Hände und gehen langsam rückwärts, so daß es Ihnen folgen kann.
fc 1512	***Um die Beine Ihres Kindes zu „Schreitbewegungen" anzuregen, bieten Sie ihm einen „Bobby-Car" an. Dieses Rutschauto hat ein sehr niedriges Fahrgestell, so daß auch Kinder mit kurzen Glied-

	maßen den Fußboden erreichen können. Die Sitzmulde ist außerdem recht tief konstruiert, so daß Ihrem Kind bei seinen „Gehbewegungen" zusätzlicher Halt geboten wird.
fc 1513	***Um den Übergang zum freien Laufen zu erleichtern, bieten Sie Ihrem Kind einen Stuhl an, dessen Beine Sie zweckmäßigerweise mit Filzplättchen oder Gleitnägeln versehen. Ermuntern Sie Ihr Kind, sich mit Hilfe dieses Stuhles durch die Wohnung zu bewegen.
fc 1514	***Versuchen Sie, einen „Baby-Walker" zu erstehen: Er kann nicht umkippen und ist für längere Zeit für Ihr Kind eine wertvolle Hilfe zum Erlernen des Laufens.
fc 1515	***Wenn Ihr Kind schon relativ sicher im Laufen ist und sozusagen nur noch einen psychischen Halt braucht, lassen Sie es sich an einem Gymnastikreifen festhalten, den sie waagerecht quasi vor sich herschieben und Ihr Kind dadurch zum Mitgehen veranlassen.
fc 1516	***Bieten Sie Ihrem Kind den Glockenroller von Fisher-Price an. Das lustige Geklingel beim Schieben und Ziehen wird Ihrem Kind Spaß machen und es zu weiteren Aktivitäten anregen.
fc 1600	Regen Sie Ihr Kind dazu an, ein am Boden liegendes Spielzeug wieder aufzuheben, indem es sich nach vorn beugt und sich wieder aufrichtet. Machen Sie es ihm vor.
fc 1700	Ermuntern Sie Ihr Kind, ohne fremde Hilfe (oder Halt an Gegenständen) über den Vierfüßlerstand zum Stehen zu kommen. Trainieren Sie es, wenn es noch unsicher ist und geben Sie ihm immer weniger Hilfestellung.
fc 1800	Erlauben Sie Ihrem Kind, ja, ermuntern Sie es dazu, eine nicht allzu steile Treppe auf allen Vieren hinauf und wieder herunterzukrabbeln.
fc 1900	Fordern Sie Ihr Kind auf, ein heruntergefallenes Spielzeug wieder aufzuheben und beobachten Sie, ob es dabei in die tiefe Hocke geht. Wenn es noch Schwierigkeiten hat, machen Sie es ihm vor und trainieren Sie es mit ihm.
fc 2000	Regen Sie Ihr Kind dazu an, einmal zu „rennen". Ist es dazu bei 5 m Entfernung in der Lage, ohne hinzufallen?
fc 2010	***Kinder mit Down-Syndrom neigen dazu, bei der Aufforderung zu „rennen" lediglich ihre Gangart zu beschleunigen, weil Sie sozusagen am Erdboden „haften". Sie können sich nicht für einen kurzen Augenblick von ihm lösen, wie es beim richtigen „Rennen" erforderlich ist. Schalten Sie in einem solchen Fall Vorübungen für das Hüpfen und Springen ein.
fc 2100	Bieten Sie Ihrem Kind ein größeres Spielzeug zum Ziehen (Lastauto) oder Schieben (Puppenwagen) an. Beobachten Sie, ob es beim Spiel schon einmal rückwärts geht. Regen Sie es dazu an, indem Sie es ihm vormachen.

fc 2200	Regen Sie Ihr Kind dazu an, eine Treppe selbständig hinaufzugehen, indem es sich am Geländer festhält und die Stufen in Kinderschritten (Beistellschritten) bewältigt.
fc 2300	Ermuntern Sie Ihr Kind, ohne fremde Hilfe auf einen Stuhl zu steigen. Wenn es oben steht, darf es sich an der Lehne festhalten.
fc 2400	Bieten Sie Ihrem Kind einen größeren Ball an und ermuntern Sie es, diesen mit dem Fuß kräftig fortzustoßen. Beobachten Sie, ob es hierbei Gleichgewichtsprobleme hat.
fc 2401	***Es ist für Kinder mit Down-Syndrom charakteristisch, daß die höheren Gleichgewichtsfunktionen nur schwer erlernt werden. Diese Verzögerung führt im Zusammenhang mit der Bindegewebsschwäche dazu, daß sie nur schwer die Geschicklichkeit und Wendigkeit gesunder Kinder erreichen. Dennoch lehrt die Erfahrung, daß diese Hürde durch Training weitgehend überwunden werden kann.
fc 2410	**Gleichgewicht (zusätzliche Hilfsmaßnahmen)**
fc 2411	***Setzen Sie einen Spastikerball ein, um das Gleichgewicht Ihres Kindes zu trainieren. Bitten Sie Ihre Krankengymnastin, Ihnen die entsprechenden Übungen zu zeigen und führen Sie diese mit Ihrem Kind durch.
fc 2415	***Möblieren Sie Ihr Kinderzimmer mit Materialien aus Schaumgummi, so daß Ihr Kind darauf krabbeln, gehen und hüpfen kann. (Außerdem eignen sie sich wunderbar zum Bauen von Höhlen usw.)
fc 2420	***Air-Tramp: Bieten Sie Ihrem Kind eine mäßig gefüllte Luftmatratze (oder eine ausgediente Bettmatratze) an. Verändern Sie durch Druck auf die Unterlage die Situation Ihres Kindes derart, daß es reagieren muß, um nicht umzufallen. Trainieren Sie dies zunächst im Sitzen und im Vierfüßlerstand, später im Kniestand und aufrecht stehend.
fc 2421	***Der nächste Schwierigkeitsgrad wäre dann, mit einem Partner gemeinsam Matratzenhüpfen durchzuführen. Ihr Kind muß sich dabei ständig der veränderten Situation anpassen, die durch das Hüpfen des Partners hervorgerufen wird.
fc 2422	***Ein Kleinst-Trampolin eignet sich sowohl für das Training des Gleichgewichts, als auch für das Hüpfen und Springen. Es sollte aber einen aufblasbaren Rand haben - wie die Kinderplanschbecken - damit die Gefahr der Verletzungen auf ein Minimum reduziert wird.
fc 2423	***Als Fernziel wäre das Trampolin-Springen anzustreben: eine ausgezeichnete Übung zum Training des Gleichgewichts! Erfahrene Aufsicht ist aber unerläßlich. Man findet privat leider nur selten

	Zugang zu einem solchen Gerät, weil der Raum eine bestimmte Höhe haben muß (Turnhalle).
fc 2424	***Setzen Sie ein „Schaukelbrett" ein, um das Gleichgewicht Ihres Kindes zu trainieren.
fc 2429	***Bieten Sie Ihrem Kind eine sogenannte „Plattformschaukel" an.
fc 2430	***Stellen Sie eine schiefe Ebene her, indem Sie beispielsweise ein Plättbrett (oder ein anderes glattes breites Brett) auf die erste oder zweite Stufe eines Haushaltstrittes legen. Veranlassen Sie Ihr Kind, hinaufzukriechen und hinaufzukrabbeln.
fc 2431	***Ermutigen Sie Ihr Kind, schon einmal im Kniestand die schiefe Ebene zu bewältigen und schließlich aufrecht hinaufzugehen. Wenn es Angst hat, reichen Sie ihm zunächst Ihre Hand und bauen diese Hilfe allmählich ab.
fc 2432	***Der Schwierigkeitsgrad an der schiefen Ebene läßt sich noch steigern, wenn Sie Ihrem Kind beim Hinaufgehen einen Tennisring auf den Kopf legen oder einen Becher mit Wasser in die Hand geben oder gar in beide Hände einen gefüllten Becher.
fc 2440	***Bieten Sie Ihrem Kind einen „Schwebebalken" an: Legen Sie ein Brett über 2 Haushaltsschemel und lassen Sie es darauf entlanggehen. (Je länger und elastischer das Brett, umso größer der Schwierigkeitsgrad.)
fc 2445	***Setzen Sie einen Schaukelstuhl oder ein Schaukelpferd für das Training des Gleichgewichts ein.
fc 2446	***Bieten Sie Ihrem Kind eine Hängematte an und versuchen Sie, ob ihm sanfte Schaukelbewegungen auf diesem Wege Behagen verschaffen.
fc 2447	***Knüpfen Sie die Hängematte derart zusammen, daß daraus ein „Schaukelnetz" entsteht: daß Ihr Kind sich zusammengekauert in diesem Netz befindet - ähnlich wie ein Ball im Ballnetz. Setzen Sie das Netz zunächst in sanfte, schwingende Bewegungen. Wenn Ihr Kind das erträgt, muten Sie ihm mehr zu. „Nudeln" Sie das Netz schließlich auch einmal um seine senkrechte Achse und lassen Sie es wieder „abnudeln". Macht dieser starke vestibuläre Reiz Ihrem Kind Spaß? Jauchzt es vor Vergnügen?
fc 2450	***Das Schaukelpferd „Zorro" erfordert schon eine recht gute Beherrschung des Gleichgewichts.
fc 2500	Beobachten Sie, ob Ihr Kind in tiefer Hockstellung (Kauerstellung) schon für die Dauer von etwa 10 Sekunden am Erdboden spielen kann. Regen Sie es dazu an, indem Sie es vormachen.
fc 2600	Ermuntern Sie Ihr Kind, ohne Halt am Geländer das Treppensteigen zu bewältigen. Dies darf zunächst noch im „Kinderschritt" („Nachstellschritt") geschehen.

fc 2700	Regen Sie Ihr Kind dazu an, selbständig treppab zu gehen. Es darf dabei das Geländer und den „Kinderschritt" benutzen. Falls es noch Schwierigkeiten hat, nehmen Sie zunächst seine freie Hand und unterstützen es. Bauen Sie jedoch diese Hilfe allmählich ab.
fc 2800	Bieten Sie Ihrem Kind eine Leiter an und ermuntern es, 3 Sprossen hinaufzusteigen. Wenn es Schwierigkeiten hat, bieten Sie ihm zunächst Hilfestellung an, die Sie allmählich abbauen.
fc 2900	Beobachten Sie, ob Ihr Kind beim Gehen die Arme locker fallen läßt. Wenn es sie noch anhebt, geschieht dies, um sein Gleichgewicht zu halten. Weitere Übungen in dieser Richtung sind dann angebracht.
fc 2910	***Bieten Sie Ihrem Kind einen sogenannten T-Hocker an. Es handelt sich um eine Sitzgelegenheit mit nur einem Bein, so daß ein fortwährendes Balancieren erforderlich ist, solange man diesen Hocker benutzt. Diese Anspannung im Bereich der Muskulatur wirkt sich auf Umwegen letzten Endes auf die Wahrnehmungsfähigkeit der Sinneseindrücke aus: sie wird verbessert.
fc 2920	***Spielen Sie mit Ihrem Kind „Schuhe kaufen": benutzen Sie für das Kind und für sich einen T-Hocker und probieren Sie verschiedenes Schuhzeug an, während Sie auf dem T-Hocker Platz nehmen. Sie werden feststellen, daß Ihnen bei diesem Spiel erhebliche Gleichgewichtsreaktionen abverlangt werden.
fc 2930	***Malen Sie einen Kreis auf den Fußboden oder legen Sie eine Gardinen-Bleischnur in Form einer liegenden 8 auf den Boden. Benutzen Sie für sich und Ihr Kind einen T-Hocker als Sitzgelegenheit und versuchen Sie, wer von Ihnen beiden einen Bauklotz oder Stoffball in „seine Hälfte" der liegenden 8 schubsen kann.
fc 2940	***Sie können diese Spiele zum Gleichgewichtstraining Ihres Kindes auch durchführen, indem Sie einen Ball als Sitzgelegenheit benutzen. Je praller der Ball gefüllt ist, umso schwieriger ist es, das Gleichgewicht zu halten.
fc 3000	Ermuntern Sie Ihr Kind, einen kleinen „Luftsprung" zu machen: mit beiden Beinen gleichzeitig hochspringen.
fc 3001	***Für Kinder mit Down-Syndrom besteht hier eine erhebliche Schwierigkeit: ihre charakteristische Bindegewebsschwäche und ihre Gleichgewichtsprobleme lassen sie in ihren Bemühungen um das Hüpfen und Springen anfangs häufig scheitern. Diese Fähigkeit muß also in kleine Einzelschritte zerlegt werden, damit sie zunächst zu Teilerfolgen kommen.
fc 3010	**Hüpfen und Springen (zusätzliche Hilfsmaßnahmen)**
fc 3011^	***Legen Sie eine Leiter oder Strickleiter auf den Erdboden und lassen Ihr Kind über die Sprossen steigen. Es muß sich dabei für

	einen Augenblick auf ein Bein verlassen. Nächster Schwierigkeitsgrad: Bringen Sie die Leiter (Strickleiter) etwas erhöht an und lassen Ihr Kind über die Sprossen steigen: es muß dabei für etwas längere Zeit auf einem Bein balancieren. Dies ist neben dem Training des Gleichgewichts eine Vorübung für das Hüpfen auf einem Bein.
fc 3012	***Lassen Sie Ihr Kind über eine am Boden liegende Schnur springen (Beidfußsprung). Nächster Schwierigkeitsgrad: von links nach rechts, von rechts nach links usw.
fc 3013	***Ermuntern Sie Ihr Kind, vom Kantstein zu springen, von der untersten Treppenstufe, von einer niedrigen Kiste. Notfalls geben Sie anfänglich Hilfestellung.
fc 3014	***Bieten Sie Ihrem Kind einen Space-Hopper an: Training des Gleichgewichts, Impulse zum Springen.
fc 3050	**Rhythmische Übungen (zusätzliche Hilfsmaßnahmen)**
fc 3060	***Da Ihr Kind durch rhythmisch betonte Musik so gut ansprechbar ist, sollte diese Möglichkeit benutzt werden, ihm zu einer besseren Beherrschung seiner Körpermotorik zu verhelfen. Bieten Sie ihm beispielsweise „rhythmisches Gehen" an, indem Sie das Tempo auf einem Tamburin (oder auf einer umgedrehten Plastikschüssel) angeben und Ihr Kind auffordern, sich dem wechselnden Tempo anzupassen.
fc 3070	***Wenn Sie selbst (oder die Krankengymnastin oder die Betreuungsperson im Kindergarten) Anregungen für die rhythmische Erziehung erhalten möchten, so sind die „Stundenbilder zur rhythmischen Erziehung" von Brita Glathe (Verlag Georg Kallmeyer) dafür geeignet.
fc 3080	***Anregungen für die Körperertüchtigung auf dem Wege über die Rhythmik sind in der Zeitschrift „Motorik" enthalten (Offizielles Organ des Aktionskreises Psychomotorik, Hofmann-Verlag, Schorndorf).
fc 3085	***Das kleine Heft: „Der Tausendfüßler" von Gerda Bächli enthält zahlreiche Anregungen zur rhythmischen und musikalischen Erziehung für behinderte Kinder. Es ist unter „Edition Pelikan 986" im Buchhandel zu bestellen.
fc 3100	Regen Sie Ihr Kind dazu an, auf „Zehenspitzen" (durch Erheben auf die Zehenballen) zu gehen. Schafft es diese Aufgabe auf einer Strecke von ca. 3 m? (Wenn es ihm Mühe macht, üben Si mit ihm gemeinsam.)
fc 3110	***Bringen Sie an einem Türrahmen in Ihrer Wohnung einen Gong (oder eine Spieluhr) derartig an, daß Ihr Kind sich auf die Zehenspitzen erheben muß, wenn es das Ziel seiner Wünsche erreichen will.

fc 3120	***Passen Sie die Aufhängevorrichtung dem Wachstum Ihres Kindes an, damit es sich auch weiterhin „ganz lang" machen muß.
fc 3200	Fordern Sie Ihr Kind auf, schon einmal treppab zu gehen, ohne das Geländer zu benutzen. (Wenn Ihr Kind Angst hat, unterstützen Sie es durch Erfassen einer Hand und bauen diesen Halt nach und nach ab.)
fc 3300	Machen Sie Ihrem Kind vor, wie man mit „geschlossenen Füßen" (die Füße sollen parallel gerichtet sein) steht und die Augen schließt, ohne zu wackeln. Fordern Sie es zur Nachahmung auf. Wenn es Schwierigkeiten hat, stellen Sie sich hinter Ihr Kind und ergreifen es lose an den Hüften, damit es weiß, daß es nicht umfallen kann. Bauen Sie diese Hilfestellung jedoch allmählich ab.
fc 3400	Regen Sie Ihr Kind zum „Rennen" an, indem Sie mit Ihm um die Wette laufen. Beobachten Sie dabei, ob es ca. 15 m „rennen" kann, ohne hinzufallen.
fc 3500	Zeigen Sie Ihrem Kind, wie man mit einem kleinen Anlauf über einen Strich (eine Bodennaht, eine Türschwelle) hinwegspringt und regen Sie es zur Nachahmung an. Achten Sie darauf, daß es mit nur einem Bein abspringt und federnd auf beiden Beinen landet.
fc 3600	Ermuntern Sie Ihr Kind, im „Schlußsprung" (mit beiden Füßen zugleich) von der untersten Treppenstufe zu springen. (Bei Schwierigkeiten machen Sie es ihm vor und geben ihm zunächst Hilfestellung, indem Sie sein Händchen halten oder es auffangen.)
fc 3700	Bieten Sie Ihrem Kind ein Dreirad (Gocart) an und prüfen Sie, ob es die Pedale flüssig durchtreten und gleichzeitig das Fahrzeug lenken kann. (Bei Anfangsschwierigkeiten machen Sie es ihm vor und unterstützen seine Beinbewegungen durch entsprechenden Druck. Trainieren Sie mit Ihrem Kind.)
fc 3800	Schenken Sie Ihrem Kind einen großen, prall aufgeblasenen Luftballon und zeigen Sie ihm, wie man ihn im Herabschweben 2 mal mit dem Fuß wieder „hochkicken" kann. Erlauben Sie Ihrem Kind, dies nachzuahmen, auch wenn der Ballon bei den ersten Versuchen platzen sollte. (Sie haben für einen solchen Unglücksfall sicher noch einen Luftballon in Reserve!)
fc 3900	Ermuntern Sie Ihr Kind, einen Becher etwa 3 m weit zu tragen, wenn er bis zu 1 cm unter dem Rand mit Flüssigkeit gefüllt ist. (Wenn Schwierigkeiten bestehen, beschränken Sie sich zunächst auf geringere Mengen und üben diese Handlung mit zunehmender Flüssigkeitsmenge.)
fc 4000	Bieten Sie Ihrem Kind einen etwa 3 m langen Streifen in Fußbreite an (z.B. Teppichborte, Tesakreppband) und fordern Sie es auf, darauf entlangzugehen, ohne daß der Fuß andere Teile des Bodens

	berührt. (Bei auftretenden Schwierigkeiten reichen Sie ihm zunächst die Hand, bauen diese Hilfe aber mit zunehmender Übung ab.)
fc 4005	***Sie können diese Übung etwas lustiger gestalten, indem Sie die Fußsohle Ihres Kindes mit Talkum oder Kreide bestreichen, um zu sehen, wo „gemogelt" wurde.
fc 4010	***Legen Sie mit einer Bleischnur (Gardinenschnur) einen Kreis auf den Fußboden. Kann Ihr Kind vorwärts darauf entlanggehen? Geht es auch schon einmal rückwärts darauf entlang?
fc 4100	Ermuntern Sie Ihr Kind, 20 cm weit und 5 cm hoch zu springen. Machen Sie es ihm vor und üben Sie es gemeinsam, falls erforderlich. (Evtl. kleines Puppenwagenkissen benutzen.)
fc 4200	Regen Sie Ihr Kind dazu an, ohne Halt am Geländer die Treppen im „Fußwechsel" hinaufzugehen (d.h. rechtes Bein und linkes Bein bewältigen nacheinander je eine Stufe). Bei Unsicherheiten bieten Sie Ihrem Kind zunächst Ihre Hand an und bauen diese Hilfestellung allmählich ab.
fc 4300	Beobachten Sie, ob Ihr Kind schon mit „Armgegenschwung" geht (d.h. beim Vorsetzen des rechten Fußes bewegt es den linken Arm unwillkürlich vorwärts und umgekehrt).
fc 4310	***Es handelt sich beim Armgegenschwung um keine bewußte Handlung. Wenn hier noch Schwierigkeiten bestehen, werden Krabbelübungen empfohlen. Beim Krabbeln wäre darauf zu achten, daß bei Vorziehen des rechten Knies der linke Arm gleichzeitig bewegt wird (sogenannter Kreuzgang). Dabei ist allerdings die Hilfe einer 3. Person erforderlich.
fc 4320	***Eine Förderung der sensomotorischen Koordination erreichen Sie, wenn Sie Ihrem Kind ein „Rollenbrett" anbieten. Es handelt sich um ein Brett, auf dem man sitzen, auf dem Rücken oder auf dem Bauch liegen kann. An seiner unteren Fläche sind Rollen befestigt. Es ist sehr vielseitig verwendbar und führt auf dem Wege über die vestibuläre Stimulation sowohl zur Steigerung der Wahrnehmungsfähigkeit als auch zu einer Verbesserung der motorischen Leistungsfähigkeit: die gesamte Sensomotorik wird positiv beeinflußt.
fc 4325	***Ein solches Rollenbrett können Sie auch selbst basteln, soweit Sie über ausreichendes Werkzeug verfügen.
fc 4326	***Ein derartiger „Roller" kann bei der Firma Karl H. Schäfer, Kleiner Schratweg 36, 32657 Lemgo bestellt werden. Er gehört zu den Psychosomatischen Übungsgeräten.
fc 4330	***Ermuntern Sie Ihr Kind, sich bäuchlings auf den „Roller" zu legen und sich durch „Schreitbewegungen" seiner Hände fortzubewegen.

fc 4340	***Bieten Sie Ihrem Kind 2 kurze Stöcke mit Saugglocken an und zeigen Sie ihm, wie man sich mittels dieser Hilfsmittel sitzend auf dem „Roller" vorwärtsschiebt.
fc 4400	Fordern Sie im Spiel Ihr Kind auf, sein rechtes Bein „in die linke Hand" zu nehmen etwa für die Dauer von 2 Sekunden. Machen Sie es ihm vor, indem Sie auf einem Bein stehen und langsam „21, 22" zählen. Fordern Sie Ihr Kind zur Nachahmung auf. (Bei Schwierigkeiten geben Sie durch Handreichen Hilfestellung, die Sie allmählich abbauen.)
fc 4500	Regen Sie Ihr Kind zum Hüpfen auf einem Bein an, indem Sie es ihm vormachen. Fordern Sie es zur Nachahmung auf. Gelingt es ihm einmal? (Dabei ist es gleichgültig, welches Bein zum Hüpfen bevorzugt wird.)
fc 4600	Zeigen Sie Ihrem Kind, wie man mit geschlossenen Füßen 5 mal hintereinander vom Boden hochspringt und fordern Sie es zur Nachahmung auf.
fc 4700	Erlauben Sie Ihrem Kind, sich mit Söckchen oder barfuß auf den Sitz eines Sessels (einer Couch, eines Sofas) zu stellen und von dort herunterzuspringen. (Es geht hier um das Balanceproblem beim Abspringen von einer elastischen Unterlage.)
fc 4710	***Versuchen Sie, ob Sie eine leere Tonne oder ein Faß erwerben können, in dem Ihr Kind Platz hat. Schlagen Sie die Tonne (oder das Faß) mit einem Teppichbodenbelag aus und „trudeln" Sie Ihr Kind auf dem Flur Ihrer Wohnung entlang. Wenn es diesen starken Reiz ohne Angstreaktion erträgt, können Sie es auch schon einmal eine mäßig schiefe Ebene herunterrollen.
fc 4720	***Stellen Sie durch festes Zusammenbinden mehrerer gleich großer Autoreifen einen „Tunnel" her und lassen Sie Ihr Kind hindurchkriechen.
fc 4730	***Regen Sie Ihr Kind dazu an, diesen „Tunnel" als sein Schneckenhaus zu betrachten und sich hineinzuverkriechen. Anschließend „trudeln" Sie Ihr Kind über den Flur Ihrer Wohnung oder einen Abhang hinunter.
fc 4800	Regen Sie Ihr Kind dazu an, ohne Halt am Geländer im Fußwechsel treppab zu gehen. (Wenn Ihr Kind noch ängstlich ist, bieten Sie ihm Ihre Hand als Halt und bauen diese Hilfestellung allmählich ab.)
fc 4900	Ermuntern Sie Ihr Kind, eine Strecke von 30 m so schnell wie möglich zu laufen. Nehmen Sie eine Uhr mit Sekundenzeiger zur Hand - oder eine Stoppuhr - und prüfen Sie, ob Ihr Kind hierfür 15 Sekunden oder sogar weniger Zeit gebraucht.

fc 5000	Legen Sie eine Schnur auf den Fußboden (Gardinen-Bleiband) oder wählen Sie eine Bodennaht als vorgezeichnete Linie und veranlassen Sie Ihr Kind, 5 mal im Beidbeinsprung seitlich über diese Linie zu springen.
fc 5100	Fordern Sie Ihr Kind auf, im Beidbeinsprung aus dem Stand so weit wie möglich zu springen. Markieren Sie für den Absprung seine Zehenspitzen am Boden und beim Aufsprung den Berührungspunkt seiner Fersen am Erdboden. Bewältigt Ihr Kind auf diese Weise schon eine Entfernung von 50 cm oder gar noch mehr?
fc 5200	Machen Sie Ihrem Kind vor, wie man auf jedem Bein für die Dauer von 5 Sekunden balanciert. Sie brauchen für das Kontrollieren der Zeit entweder eine Uhr mit Sekundenzeiger oder - wenn Sie ganz genau sein wollen - eine Stoppuhr.
fc 5300	Fordern Sie Ihr Kind auf, 2 aufeinanderfolgende Hüpfer auf einem Bein durchzuführen. Hierbei ist es gleichgültig, welches Bein für diese Übung von Ihrem Kind bevorzugt wird.
fc 5400	Ermuntern Sie Ihr Kind, aus der Rückenlage über den Sitz in den Stand zu kommen. Ihr Kind darf sich hierbei vorübergehend auf seine Hände stützen, eine Drehung des Körpers sollte jedoch vermieden werden.
fc 5500	Regen Sie Ihr Kind dazu an, im „Seiltänzergang" einen Meter vorwärts zu gehen. Sie wählen am besten eine Bodennaht (oder eine Schnur, ein Stück Gardinenband) und machen Ihrem Kind vor, wie hierbei die Ferse des vorderen Fußes die Zehen des rückwärtigen Fußes berühren. Kann Ihr Kind dies nachahmen? Bleibt es dabei auf der Linie?
fc 5600	Ermuntern Sie Ihr Kind, aus dem Stand im Beidbeinsprung ein Hindernis von 20 cm Höhe springend zu überwinden. Sie können dafür eine Fußbank von 20 cm Höhe wählen oder ein Seil in 20 cm Höhe spannen, nur müssen Sie dann acht geben, daß Ihr Kind sich nicht verletzt, falls seine Versuche mißlingen.
fc 5610	***In der praktischen Arbeit hat es sich bewährt, 2 Schaumgummistreifen von 5 cm Dicke und etwa 10-15 cm Breite aufeinander zu kleben. Solche Streifen entstehen als Abfall in den Geschäften, die mit Schaumgummi handeln (Betten, Kissen usw.). Zweckmäßigerweise bereitet man 3 Hindernisse jeweils in 10 cm Höhe durch Zusammenkleben zweier Streifen vor und hat dadurch die Gewähr, daß beim Training des Hochsprungs nach menschlichem Ermessen nichts passieren kann.
fc 5700	Erhöhen Sie die Ansprüche an Ihr Kind in Bezug auf sein Tempo: Prüfen Sie, ob es jetzt bereits 30 m in der maximalen Zeit von 10 Sekunden bewältigt. (Benutzen Sie den Sekundenzeiger einer Uhr oder eine Stoppuhr.)

fc 5800	Trainieren Sie für die nächste Geburtstagsfeier „Sackhüpfen" mit Ihrem Kind: Fordern Sie es auf, mit geschlossenen Füßen 10 mal vorwärts zu hüpfen. (10 Schlußsprünge vorwärts zu machen.)
fc 5900	Ermuntern Sie Ihr Kind, auf jedem Bein für die Dauer von 10 Sekunden zu balancieren. (Benutzen Sie Sekundenzeiger einer Uhr oder eine Stoppuhr.)
fc 6000	Prüfen Sie, ob Ihr Kind jetzt schon in der Lage ist, sowohl auf seinem rechten als auch auf seinem linken Bein 5 mal hintereinander vorwärts zu hüpfen. (Vorübung für das „Hinkebock-Spiel".)
fc 6100	Fordern Sie Ihr Kind auf, sich auf „seine Zehenspitzen" zu stellen. (Dieser Ausdruck ist ungenau: Das Kind steht in der entsprechenden Situation auf seinen Zehenballen - aber der übliche Sprachgebrauch will es so, und Ihr Kind wird es vermutlich auch richtig verstehen.) Kann es in dieser Position für 10 Sekunden sein Gleichgewicht halten? (Verwenden Sie eine Stoppuhr oder den Sekundenzeiger einer Uhr.) - Die Arme sollen bei dieser Übung herunterhängen.
fc 6200	Ermuntern Sie Ihr Kind, nunmehr auch schon einmal den „Seiltänzergang" rückwärts zu probieren. Machen Sie ihm vor, wie man auf einer Linie stehend den rechten Fuß rückwärts führt, so daß seine Zehen die Ferse des linken Fußes berühren und dann dieser rückwärts geführt wird, wobei nunmehr die Zehen des linken Fußes die rechte Ferse berühren. Das hört sich wesentlich komplizierter an, als es ist! Prüfen Sie, ob Ihrem Kind dieses Kunststück auf der Strecke von 1 m gelingt, wenn Sie es ihm vorgemacht haben.
fc 6300	Machen Sie Ihrem Kind den „Fersengang" vor: Heben Sie beim Gehen die Fußsohle und die Zehen derart an, daß Ihr gesamtes Gewicht auf Ihren Fersen liegt. Fordern Sie Ihr Kind zur Nachahmung auf und prüfen Sie, ob es ihm auf einer Strecke von 5 m gelingt, nur die Fersen zu belasten.
fc 6310	***Sie können den Spaß an dieser Übung noch erhöhen, wenn Sie bei sich selbst und bei Ihrem Kind die Fußsohlen mit Talkum oder Kreide bestreichen, damit man sieht, wo „gemogelt" wurde.
fc 6400	Fordern Sie Ihr Kind auf, ein Hindernis von 30 cm Höhe aus dem Stand im Schlußsprung (d.h. mit beiden Beinen gleichzeitig) zu überspringen.
fc 6410	***Wenn Sie Sorge haben, daß Ihr Kind sich bei diesen Versuchen verletzen könnte, kleben Sie je 2 Schaumgummistreifen von 5 cm Dicke zusammen. Wenn Sie dann von diesen 10 cm hohen Hindernissen 3-5 Exemplare in Bereitstellung haben, können Sie sich den Bedürfnissen Ihres Kindes anpassen und das Training birgt keine Gefahren.

fc 6500	Versuchen Sie, ob Ihrem Kind jetzt auch schon ein „Einbeinhochsprung" aus dem Stand gelingt. Spannen Sie eine Schnur in 10 cm Höhe oder nehmen 2 Schaumgummistreifen von je 5 cm Höhe als Hindernis und lassen Ihr Kind darüber hinweghüpfen. Geben Sie acht, daß es nach Überwindung des Hindernisses federnd auf demselben Bein landet.
fc 6600	Ermuntern Sie Ihr Kind, freihändig einen Hocker oder eine Bank von 50 cm Höhe zu ersteigen. Wenn es ihm anfangs noch Schwierigkeiten macht, geben Sie ihm leichte Hilfestellung durch Handreichen und bauen diese allmählich ab.
fc 6700	Veranlassen Sie Ihr Kind, aus dem Stand mit geschlossenen Beinen so weit wie möglich zu springen. Markieren Sie sich den Punkt, an dem die Zehen Ihres Kindes den Boden berühren und messen Sie von dort aus einen Meter ab. Markieren Sie diesen Punkt ebenfalls und prüfen, ob Ihr Kind diese 1 m Grenze durch seinen Sprung auch mit seinen Fersen hinter sich gelassen hat.
fc 6800	Regen Sie Ihr Kind dazu an, sowohl auf seinem rechten, als auch auf seinem linken Bein 10 mal vorwärts zu hüpfen. Reicht die Kontrolle seines Gleichgewichts und seine Ausdauer für diese Aufgabe aus? Wenn es Schwierigkeiten hat, trainieren Sie es mit ihm gemeinsam.
fc 6900	Ermuntern Sie Ihr Kind, bei der Bewältigung der Treppen 2 Stufen auf einmal zu nehmen. Bei dieser Übung werden hohe Anforderungen an die Beinmuskulatur und an die Gleichgewichtsreaktionen Ihres Kindes gestellt. Gelingt es ihm?
fd 0000	**1.3 Hilfsmaterial zur Durchführung des Programms**
fd 1010	Baby-Trimmer (Fisher-Price)
fd 1020	Hängeschaukel oder Schaukelring (Big)
fd 1030	Lokomotive oder Schiff, von Erwachsenen durch Knopfdruck zu betätigen: Anreiz für das Kind zu Kriech- und Krabbelbewegungen (Kiddikraft)
fd 1040	Baby-Tragetuch (Didimos)
fd 1050	Rutschauto (Fisher-Price)
fd 1051	Bobby-Car
fd 1060	Sitz- und Spielbauklötze (Hasi)
fd 1070	Schaukelpferd oder Schwungpferd (Gleichgewichtstraining)
fd 1075	Spastiker-Ball
fd 1080	Glockenroller (Fisher-Price)
fd 1090	Lauflernwagen (Siggikid)

fd 1091	Puppenwagen aus dem Geschäft „Davidswagen", Hamburg
fd 1100	Kullerix oder Tatzelwurm (Ziehtiere)
fd 1110	Spielauto zum Schieben und Ziehen (Rückwärtsgehen)
fd 1120	Rasselball
fd 1130	Puppenwagen oder Schiebkarre
fd 1140	Schaumstoff „Bausteine" oder Matratzen (Gleichgewicht)
fd 1141	Hängematte - Schaukelnetz
fd 1150	„Air-Tramp" - mäßig gefüllte Luftmatratze
fd 1151	Kleinst-Trampolin (aufblasbarer Rand)
fd 1160	Gymnastikreifen zum hineinsteigen bzw. hineinspringen
fd 1170	Strickleiter oder Holzleiter (am Boden liegend - Kind wird angeregt, die Sprossen zu übersteigen)
fd 1180	Sprossenwand oder Leiter
fd 1190	„Pon-Pon" Hüpfeball mit Haltegriff
fd 1200	„Schwebebalken": ein Brett über 2 Ziegelsteine oder 2 Küchenschemel gelegt
fd 1201	T-Hocker
fd 1210	Roller
fd 1211	Rollenbrett
fd 1220	Dreirad oder Gocart
fd 1230	„Trimm-Max" - ein Querstab, der an einer senkrechten Säule angebracht ist und sich in verschiedenen Geschwindigkeiten dreht. Ist auch in verschiedenen Höhen einzustellen. (Kettler im Sportgeschäft zu bestellen.)
fd 1240	Springtau
fd 1250	„Laufbüchsen" (Balanciergerät)
fd 1260	Stelzen
fd 1270	Sportkreisel (Halbkugel mit aufgesetztem Rundbrett; Balanciergerät)
fd 1280	Woppy-Wipp, eine Art Schaukelbrett (Gleichgewichtstraining)
fd 1281	Tonne (zum Herumgerollt werden)
fd 1282	Tunnel (aus Autoreifen)
fd 1290	Hindernisse aus Schaumgummimatten von 10 cm, 20 cm und 30 cm Höhe. Vorschlag: Abfälle von Schaumgummimatten 5 cm dick, Breite etwa 10-15 cm, jeweils 2 Streifen übereinanderkleben zu 3 Hindernissen von je 10 cm Höhe. Kosten ca. 10 DM.

fd 1300	Stoppuhr oder Uhr mit Sekundenzeiger
fd 1310	Kinderfahrrad
fd 1320	Rollschuhe (Schlittschuhe)
fd 1330	Doppel-Pedalo (Hoerz)-Gleichgewichtstraining.

ga 0000	**2. Handgeschick (Feinmotorik)**			
ga 1000	Die sichere Beherrschung der feinmotorischen Muskelgruppen ist eine Voraussetzung für die handelnde Auseinandersetzung mit der näheren Umwelt			
ga 8010	Text für individuelle Einfügungen			
gb 0000	**2.1 Die Analyse des Entwicklungsgitters ergibt:**			
gb 0010	**Ausfälle**			
gb 0020	**Unsicherheiten**			
gb 0030	*Anzustrebende neue Fertigkeiten*			
gb 0050	Keine			
gb 0100	Schließt Hand um Objekt			1M
gb 0200	Armbeuge- und -streckbewegung			2M
gb 0300	Zupft an seiner Kleidung			3M
gb 0400	Spielt mit den Händen			4M
gb 0500	Langt in Richtung Objekt			5M
gb 0600	Steckt Dinge in den Mund			6M
gb 0700	Greift und läßt los			7M
gb 0800	Nimmt 2 Dinge vom Tisch			8M
gb 0900	Gibt Ding von Hand zu Hand			9M
gb 1000	Befühlt, untersucht Dinge			10M
gb 1100	Schüttelt Gegenstand			11M
gb 1200	Daumen-Zeigefinger-Griff		1J	
gb 1300	Schlägt Dinge aneinander		1J	1M
gb 1400	Räumt Dinge aus und ein		1J	2M
gb 1500	Zeigt mit Zeigefinger		1J	3M
gb 1600	Wirft Dinge weg		1J	4M
gb 1700	Trinkt allein aus Tasse		1J	5M
gb 1800	Packt Eingewickeltes aus		1J	6M
gb 1900	Steckt Scheiben auf Stab		1J	7M
gb 2000	Baut Turm aus 2 Würfeln		1J	8M
gb 2100	Öffnet Reißverschluß		1J	9M
gb 2200	Tut Rosine in Flasche		1J	10M
gb 2300	Kritzelt auf Papier		1J	11M
gb 2400	Zieht Kleidung aus		2J	
gb 2500	Blättert Buchseiten um		2J	1M
gb 2600	Steckt Stock ins Rohr		2J	2M
gb 2700	Kippt Perle aus Flasche		2J	3M
gb 2800	Wirft Ball überkopf zu		2J	4M
gb 2900	Ißt allein mit Löffel		2J	5M
gb 3000	Baut Turm aus 4 Würfeln		2J	6M
gb 3100	Steckt Kette ins Rohr		2J	7M
gb 3200	Reiht Perlen auf Draht		2J	8M
gb 3300	Holt Bonbon mit Rechen		2J	9M

gb 3400	Faltet Papier	2J	10M
gb 3500	Gießt von Becher zu Becher	2J	11M
gb 3600	Malt Rundformen	3J	
gb 3700	Zieht Kleidung an	3J	1M
gb 3800	Öffnet Zündholzschachtel	3J	2M
gb 3900	Wickelt Bonbon aus	3J	3M
gb 4000	Baut Turm aus 8 Würfeln	3J	4M
gb 4100	Zeichnet Kreis ab	3J	5M
gb 4200	Hält Stift mit Fingern	3J	6M
gb 4300	Wäscht und trocknet Hände	3J	7M
gb 4400	Schraubt, dreht Schlüssel	3J	8M
gb 4500	Knetet Kugel und Schlange	3J	9M
gb 4600	Linie zwischen 2 Punkten	3J	10M
gb 4700	Knöpft auf und zu	3J	11M
gb 4800	Schneidet mit Schere	4J	
gb 4900	Legt Z mit 3 Hölzern	4J	2M
gb 5000	Schmiert sich ein Brot allein	4J	4M
gb 5100	Zeichnet Kreuz ab	4J	6M
gb 5200	Tut 10 abgezählte Perlen in Flasche	4J	8M
gb 5300	Schereschneiden an einer Linie	4J	10M
gb 5400	Fädelt Nadel ein	5J	
gb 5500	Schüttelt Maus in eine Falle	5J	2M
gb 5600	Fängt zugeprellten Ball	5J	4M
gb 5700	4 m Schlagballweitwurf	5J	6M
gb 5800	Zieht sich allein an	5J	8M
gb 5900	Zeichnet Haus, Baum, Sonne	5J	10M
gb 6000	Wickelt Faden auf eine Spule	6J	
gb 6100	Bindet Knoten um Stift	6J	2M
gb 6200	Zeichnet Mann, 8 Teile	6J	4M
gb 6300	Prellt Ball 3 mal fortlaufend	6J	6M
gb 6400	Malt 10 Buchstaben ab	6J	8M
gb 6500	Zeichnet Rhombus ab	6J	10M
gb 6600	Daumen erreicht alle Fingerkuppen	7J	
gb 6700	1 m Ballhochwurf und Fang	7J	2M
gb 6800	Fährt Labyrinth nach	7J	4M
gb 6900	Schneidet Figur aus	7J	6M

gc 0000 **2.2 Trainingsprogramm für das Handgeschick**

(Die mit *** versehenen Vorschläge sind als Hilfsmaßnahmen gedacht, um die im Entwicklungsgitter angegebenen Ziele zu erreichen)

gc 0100 Berühren Sie die Innenfläche der Händchen Ihres Kindes mit Ihrem Finger oder mit dem Stiel einer Rassel. Schließen sich die Finger um das berührende Objekt? Hält es den Gegenstand fest?

gc 0105	***Machen Sie sanfte Streichbewegungen auf dem Handrücken Ihres Kindes. Dadurch regen Sie es dazu an, daß seine Hände sich öffnen, und nun können Sie ohne Schwierigkeiten die Handinnenflächen streicheln. Dadurch wird das Kind angeregt, den streichenden Finger zu umklammern.
gc 0106	***Legen Sie Beißringe oder Greiflinge oder Knautschsäckchen aus dem verschiedensten Material in die Hand Ihres Kindes, nachdem Sie sich durch Bestreichen des Handrückens geöffnet hat. Ihr Kind lernt dadurch die verschiedenen Tastqualitäten kennen.
gc 0200	Beobachten Sie, ob Ihr Kind seine beiden Ärmchen in Beuge- und Streckhaltung bringen kann. Führt es diese Bewegungen rechts und links gleich stark und gleich häufig aus?
gc 0300	Stellen Sie fest, ob die Händchen Ihres Kindes durch zufälliges Berühren der Bettdecke oder seiner Kleidung zum Zupfen und Zerren angeregt werden. Legen Sie u.U. ein Tuch in den Greifradius Ihres Kindes und beobachten nun, ob es dieses Tuch mit der Zeit zu sich heranzieht.
gc 0400	Beobachten Sie, ob Ihr Kind seine beiden Händchen schon in sein Blickfeld bringen kann und dabei spielerisch Bewegungen mit den Fingerchen macht. Kommt es dabei zuweilen zu Berührungen beider Hände?
gc 0405	***Um Ihr Kind das Zusammenführen seiner Hände vor seinem Körper zu erleichtern, legen Sie es mit seinem Brustkorb auf eine aufgerollte Decke oder Schaumgummirolle. Geben Sie ihm unter Umständen anfangs Hilfestellung, indem Sie seine beiden Arme wie beim Klatschen zusammenführen.
gc 0500	Bieten Sie Ihrem Kind ein interessantes Spielzeug an, wenn Sie es auf dem Schoß halten. Legen Sie das Spielzeug so auf den Tisch, daß es sich im Blickfeld des Kindes und seiner Reichweite befindet. Bewegt es die Ärmchen in Richtung auf das Objekt? Versucht es, danach zu greifen?
gc 0505	***Wenn Ihr Kind seine Kopfhaltung bereits unter Kontrolle hat, unterstützen Sie seine ersten Greifversuche, indem Sie es auf den Schoß setzen und seine Balance-Probleme durch Abstützen mittels Ihres Körpers auffangen. Führen Sie dies an einer Tischplatte durch, die sich in Armhöhe Ihres Kindes befindet. Legen Sie einige bunte Spielsachen in Reichweite seiner Händchen. Wenn es dadurch noch nicht zum Greifen angeregt wird, legen Sie die Arme des Kindes auf die Tischplatte und führen seine Hand in Richtung auf das Spielzeug. Lassen Sie seine Hände das Spielzeug finden und beobachten Sie, ob sich seine Finger um den Gegenstand schließen und wie es sich weiter damit auseinandersetzt.

gc 0506	***Besonders beliebt zum Ergreifen und anschließendem Befühlen sind kleine Stoffsäckchen, die mit Reis, Hirse, Erbsen, Sago oder auch Korken gefüllt sind. (Greiflinge)
gc 0507	***Geben Sie Ihrem Kind ausreichend oft Gelegenheit, auch seine unbekleideten Füßchen zum Spielen mit einzusetzen. Hängen Sie einen Wasserball derart vor Ihrem Kind auf, daß es ihn mit seinen Händen und Füßen berühren und bewegen kann. Befestigen Sie kleine Spielgegenstände an den Zehen Ihres Kindes.
gc 0510	***Bieten Sie Ihrem Kind Rasseln, Beißringe zum Greifen an, indem Sie sie in sein Blickfeld halten und der oft nur unsicheren und zögernden Greifbewegung des Kindes entgegenkommen.
gc 0520	***Bieten Sie Ihrem Kind Impulse zum selbständigen Greifen an, z.B. eine Kugelkette quer über dem Kinderwagen, „Klim-bim" quer über dem Kinderbettchen (beides von Kiddikraft).
gc 0530	***Legen Sie einen leuchtenden Gegenstand (orangefarbener Beißring, rote Rassel) in Greifweite neben das Kind und beobachten Sie, ob es diesen Gegenstand allmählich zu sich „heranangelt".
gc 0540	***Achten Sie schon frühzeitig darauf, daß Sie bei Ihrem Kind die Dominanz der rechten Hand zum Greifen trainieren. Dadurch entsteht eine günstige Einwirkung auf die Entwicklung der dominanten Hirnseite und damit wiederum auf die Entwicklung der Sprache. Legen Sie Spielzeugangebote in Greifnähe der rechten Hand, führen Sie unter Umständen das rechte Händchen Ihres Kindes, wenn es einen Gegenstand ergreifen möchte.
gc 0600	Geben Sie Ihrem Kind einen Beißring (eine Rassel) in die Hand und beobachten Sie, ob es den Gegenstand zum Mund führt. Leckt es daran? Kaut es darauf herum?
gc 0700	Bieten Sie Ihrem Kind in Greifnähe einen kleinen Bauklotz oder einen bunten Würfel an. Wenn es ihn ergriffen hat, bieten Sie ihm für dieselbe Hand einen gleichen oder ähnlichen Gegenstand an. Läßt Ihr Kind den ersten Gegenstand fallen, um nach dem Zweiten zu greifen?
gc 0800	Legen Sie zwei bunte Klötzchen in Greifnähe beider Hände vor Ihrem Kind auf den Tisch. Kann es mit jeder Hand nach einem Klötzchen greifen?
gc 0900	Regen Sie Ihr Kind zum Ergreifen eines Gegenstandes an und beobachten Sie, ob es diesen in seine andere Hand gibt, sobald Sie ihm für seine „Greifhand" einen weiteren Gegenstand anbieten.
gc 1000	Beobachten Sie, wie sich Ihr Kind mit ihm unbekannten Material auseinandersetzt. Bieten Sie ihm einen kleinen Handspiegel an oder einen Schlüssel. Befühlt es den neuen Gegenstand? Untersucht es ihn durch Drehen und Wenden? Betrachtet es ihn von allen Seiten? Befühlt es ihn mit den Lippen?

gc 1010	***Binden Sie einen begehrten, leuchtenden Gegenstand an eine Schnur und führen vor Ihrem Kind in Greifweite Pendelbewegungen durch. Greift es nach dem Spielzeug? „Untersucht" es das Spielzeug?
gc 1020	***Bieten Sie Ihrem Kind ein Stück Papier an. Bearbeitet es das Papier mit beiden Händen? Reißt es daran? Regen Sie es dazu an, falls Ihr Kind nicht spontan aktiv wird.
gc 1030	***Setzen Sie Ihrem Kind einen „Hut" auf: Legen Sie ihm einen Tennisring auf den Kopf oder ein Tuch. Nimmt es diesen „Hut" ab?
gc 1100	Geben Sie Ihrem Kind eine Rassel (Schellenkranz, Schlüsselbund, Glöckchen, Halskette) in die Hand und beobachten Sie, ob es durch aktives Schütteln versucht, diesem neuen Gegenstand Töne zu entlocken. Helfen Sie ihm dabei, falls es durch den Gegenstand nicht spontan zur Aktivität angeregt wird.
gc 1110	***Binden Sie um ein beliebtes Spielzeug ein Band und legen das Spielzeug außer Reichweite des Kindes - das Band aber in Greifnähe. Zieht sich Ihr Kind das Spielzeug heran? Kommt es auf diese Idee?
gc 1200	Prüfen Sie, ob Ihr Kind den sogenannten „Pinzettengriff" schon beherrscht: Legen Sie eine Rosine (oder einen Krümel Schokolade, Keks) auf eine weiße Unterfläche und beobachten Sie, ob Ihr Kind diese kleine Leckerei schon mit dem Daumen-Zeigefingergriff ergreifen kann.
gc 1210	***Bieten Sie Ihrem Kind das „Fingerspiel" von Kiddikraft an. Es handelt sich um 3 farbige Drehflügel, die um einen verstärkten Nylonstab beweglich sind. Dadurch wird Ihr Kind zum isolierten Einsatz seiner einzelnen Finger angeregt.
gc 1300	Bieten Sie Ihrem Kind für jede Hand ein Klötzchen an und beobachten Sie, ob es die beiden Gegenstände gegeneinander schlägt. Wenn es das nicht spontan tut, helfen Sie ihm dadurch, daß Sie es ihm vormachen.
gc 1310	***Klopfen Sie mit einer Rassel oder einem Beißring auf den Tisch oder an das Seitengitter des Bettchens und überlassen Sie dann das Spielzeug Ihrem Kind. Versucht es, die Handlung nachzuahmen? Gegen Sie ihm Hilfestellung, falls ihm die Nachahmung noch nicht gelingt.
gc 1400	Geben Sie 5 kleine Spielgegenstände in ein Kästchen mit Deckel (der Deckel sollte für das Kind leicht zu öffnen sein). Beobachten Sie, ob Ihr Kind das Kästchen öffnet und mindestens 3 der kleinen Gegenstände nacheinander herausnimmt. Kann es die Gegenstände auch wieder zurücklegen, wenn Sie es dazu auffordern? Wenn es nicht reagiert, zeigen Sie es ihm.

gc 1405	***Achten Sie bitte besonders darauf, daß Ihr Kind die ausgeräumten Gegenstände auch wieder in das Kästchen zurücklegt. Geben Sie ihm bei dieser Handlung u.U. Hilfestellung, damit das Hineingleiten in die sogenannte „Wegwerfphase" möglichst vermieden wird.
gc 1410	***Rollen Sie Ihrem sitzenden Kind einen Ball zu. Greift es danach?
gc 1500	Prüfen Sie, ob Ihr Kind seinen Zeigefinger schon zum Zeigen benutzt (oder zum Aufpicken von Krümeln). Regen Sie es dazu an, indem Sie es ihm vormachen.
gc 1600	Bieten Sie Ihrem Kind einen relativ großen Gegenstand an, bei dem es beide Hände zum Festhalten gebraucht (z.B. einen Ball, einen großen Hohlwürfel oder dergl.). Machen Sie ihm vor, wie man den Gegenstand mit beiden Händen wegwirft. Kann Ihr Kind diese Bewegung nachahmen, wenn Sie es dazu auffordern?
gc 1610	***In der Phase des Wegwerfens bleiben manche Kinder allzulange haften: Das Wegpfeffern wird lustbetont und hat beinahe zwanghaften Charakter. Dadurch gelingt es dem Kind nicht, einen Gegenstand in seiner Hand geruhsam zu betrachten, geschweige denn, sich mit seinem Spielzeug ernsthaft auseinanderzusetzen. Es gerät in eine Sackgasse, seine Entwicklung stagniert. An dieses Problem kommt man am besten mit Verhaltenstherapie heran: Geben Sie Ihrem Kind beim sorgfältigen Weglegen eines Gegenstandes an einen bestimmten Ort zunächst totale Hilfestellung, d.h. führen Sie seine Hand, umgreifen Sie sie und fordern Sie es auf, die Hand nunmehr zu öffnen.
gc 1620	***Üben Sie dieses Verhalten mit Ihrem Kind so lange ein, bis die Bewegung des sorgfältigen Weglegens und Loslassens mit Ihrer Hilfe sicher gelingt. Erst dann setzen Sie Ihre lenkende Hand immer weniger ein: die Hilfestellung wird abgebaut.
gc 1630	***Wenn Sie sich über die Grundgedanken der Verhaltenstherapie näher unterrichten möchten, ist das Buch: „Elternprogramm für behinderte Kinder" von Edgar Schmitz, Verlag Ernst Reinhard, zu empfehlen.
gc 1640	***Versuchen Sie, in einem Sonderkindergarten oder Sondertagesheim oder in einer Einrichtung der Lebenshilfe mit einer Fachkraft ins Gespräch zu kommen, die mit der Verhaltensmodifikation vertraut ist. Vielleicht ist sie selbst bereit, sich bei der Überwindung der „Wegwerfphase" mit einzusetzen oder Ihnen zu zeigen, wie man hier am besten systematisch vorgeht.
gc 1650	***Bitten Sie die Betreuerin Ihres Kindes, der Funktion des gezielten und dosierten Greifens besondere Aufmerksamkeit zu schenken. Auch der Pinzettengriff und der Einsatz des Zeigefingers zum Zeigen sollte immer wieder geübt werden, weil davon die weitere Entwicklung Ihres Kindes wesentlich abhängt.

| gc 1700 | Geben Sie Ihrem Kind einen Becher in beide Hände, der bis gut zur Hälfte mit Flüssigkeit gefüllt ist und fordern Sie es zum Trinken auf. Kann es diese Bewegung durchführen? Wird nur wenig dabei verschüttet? |

| gc 1710 | ***Bieten Sie Ihrem Kind eine „Wippe-Dipp" an. Es handelt sich um eine Kindertasse, die nach dem Prinzip des Stehaufmännchens konstruiert ist, so daß Unsicherheiten und Gefahren beim Abstellen der Tasse reduziert werden. |

| gc 1720 | ***Versuchen Sie, ob Sie die Schwierigkeiten des selbständigen Trinkens aus einer Tasse bei Ihrem Kind mittels eines Tupper-Bechers überwinden können. Manche Eltern konnten dies Problem bei Ihrem Kind dadurch lösen, daß Sie einen V-förmigen Einschnitt in den Rand des Bechers anbrachten. |

| gc 1800 | Wickeln Sie vor den Augen Ihres Kindes einen begehrten kleinen Gegenstand in einen Bogen Papier von etwa Schreibbogengröße und drehen die Enden ein (wie beim eingewickelten Bonbon). Schafft Ihr Kind es, den begehrten kleinen Gegenstand wieder zum Vorschein zu bringen? Wickelt es ihn aus? |

| gc 1810 | ***Wenn Sie Ihrem Kind ein kleines Mitbringsel oder ein Geschenk anbieten, lassen Sie es bitte eingewickelt, damit es das Auswickeln aus dem Papier lernt. |

| gc 1820 | ***Um die Muskulatur der Hände bei Ihrem Kind zu kräftigen, erlauben Sie ihm, beim Baden mit Schwämmen zu spielen und sie ganz kräftig auszudrücken. Schalten Sie sich in sein Spiel ein, machen Sie einen fröhlichen Wettkampf daraus. |

| gc 1900 | Bieten Sie Ihrem Kind eine Steckpyramide an und versuchen Sie, ob es die gelochten Scheiben schon über den Stab stecken kann. Wenn keine Steckpyramide zur Hand ist, versuchen Sie, ob Ihr Kind gelochte Pappscheiben über einen senkrecht gehaltenen Stock stecken kann. |

| gc 1910 | ***Wenn es Ihrem Kind noch Mühe bereitet, die gelochten Scheiben über einen Stock zu stecken, wählen Sie als Starthilfe für diese Tätigkeit große Gardinenringe von ca. 5 cm Durchmesser (Es gibt sie auch in rot!). Zeigen Sie Ihrem Kind, wie man diese Ringe auf den Stab der Steckpyramide steckt. |

| gc 1920 | ***Bevor Sie Ihrem Kind erneut die gelochten Scheiben anbieten, um sie auf den Stab zu stecken, schalten Sie Gardinenringe von ca. 2 cm Durchmesser dazwischen, damit diese Handlung Ihrem Kind zunächst leichter fällt. |

| gc 1930 | ***Um hier schrittweise voranzukommen, bieten Sie Ihrem Kind die Farbringpyramide von Fisher-Price an: Sie ist zunächst leichter zu handhaben als die Steckpyramide und das Kind kommt dann auch einmal zu Erfolgserlebnissen. |

gc 2000	Zeigen Sie Ihrem Kind, wie man einen „Turm" aus 2 Klötzchen baut und fordern Sie es zur Nachahmung auf. Die Klötzchen sollten in etwa die gleiche Größe haben. Bleibt das Bauwerk Ihres Kindes stehen?
gc 2010	***Bei Kindern, die die „Wegwerfphase" noch nicht ganz überwunden haben, empfiehlt es sich, relativ große und schwere Klötze aus Naturholz zu verwenden (Meistergilde).
gc 2020	***Zeigen Sie Ihrem Kind, wie man einen kleinen Hohlwürfel in einen größeren verschwinden lassen kann. Regen Sie es zur Nachahmung an.
gc 2100	Geben Sie Ihrem Kind die Möglichkeit, das Öffnen von Reißverschlüssen zu trainieren. Ist der Griff eines Reißverschlusses zu klein, montieren Sie einen Schlüsselring daran. Kann Ihr Kind nach einiger Übung diese Handlung ausführen? (Beide Hände tun hier etwas Verschiedenes: Die eine hält fest, die andere zieht!)
gc 2200	Machen Sie Ihrem Kind vor, wie man eine Rosine (oder eine Perle, einen Muggelstein) durch eine Flaschenöffnung fallen läßt. Fordern Sie Ihr Kind auf, dies nachzuahmen. Benutzt es den Pinzettengriff? (Daumen-Zeigefingergriff?) Kann das eine Händchen die Flasche festhalten, das andere die Rosine hineintun?
gc 2210	***Bieten Sie Ihrem Kind die Einsteckdose von Kiddikraft an, damit es sicher wird in der Zuordnung der Formen: in der Koordination seiner Augen und seiner Hände. Die runde Form wird von den Kindern meistens als erste richtig erkannt. - Man kann natürlich auch feste Papp- oder Blechdosen nehmen und einfache Formen in den Deckel schneiden, denen einige Bauklötzchen des Kindes entsprechen.
gc 2300	Prüfen Sie, ob Ihr Kind schon „kritzeln" kann: Befestigen Sie ein großes Stück kräftiges Papier auf dem Tisch, an dem Ihr Kind sitzt und machen Sie ihm am oberen Rand des Bogens mit einem dicken Filzstift ein paar kräftige Striche vor. Dann überlassen Sie den Filzstift Ihrem Kind. Malt es Striche und macht es eckige Hin- und Herbewegungen?
gc 2400	Fordern Sie Ihr Kind auf, seine Strümpfe auszuziehen, seine kurze oder lange Hose, sein Unterhöschen. Auch seine Jacke und Mantel gehören hierher. Kann es alle die dazugehörigen Bewegungen selbständig durchführen? Sonst zeigen Sie es ihm mehrfach.
gc 2500	Zeigen Sie Ihrem Kind beim Betrachten von Bilderbüchern, wie man die Seiten einzeln umblättert und beobachten Sie anschließend, ob es diese Handlung selbständig ausführen kann.
gc 2600	Machen Sie Ihrem Kind vor, wie man ein Stöckchen (aus Bambus, Blumenstöckchen, Lineal oder Bleistift) durch ein Rohr steckt (Toilettenpapierrolle, Rolle von Haushaltspapier oder dergl.). Kann Ihr Kind diese Handlung nachahmen?

gc 2610	***Für diese Handlung ist das sogenannte „Übergreifen" erforderlich. Eine gute Trainingsmöglichkeit bietet hier der Knüpfknoten von Siggikid. Es gibt ihn in holzfarben (natur) und in rot. Bestellnummer 18553 und 18554.
gc 2700	Geben Sie Ihrem Kind eine kleine Flasche, in die Sie eine Rosine (eine Perle oder einen Muggelstein) getan haben. Zeigen Sie ihm, wie man die Rosine durch Umkippen des Fläschchens wieder herausbekommt und tun Sie sie in die Flasche zurück. Wiederholt Ihr Kind diese Handlung?
gc 2800	Machen Sie Ihrem Kind vor, wie man einen kleinen Ball (Tennisballgröße) einem Partner zuwirft, indem man die Ausholbewegung über Kopf macht und fordern Sie Ihr Kind zur Nachahmung auf. Wirft es den Ball in Richtung auf den Partner mindestens 1 m weit? Macht es die Ausholbewegung „über Kopf"?
gc 2900	Fordern Sie Ihr Kind auf, ein paar Löffel von seinem Brei selbständig zu essen. Kann es den gefüllten Löffel zum Mund führen? Gelingt es ihm mehrfach ohne zu kleckern?
gc 2910	***Bei den ersten Versuchen des selbständigen Essens mit dem Löffel hat sich der sogenannte „Knickmann" schon oft als hilfreich erwiesen.
gc 3000	Bieten Sie Ihrem Kind 4 Klötzchen von etwa gleicher Größe an und fordern es auf, daraus einen Turm zu bauen. Hält seine statische Konstruktion? Bleibt der Turm stehen?
gc 3100	Zeigen Sie Ihrem Kind, wie man eine Halskette (oder ein Gardinenband) in ein Papprohr (Toilettenpapierrolle, Haushaltspapierrolle) gleiten lassen kann. Stellen Sie das Papprohr entweder auf den Tisch und lassen die Kette langsam darin verschwinden oder behalten Sie das Rohr in der Hand und lassen die Kette hindurchgleiten. Kann Ihr Kind diese Handlung nachahmen?
gc 3200	Machen Sie Ihrem Kind vor, wie man Perlen auf eine Plastikschnur (Wäscheleine) oder auf ein Schuhband oder einen Draht fädelt und fordern Sie Ihr Kind anschließend auf, es selbst zu versuchen. Gelingt es ihm bei 2 Perlen?
gc 3300	Legen Sie auf einen Tisch vor Ihrem Kind einen begehrten Gegenstand so weit entfernt, daß es mit seinen Händchen nicht herankommen kann. Legen Sie außerdem in seine Reichweite eine kleine Kinderharke oder einen Stock mit einem Querstab am Ende. Kommt Ihr Kind auf die Idee, diese Gebilde zum Heranangeln des begehrten Gegenstandes zu benutzen?
gc 3400	Zeigen Sie Ihrem Kind, wie man einen Bogen Schreibpapier in der Mitte knickt und dann durch kräftiges Draufentlangstreichen eine Knickfalte entsteht. Beobachten Sie, ob Ihr Kind diese Handlung nachvollziehen kann. Knickt es den Bogen in der Mitte? Wenn es sich vergeblich bemüht, helfen Sie ihm dabei.

gc 3500	Füllen Sie einen Becher gut halb voll Wasser und zeigen Sie Ihrem Kind, wie man dieses in einen anderen Becher gießen kann, ohne etwas zu verschütten. Beobachten Sie, ob es Ihrem Kind 2 mal gelingt, das Wasser von einem Becher in den anderen zu gießen, ohne daß etwa daneben geht.
gc 3600	Bieten Sie Ihrem Kind Papier zum Malen an. Beobachten Sie, ob seine spontanen Malversuche rund werden oder endlose Spiralen ergeben. Wenn es sich nicht spontan betätigt, malen Sie ihm ein paar Spiralen vor.
gc 3610	***Sehr schön wäre es, wenn Ihr Kind für seine ersten Malversuche eine große Wandtafel zur Verfügung hätte, damit es mit Kreide oder Fingerfarben großräumig darauf hantieren kann.
gc 3620	***Für die ersten Malversuche gut geeignet ist ein Kinderzimmertisch mit abwischbarer Platte, auf der das Kind sich unter Umständen beidhändig mit Fingerfarben oder Kleisterfarben betätigen kann.
gc 3630	***Praktisch für die ersten Malversuche des Kindes ist auch der Zeichenblock von Yello: Die Papierrolle ist eingespannt und das Kind braucht das Papier bei seinen ersten unbeholfenen Malversuchen nicht auch noch mit der anderen Hand festzuhalten. Günstig ist in manchen Fällen auch, daß diese Vorrichtung es erlaubt, beim Malen auf dem Bauch zu liegen.
gc 3640	***Geben Sie Ihrem Kind die Möglichkeit, erste „Kollagen" herzustellen. Bieten Sie ihm buntes Seidenpapier an zum zerreißen und kleistern ein großes Blatt Papier ein. Die bunten Schnipsel werden so lange darauf hin- und hergeschoben, bis es „was wird".
gc 3700	Ermuntern Sie Ihr Kind, sich schon einmal selbständig anzuziehen. Gelingt es ihm mit wenigstens einem Kleidungsstück? (Das Aufsetzen der Mütze wird hierbei nicht mitbewertet.)
gc 3800	Verstecken Sie einen Bonbon (oder eine Perle, Marmel) in einer Streichholzschachtel und reichen Sie sie Ihrem Kind. Wird es durch Hin- und Herschütteln auf den Inhalt aufmerksam? Kann es die Schachtel selbständig öffnen?
gc 3900	Bieten Sie Ihrem Kind einen eingewickelten quadratischen oder länglichen Bonbon an und beobachten Sie, ob Ihr Kind ihn auswickeln kann ohne Zuhilfenahme des Mundes.
gc 3910	***Um Ihr Kind zu differenzierten Bewegungen der Finger anzuregen, bieten Sie ihm Slime an. Es handelt sich um eine giftgrüne bzw. rosa Masse, die sich glatt, kalt und glitschig anfühlt, aber nicht an den Gegenständen klebt sondern nur vorübergehend haften bleibt. Wenn Ihr Kind seine Hand in diese Masse taucht, hat es einen „Handschuh" aus Slime an, den es sich mit einigen differenzierten Fingerbewegungen wieder „ausziehen" kann.

gc 3911	***Auf den Erwachsenen wirkt diese Masse zuweilen fast ekelerregend, besonders die rosa Variante, die auch noch „Würmer" enthält. Die Kinder sind jedoch durchweg begeistert.
gc 3912	***Mit Slime kann man auch Figuren legen - und man kann sogar Zielwerfen damit veranstalten, weil es so schön haften bleibt und mühelos wieder zu lösen ist.
gc 4000	Fordern Sie Ihr Kind auf, aus 8 etwa gleich großen Klötzchen einen Turm zu bauen. Gelingt ihm dieses Vorhaben?
gc 4100	Malen Sie auf einem Blatt Papier (Schreibbogen) mit Filzstift einen Kreis, ohne daß Ihr Kind Sie bei dieser Handlung beobachtet. Dann reichen Sie Ihrem Kind das Blatt und den Stift und ermuntern es, diesen Kreis auf der anderen Seite des Bogens nachzumalen. Werden 2 von 5 Versuchen geschlossene rundliche Figuren? Hat Ihr Kind die Form in Erinnerung behalten, als es auf der anderen Seite malte?
gc 4200	Beobachten Sie Ihr Kind beim Malen, ob es den Stift zwischen Daumen, Zeige- und Mittelfinger hält, wie ein Erwachsener.
gc 4300	Fordern Sie Ihr Kind auf, sich die Hände zu waschen und abzutrocknen. Wird es mit den einzelnen Handlungen: Öffnen des Wasserhahnes, Einseifen der Hände, Waschen und Abspülen, Schließen des Hahnes und sorgfältiges Abtrocknen selbständig fertig?
gc 4400	Bieten Sie Ihrem Kind eine Dose mit Schraubverschluß an und bitten es, diese Dose zu öffnen. Prüfen Sie auch, ob es ihm schon gelingt, ein Spielzeug aufzuziehen oder eine Schranktür aufzuschließen.
gc 4410	***Um Ihr Kind zu den Dreh- und Schraubbewegungen zu motivieren, schlagen wir die Spieluhr von Fisher-Price vor. Sie wird wie ein Wecker aufgezogen und nach dieser Anstrengung folgt als Belohnung Musik.
gc 4500	Ermuntern Sie Ihr Kind, aus weicher Knetmasse einen Ball zu formen und anschließend daraus eine „Wurst" oder eine Schlange zu machen. Gelingt es ihm?
gc 4510	***Wenn Ihr Kind die Knetmasse nicht an den Händen haben mag, oder Sie in Sorge sind, daß es sie in den Mund steckt und „verspeist", dann bieten Sie ihm Juxe-Teig an. Die daraus gefertigte „Wurst" richtet keinen Schaden an, wenn sie verzehrt wird. - Rezept: 2 Tassen Mehl, eine 3/4 Tasse Salz, eine 3/4 Tasse Wasser, 2 Eßlöffel Paraffinöl (Apotheke), 1-2 Tropfen Pfefferminzessenz (Apotheke).
gc 4600	Malen Sie auf einem Blatt Papier 2 dicke Punkte im Abstand von etwa Handbreite und zeigen Sie Ihrem Kind, wie man diese beiden Punkte durch eine Linie verbindet. Malen Sie 2 weitere dicke Punkte und fordern Sie Ihr Kind auf, diese miteinander zu verbinden. Schafft es das bei 3 Versuchen wenigstens 1 mal?

gc 4700	Ermuntern Sie Ihr Kind, an seinem Püppchen oder an sich selbst Kleidungsstücke auf- und zuzuknöpfen.
gc 4710	***Um mit den Schwierigkeiten des Auf- und Zuknöpfens besser fertig zu werden, besorgen Sie Ihrem Kind einen Knöpfrahmen von Dusyma. Man bestellt ihn am besten über einen Kindergarten, da er im freien Handel nur schwer erhältlich ist.
gc 4720	***Auch das Schließen von Haken und Ösen, Schnallen, das Schnüren und Binden von Knoten und Schleifen kann an derartigen Rahmen von Dusyma geübt werden. (Man kann sie natürlich auch selbst herstellen.)
gc 4730	***Fertigen Sie für das Püppchen Ihres Kindes (oder seinen Teddy) Kleidungsstücke an, die auf- und zuzuknöpfen sind.
gc 4731	***Um dem Kind zu helfen, die Anfangsschwierigkeiten zu überwinden, wählen Sie zunächst große Knöpfe mit entsprechenden Knopflöchern. Erst wenn es in seinen Fertigkeiten einigermaßen sicher ist, gehen Sie auf kleinere Knöpfe über.
gc 4800	Bereiten Sie einen schmalen Papierstreifen vor (etwa 1/2 bis 1 cm breit) und spannen ihn zwischen Ihren beiden Händen aus. Anschließend fordern Sie Ihr Kind auf, diesen Streifen mit einer Kinderschere durchzuschneiden. Gelingt es nach mehreren Versuchen?
gc 4810	***Als Vorbereitung für den Umgang mit der Kinderschere ist die Arbeit mit Klammern gut geeignet. Bieten Sie Ihrem Kind einen Bierdeckel an und zeigen Sie ihm, wie man die Klammern strahlenförmig darauf anbringt und so einen schönen Untersatz daraus macht.
gc 4820	***Ermuntern Sie Ihr Kind, Wäscheklammern senkrecht auf den Rand einer Käseschachtel (oder Schuhcremedose) zu setzen und so einen kleinen Käfig zu bauen.
gc 4830	***Wenn Ihr Kind Linkshänder ist, besorgen Sie ihm in einem Haushaltsgeschäft eine Kinderschere für Linkshänder.
gc 4900	Machen Sie Ihrem Kind vor, wie man aus 3 Streichhölzern (oder Legestäbchen) ein Z legt und fordern Sie es zur Nachahmung auf.
gc 5000	Erlauben Sie Ihrem Kind, sich schon einmal eine Scheibe Brot selbst zu streichen. Für den Anfang sollte das Brot nicht zu frisch und die Butter nicht zu hart sein, damit unnötige Schwierigkeiten vermieden werden.
gc 5100	Malen Sie Ihrem Kind mit einem Filzstift ein Kreuz auf einen Bogen Papier und fordern Sie es auf, diese Figur nachzuahmen. Ihr Kind darf hierbei das von Ihnen gemalte Kreuz als Vorlage benutzen.

gc 5200	Legen Sie sich 10 Perlen (oder kleine Muggelsteine) bereit und fordern Sie Ihr Kind auf, diese einzeln in eine Flasche plumpsen zu lassen. Es soll hierdurch geprüft werden, ob ihm die Wiederholung einer komplizierten Handlung in ausreichender Häufigkeit gelingt - ob es Ausdauer entwickeln kann.
gc 5300	Falten Sie einen DIN A4-Bogen in der Querrichtung (oder machen Sie einen Querstrich darüber) und ermuntern Sie Ihr Kind, an dieser Linie entlangzuschneiden.
gc 5400	Bieten Sie Ihrem Kind Nadel und Faden an. Am besten nehmen Sie einen dickeren Nylonfaden (oder auch Zwirn) und eine Nadel mit einem nicht gar so kleinen Öhr. Nun machen Sie Ihrem Kind vor, wie man den Faden einfädelt und fordern Ihr Kind zur Nachahmung auf.
gc 5500	Besorgen Sie sich bei Gelegenheit das kleine Geduldspiel für Kinder, bei dem eine Maus in die Falle geschüttelt werden soll. Für den Anfang sollte man sich mit nur einer Maus begnügen und das Kunststück, die Maus zu fangen, etwas dramatisieren. Umso lieber wird Ihr Kind anschließend selbst den ersten Versuch unternehmen, sich als „Mäusefänger" zu betätigen.
gc 5600	Versuchen Sie, ob Ihr Kind einen geschickt zugeprellten Ball bereits auffangen kann. Sie nehmen dafür am besten einen Ball in Fußballgröße und stellen sich in etwa 1 1/2 m Entfernung von Ihrem Kind auf. Anschließend prellen Sie ihm den Ball in etwa Bauch- oder Brusthöhe zu und loben es, wenn es den Ball festhalten konnte.
gc 5700	Stellen Sie fest, ob Ihr Kind bereits einen Ball in Schlagballgröße 4 m weit werfen kann. Es wäre natürlich schön, wenn Sie für diesen Zweck einen richtigen Schlagball zur Verfügung hätten. Es geht aber auch mit einem Moosgummiball in Schlagballgröße.
gc 5800	Fordern Sie Ihr Kind auf, sich schon einmal ohne jede fremde Hilfe anzuziehen. Gelingt ihm dieses Vorhaben? Auf das Binden der Schleife nach dem Anziehen der Schuhe kann in diesem Zusammenhang noch verzichtet werden.
gc 5900	Ermuntern Sie Ihr Kind, Ihnen ein schönes Bild zu malen mit einem Haus, einem Baum und einer strahlenden Sonne. Fällt dieser Versuch der gegenständlichen Darstellung so aus, daß das Gemeinte klar erkennbar ist?
gc 6000	Bieten Sie Ihrem Kind ein Stück Bindfaden von 2 m Länge an und befestigen ihn - mit einer Heftzwecke an einer Garnrolle. Dann fordern Sie es auf, diesen Faden fein säuberlich auf die Rolle zu wickeln. Ist Ihr Kind in der Lage, die dafür notwendigen Bewegungen der Feinmotorik zu planen und durchzuführen?

gc 6100	Fordern Sie Ihr Kind auf, den Bleistift neben Ihrem Telefon an eine Schnur zu binden, damit er nicht immer verloren geht. Oder erfinden Sie eine andere sinnvolle Begründung für die Bitte an Ihr Kind, eine Schnur um einen Stift zu binden. Notfalls kerben Sie den Stift ein wenig ein, damit die Schnur auch Halt hat.
gc 6200	Schlagen Sie Ihrem Kind bei Gelegenheit vor, Ihnen doch einmal einen Menschen zu malen und beobachten Sie nun, ob außer Kopf und Rumpf, Armen und Beinen noch 2 weitere Details für Ihr Kind so wesentlich waren, daß es sie auf seinem Bild fixiert hat.
gc 6210	***Regen Sie Ihr Kind dazu an, auch schon einmal den Hals bei seinem Abbild vom Menschen zu beachten. Machen Sie es auf seinen und Ihren Hals aufmerksam.
gc 6220	***Als Vorübung für die Darstellung der menschlichen Gestalt können Sie Ihrem Kind das Spiel: „Guten Tag, Herr Meier" anbieten (Siehe beigefügte Fotokopie). Wenn Sie den Vers beendet haben und nunmehr ein „Mann" auf dem Papier entstanden ist, fordern Sie Ihr Kind auf, diesem armen Wesen doch auch Haare, Ohren, Hände, Schuhe usw., usw. zu geben, so daß es sich um die Lokalisation dieser Details und deren Darstellung schon einmal Gedanken machen muß.
gc 6300	Fordern Sie Ihr Kind auf, mit Ihnen Prellball zu spielen und beobachten Sie dabei, ob es ihm gelingt, einen Ball in etwa Fußballgröße 3 mal fortlaufend zu prellen. Hierbei ist es gleichgültig, welche Hand bevorzugt wird.
gc 6400	Malen Sie 10 Buchstaben auf eine Heftseite. Die Buchstaben sollen mindestens die Größe eines normalen Zeilenabstandes haben. Anschließend bitten Sie Ihr Kind, diese Buchstaben in der Zeile darunter genau abzumalen. Kann man sie entziffern? Der Zeitaufwand für diese mühevolle Arbeit spielt hierbei noch keine Rolle.
gc 6500	Malen Sie Ihrem Kind einen „Salmi" (Rhombus) auf einen Bogen Papier. Seine Längsrichtung sollte etwa 5 cm betragen und möglichst mit Filzstift dargestellt werden. Gelingt es Ihrem Kind, diesen Salmi nachzumalen?
gc 6600	Fordern Sie Ihr Kind auf, mit seinem Daumen nacheinander alle Fingerkuppen zu berühren. Wenn es ihm noch Mühe macht, üben Sie es mit ihm.
gc 6610	***Ermuntern Sie Ihr Kind, mit seinem Arm über seinen Kopf zu greifen und das gegenüberliegende Ohr anzufassen. Sind die Körperproportionen Ihres Kindes inzwischen so schulkindhaft, daß diese Gebärde ihm möglich ist?
gc 6700	Bringen Sie an derjenigen Wand Ihres Hauses, die Ihr Kind zum Ballspielen benutzt, 1 m oberhalb der Brusthöhe Ihres Kindes eine Markierung an. Beobachten Sie, ob Ihr Kind diese bei seinem spontanen Spiel mit dem Ball mindestens erreicht.

gc 6800	Bieten Sie Ihrem Kind ein einfaches Labyrinth an und ermuntern Sie es, den Weg vom Eingang bis zum Ausgang mit einem Buntstift einzuzeichnen.
gc 6810	***Für den Fall, daß Sie kein geeignetes Material zur Hand haben, wird ein Labyrinth mit „Gebrauchsanweisung" beigefügt.
gc 6900	Erlauben Sie Ihrem Kind, ein Bild, das es besonders hübsch findet (ein Auto, einen Hasen oder dergl.) in groben Umrissen aus einer Illustrierten auszuschneiden. Ist die Figur ungefähr erkennbar? (Auch dann noch, wenn Sie sie von der anderen Seite betrachten?)
gd 0000	**2.3 Hilfsmaterial zur Durchführung des Programms**
gd 1010	Kugelkette oder Klimbim (Kiddikraft)
gd 1020	Weiche Greiflinge (Schildkröt) oder Holzgreiflinge (Meistergilde)
gd 1030	Beißringe (Kiddikraft)
gd 1040	Püppchen oder Teddy
gd 1050	Fingerspiel (Kiddikraft)
gd 1060	Spieltier (Tatzelwurm, Kullerix) zum Heranziehen
gd 1070	Farbringpyramide (Fisher-Price)
gd 1080	Ringpyramide (Kiddikraft)
gd 1090	Große rote Gardinenringe (5 cm Durchmesser)
gd 1100	Einsteckdose (Kiddikraft)
gd 1110	Shape-sorter (Fisher-Price)
gd 1120	Hafen mit Booten (gezieltes Spiel beim Baden)
gd 1130	Schwimm-Familie (Fisher-Price)
gd 1140	Große Lego-Steine
gd 1150	Nopper-Bausteine (Nopper Milton-Bradley)
gd 1160	Bauwürfel aus Naturholz (Meistergilde)
gd 1170	„Wippe-Dipp" (eine Kindertasse, die nicht umfällt)
gd 1175	Tupper-Becher mit V-förmigem Ausschnitt im Rand
gd 1180	Kettenspiel (Kiddikraft)
gd 1190	Knocky-Block (Kiddikraft)
gd 1200	Zahnradspiel (Kiddikraft)
gd 1210	Play-Family-Spielzeuge (Fisher-Price)
gd 1220	Große Holzperlen (Kiddikraft)
gd 1230	Winden und Drehen, Schraubenspindel (Kiddikraft)

gd 1240	Däumlingsfässer
gd 1250	Spieluhr von Fisher-Price: Motivation zur Dreh- und Schraubbewegung
gd 1270	Knickmann: zur Erleichterung des selbständigen Essens
gd 1280	Klebesteine
gd 1281	Wandtafel für Kinder
gd 1282	Kinderzimmertisch mit abwischbarer Platte
gd 1283	Buntstifte, Wachsstifte, „Malmäuse"
gd 1284	Material für Kollagen
gd 1290	Sio-Hammerbank
gd 1300	„Hau-drauf"
gd 1310	Kugelbahn (Kiddikraft)
gd 1320	Schaffnerzange (Vorübung zum Schneiden)
gd 1330	Wäscheklammern
gd 1340	Kinderschere
gd 1350	Kinderschere für Linkshänder
gd 1360	Nadel und Faden (beides ziemlich dick)
gd 1370	Graficus (Magneto), Hilfe zum Zeichnen von Ornamenten
gd 1390	Geduldspiel: „Maus in der Falle"
gd 1400	Schlagball
gd 1410	Flohspiel (Zielen, Geschicklichkeit)
gd 1420	Murmeln (Zielen, Geschicklichkeit)
gd 1430	Plastik-Ringspiel, im Warenhaus erhältlich (Ringe über Stäbe werfen)
gd 1440	Ball in Fußballgröße
gd 1450	Schreibepeter (Spielerische Bewegungsformen), Sellier
gd 1460	Schreiben vorbereiten (Sellier)
gd 1470	Geschicklichkeitsrahmen von Widmair-Wehrfritz (Schleife binden, Knöpfeln, Flechten, Auf- und Zuhaken)
gd 1480	Fisher-Technik
gd 1490	Labyrinth nachfahren (Bilder- und Kreuzworträtsel von Ravensburg)
gd 1500	Einfacher Webrahmen zum Stopfweben.

ha 0000	**3. Sprache (Sprachwerkzeuge und Formulierung von Gedanken)**
ha 1000	Die sichere Beherrschung der Sprachwerkzeuge ist eine Voraussetzung für das Erlernen der Sprache
ha 2000	Eine zweite Voraussetzung ist das Intaktsein der Sinnesorgane: Hören und Hinhören, aber auch das Sehen: Absehen vom Munde des Sprechenden
ha 3000	Eine dritte Voraussetzung für die Entwicklung der Sprache ist die handelnde Auseinandersetzung des Kindes mit seiner Umwelt. Dadurch kann es die Zusammenhänge der „wenn-dann" Folge so erfahren, daß es sie sich vorstellen kann: Es kann sie denken. Wenn diese Entwicklungsstufe erreicht ist, hat es Veranlassung, sich sprachlich zu äußern.
ha 8010	Text für individuelle Einfügungen
hb 0000	**3.1 Die Analyse des Entwicklungsgitters ergibt:**
hb 0010	**Ausfälle**
hb 0020	**Unsicherheiten**
hb 0030	**Anzustrebende neue Fertigkeiten**

hb 0050	Keine		
hb 0100	Saugt, schluckt, weint		1M
hb 0200	Andere Laute als Weinen		2M
hb 0300	Laute: ch, grr, öh, egu, erre		3M
hb 0400	Kichert, lacht, quietscht		4M
hb 0500	Schließt Mund, schluckt Spucke		5M
hb 0600	Antwortet durch Laute		6M
hb 0700	Leckt Breilöffel gut ab		7M
hb 0800	Trinkt von gehaltener Tasse		8M
hb 0900	Spuckt mit Zungenspitze		9M
hb 1000	Äußert Stimmungslaute		10M
hb 1100	Ahmt Laute nach		11M
hb 1200	Lallt 4 verschiedene Silben	1J	
hb 1300	Kaut mühelos feste Nahrung	1J	1M
hb 1400	Laute als Wunschäußerung	1J	2M
hb 1500	Laute: A, O, U, M, B, P	1J	3M
hb 1600	Sagt 2 sinnvolle Worte	1J	4M
hb 1700	Ahmt 2 Tierlaute nach	1J	5M
hb 1800	Ahmt 2 Worte nach	1J	6M
hb 1900	Einwortsatz als Wunsch	1J	7M
hb 2000	Laute: N, L, D, T, W, F	1J	8M
hb 2100	Verwendet 5 Worte	1J	9M
hb 2200	Benennt 3 Personen	1J	10M
hb 2300	Benennt 4 Dinge	1J	11M
hb 2400	Benennt 2 Tätigkeiten	2J	

hb 2500	Verwendet 10 Worte	2J	1M
hb 2600	Nennt sich beim Vornamen	2J	2M
hb 2700	Sagt: Da, weg, bitte, danke	2J	3M
hb 2800	Benennt 2 Eigenschaften	2J	4M
hb 2900	Spricht Zweiwortsatz	2J	5M
hb 3000	Verwendet der, die, das	2J	6M
hb 3100	Sagt: noch, wieder, viel	2J	7M
hb 3200	Wiederholt Viersilbensatz	2J	8M
hb 3300	Fragt: was'n das?	2J	9M
hb 3400	Spricht Dreiwortsatz	2J	10M
hb 3500	Spricht mit Puppe, Teddy	2J	11M
hb 3600	Laute: R, S. Sch, X, Z	3J	
hb 3700	Sagt: ich, du, mein, dein	3J	1M
hb 3800	Verwendet Mehrzahl	3J	2M
hb 3900	Benennt Tätigkeit im Bild	3J	3M
hb 4000	Nennt 5 Tiere	3J	4M
hb 4100	Berichtet spontan Erlebnis	3J	5M
hb 4200	Verwendet Vergangenheit	3J	6M
hb 4300	Laute: ch, ng, nt, sp, fr	3J	7M
hb 4400	Erklärt, was es spielt	3J	8M
hb 4500	Wiederholt Kurzgeschichte	3J	9M
hb 4600	Gebraucht Nebensätze	3J	10M
hb 4700	Fragt: wer, wo, wann, warum	3J	11M
hb 4800	Nennt 2 Gegensätze	4J	
hb 4900	Wiederholt 5-Wortsatz	4J	2M
hb 5000	Erzählt, was es heute getan hat	4J	4M
hb 5100	Beantwortet 3 Zweckfragen	4J	6M
hb 5200	Benennt 3 Farben	4J	8M
hb 5300	Spricht 4 Zahlen nach	4J	10M
hb 5400	Spricht spontan 5-Wortsätze	5J	
hb 5500	Sagt, was es morgen vorhat	5J	2M
hb 5600	Fragt nach Wortbedeutung	5J	4M
hb 5700	Nennt 2 Analogien	5J	6M
hb 5800	Beschreibt Bildszene	5J	8M
hb 5900	Beantwortet 3 wenn-dann Fragen	5J	10M
hb 6000	Zählt 10 Dinge ab	6J	
hb 6100	Nennt 3 Oberbegriffe	6J	2M
hb 6200	Nennt Material von Schuhen und Türen	6J	4M
hb 6300	Definiert 2 Unterschiede	6J	6M
hb 6400	Bildet Satz aus 3 Stichworten	6J	8M
hb 6500	Erklärt Begriffe: Vorhang, Hecke, See	6J	10M
hb 6600	Nennt 3 Hausbau-Materialien	7J	
hb 6700	Erzählt Selbsterfundenes	7J	2M
hb 6800	Gebraucht Ausreden	7J	4M
hb 6900	Erklärt Ähnlichkeiten	7J	6M

3.2 Trainingsprogramm für die Sprache

hc 0000 (Die mit *** versehenen Vorschläge sind als Hilfsmaßnahmen gedacht, um die im Entwicklungsgitter angegebenen Ziele zu erreichen)

hc 0010 Mit den folgenden Vorschlägen ist nicht beabsichtigt, in die Arbeit des Logopäden einzugreifen oder sie gar zu ersetzen. Sie sind vielmehr als Anregung für die Eltern gedacht, im häuslichen Milieu durch spielerische Angebote diese Arbeit zu unterstützen.

hc 0020 Da wir auf die Sprachentwicklung Ihres Kindes noch keinen direkten Einfluß haben, müssen wir uns zunächst auf das Training der Sprachmuskulatur (Zunge, Lippen usw. = Sprachwerkzeuge) beschränken.

hc 0100 Beobachten Sie, ob Ihr Kind kräftige Saug- und Schluckbewegungen machen kann. Kann es auch kräftig schreien?

hc 0110 ***Helfen Sie Ihrem Kind, das normale „Saugmuster" zu erlernen, indem Sie in demselben Rhythmus einen Druck unter seinen Unterkiefer ausüben, indem Ihr Kind nach Ihren Erfahrungen saugt und schluckt: Sie unterstützen damit den Mundschluß und bahnen den Saugreflex in der richtigen Weise an.

hc 0200 Achten Sie darauf, ob Ihr Kind außer Weinen auch schon andere Geräusche von sich gibt.

hc 0300 Beobachten Sie, ob Ihr Kind schon gurgelnde, glucksende und gurrende Geräusche erzeugen kann, die sich wie „cha, grr, öh, egu, erre, ugeh, gaga" anhören.

hc 0400 Stellen Sie fest, ob Ihr Kind bereits laut lachen kann oder vergnügt kichern. Gibt es auch hohe Quietschtöne von sich?

hc 0500 Achten Sie darauf, ob der Mund Ihres Kindes überwiegend geschlossen ist und ob es seinen Speichel im allgemeinen herunterschlucken kann.

hc 0510 ***Machen Sie vor jeder Mahlzeit bei Ihrem Kind Streichmassagen, indem Sie die Oberlippe nach unten, die Unterlippe nach oben streichen. Beziehen Sie auch die Zunge in diese Streichmassagen ein, damit sie zu Bewegungen angeregt wird.

hc 0520 ***Bieten Sie Ihrem Kind einen „Schnuller" an, damit es lernt seinen Mund geschlossen zu halten, durch die Nase zu atmen und die Zunge in der Mundhöhle zu belassen.

hc 0530 ***Es sollte überlegt werden, ob bei Ihrem Kind das Tragen einer Gaumenplatte erfolgversprechend ist.

hc 0531 ***Eltern aus dem Hamburger Raum wird empfohlen, sich mit der Kieferorthopädischen Klinik in Eppendorf zur Klärung dieser Frage in Verbindung zu setzen. (Frau Dr. Herwerth, Di. und Fr. zwischen 11 und 12 Uhr unter Tel.: 468 2259 telefonisch zu erreichen.)

hc 0532	***Bitte setzen Sie sich zur Klärung dieser Frage zunächst mit Ihrem Zahnarzt in Verbindung. Er wird Ihnen sagen können, wo in Ihrer Gegend eine solche Behandlung durchgeführt werden kann. Möglicherweise erfahren Sie es auch in der Lebenshilfe.
hc 0600	Stellen Sie fest, ob Ihr Kind schon „Lautantwort" gibt. Sprechen Sie es freundlich an, erteilen Sie ihm Zuspruch, wenn es weint: Haben Sie den Eindruck, daß es Sie aufmerksam beobachtet? Daß es „Antwort" geben möchte? Und entstehen dabei gewisse Laute?
hc 0610	***Um Ihr Kind zur Nachahmung von Lauten anzuregen, versuchen Sie, auf dem Wickeltisch (weiche Unterlage!) seinen Brustkorb bei der Ausatmung sanft zusammenzudrücken. Dabei sprechen Sie ihm ein „aaa" vor. Beobachten Sie, ob es Sie andeutungsweise nachahmt und loben Sie es dann!
hc 0700	Achten Sie darauf, daß Ihr Kind seinen Breilöffel immer gut ableckt, ermuntern Sie es dazu.
hc 0800	Bieten Sie Ihrem Kind schon einmal Flüssigkeit in einer Tasse an, wenn es durstig ist. Kann es aus einer leicht gekippten Tasse trinken? Kann es seine Lippen der Tassenform so anpassen, daß nur wenig danebenläuft?
hc 0810	***Fahren Sie mit einem Stückchen Eis an den Lippen Ihres Kindes entlang, um diese damit zu sensibilisieren.
hc 0820	***Versuchen Sie, ob Ihrem Kind das Trinken aus einer gehaltenen Tasse besser gelingt, wenn Sie ihm die „Wippe-Dipp" mit Aufsatz anbieten. Bauen Sie diese Hilfsmaßnahmen allmählich ab, damit Ihr Kind lernt, seinen Mund den verschiedenen Formen der Trinkgefäße anzupassen.
hc 0830	***Bieten Sie Ihrem Kind einen Tupper-Becher an, in dessen Rand Sie einen V-förmigen Ausschnitt angebracht haben. In zahlreichen Fällen ist es gelungen, die Schwierigkeiten des Kindes zu überwinden, wenn es diesen Ausschnitt mit seinen Lippen umschließen konnte.
hc 0900	Beobachten Sie, ob Ihr Kind eine neue Speise (oder eine Speise, die es nicht mag) wieder aus dem Mund herausbefördert. Wird die Zungenspitze dabei sichtbar?
hc 1000	Können Sie bei Ihrem Kind an seinen Lautäußerungen erkennen, in welcher Stimmungslage es sich befindet? Ist es zufrieden? Fröhlich? Ungnädig?
hc 1010	***Streichen Sie mit Ihrem Finger über die Ober- und Unterlippe Ihres Kindes, wenn es einmal laut schreit. Ihr Kind spürt auf diese Weise die Vibration seiner Lippen und es wird ihm erleichtert, die Laute „M" und „B" zu formen: Anbahnung eines normalen Lallmusters.

hc 1100	Versuchen Sie, ob Ihr Kind bereits einige Laute imitieren kann: husten, brummen, „mamam" sagen. Machen Sie ihm die verschiedenen Laute vor.
hc 1200	Stellen Sie fest, ob Ihr Kind bereits 4 verschiedene Silben bzw. Silbenverdopplungen formulieren kann (mamam, eia und dergl.).
hc 1300	Bieten Sie Ihrem Kind schon einmal ein Häppchen Brot an. Kann es dies durch Kaubewegungen und Bewegungen der Zunge bewältigen?
hc 1310	**Training des Kauens (zusätzliche Hilfsmaßnahmen)**
hc 1311	***Bieten Sie Ihrem Kind mit der Zeit immer gröbere, festere Nahrung an, damit es seine Kauwerkzeuge trainiert, z.B. Blumenkohl nicht mehr fein gemust, sondern nur in kleine Röschen zerteilt.
hc 1312	***Lassen Sie Ihr Kind seine Kauwerkzeuge an einem Beißring trainieren.
hc 1313	***Bewegen Sie den Unterkiefer Ihres Kindes vorsichtig rauf und runter, hin und her.
hc 1314	***Machen Sie ihm mit lebhafter Mimik vor, wie man kaut, lassen Sie Ihr Kind dabei Ihr Gesicht betasten.
hc 1315	***Bieten Sie Ihrem Kind zum Beißen eine Brotrinde, einen Brotknust an.
hc 1316	***Schieben Sie Ihrem Kind einen Krümel Keks (oder Zwieback oder Kinderschokolade) in die Backentasche (zwischen Wangenschleimhaut und Zahnleiste), damit es lernt, diesen Krümel mit der Zunge aktiv hin und her bewegen. Führen Sie Hilfen zum Mundschluß durch und bewegen den Unterkiefer rhythmisch, um das Kauen anzuregen.
hc 1317	***Bieten Sie Ihrem Kind bei Gelegenheit ein Kaugummi an, damit es seine Kaumuskulatur trainiert und das Material mit der Zunge hin- und herbewegen lernt. (Es gibt Sorten, bei denen es nichts ausmacht, wenn Sie versehentlich verschluckt werden.)
hc 1400	Können Sie an den Lautäußerungen Ihres Kindes seine Wünsche erkennen? Es kommt hierbei auf die Laute an - nicht auf die Mimik und Gestik.
hc 1410	**Zungentraining (zusätzliche Hilfsmaßnahmen)**
hc 1411	***Massieren Sie die Zunge und den Gaumen Ihres Kindes durch relativ kräftige Streichbewegungen.
hc 1412	****"Kitzeln" Sie die Zunge durch Berührung mit einem Plastikhalm, einer Feder, so daß die Zunge Ihres Kindes aktive Abwehrbewegungen macht.

hc 1413	***Tupfen Sie etwas Honig auf die Mitte der Oberlippe Ihres Kindes und ermuntern Sie es, ihn abzulecken. Steigern Sie den Schwierigkeitsgrad, indem Sie mehr seitlich bzw. ganz am Mundwinkel einen Honigtupfer setzen, die Unterlippe mit Honig betupfen.
hc 1414	***Zeigen Sie Ihrem Kind, wie man durch schnelles, rhythmisches Hervorstoßen der Zunge zwischen den leicht geöffneten Lippen ein blubberndes „Bl-L-L" hervorbringen kann. Zeigen Sie ihm auch die schnelle waagerechte Zungenbewegung, die wie bei einer Schlange hin- und herzüngelt. Beweglichkeit und Reaktionsfähigkeit der Zungenmuskulatur wird dadurch gefördert.
hc 1415	***Da Ihr Kind schon Nachahmungsbereitschaft zeigt, können wir mit dem Zungentraining vor dem Spiegel beginnen: Zunge rausstrecken, spitz machen, breit machen, in Richtung auf die Nase führen, in Richtung zum Kinn. Zunge in die rechte Backe, in die linke Backe, an der oberen Zahnleiste entlangführen, an der unteren entlangführen.
hc 1416	***Fordern Sie Ihr Kind auf, mit Ihnen gemeinsam Tiere nachzuahmen: wie eine Katze mit der Zunge den Mund zu schlecken, wie ein Frosch mit der Zunge die Fliegen zu fangen.
hc 1417	***Spielen Sie mit Ihrem Kind „Zähne-Putzen" mit der Zunge: Lassen Sie Ihre Zunge mehrfach zwischen Ihrer Oberlippe und oberen Zahnleiste entlanggleiten, anschließend zwischen Unterlippe und untere Zahnleiste. Regen Sie es zur Nachahmung an.
hc 1418	***Spielen Sie „Bonbon verstecken" mit Ihrem Kind: Beulen Sie Ihre rechte Backe, Ihre linke Backe mit der Zunge aus, wie wenn Sie dort einen Bonbon hätten. Versuchen Sie das gleiche auch an der oberen Zahnleiste, an der unteren Zahnleiste und ermuntern Ihr Kind, dies nachzuahmen.
hc 1419	***Zeigen Sie Ihrem Kind, wie man mit der Zunge ein „U" macht oder ein „Fragezeichen". (Unterstützung der logopädischen Maßnahmen.)
hc 1450	**Training der mimischen Muskulatur (zusätzliche Hilfsmaßnahmen)**
hc 1451	***Machen Sie sanfte Streichmassagen bei Ihrem Kind: Lassen Sie Ihren Finger sanft auf seinen Wangen kreisen, streichen Sie über Ober- und Unterlippe, führen Sie streichende Bewegungen vom Kinn bis zum Brustbein durch (Massage des Zungenbodens).
hc 1452	***Drücken Sie die Wangen Ihres Kindes sanft von beiden Seiten nach vorn, so daß sich der Mund spitzt wie beim „Küßchen geben".
hc 1453	***Kitzeln Sie die Mundwinkel Ihres Kindes durch eine Feder, einen Grashalm oder Pinsel, so daß es Abwehrbewegungen macht.

| hc 1454 | ***Lassen Sie Ihr Kind im Sitzen von einem Löffel trinken, aus einer gereichten Tasse trinken.

| hc 1455 | ***Lassen Sie Ihre Lippen „platzen", so daß ein schmatzendes „Ba" entsteht. Versuchen Sie, ob Ihr Kind es nachahmen kann.

| hc 1456 | ***Machen Sie Ihrem Kind vor, wie man die Oberlippe über die Unterlippe stülpt, die Unterlippe über die Oberlippe schiebt. Regen Sie es zur Nachahmung an.

| hc 1457 | ***Üben Sie im Scherz mit Ihrem Kind vor dem Spiegel „Grimassenschneiden": Blasen Sie die Backen auf, ziehen Sie sie ein. „Verhungert aussehen". Trainieren Sie, breit wie ein Clown zu grinsen, eine Schippe zu ziehen, griesgrämig dreinzuschauen.

| hc 1458 | ***Stülpen Sie die Oberlippe aufwärts, so daß sie zwischen Nase und Oberlippe einen Bleistift halten können. Fordern Sie Ihr Kind zur Nachahmung auf.

| hc 1459 | ***Fertigen Sie einige bunte Figuren aus dünner Pappe an, die jeweils große Öffnungen haben sollten (Fische mit großen runden Augen). Dann biegen Sie einen Strohhalm derart, daß ein scharfer Knick - „ein Haken" . entsteht. Diesen vorbereiteten Strohhalm stecken Sie in den Mund und „angeln" damit einen Fisch nach dem anderen. Fordern Sie Ihr Kind auf, es auch zu versuchen.

| hc 1460 | ***Zum Training des Mundschlusses eignet sich gut das beliebte „Schieber-Eis". Es handelt sich um eine Art von farbigen Eiswürfeln, die in Plastikfolie eingewickelt sind und beim Lutschen langsam aus der Folie herausgeschoben werden. Man kann einen größeren Vorrat davon im Tiefkühlfach des Kühlschrankes aufbewahren.

| hc 1461 | ***Setzen Sie eine elektrische Zahnbürste ein und führen damit eine Art Vibrationsmassage der mimischen Muskulatur durch. Benutzen Sie möglichst ein weiches Ansatzstück.

| hc 1465 | **Lecken, lutschen, schmatzen (zusätzliche Hilfsmaßnahmen)**

| hc 1466 | ***Kleben Sie einen Stern aus „Salmis" auf die Hand Ihres Kindes und lassen Sie ihn ablecken.

| hc 1467 | ***Bieten Sie Ihrem Kind in der warmen Jahreszeit ein kleines Eis an (lecken und lutschen). In der kalten Jahreszeit einen kleinen Lolli.

| hc 1471 | ***Spendieren Sie Ihrem Kind gelegentlich einen kleinen Lolli (Mundschluß-Training).

| hc 1472 | ***Bieten Sie Ihrem Kind hin und wieder einen Bonbon zum Lutschen an.

hc 1481	***Erlauben Sie Ihrem Kind, aus Spaß auch einmal nach Herzenslust zu schmatzen, denn es trainiert dadurch das Öffnen und Schließen des Mundes. Wenn es ihm nicht gelingt, machen Sie es ihm vor.
hc 1500	Stellen Sie fest, ob Ihr Kind die Vokale (Selbstlaute) A, O, U bereits formulieren kann. Gelingt es auch bei den Konsonanten (Mitlaute) M, B, P? (Evtl. regen Sie es dazu an, indem Sie es ihm vormachen.)
hc 1510	**Puste-Übungen (zusätzliche Hilfsmaßnahmen)**
hc 1511	***Versuchen Sie, durch rhythmische Reizung der Unterlippe Ihres Kindes mit Ihrem Finger ein „brrr" zu erzeugen. Es lernt dadurch, einen sanften Luftstrom zwischen den leicht geöffneten Lippen hindurchzublasen.
hc 1512	***Regen Sie Ihr Kind an, ein „brrr" zu erzeugen, indem es einen sanften Luftstrom zwischen den leicht geöffneten Lippen hindurchbläst. Normalerweise würden Sie die Unterlippe mit Ihrem Finger in rhythmische Bewegung versetzen. Da diese jedoch bei einem Kind mit Down-Syndrom ohnehin dazu neigt, schlaff herunterzuhängen, sollte die Tendenz nicht noch unterstützt werden. Sie können das „brrr" auch durch rhythmische Reizung der Oberlippe erreichen.
hc 1513	***Halten Sie einen Luftballon an einem Band und blasen Sie ihn fort. Beobachten Sie gemeinsam, was passiert und regen Sie Ihr Kind zur Nachahmung an. Machen Sie ein Partnerspiel daraus, indem Sie dem Kind den Luftballon zublasen und erwarten, daß es ihn zurückbläst.
hc 1514	***Lassen Sie Ihr Kind gegen ein Mobile blasen und beobachten gemeinsam die entstehende Bewegung.
hc 1515	***Bereiten Sie Ihrem Kind kleine Flöckchen aus Watte vor und veranstalten damit gemeinsam ein „Schneegestöber".
hc 1516	***Bereiten Sie das Bad für das Kind durch entspannende Zusätze gelegentlich als „Schaumbad" zu und veranstalten Sie mit ihm ein „Schaumpusten" um die Wette.
hc 1517	***Bieten Sie in der wärmeren Jahreszeit Ihrem Kind ein „Pustefix" an: Eine Ringspirale in Prilwasser zum Seifenblasen machen. Zeigen Sie Ihrem Kind, wie es gemacht wird und regen Sie es zur Nachahmung an. Fernziel: Durch sehr sanftes, gleichmässiges Blasen eine möglichst große Seifenblase erzeugen.
hc 1518	***Erlauben Sie Ihrem Kind, eine Kerze, ein Streichholz, ein Feuerzeug auszublasen.
hc 1519	***Geben Sie Ihrem Kind eine Windmühle zum Spielen und zeigen Sie ihm, wie man sie in Bewegung setzt.

hc 1520	***Bieten Sie Ihrem Kind eine „Puste-Schlange" (Kirmes) an und lassen Sie sie vorschnellen.
hc 1521	***Legen Sie einen Tischtennisball auf die Öffnung eines Flaschenhalses und lassen Sie den Ball von Ihrem Kind herunterpusten.
hc 1522	***Improvisieren Sie ein „Tor" auf einer Tischplatte und blasen Sie Tischtennisbälle mit Ihrem Kind um die Wette in dieses Tor hinein.
hc 1524	***Fertigen Sie aus Packpapier oder dünnem Karton Serien kleiner Pappfiguren an. Stellen Sie sie der Reihe nach auf den Tisch und fordern Sie Ihr Kind auf, sie der Reihe nach umzublasen, indem es ein „P" oder ein „F" oder ein „T" formuliert.
hc 1525	***Spielen Sie mit Ihrem Kind „Kammblasen". Kniffen Sie ein Stück Seidenpapier oder Butterbrotpapier und legen Sie den Kamm derartig in den Kniff, daß seine Zähne ihn berühren. Jetzt nehmen Sie den umhüllten Kamm zwischen die Lippen und beginnen zu summen. Es entsteht eine Vibration an den Lippen, die sich auch dem Ton mitteilt. Fordern Sie Ihr Kind zur Nachahmung auf.
hc 1526	***Bieten Sie Ihrem Kind ein Kazoo an. Es handelt sich hierbei um eine Membrane, die mit geschlossenem Mund durch summende Töne in schwingende Bewegung gesetzt wird. Dieses Kinderinstrument ist in Musikgeschäften erhältlich.
hc 1527	***Lassen Sie aus einem Tuschpinsel einen Farbklecks auf ein Stück Papier fallen und fordern Sie Ihr Kind auf, diesen durch Pusten vermittels eines Strohhalmes auseinanderzublasen. Es ergeben sich dabei bizarre, lustige Figuren, die zur Wiederholung anregen.
hc 1530	**Übergang zum Saugen (zusätzliche Hilfsmaßnahmen)**
hc 1531	***Nehmen Sie einen Strohhalm oder Plastikhalm und blasen Sie in die Handfläche Ihres Kindes, an seinen Wangen, hinter sein Ohr. Anschließend zeigen Sie ihm, wie es sich anfühlt, wenn man saugt, statt pustet.
hc 1532	***Bieten Sie Ihrem Kind eine Kindermundharmonika an und demonstrieren Sie ihm, wie sich der Ton beim Wechsel von Pusten und Saugen verändert. Möchte es Sie nachahmen?
hc 1533	***Tauchen Sie einen kurzen, farblosen Plastikhalm in roten Saft. Saugen Sie den Saft etwas an und beobachten gemeinsam das Ansteigen der Flüssigkeit. Regen Sie Ihr Kind zur Nachahmung an.
hc 1534	***Sobald Ihr Kind gelernt hat, Saft durch einen Halm anzusaugen, steigern Sie den Schwierigkeitsgrad. Bieten Sie ihm Yoghurt zum Ansaugen an: Ihr Kind trainiert auf diese Weise einige Muskelgruppen im Bereich seiner Sprachwerkzeuge.

hc 1535	***Es gibt jetzt auch Trinkhalme, die die Form einer Spirale haben. Das Ansaugen der Flüssigkeit wird dadurch etwas erschwert, und die entsprechenden Muskelgruppen werden stärker angespannt. Das spiralenförmige Ansteigen einer - womöglich farbigen! - Flüssigkeit wird Ihr Kind wahrscheinlich motivieren, sich dieser Anstrengung zu unterziehen.
hc 1600	Regen Sie Ihr Kind dazu an, sinnbezogene Worte zu sprechen. Zeigen Sie ihm z.B. einen Ball und artikulieren Sie das Wort sehr deutlich. Kann Ihr Kind auf diese Weise schon 2 Worte mit fester Bedeutung sprechen?
hc 1610	**Sprachanbahnung (zusätzliche Hilfsmaßnahmen)**
hc 1611	***Rufen Sie den Namen Ihres Kindes, damit es aufmerksam wird und eine Erwartungshaltung entsteht.
hc 1612	***Bahnen Sie bei Ihrem Kind eine Signalsprache an: Lassen Sie es „Winke-winke" machen, „Backe Kuchen", „Wie groß bist Du" usw.
hc 1613	***Verwenden Sie möglichst einfache, klare Sätze, die Sie gut artikulieren, so daß Ihr Kind das Absehen von Ihrem Mund beim Erlernen der Sprache zu Hilfe nehmen kann. Regen Sie es zum Ansehen des Sprechenden an. Achten Sie darauf, daß Ihr Gesicht dabei auch ausreichend beleuchtet ist.
hc 1614	***Verwenden Sie möglichst immer die gleichen Satzmuster, damit sie sich Ihrem Kind einprägen.
hc 1615	***Singen Sie Ihrem Kind etwas vor und wiegen es dazu. Summen Sie auch einmal nur eine Melodie.
hc 1616	***Versuchen Sie, Ihr Kind zum Lallen anzuregen. Eine völlig entspannte Situation ergibt sich vielleicht morgens neben Ihnen im Bett. Versuchen Sie einen Lall-Dialog mit Ihrem Kind herzustellen.
hc 1617	***Halten Sie Lall-Monologe Ihres Kindes fest, in dem Sie sie scherzhaft wiederholen und in einen „Sinn" einmünden lassen: „Ba-la-la", ja, wo ist denn der Baller? Da haben wir den Baller!"
hc 1618	***Sagen Sie Ihrem Kind Kinderreime vor, untermalen Sie sie mit Mimik und Gestik, dramatisieren Sie, damit die Pointe mit Spannung erwartet wird.
hc 1619	***Untermalen Sie Lieder und Musikstücke rhythmisch durch Klatschen, Wiegen, Schaukeln, Stampfen, Trommeln und dergl.
hc 1620	***Benennen Sie einen beliebten Gegenstand (Teddy, Ball) sehr eindrücklich, verstecken Sie ihn, suchen Sie ihn gemeinsam. Freuen Sie sich gemeinsam, wenn Sie ihn gefunden haben. Lassen Sie ihn unvermutet auftauchen. Geben Sie Ihrem Kind Anweisungen: „Gib den Teddy" - „Bring den Teddy dorthin" - „Hol den Teddy" - „Leg den Teddy weg" usw.

hc 1621	***Schauen Sie gemeinsam in den Spiegel und fordern Sie Ihr Kind auf, Ihre Nase, Ihren Mund, Ihre Augen zu zeigen. Anschließend soll es seine Nase und seinen Mund zeigen. Sie fördern dadurch das Wortverständnis Ihres Kindes.
hc 1622	***Unterhalten Sie sich im Scherz auch einmal „sprachlos" mit Ihrem Kind, indem Sie es mit geschlossenen Lippen lediglich die Melodie der Sprache imitieren - eine Frage, einen Ausruf, eine ärgerliche Reaktion. Ihr Kind wird großen Spaß daran haben!
hc 1623	***Erlauben Sie Ihrem Kind, Ihre Lippen und Ihren Kehlkopf beim Sprechen zu befühlen. Veranlassen Sie es, auch seine eigenen Lippen (Kehlkopf) zu betasten, wenn es Laute äußert.
hc 1624	***Bieten Sie Ihrem Kind kleine Tonbandreportagen aus seinem Erlebnisbereich an: Geräusche beim Baden, Mutters Stimme, die Lautäußerungen Ihres Kindes. (Es ist wichtig, daß es einmal seine eigene Stimme hört!)
hc 1625	***Weitere Vorschläge für Tonbandreportagen: „Es kommt Besuch" oder „Die Familie am Abendbrottisch" oder „Vater (ein Geschwister) kommt nach Haus".
hc 1626	***Hin und wieder sollten Sie auch mit Ihrem Kind flüstern.
hc 1700	Machen Sie Ihrem Kind Tierlaute vor, wenn Sie ein entsprechendes Bilderbuch besehen. (Gut geeignet ist „Mein erstes Tierbuch", Löwes-Verlag.) Regen Sie es zur Nachahmung der einzelnen Tiergeräusche an.
hc 1701	***Als Übergang zur Umgangssprache sollten Sie Ihrem Kind erlauben, Bezeichnungen wie „Wau-wau" für einen Hund oder „Muh-Kuh" für eine Kuh zu verwenden, weil das Sprachverständnis dadurch erleichtert wird.
hc 1710	**Sprachimpulse (zusätzliche Hilfsmaßnahmen)**
hc 1711	***Um das Kind zur Nachahmung von Tierstimmen anzuregen, hat sich in einigen Fällen ein kleiner pädagogischer Trick recht gut bewährt: Bieten Sie Ihrem Kind und anderen Familienmitgliedern einen Plastikbaubecher als Resonanzboden an. Brummen Sie hinein, muhen Sie hinein und fordern Sie Ihr Kind zur Nachahmung auf.
hc 1712	***Bieten Sie Ihrem Kind ein Bilderbuch mit Fahrzeugen an: Trekker, Auto, Laster, Moped, Fahrrad. Machen Sie ihm die entsprechenden Geräusche vor und fordern Sie es zur Nachahmung auf. Benennen Sie ein Fahrzeug und lassen das Kind dieses im Bilderbuch finden.
hc 1713	***Gut geeignet zur weiteren Sprachanbahnung sind die Lernspielbücher von Anderson, Band 1/1-1/3.

hc 1714	***Machen Sie mit Ihrem Kind Fingerspiele, sagen Sie ihm Kinderreime vor, untermalen Sie mit Mimik und Gestik, dramatisieren Sie. Dann zögern Sie die Pointe hinaus, so daß Ihr Kind das ersehnte Wort nunmehr selbst hervorbringt.
hc 1715	***Bieten Sie Ihrem Kind die Indianerrufe als Spiel an: Machen Sie ihm vor, wie man die Vokale AA-UU z.B. ineinandergleiten läßt und diese Töne laufend mit der eigenen Hand unterbricht. Auch UU-AA oder I-UU eignen sich gut für dieses Spiel.
hc 1716	***Bieten Sie Ihrem Kind ein „Plappertelefon" an und beobachten Sie, ob es die Sprachmelodie bereits imitieren kann. Schalten Sie sich in sein „Plappern" ein.
hc 1717	***Regen Sie Ihr Kind dazu an, einen kleinen Kindervers, ein kleines Gedicht zu erlernen, auch wenn es zunächst überwiegend von Ihnen gesprochen wird und das Kind nur das letzte Wort einer Zeile ergänzt.
hc 1718	***Ermuntern Sie Ihr Kind, nicht nur auf „la-la-la" zu singen, sondern auch den Text zu beachten. Bauen Sie beim Vorsingen absichtlich den einen oder anderen Fehler ein. Wird es von Ihrem Kind bemerkt? Korrigiert es Sie?
hc 1800	Bieten Sie Ihrem Kind einfache Worte zum Nachsprechen an, z.B. „Auto", „Ball", „Bett", „Teddy", „Püppi". Stellen Sie fest, ob es 2 von diesen Worten schon formulieren kann.
hc 1900	Regen Sie Ihr Kind an, seine Wünsche nunmehr mit einem Wort auszudrücken (z.B. „Happhapp", wenn es essen möchte oder „Balla", wenn es den Ball haben möchte).
hc 1910	***Bleiben Sie möglichst hartnäckig, wenn Ihr Kind sich beim Verdeutlichen seiner Wünsche der Gebärdensprache bedient. Versuchen Sie, ihm das Wort zu entlocken und erfüllen Sie erst dann den Wunsch Ihres Kindes. Solange er mit seinen Gebärden genausogut zum Ziel kommt, kann es sich ja die Mühe der Artikulation sparen.
hc 2000	Stellen Sie fest, ob Ihr Kind bereits folgende Konsonanten (Mitlaute) formulieren kann: N, L, D, T, W, F. Bieten Sie ihm entsprechende Worte zur Nachahmung an (z.B. Wald, Tanne usw.).
hc 2100	Beobachten Sie, ob Ihr Kind schon 5 Worte spricht, die eine feste Bedeutung haben. Zeigen Sie ihm Gegenstände, die es interessieren und Menschen, die es liebt. Benennen Sie sie immer wieder und fordern Sie Ihr Kind zur Nachahmung auf.
hc 2200	Regen Sie Ihr Kind an, die Personen seiner Umgebung mit Namen zu rufen. (Machen Sie es ihm immer wieder vor und loben Sie es, wenn es einmal andeutungsweise gelingt.)
hc 2300	Zeigen Sie Ihrem Kind seine Lieblingsspielsachen und stellen Sie fest, ob es mindestens 4 davon spontan benennen kann.

hc 2400	Regen Sie Ihr Kind dazu an, nunmehr auch Tätigkeitsworte zu benutzen (Beispiele: schlafen, essen, ausgehen, wiederkommen). Benutzt es schon 2 von diesen Worten in seiner Spontansprache?
hc 2500	Stellen Sie fest, ob der aktive Wortschatz Ihres Kindes nunmehr 10 sinnbezogene Worte umfaßt. Regen Sie es bei jeder Gelegenheit zur sprachlichen Äußerung an.
hc 2600	Ermuntern Sie Ihr Kind, sich selbst beim Vornamen zu nennen.
hc 2700	Prüfen Sie, ob Ihr Kind die Worte „Da", „Weg", „Bitte", „Danke" schon verwendet. Regen Sie es dazu an, indem Sie beim Zeigen auf einen Gegenstand deutlich „Da" sagen. Fordern Sie es auf, zu wiederholen. (Ähnlich bei „Weg", „Bitte", „Danke").
hc 2800	Ermuntern Sie Ihr Kind, nunmehr auch Eigenschaftsworte zu gebrauchen. Bringen Sie ihm Begriffe wie: heiß, kalt, groß, klein, lieb und schön nahe. Verwendet es einige davon in seinem Wortschatz?
hc 2900	Regen Sie Ihr Kind dazu an, sich nunmehr in Zwei- oder Mehrwortsätzen auszudrücken. (Nicht nur: „Balla", sondern „Balla haben" und dergleichen.)
hc 2910	**Prusten, hauchen, gurgeln, pfeifen, schnalzen (zusätzliche Hilfsmaßnahmen)**
hc 2920	***Lassen Sie Ihr Kind nach dem abendlichen Zähneputzen das Wasser im Strahl in das Waschbecken prusten.
hc 2930	***Veranlassen Sie Ihr Kind, auf einen Spiegel zu hauchen, so daß ein Belag entsteht. Gut hierfür geeignet ist der Spielspiegel von Kiddikraft (unzerbrechlich).
hc 2940	***Machen Sie Ihrem Kind vor, wie gegurgelt wird und lassen Sie es selbst versuchen. Es trainiert damit die Beweglichkeit des Gaumensegels und Zäpfchens.
hc 2950	***Zeigen Sie Ihrem Kind wie man pfeift und lassen Sie es selbst versuchen.
hc 2960	***Machen Sie Ihrem Kind vor, wie man mit der Zunge schnalzt und regen Sie es zur Nachahmung an.
hc 2999	Die weiteren Vorschläge sollen Ihrem Kind helfen, die nächsten Entwicklungsschritte zu vollziehen.
hc 3000	Bringen Sie Ihrem Kind die Verwendung der bestimmten und unbestimmten Artikel nahe (Nicht nur „Baum", sondern „Der Baum", „Ein Baum" usw.).
hc 3100	Achten Sie darauf, ob Ihr Kind auch schon Ausdrücke wie „noch", „wieder", „viel" in seinen Wortschatz aufnimmt. Bringen Sie ihm diese Worte bei jeder Gelegenheit nahe.

hc 3200	Prüfen Sie, ob Ihr Kind schon Sätze wiederholen kann, die aus 4 Silben bestehen. (Sprechen Sie ihm z.B. vor: „Auto fahren", „Oma kommt gleich" und dergl. und fordern Sie es zur Nachahmung auf.)
hc 3300	Ermuntern Sie Ihr Kind, nach der Bezeichnung für die Gegenstände in seiner Umgebung zu fragen. (Helfen Sie Ihrem Kind, indem Sie die Dinge gut artikuliert bezeichnen und darauf zeigen. Fragen Sie es anschließend: „Was ist das?")
hc 3400	Stellen Sie fest, ob Ihr Kind sich jetzt bereits in Dreiwortsätzen äußert. Regen Sie es dazu an, indem Sie die unvollkommene Satzbildung Ihres Kindes Schritt für Schritt erweitern.
hc 3500	Beobachten Sie, ob Ihr Kind mit seinem Teddy (seinem Püppchen) spricht, wenn es ins Spiel vertieft ist. Kommen neben dem schwer verständlichen Kauderwelsch auch einige klare und sinnbezogene Redewendungen vor?
hc 3600	Prüfen Sie, ob Ihr Kind die Konsonanten (Mitlaute) R, S, Sch, X, Z bereits richtig formulieren kann. Fordern Sie es zum Nachsprechen folgender Worte auf: Turm (r), Haus (s), Tasche (sch), Fuchs (x), Zug (z). Gelingt Ihrem Kind die Artikulation?
hc 3700	Bringen Sie Ihrem Kind die Verwendung von Fürworten nahe: (Sprechen Sie mit ihm von „Meiner Einholtasche", von „Deinem Teddy", „Du darfst gleich baden", „Ich will jetzt abwaschen" und dergl.)
hc 3800	Achten Sie darauf, daß Ihr Kind schon einmal die Mehrzahl benutzt. (Bringen Sie ihm diese Formen nahe, indem Sie Ihr Kind ausdrücklich berichtigen: „Die Kinder", „Viele Bäume", „1000 Sterne" usw.)
hc 3900	Ermuntern Sie Ihr Kind beim Betrachten von Bilderbüchern, die dort abgebildeten Tätigkeiten zu benennen. Gut geeignet für diesen Zweck sind die Lernspielbücher von Anderson sowie die Hamburger Bildserie zur Sprachanbahnung von Eckel.
hc 4000	Fordern Sie Ihr Kind auf, Ihnen aus dem Gedächtnis 5 Tiere zu benennen. (Wenn es hierbei Schwierigkeiten hat, betrachten Sie häufiger Tierbilderbücher mit ihm und benennen die Tiere. Fordern Sie es auf, Ihnen ein bestimmtes Tier zu zeigen. Gut geeignet für diesen Zweck ist die Serie: „Mein erstes Tierbuch", Löwes-Verlag.)
hc 4100	Stellen Sie fest, ob Ihr Kind Ihnen spontan von seinen Erlebnissen berichtet und ob Sie sich ohne Nachfragen ein Bild vom Inhalt des Erzählten machen können. (Wenn sich hier noch Schwierigkeiten ergeben, fragen Sie es aus und ermuntern es gleichzeitig zum Weitererzählen.)
hc 4110	Setzen Sie ein Zimmertelefon ein. Rufen Sie Ihr Kind in seinem Zimmer an und versuchen Sie, auf diese Weise ihm Erlebnisberich-

te zu entlocken. Manche Kinder können ihre Gedanken besser formulieren, wenn sie sich nur auf das Gehör zu konzentrieren brauchen und nicht dem fragenden Blick des Zuhörers ausgesetzt sind.

hc 4200	Beobachten Sie, ob Ihr Kind in seinen Sätzen bereits die Vergangenheitsform verwendet. Bringen Sie ihm diese Form immer wieder nahe: „Gestern war Oma hier", „Wir sind einkaufen gegangen" und dergl.
hc 4300	Prüfen Sie, ob Ihr Kind die Konsonantenverbindungen (Mitlautverbindungen) Ch, Ng, Nt, Sp, Fr schon richtig artikulieren kann. Fordern Sie es zum Nachsprechen folgender Worte auf: Buch (ch), bringen (ng), Ente (nt), Spiegel (sp), Frosch (fr). Gelingt es Ihrem Kind, 3 dieser Worte einwandfrei zu artikulieren?
hc 4400	Fragen Sie Ihr Kind bei Gelegenheit, was es gerade spielt. Kann es Ihnen diese Frage gut verständlich beantworten? Helfen Sie ihm durch Eingehen auf seine Antwort und weitere Fragen. Werden Sie schlau aus dem Spielvorhaben Ihres Kindes?
hc 4500	Erzählen Sie Ihrem Kind eine Kurzgeschichte mit geradliniger Handlung und fordern Sie es auf, Ihnen diese Geschichte wiederzuerzählen. Beispiel: „Da war eine Frau, die hatte viele Eier eingekauft. Sie wollte ihren Korb nach Hause tragen. Da kam ein großer Hund angerannt und bellte die Frau ganz laut an: „Wau!wau!" Da ließ die Frau vor Schreck den Eierkorb fallen und alle Eier lagen kaputt auf der Straße. - Prüfen Sie bei der Nacherzählung Ihres Kindes, ob es die wesentlichen Punkte der Geschichte in der richtigen Reihenfolge erzählt. (Wenn es Schwierigkeiten hat, beginnen Sie die Geschichte erneut und fragen es: „Und dann?" - „Und dann?")
hc 4600	Stellen Sie fest, ob Ihr Kind schon Nebensätze gebraucht. (Beispiel: „Kuck mal, was ich da gebaut habe".) Evtl. regen Sie es dazu an, mit „wenn" und „aber" und „weil" usw.
hc 4610	***Um Ihr Kind zur sprachlichen Äußerung anzuregen, kann „Kempowskis Einfache Fibel" empfohlen werden. Beim gemeinsamen Betrachten wird das Kind zum Plaudern angeregt. Das Buch ist bei Westermann erschienen.
hc 4700	Regen Sie Ihr Kind dazu an, präzise Fragen zu stellen, die Frageworte „wer", „wo", „wann", „warum" zu gebrauchen.
hc 4800	Prüfen Sie, ob Ihr Kind schon den Gegensatz eines Wortes finden kann. Machen Sie ein lustiges Spiel daraus! (Beispiel: Der Zucker ist süß, die Zitrone ist ...?)
hc 4810	***Zum Training des Benennens von Gegensätzen noch einige Beispiele:
	Der Elefant ist groß, die Maus ist ...?
	Der Bauch ist vorn, der Rücken ist ...?

	Der Tisch ist hart, das Kissen ist …?
	Wer weint ist traurig, wer lacht ist …?
hc 4900	Regen Sie Ihr Kind dazu an, einen Satz aus 5 Worten zu wiederholen. Beispiel: Heute sind wir einkaufen gegangen. Formulieren Sie diesen Satz möglichst aus der tatsächlichen Situation heraus, damit das Kind zu der Wiederholung auch motiviert ist.
hc 5000	Prüfen Sie das Erinnerungsvermögen Ihres Kindes, indem Sie es fragen, was es heute alles getan und erlebt hat. Wenn Sie nur Stichworte von ihm hören, versuchen Sie ihm anhand dieser Punkte einige Sätze zu entlocken. Kann man sich nach den Angaben Ihres Kindes ein Bild von den Tagesereignissen machen?
hc 5100	Stellen Sie einige Zweckfragen zur Begriffsbestimmung an Ihr Kind. Beispiele: Das Bett ist zum …? Der Kuchen ist zum …? Ist Ihr Kind in der Lage, drei derartige Zweckfragen richtig zu beantworten?
hc 5110	***Machen Sie ein lustiges Spiel aus der Beantwortung dieser Zweckfragen. Fragen Sie Ihr Kind z.B.:

Was macht man mit -

einem Taschentuch?	einem Buch?	einer Uhr?
einem Spiegel?	einem Pferd?	einem Mund?
den Füßen?	einer Brille?	einer Lampe?
einem Streichholz?	einem Topflappen?	einem Bleistift?

Wie Sie sicher bemerkt haben, kann man für manche Gegenstände durchaus mehrere Zwecke angeben. Versuchen Sie, ob Ihr Kind auch schon einmal mehrere Zwecke finden kann.

hc 5200	Bieten Sie Ihrem Kind Gegenstände in den verschiedensten Farben an: Perlen oder Muggelsteine oder Bauklötze oder Bauplättchen. Zeigen Sie auf verschiedene Farben und lassen Sie sie von Ihrem Kind benennen. Gelingt es Ihm bei mindestens 3 Grundfarben richtig?
hc 5300	Sprechen Sie Ihrem Kind 4 einstellige Zahlen als Reihe vor und lassen Sie sie von Ihrem Kind wiederholen. Achten Sie darauf, daß Sie deutlich sprechen und sagen Sie die Zahlen so, daß zwischen ihnen eine kleine Pause entsteht. Hat ihr Kind sie behalten? (Beispiel: „5-7-3-8" oder „4-9-6-2")
hc 5400	Achten Sie darauf, ob Ihr Kind in seiner Spontansprache jetzt Sätze verwendet, die aus 5 Worten bestehen. Vergegenwärtigen Sie sich abends, wenn es bereits im Bett liegt, seine verschiedenen Äußerungen während des Tages und prüfen Sie, ob 5-Wortsätze darin vorkommen.
hc 5500	Stellen Sie während der Zeremonie des Zubettgehens bzw. vor dem Schlafengehen fest, ob Ihr Kind bereits Pläne für den morgigen Tag hat und ob es diese auch verständlich formulieren kann.

	Wenn es ihm noch nicht spontan gelingt, helfen Sie ihm dabei und bauen die Hilfen allmählich immer mehr ab.
hc 5600	Fragt Ihr Kind Sie jetzt nach der Bedeutung von Worten, die ihm noch nicht geläufig sind? Oder nach Abkürzungen, die es nicht verstehen kann? Da diese Fragen der Erweiterung seines aktiven Wortschatzes dienen, sollten sie stets so gut wie möglich beantwortet werden.
hc 5610	***Achten Sie darauf, ob Ihr Kind nach der Erklärung für die ungewöhnliche Redewendung dieses dann schon einmal versuchsweise in seine kindliche Redewendung einbaut. (In diesem Bereich lassen sich reizende Beobachtungen machen und Sie sollten nicht versäumen, sie mit Angabe des Datums im Tagebuch über Ihr Kind festzuhalten.)
hc 5700	Stellen Sie fest, ob Ihr Kind bereits Analogien (Gleichsinniges) finden kann. Machen Sie ein lustiges Spiel daraus. Beispiel: Der Fisch kann schwimmen - der Vogel kann ... ? Die Lampe macht das Zimmer hell - die Heizung macht es ... ? Gelingt Ihrem Kind die Ergänzung mit einem gleichsinnigen Wort bei 2 von Ihnen erfundenen Beispielen?
hc 5800	Bieten Sie Ihrem Kind ein interessantes Bild zum gemeinsamen Betrachten an. Der Inhalt kann entweder ein dramatisches Geschehen oder eine bunte Szene (Wochenmarkt oder dergl.) sein und sollte auf jeden Fall zum Erzählen anregen. Kann Ihr Kind das Bild in etwa beschreiben? Erzählt es Ihnen, was es da sieht und deutet es das Gesehene richtig?
hc 5810	***Wenn Sie unter dem Spielmaterial Ihres Kindes kein geeignetes Bild finden können, besorgen Sie sich gelegentlich das Lernspielbuch von Anderson, Heft 3/1. Auf Seite 25, 33, 50, 51 und 56 finden Sie entsprechende Bilder.
hc 5820	***Gut geeignet für diese Aufgabe sind die Blätter Nr. 97 bis 140 aus der „Hamburger Bildserie zur Sprachförderung" von Eckel.
hc 5900	Bieten Sie Ihrem Kind ein neues Spiel an, bei dem Sie sein Wortfindungsvermögen überprüfen können. Stellen Sie zu diesem Zweck einige „Wenn-dann" Fragen. Beispiele: Wenn Du frierst, dann solltest Du ... ? Wenn Du durstig bist, dann möchtest Du ... ? Wenn Du krank bist, dann mußt Du ... ? Kann Ihr Kind mindestens 3 solcher von Ihnen selbst erfundenen Fragen sinnvoll ergänzen? Regen Sie es an, sich selbst derartige Fragen auszudenken und an Sie zu richten?
hc 6000	Stellen Sie 10 Gegenstände (Baubecher, Spielautos oder dergl.) vor Ihrem Kind in einer Reihe auf und prüfen Sie, ob es diese abzählen kann. Um ihm diese Aufgabe zu erleichtern, regen Sie es dazu an, mit dem Finger auf die einzelnen Teile der Reihe zu deuten.

hc 6100	Regen Sie Ihr Kind beim Betrachten von Bilderbüchern dazu an, nicht nur die einzelnen Gegenständen zu benennen, sondern sie auch schon in Gruppen unter Oberbegriffen zusammenzufassen. Beispiel: Äpfel, Birnen, Zwetschen und Weintrauben nennt man zusammen ... ? (Obst). Oder: Trecker, Laster, Moped, VW nennt man zusammen ... ? (Fahrzeuge). Ist Ihr Kind in der Lage, 3 derartige Oberbegriffe zu finden?
hc 6105	***Versuchen Sie, ob Ihr Kind schon Oberbegriffe finden kann für folgende weitere Reihen: Tulpe, Nelke, Rose, Veilchen, Vergißmeinnicht ... ? (Blumen). Tisch, Stuhl, Bett, Schrank, Kommode ... ? (Möbelstücke).
hc 6110	***Für das Finden von Oberbegriffen ist u.U. auch das gelegentliche Aufräumen des Spielschrankes eine gute Gelegenheit. Regen Sie Ihr Kind an, nach Möglichkeit selbst ein System in die vermutlich wenig überschaubare Ansammlung von Schätzen zu bringen. Sie können ein wenig helfen, sollten ihm aber zwischen durch Gelegenheit geben, selbst einige Oberbegriffe hineinzubringen. (Beispiel: alle Malsachen dahin, alle Bauklötze in den Kasten, alle Autos in diese Schublade usw.)
hc 6115	***Kann Ihr Kind auch von einem Oberbegriff her selbst schon Wortreihen bilden? Lassen Sie Ihr Kind alles aufzählen, was man beim Gemüsemann kaufen kann. Was man anziehen kann. Alle Tiere, die fliegen können. Alle Tiere mit Fell usw.
hc 6120	***Als Trainingsmaterial eignet sich das Spiel: „Denken und sprechen" (von Otto Meier, Ravensburg).
hc 6200	Stellen Sie durch Fragen an Ihr Kind fest, ob es weiß, woraus ein Schuh gemacht ist. Dann machen Sie das Fragespiel schwieriger und wollen von ihm wissen, woraus denn eine Tür gemacht wird (Glas, Holz, Eisen, Stahl). Kommt es auf eine Antwort? Nennt es wenigstens ein gebräuchliches Material?
hc 6300	Veranlassen Sie Ihr Kind, Unterschiede zu definieren. Tun Sie so, als kämen Sie aus einem fremden Land und verstünden absolut nicht, was denn an den genannten Gegenständen eigentlich verschieden sei. Beispiel: „Hemd" und „Hose" oder „Bett" und „Stuhl". Machen Sie ein lustiges Streitgespräch daraus, so daß Ihr Kind sich immer genauer ausdrücken muß.
hc 6400	Bieten Sie Ihrem Kind 3 Stichworte an und fordern es auf, hieraus einen Satz zu bilden. Beispiel: „Blumen-Durst-Gießkanne" oder „Hunger-Abendessen-Schlafen gehen". Erhöhen Sie mit der Zeit Ihre Ansprüche an Ihr Kind, indem Sie ihm Worte nennen, die immer schwieriger zu einem sinnvollen Satz zusammenzufügen sind. Gelingt es ihm dennoch?

hc 6500	Bitten Sie Ihr Kind, Ihnen konkrete Begriffe zu erklären. Schauspielern Sie ein wenig und geben vor, nicht nur sprachunkundig zu sein, sondern aus einem fernen Land zu kommen, so daß Sie diese Begriffe überhaupt nicht kennen. Lassen Sie sich erklären, was eine „Hecke" ist und mißverstehen Sie Ihr Kind im Scherz so gründlich, daß es den Begriff immer genauer umreißen muß. Ebenso verfahren Sie z.B. mit den Begriffen „See" und „Vorhang".
hc 6510	***Wenn dieses Spiel Ihrem Kind gefallen hat, bieten Sie ihm weitere konkrete Begriffe zur Definition an. Fragen Sie Ihr Kind beispielsweise: Was ist eigentlich ein Brett? Oder ein Haus? Oder ein Teich? Oder eine Wiese?
hc 6520	***Wenn Ihr Kind Freude an dieser Art des Sprachtrainings zeigt, bieten Sie ihm bei Gelegenheit schon einmal abstrakte Begriffe zur genaueren Umschreibung an. Lassen Sie sich erklären, was eigentlich „Angst" ist, „Strafe" oder „Schuld" oder ein „Angeber" (Feigheit, Mitleid, Schönheit usw.).
hc 6600	Fordern Sie Ihr Kind auf, Ihnen alle Materialien zu nennen, die seiner Meinung nach zum Bau eines Hauses gehören. Fallen ihm wenigstens 3 Grundstoffe spontan ein? (Steine, Zement, Holz). Helfen Sie ihm durch Fragen weiter.
hc 6700	Prüfen Sie im täglichen Umgang mit Ihrem Kind, ob es zuweilen zu den realen Gegebenheiten noch ein wenig hinzudichtet, oder es Dinge berichtet, denen überhaupt kein reales Ereignis zugrundeliegt. „Spinnt es" zuweilen? Beobachten Sie dabei, ob es an das „Selbsterfundene" als Realität glaubt.
hc 6710	***Wenn ihm bewußt ist, daß es hier den Boden der Tatsachen verläßt und einfach nur aus Lust am Fantasieren weitermacht, dann machen Sie ruhig mit, indem Sie sich und Ihrem Kind durch Eingehen auf seine „Blühende Fantasie" zu einem gemeinsamen Spaß verhelfen.
hc 6800	Stellen Sie durch Beobachtung Ihres Kindes im täglichen Leben fest, ob Ihr Kind die Zuflucht zu Ausreden nimmt, wenn es in eine schwierige Situation gerät. Reichen Fantasie und Wortschatz Ihres Kindes aus, um diesen Weg überhaupt auszuprobieren? Und ist es geschickt darin?
hc 6900	Fordern Sie Ihr Kind auf, die Ähnlichkeiten eines Wortpaares herauszufinden: zum Beispiel: „Was ist gleich beim Schmetterling und bei der Fliege? Und warum ist es trotzdem nicht dasselbe, sondern eben nur ähnlich?"
hc 6910	***Weitere Beispiele für die Definition von Ähnlichkeiten wären: Radio und Fernseher, Pferd und Esel, Fahrrad und Roller und dergl.

hd 0000	**3.3 Hilfsmaterial zur Durchführung des Programms**
hd 1010	Kinderlieder
hd 1020	„Das ist der Daumen", Kinderverse (Bertelsmann)
hd 1030	„Die Unzertrennlichen", Kinderverse (Don Bosco)
hd 1040	Pustefix, Windmühle, Pusteschlange: (Puste-Übungen)
hd 1050	Kindermundharmonika (Pusten und Saugen im Wechsel)
hd 1055	„Schieber-Eis" (Training des Mundschlusses)
hd 1060	„Wie kleine Kinder denken lernen" von Anderson, Band 1/1, 1/2 und 1/3, Verlag Hyperion (Sprachimpulse)
hd 1070	„Hamburger Bildserie zur Sprachförderung" von Walter Eckel, Druck- und Papierverarbeitungsgesellschaft Schuffelen, Boschstr. 9, 50259 Pulheim
hd 1080	Kasperpuppen (Sprachanbahnung)
hd 1090	Zimmertelefon (Anregung zum Berichten von eigenen Erlebnissen)
hd 1095	„Kempowskis Einfache Fibel", (Verlag Westermann)
hd 1100	„Sprich genau - hör genau" (Ravensburg)
hd 1110	„Die kleine Raupe Nimmersatt" (Sprachimpulse)
hd 1120	„Dies und das", Begriffsbildung von Gegensätzen (Finken)
hd 1130	„Schopping" (Finken)
hd 1140	„Denken und sprechen" (Ravensburg)
hd 1150	Kasperltheater, Kasperpuppen (Sprechimpulse)
hd 1160	„Ein Elefant marschiert durchs Land" (Herder)
hd 1170	„Wörter-Duo", Wortkombinationen (Herder)
hd 1180	„Nicht gelogen", Aufforderung zum Erzählen (Finken)
hd 1190	„Sprachförderungsspiel" (Wehrfritz)
hd 1200	„Was reimt sich hier?" (Finken)
hd 1210	„Sprachlernspiele" (Ravensburg)
hd 1220	„Arbeitsmappen zum Sprachtraining und zur Intelligenzförderung" (Finken).

jo 0000	***C. Sozialkontakt***			
ja 1000	Voraussetzung für die Entwicklung im Sozialkontakt ist die Wahrnehmung der von der Umwelt angebotenen Kontakte und die Möglichkeit, auf diese mit der Körpersprache zu reagieren.			
ja 2000	Für die Weiterentwicklung im Sozialkontakt wird es zunehmend von Bedeutung, daß ein Interesse am Partner geweckt wird und daß ein Mitteilungsbedürfnis an ihn besteht. Nicht nur die angebotenen Kontakte sollten aufgegriffen und beantwortet werden, sondern auch die Möglichkeit zu einer aktiven Kontaktaufnahme sollte sich allmählich entfalten.			
ja 8010	Text für individuelle Einfügungen			
jb 0000	**C.1 Die Analyse des Entwicklungsgitters ergibt:**			
jb 0010	**Ausfälle**			
jb 0020	**Unsicherheiten**			
jb 0030	**Anzustrebende neue Fertigkeiten**			
jb 0050	Keine			
jb 0100	Betatscht die Mutter			1M
jb 0200	Lächelt die Mutter an			2M
jb 0300	Lutscht an Fingern und Handrücken			3M
jb 0400	Kräht freudig, wenn Mutter kommt			4M
jb 0500	Weint, wenn man weggeht			5M
jb 0600	Stoppt Weinen, wenn aufgenommen			6M
jb 0700	Lallt fröhlich in seinem Bett			7M
jb 0800	Streckt Mutter Ärmchen entgegen			8M
jb 0900	Reagiert auf Tuchversteckspiel			9M
jb 1000	Spielt mit Spiegelbild			10M
jb 1100	Hält Ding bei Wegnahme fest			1M
jb 1200	Erwidert aktiv Zärtlichkeiten	1J		
jb 1300	Macht „Winke Winke" nach	1J		1M
jb 1400	Klatscht bei „Backe Kuchen"	1J		2M
jb 1500	Reagiert auf Handhinstrecken	1J		3M
jb 1600	Hilft beim Anziehen, holt Schuhe	1J		4M
jb 1700	Rollt Ball zurück	1J		5M
jb 1800	Zeigt sein Spielzeug her	1J		6M
jb 1900	Drückt und streichelt Spieltier	1J		7M
jb 2000	Kommt freudig entgegen	1J		8M
jb 2100	Kann sinnvoll allein spielen	1J		9M
jb 2200	Plappert beim Bildbesehen	1J		10M
jb 2300	Ahmt Fegen, Kochen nach	1J		11M
jb 2400	Sagt, wenn es etwas möchte	2J		
jb 2500	Hilft im Haushalt	2J		1M
jb 2600	Zeigt Zuneigung zu anderen	2J		2M
jb 2700	Nennt sich beim Vornamen	2J		3M

jb 2800	Ist froh über neue Gerichte	2J	4M
jb 2900	Füttert Teddy oder Puppe	2J	5M
jb 3000	Bleibt tagsüber sauber	2J	6M
jb 3100	Ist „eifersüchtig" auf andere	2J	7M
jb 3200	Wartet, bis es dran ist	2J	8M
jb 3300	Bringt gern andere zum Lachen	2J	9M
jb 3400	Führt gern Aufträge aus	2J	10M
jb 3500	Spielt gern Tierrollen	2J	11M
jb 3600	Spricht von sich als „Ich"	3J	
jb 3700	Ist stolz über Lob	3J	1M
jb 3800	Stellt viele Fragen	3J	2M
jb 3900	Ist froh über neue Kleidung	3J	3M
jb 4000	Macht gern etwas vor	3J	4M
jb 4100	Spielt gern mit anderen	3J	5M
jb 4200	Unterbricht Lärm auf Bitten	3J	6M
jb 4300	Hat spezielle Freunde	3J	7M
jb 4400	Sagt: „Ich hab Dich lieb"	3J	8M
jb 4500	Spielt allein draußen	3J	9M
jb 4600	Macht Kreisspiele mit	3J	10M
jb 4700	Gibt Süßigkeiten ab	3J	11M
jb 4800	Bleibt nachts trocken	4J	
jb 4900	Ißt völlig allein	4J	2M
jb 5000	Geht allein zu Nachbarn	4J	4M
jb 5100	Nennt Namen und Adresse	4J	6M
jb 5200	Spielt gern Elternrollen	4J	8M
jb 5300	Achtet auf sein Eigentum	4J	10M
jb 5400	Zeigt Wetteifer im Spiel	5J	
jb 5500	Achtet fremdes Eigentum	5J	2M
jb 5600	Übernimmt kleine Pflichten	5J	4M
jb 5700	Kauft mit Geld ein	5J	6M
jb 5800	Sagt „Sie" zu Erwachsenen	5J	8M
jb 5900	Bleibt am Platz sitzen	5J	10M
jb 6000	Fühlt sich bei „Wir" angesprochen	6J	
jb 6100	Will etwas leisten	6J	2M
jb 6200	Überquert allein die Straße	6J	4M
jb 6300	Badet allein	6J	6M
jb 6400	Zeigt Mitleid	6J	8M
jb 6500	Fragt Fremden um Auskunft	6J	10M
jb 6600	Geht ohne Hilfe zu Bett	7J	
jb 6700	Klopft beim Eintreten an	7J	2M
jb 6800	Möchte Kleidung wie Schulfreunde	7J	4M
jb 6900	Verleiht Eignes an Andere	7J	6M

jc 0000 **C.2 Beobachtungen und Maßnahmen**

jc 0100 Nehmen Sie Ihr Kind auf den Arm und beobachten Sie, ob seine Händchen tastende oder tatschende Bewegungen ausführen, sobald sie mit Ihrer Haut oder Ihrer Kleidung zufällig in Berührung kommen.

jc 0200	Beugen Sie sich über das Bettchen Ihres Kindes, sprechen Sie es an, lächeln Sie es an. Erwidert es Ihr Lächeln?
jc 0300	Beobachten Sie, ob Ihr Kind Saug- und Lutschbewegungen an seinen Fingern oder seinen Handrücken ausführt, sobald seine Händchen zufällig mit seinem Mund in Berührung kommen.
jc 0400	Löst Ihr Herantreten an das Bettchen Ihres Kindes jauchzende oder krähende Freudenlaute aus?
jc 0500	Beschäftigen Sie sich mit Ihrem Kind und beobachten, ob es mit Weinen reagiert, wenn Sie diese Beschäftigung plötzlich unterbrechen müssen (Telefon, Haustür und dergl.).
jc 0600	Nehmen Sie Ihr Kind aus dem Bettchen auf, wenn es weint. Beruhigt es sich auf Ihrem Arm allmählich?
jc 0700	Legen Sie Ihr Kind nach dem Füttern und Wickeln in sein Bettchen zurück und stellen fest, ob es rundherum zufrieden ist. Plaudert und lallt es in dieser Situation noch eine Weile fröhlich vor sich hin?
jc 0800	Treten Sie an das Bettchen Ihres Kindes, so daß es Sie hören und sehen kann. Streckt es Ihnen freudig die Ärmchen entgegen?
jc 0900	Machen Sie mit Ihrem Kind das „Kuckuck"-Spiel: Halten Sie ein Tuch oder einen Bogen Papier vor Ihr Gesicht und lassen es bei „Kuckuck" für das Kind wiedererscheinen. Freut es sich? Jauchzt es vor Vergnügen?
jc 1000	Geben Sie Ihrem Kind die Möglichkeit, sich im Spiegel zu sehen. Versucht es, nach seinem Spiegelbild zu greifen? Betatscht es sein Spiegelbild?
jc 1100	Versuchen Sie, Ihrem Kind ein Spielzeug fortzunehmen, das es gerade in der Hand hält. Gebrauchen Sie in dem Fall einmal keine bittenden oder überredenden Worte bzw. Gesten. Hält Ihr Kind sein Spielzeug fest?
jc 1200	„Schmusen" Sie mit Ihrem Kind und beobachten Sie, ob es versucht, Ihre Zärtlichkeiten in irgendeiner Form zu erwidern.
jc 1300	Machen Sie Ihrem Kind „Winke-Winke" vor, entweder im Spiel oder in der tatsächlichen Situation des Abschiednehmens. Reagiert Ihr Kind, indem es die Bewegung nachahmt?
jc 1400	Spielen Sie mit Ihrem Kind: „Backe, backe Kuchen" und machen Sie ihm das Klatschen der Hände deutlich vor. Kann Ihr Kind diese Bewegung nachahmen? Klatscht es?
jc 1500	Machen Sie mit Ihrem Kind ein Theaterspiel: Nehmen Sie ein Handspieltier oder eine Kasperpuppe und lassen Sie diese Figuren Ihrem Kind durch Handausstrecken einen „Guten Tag" wünschen. Reicht Ihr Kind nunmehr auch sein Händchen zum Gruß?

jc 1600	Prüfen Sie, ob Ihr Kind schon beim Ankleiden mithilft: Vergessen Sie absichtlich einmal das Bereitstellen der Schuhe. Holt Ihr Kind sie spontan? Steckt es seine Ärmchen durch die Armlöcher, die Beinchen in die Hosenbeine?
jc 1700	Setzen Sie sich zum Ballspiel mit Ihrem Kind in Grätschstellung auf den Boden und rollen ihm einen Ball zu. Rollt Ihr Kind den Ball zurück? Macht es das Partnerspiel mit?
jc 1800	Interessieren Sie sich dafür, was Ihr Kind gerade spielt und beobachten Sie, ob Ihr Kind Sie daran teilnehmen läßt, indem es Ihnen sein Spielzeug zeigt.
jc 1900	Stellen Sie fest, ob Ihr Kind zärtlich zu seinem Püppchen oder Lieblingstier ist: Streichelt es das Püppchen? Geht es liebevoll mit ihm um?
jc 2000	Beobachten Sie, ob Ihr Kind beim Auftauchen und Erkennen vertrauter Personen diesen freudig entgegenkommt. (Bei körperbehinderten Kindern stellen Sie an Reaktionen wie rufen, Händeklatschen und dergl. fest, ob es sich freut.)
jc 2100	Überlassen Sie Ihr Kind für kurze Zeit seinem eigenen Spiel und stellen Sie fest, womit es sich beschäftigt hat: experimentiert es mit seinem Spielzeug? Ist eine Spielidee für Sie erkennbar?
jc 2200	Geben Sie Ihrem Kind ein Bilderbuch zum Betrachten. Plappert es dabei munter drauf los?
jc 2300	Prüfen Sie, ob Ihr Kind Sie oder andere Familienmitglieder so aufmerksam beobachtet, daß es deren Handlungen nachahmen kann (Staubwischen, Ausfegen).
jc 2400	Stellen Sie fest, ob Ihr Kind sich jetzt durch Worte oder Gesten verständlich machen kann, wenn es einen bestimmten Wunsch hat. Wird deutlich erkennbar, was es möchte?
jc 2500	Ist Ihr Kind gewillt und in der Lage, kleine Aufträge auszuführen? Möchte es helfen und gibt es sich Mühe bei diesen Hilfeleistungen?
jc 2600	Beobachten Sie, ob Sie am Verhalten Ihres Kindes feststellen können, daß es außer Ihren Familienmitgliedern auch einige fremde Kinder und Erwachsene gern hat.
jc 2700	Stellen Sie fest, ob Ihr Kind von sich selbst spricht, indem es seinen Namen nennt (oder eine entsprechende Abkürzung).
jc 2800	Reagiert Ihr Kind mit freudiger Erwartung, wenn Sie ihm ein neues Gericht ankündigen?
jc 2900	Beobachten Sie, ob Ihr Kind sein Püppchen (sein Spieltier) füttert und ihm zu Trinken gibt, wenn es mit ihm spielt.
jc 3000	Ist Ihr Kind jetzt tagsüber im allgemeinen sauber und trocken? (Von gelegentlichen „Pannen" abgesehen.)

jc 3100	Stellen Sie fest, ob Ihr Kind eifersüchtig reagiert, wenn in einer besonderen Situation ein anderes Kind deutlich vorgezogen wird.
jc 3200	Beobachten Sie, ob Ihr Kind sich in einer Kindergemeinschaft soweit einordnen kann, daß es wartet, bis es an der Reihe ist (bis es „dran" ist).
jc 3300	Wiederholt Ihr Kind gern Äußerungen oder Situationen, wenn es damit in seiner Umgebung Lacherfolge hatte?
jc 3400	Bitten Sie Ihr Kind um einen kleinen Gefallen: Führt es den Auftrag mit stolzer Freude aus?
jc 3500	Fordern Sie Ihr Kind auf, eine Tierrolle zu übernehmen: Geht es freudig darauf ein? Bellt es wie ein Hund? Schnuppert es wie ein Kaninchen?
jc 3600	Stellen Sie fest, ob Ihr Kind von sich selbst jetzt als „Ich" spricht und nicht mehr seinen Vornamen für die Bezeichnung seiner selbst verwendet.
jc 3700	Bitten Sie Ihr Kind um eine kleine Hilfeleistung und loben Sie es, wenn es diese zu Ihrer Zufriedenheit gelöst hat. Ist es stolz auf Ihr Lob?
jc 3800	Geben Sie Ihrem Kind Gelegenheit, bei einem ruhigen Zusammensein mit Ihnen viele Fragen an Sie zu richten. Werden Sie förmlich davon überschüttet? Wartet es oft gar nicht erst die Antwort ab? Stellt es durch seine Fragen aktiv den Kontakt zu Ihnen her?
jc 3900	Beobachten Sie, ob Ihr Kind sich über ein neues Kleidungsstück freut. Betrachtet es sich voller Stolz im Spiegel?
jc 4000	Geben Sie Ihrem Kind Gelegenheit, eine neu erworbene Fähigkeit, ein „Kunststück" vor befreundeten Erwachsenen oder anderen Kindern vorzuführen. Tut es das mit stolzer Freude?
jc 4100	Geben Sie Ihrem Kind die Möglichkeit, an den Spielen anderer Kinder teilzunehmen. (Kriegen, Versteck, Räuber und Prinzessin.) Ist es freudig dabei? Ordnet es sich den Spielregeln unter?
jc 4200	Bitten Sie Ihr Kind freundlich, eine allzu geräuschvolle Tätigkeit für eine Weile zu unterbrechen, wenn Sie z.B. telefonieren wollen. Ist es dazu bereits in der Lage?
jc 4300	Stellen Sie fest, ob Ihr Kind sich schon zu einem bestimmten anderen Kind besonders hingezogen fühlt, ob es einen speziellen „Freund" („Freundin") hat. Hat sich ein enger Kontakt ergeben? Spricht es häufig von ihm?
jc 4400	Beobachten Sie, ob Ihr Kind seine Zuneigung zu Ihnen auch schon in Worte fassen kann: Äußert es sich in Wendungen wie: „Du bist aber lieb" oder „Ich hab Dich lieb"?

jc 4500	Prüfen Sie, ob Ihr Kind sich schon für etwa 1/2 Stunde von Ihnen lösen kann, um mit anderen Kindern in Ihrer unmittelbaren Umgebung zu spielen. (Garten, Spielplatz, neben dem Haus usw.)
jc 4600	Beobachten Sie, ob sich Ihr Kind bei den üblichen Kreisspielen den Spielregeln ohne Schwierigkeiten unterordnen kann. Nimmt es aktiv und freudig an diesen Spielen teil?
jc 4700	Geben Sie Ihrem Kind die Möglichkeit, von seinen Süßigkeiten abzugeben: Wenn es z.B. Geburtstag hat und genügend Süßigkeiten vorhanden sind, zeigt es sich dann freigiebig?
jc 4800	Ist Ihr Kind jetzt tags- und nachtsüber im allgemeinen sauber und trocken? (Von gelegentlichen „Pannen" abgesehen.)
jc 4900	Fordern Sie Ihr Kind bei passender Gelegenheit auf, nunmehr schon einmal ohne jede fremde Hilfe zu essen. Ist es zu dieser Handlung bereit und gelingt ihm das Vorhaben?
jc 5000	Schlagen Sie Ihrem Kind an einem verregneten Nachmittag vor, doch einfach zur Nachbarsfamilie zu gehen und zu fragen, ob das Kind dieser Familie zum Spielen zu ihm kommen möchte. Oder beauftragen Sie es, die Nachbarn um eine Tasse Salz (ein altes Brötchen, ein Ei oder dergl.) zu bitten, weil Sie dies zum Essenkochen gebrauchen und es beim Einholen vergessen haben. Hat Ihr Kind zu einem solchen Unternehmen den erforderlichen Mut?
jc 5100	Prüfen Sie, ob Ihr Kind jetzt in der Lage ist, auf Befragen seinen vollen Namen und seine Adresse zu nennen.
jc 5200	Beobachten Sie, ob Ihr Kind in der Auseinandersetzung mit anderen Kindern oder bei seinen spontanen Alleinspielen Elternrollen übernimmt. Ahmt es in irgendeiner Form den Vater oder die Mutter nach? (Bzw. auch Oma oder Opa oder eine andere geliebte Bezugsperson?)
jc 5300	Stellen Sie fest, ob Ihr Kind beim Spiel mit anderen jetzt darauf achtet, daß ihm nichts abhanden kommt, ob es weiß, was ihm gehört und darauf bedacht ist, seinen „Besitz" ungeschmälert zu erhalten.
jc 5400	Beobachten Sie Ihr Kind bei den üblichen Wettkampfspielen: Kennt es die Spielregeln? Beachtet es sie? Zeigt es Wetteifer?
jc 5500	Stellen Sie im täglichen Umgang mit Ihrem Kind fest, ob es fremdes Eigentum respektiert. Ist die Lage bereits klar, wenn Sie z.B. sagen: „Das gehört uns nicht"? Bedarf es dann keiner weiteren Erklärungen mehr?
jc 5600	Bauen Sie in den Tagesablauf Ihres Kindes kleine Pflichten ein, die täglich erfüllt werden sollten. Das Leeren des Postkastens, das Gießen bestimmter Pflanzen, Ausräumen der Spülmaschine, Decken des Abendbrottisches, Abdecken usw. Nimmt es diese Pflichten ernst? Erfüllt es sie regelmäßig und mit stolzer Freude?

jc 5700	Bieten Sie Ihrem Kind die Gelegenheit, schon einmal eine Kleinigkeit für Sie einzukaufen: ein paar Brötchen vom Bäcker zu holen oder die Schuhe vom Schuster oder Ähnliches. Geben Sie ihm das benötigte Geld mit und achten Sie darauf, daß die Ware und das Wechselgeld unbeschadet abgeliefert werden. Überprüfen Sie es.
jc 5800	Stellen Sie fest, ob Ihr Kind sich bereits der üblichen Höflichkeitsformen bedient: Redet es jetzt fremde Erwachsene mit „Sie" an? Wenn es in dieser Umgangsform noch unsicher ist, helfen Sie ihm zunächst noch dabei.
jc 5900	Beobachten Sie Ihr Kind beim Kaspertheater, auf einer kurzen Bahnfahrt oder bei einer Fernsehsendung für Kinder: Kann es seinen Bewegungsdrang so weit disziplinieren, daß es in einer derartigen Situation auf seinem Platz sitzen bleibt?
Jc 6000	Achten Sie bei entsprechenden Gelegenheiten darauf, ob Ihr Kind sich angesprochen fühlt, wenn Sie bei einem Vorhaben (oder auch bei einer Kritik) von „Wir" sprechen. Bezieht es sich selbst mit ein?
jc 6100	Geben Sie Ihrem Kind einen interessanten kleinen Auftrag und beobachten Sie, ob es sich bei dessen Erledigung bemüht, sein Bestes herzugeben, um zu einer „optimalen Lösung" des Problems zu kommen. Zeigt es Leistungswillen?
jc 6200	Beobachten Sie, ob Ihr Kind den Straßenverkehr zuverlässig beobachtet und auch die Regeln soweit verstanden hat, daß Sie ihm das Überqueren einer Straße nunmehr selbständig überlassen können. Wenn es noch unsicher ist, trainieren Sie es mit ihm!
jc 6300	Fordern Sie Ihr Kind auf, schon einmal allein zu baden. Beobachten Sie dabei, ob es alle hierfür erforderlichen Handlungen in der richtigen Reihenfolge plant und ob es diese vom motorischen Geschick her auch durchführen kann. Falls Sie noch Unsicherheiten entdecken, trainieren Sie dies mit ihm. (Das Waschen der Haare ist hiervon noch ausgenommen.)
jc 6400	Beobachten Sie Ihr Kind, ob es das Leid anderer Menschen in etwa nachempfinden kann. Zeigt es Mitleid, wenn ein Spielkamerad ins Krankenhaus mußte? Oder einem Freund der geliebte Hund überfahren wurde?
jc 6500	Stellen Sie fest, ob Ihr Kind den „Mut" hat und die sprachliche Formulierungskraft, in einer schwierigen Situation einen fremden Erwachsenen um Auskunft zu fragen. (Uhrzeit, Weg, Öffnungszeit der Post usw.)
jc 6600	Geben Sie Ihrem Kind Gelegenheit zu beweisen, daß es schon ohne jede Hilfe zu Bett gehen kann. Beobachten Sie dabei, ob es alle erforderlichen Handlungen von der Motorik her beherrscht. Falls Sie noch Unsicherheiten bemerken, trainieren Sie diese Handlungen.

jc 6700	Halten Sie Ihr Kind dazu an, bevor es einen fremden Raum betritt, anzuklopfen. Versuchen Sie ihm klarzumachen, daß man die Privatsphäre seiner Mitmenschen dadurch respektiert, daß man sein „Herein" abwartet.
jc 6800	Beobachten Sie, ob Ihr Kind jetzt in zunehmendem Maße dieselbe Kleidung tragen möchte, wie seine Freundesgruppe. Respektieren Sie diese Wünsche nach Möglichkeit, denn es dokumentiert damit auch nach außen hin die Zugehörigkeit zu einer Gruppe - und das ist ihm z.Zt. sehr wichtig.
jc 6900	Stellen Sie im täglichen Leben fest, ob Ihr Kind Vertrauen in seine Partner hat und großmütig genug ist, ihnen aus seinen Schätzen etwas auszuleihen. Oft ist ihm die Trennung zu schmerzlich, aber der Stolz, der Gebende zu sein, überwiegt. Kann Ihr Kind sich zum Ausleihen durchringen?
jc 6910	***Sollte Ihr Kind nach diesem inneren Kampf dann ängstlich darauf bedacht sein, den ausgeliehenen Schatz nun auch wieder zu bekommen, brauchen Sie nicht beunruhigt zu sein. Diese Nöte werden sicher mit Ihrer Hilfe durchgestanden werden.

jd 0000   C.3 Hilfsmaterial zur Durchführung des Programms

jd 1010	Spielspiegel (Kiddikraft)
jd 1020	Handspieltiere (Steiff oder andere Firmen)
jd 1030	Großer weicher Ball (Partnerspiel)
jd 1040	Teddy oder Püppchen
jd 1050	„Play-Family-Puppenhaus" (Fisher-Price)
jd 1060	„Ich bin das kleine Bärenkind" (Ravensburg)
jd 1070	„Vier erste Spiele" (Ravensburg), Gesellschaftsspiele
jd 1080	„Kofferpacken" (Ravensburg)
jd 1090	„Kinderspiele" (Kreis- und Bewegungsspiele, zusammengestellt von G. Losen, Vogelreiter)
jd 1100	„Wir und die Straße" (VVR)
jd 1110	Kaufmannsladen
jd 1120	Puppenküche
jd 1130	„Mensch ärger Dich nicht" (Schmidt)
jd 1140	„Schwarzer Peter" (Ravensburg)
jd 1150	„Vertragen und nicht schlagen" (Ravensburg)
jd 1160	„Spielhaus" (Ravensburg) - Ein Würfelspiel, dessen Form variiert werden kann.
jd 1170	„Ich bin doch auch wie Ihr", Auseinandersetzung mit verschiedenen Formen der Behinderung (Ravensburg)
jd 1180	„SOS-Anhänger" für Kette oder Armband.

ko 0000	**D. Empfohlene Literatur**	
ka 0000	**Pädagogik**	
ka 1010	„Anregungen für die Hauserziehung geistig behinderter Kinder" von Armin Peter, Verlag Marhold.	
ka 1020	„Früherziehungsprogramme" von Heinz Bach, Verlag Marhold.	
ka 1030	„Die Bedeutung des Spieles in der Erziehung" von Paul Moor, Verlag Hans Huber.	
ka 1040	„Hilfe für das behinderte Kind", Kongreßbericht Juni 1964, Verlag Paracelsus.	
ka 1050	„Auf und ab und kugelrund" von Armin Peter, Verlag Herder.	
ka 1060	„Spiele mit behinderten Kindern" von Rolf Krenzer, Verlag Kemper.	
ka 1070	„Sexuelle Erziehung bei Geistigbehinderten" von Heinz Bach, Verlag Marhold.	
ka 1080	„Erziehen lernen" von Christa Meves, Bayerischer Schulbuch-Verlag.	
ka 1090	„Intelligente Kinder durch Erziehung" von Getmann, Verlag Hyperion.	
ka 1100	„Säugling und Kleinkind in der Kultur der Gegenwart" von Gesell, Verlag Christian.	
ka 1110	„Spielen lernen, Spielen lehren" von Hildegard Hetzer, Verlag Don Bosco.	
ka 1120	„Wie kleine Kinder lesen lernen" von Glenn Doman, Verlag Hyperion.	
ka 1130	„Wie weit ist ein Kind entwickelt?" von Ernst Kiphard, Verlag modernes lernen, Dortmund.	
ka 1140	„Früherziehung bei geistig Behinderten und entwicklungsverzögerten Kindern" von Josef/Josef, Verlag Marhold.	
ka 1150	„Lernen und Lernhilfen bei geistig Behinderten" von K. Josef, Verlag Marhold.	
ka 1160	„Lebenspraktische Erziehung Geistigbehinderter" von Walburg, Verlag Marhold.	
ka 1170	„Musik als Hilfe in der Erziehung geistig Behinderter" von K. Josef, Verlag Marhold.	
ka 1180	„Kinder lernen Sport" von Liselott Diem, Kösel-Verlag, Band 1, Lothar Bresges: Schwimmen im 1. und 2. Lebensjahr.	
ka 1181	„Babys lernen schwimmen" von Jean Fouare, Falken Verlag.	
ka 1190	„Behandlung kindlicher Verhaltensstörungen" von Florian und Tunner, Verlag Goldmann.	

ka 1200	„Stundenbilder zur rhythmischen Erziehung" von Brita Glathe, Verlag Georg Kallmeyer.
ka 1210	„Der Weg zum ersten Schritt" von Dr. Bausenwein, Verlag Thieme Ärztlicher Rat.
ka 1220	„Lernspiele" von Barbara Böke, Verlag Fidula.
ka 1230	„Familienkonferenz" von Thomas Gordon, Verlag Hoffmann u. Campe.
ka 1240	„Und halte Dich an meiner Hand" von Ruth Müller-Garn, Echter-Verlag, Agentur Rauhes Haus.
ka 1250	„Elternprogramm für behinderte Kinder" von Edgar Schmitz, Verlag Ernst Reinhardt.
ka 1260	„Wahrnehmungsstörungen und Wahrnehmungstraining bei Körperbehinderten" von Andreas Fröhlich, Verlag Schindele.
ka 1270	„Spielmaterial zur Entwicklungsförderung" von Helga Sinnhuber, Verlag modernes lernen.
ka 1275	„Spielsachen", Auswahl und Bedeutung für das gesunde und das behinderte Kind von Herzka/Biswanger, Verlag Schwabe.
ka 1280	„Motopädagogik" von Dr. Ernst Kiphard, Verlag modernes lernen, 1980.
ka 1290	„Das entwicklungsgestörte Kind", Heilpädagogische Erfahrungen in Camphill-Gemeinschaften von Thomas J. Weihs, Verlag Freies Geistesleben.
ka 1300	„Hilfe für Ihr behindertes Baby", Früherkennung und Therapie von Cliff Cunningham und Patricia Sloper.
ka 1350	„Das Prager Eltern-Kind-Programm" von H. Ruppelt in „Der Sozialarbeiter" Heft 1/1978 und Heft 5/1978, Heft 5/1979, Heft 4/1980.
ka 1400	„Sanfte Hände" von Leboyer, Kösel Verlag.
ka 2000	**Mongolismus-Down-Syndrom**
ka 2010	„Die Erziehung des mongoloiden Kindes" von Paul Reichenbach in „Schriften zur Sonderpädagogik", herausgegeben von E. Beschel.
ka 2020	„Der Mongolismus" von Karl König, Verlag Hippokrates.
ka 2030	„Sprachförderung bei Kindern mit Down-Syndrom" von Etta Wilken, Verlag Marhold.
ka 2040	„Das mongoloide Kind" von Prof. Wunderlich, Verlag Ferdinand Enke.
ka 2041	„Das mongoloide Kind" von Prof. Wunderlich, Verlag Ferdinand Emke, 2. Auflage.

ka 2050	„Unser Walter", Material zur Fernsehserie, Verlag Lätare.
ka 2060	„Jan" von T. de Vries-Kruyt, Verlag Fabbri u. Präger.
ka 2070	„Warum gerade ich?" von Johanna Ruppert, Verlag Spee.
ka 2075	„Die Welt des Nigel Hunt", Tagebuch eines mongoloiden Jungen, Ernst Reinhardt Verlag, München-Basel.
ka 2080	„Das Mongolismus-Syndrom" von Prof. F. Schmid, Verlag Hansen und Hansen, Minsterdorf.
ka 2090	„Frühtherapie bei geistig behinderten Säuglingen und Kleinkindern", Untersuchungen bei Kindern mit Down-Syndrom, Reglindis Schamberger, Beltz-Verlag, Weinheim und Basel, 1978.
ka 2100	„Teaching your Down's Syndrome infant", A Guide for parents von Marci J. Hanson, University Park Press, Baltimore.
ka 3000	**Das spastisch gelähmte Kind - Cerebralparese**
ka 3010	„Hilfe für das spastische Kind" von van der Lyke, Verlag Kemper.
ka 3020	„Hilfe für das cerebral gelähmte Kind" von Nancie R. Finnie, Ravensburger Elternbücher.
ka 3030	„Normale Entwicklung des Säuglings und ihre Abweichungen, Früherkennung und Frühbehandlung" von Inge Flehmig, Georg Thieme Verlag, 1979.
ka 4000	**Das hirngeschädigte Kind - Krampfkind**
ka 4010	„Das hirngeschädigte Kind" von Andreas Rett, Verlag Jugend und Volk, Wien-München.
ka 4020	„Einrichtungen zur Betreuung und Förderung Anfallskranker". Herausgegeben von der Deutschen Sektion der internationalen Liga gegen Epilepsie (1961).
ka 4030	„Schwierige Kinder in Schule und Elternhaus - Förderung verhaltensgestörter, hirngeschädigter Kinder" von William M. Cruickshank, Verlag Marhold, 1973.
ka 4040	„Das hirngeschädigte Kind" von Prof. Dr. K. Wewetzer, Verlag Thieme, 1959.
ka 5000	**Das sehbehinderte Kind**
ka 5010	„Über die lebenspraktische Erziehung blinder Kinder" von Heslinga, Verlag Marhold.
ka 5020	„Wie erziehe ich mein blindes Kind?" von Wilhelm Heimers, Verlag: Verein zur Förderung der Blindenbildung e.V., Hannover-Kirchdorf.
ka 6000	**Das hörbehinderte Kind - Das sprachbehinderte Kind**
ka 6010	„Hörenlernen im Spiel" von Armin Löwe, Verlag Marhold.

ka 6020	„Sprachaufbauhilfe bei geistig behinderten Kindern" von Atzesberger, Verlag Marhold.
ka 6030	„Sprich mit mir" - Eine ganzheitliche Lautsprachmethode für Kleinkinder von 0-7 Jahren, von Susanna Schmid-Giovannini, Verlag Marhold, 1980.
ka 7000	**Das autistische Kind - Das wahrnehmungsgestörte Kind**
ka 7010	„Das autistische Kind" von Lorna Wing, Ravensburg.
ka 7020	„Der kleine Außenseiter" von Joan Hundley, Ravensburg.
ka 7030	„Eine Seele lernt leben" von Clara Park, Verlag Scherz.
ka 7040	„Geliebtes unglückliches Kind" von Pearl Buch, Verlag Paul Zsolnay.
ka 7050	„Der unheimliche Fremdling" von Carl Delacato, Verlag Hyperion.
ka 8000	**Gesetze**
ka 8010	„Geistig Behinderte im Zivilrecht" von Helmut Kühl, Verlag Marhold.
ka 8020	„Bundessozialhilfegesetz - Textausgabe", Deutscher Verein für öffentliche und private Fürsorge.

Ia 0000	**Empfehlungen für die Durchführung des Programms**
Ia 0050	Die angeführten Spielzeugvorschläge sind lediglich als Anregung zu werten. Sie können das Programm zum großen Teil auch mit dem bereits vorhandenen Spielmaterial Ihres Kindes durchführen. Es werden nur einige wenige Spielsachen übrig bleiben, die Sie dann schließlich doch erwerben möchten. Sie verteilen Sie am besten auf die Jahres- und Familienfeste.
Ia 0051	Geben Sie Ihren Verwandten, den Patenonkeln und -tanten sowie dem Freundeskreis Ihrer Familie Gelegenheit, sich an der Beschaffung dieser schließlich dann doch übrig bleibenden Spielsachen für Ihr Kind zu beteiligen. Sie werden froh sein, etwas Sinnvolles zur Entwicklungsförderung Ihres Kindes auf diesem Wege beitragen zu können.
Ia 0100	Versuchen Sie im Zusammenhang mit den Mahlzeiten Ihres Kindes, ihm einige kleine Leistungen aus dem Programm zu entlocken. Wählen Sie dafür den Zeitpunkt, wo es am aufgeschlossensten für die Angebote ist. Gestalten Sie diese 5-10 Spielminuten möglichst einfallsreich und lustig, so daß bei Ihrem Kind allmählich eine „Erwartungshaltung" entsteht: Es merkt dadurch, daß Lernen Spaß macht und diese Erfahrung ist ein gutes Fundament für seine spätere MItarbeit.
Ia 0150	Es hat sich in der Arbeit mit behinderten Kindern als hilfreich erwiesen, mehrfach am Tag gezielte kleine Angebote zu machen. Es gilt die Regel, daß 4-5 mal am Tag für die Dauer von 5-10 Minuten gemeinsames Spiel mehr Erfolg verspricht, als 1 mal am Tag 1/2-1 Stunde. Am besten haften die Eindrücke, wenn man das Kind in seiner Beschäftigung beobachtet und sich dann mit einer fördernden Anregung aus dem Programm einschaltet, die für das Kind wie ein lustiger Einfall wirkt. Versuchen Sie, ob Sie Ihr Kind dazu anregen können, selbst eine Idee zur Lösung des anvisierten Problems zu entwickeln und unterstützen Sie es dann bei der Verwirklichung seines Planes, sobald sie diesen erkennen können.
Ia 0200	Da das Programm zugegebenermaßen ziemlich umfangreich ist, mag es zunächst fast unmöglich erscheinen, die einzelnen Punkte parat zu haben, um sie bei gegebener Gelegenheit anzubieten. Aber nach Aussagen von Eltern, die schon länger damit vertraut sind, arbeitet man sich relativ schnell ein.
Ia 0300	Versuchen Sie bitte immer, zuerst die Lücken und Unsicherheiten durch die entsprechenden Angebote zu beseitigen und gehen Sie erst dann Schritt für Schritt dazu über, die weiterführenden Vorschläge in Angriff zu nehmen.
Ia 0400	Eine gute Voraussetzung für die Durchführung des Programmes wäre es, wenn Sie sich ganz in den Entwicklungsstand Ihres Kindes hineinversetzen könnten. Von dieser Stufe aus könnten Sie

dann zusammen versuchen, die Wunder in Ihrer Umwelt zu erfahren, die sich für dieses Lebensalter auf Schritt und Tritt ergeben, und Sie könnten gemeinsam viele erregende Abenteuer bei der Auseinandersetzung mit der Umwelt erleben.

Ia 0450 Vermeiden Sie nach Möglichkeit eine Form des Lernens, die nur eine einzige Lösungsmöglichkeit für Ihr Kind anbietet, etwa in dem Sinne: „So wird das gemacht". Es gibt fast immer mehrere Möglichkeiten, mit einem Problem fertig zu werden. Regen Sie Ihr Kind dazu an, eine solche Möglichkeit selbst zu ersinnen und helfen Sie ihm dann dabei, seine eigene Idee zu verwirklichen. Sie fördern damit die schöpferischen Kräfte bei Ihrem Kind und machen es sowohl selbständiger als auch selbstbewußter.

Ia 0500 Nach den Ergebnissen in unserer Spielbeobachtung ist Ihr Kind soweit entwickelt, daß Sie die gezielten Spielangebote aus dem Trainingsprogramm etwas zusammenfassen können. Versuchen Sie, ob es Ihnen bereits gelingt, Ihr Kind mit einem interessanten Angebot für die Dauer von 10-15 Minuten zu fesseln und zur intensiven Auseinandersetzung mit dem angebotenen Problem zu bewegen. Bei positivem Ergebnis wären dann 3 mal am Tag eine viertel Stunde gemeinsames Spiel eine gute Voraussetzung für die weiteren Fortschritte Ihres Kindes. Die Auswahl der Angebote sollte möglichst so getroffen werden, daß Sie das spontane Spiel Ihres Kindes beobachten und sich mit einer fördernden Maßnahme in seine Beschäftigung einschalten.

Ia 0550 Für manche Eltern hat es sich als hilfreich erwiesen, die markantesten Punkte des Programms stichwortartig zusammengefaßt in einer Liste anzuordnen und sich daneben ein Raster herzustellen. Wenn Sie dann auf der obersten Linie die Daten eintragen, haben Sie eine Möglichkeit der Selbstkontrolle darüber, was Sie Ihrem Kind als Spiel angeboten haben. Machen Sie in alle entstandenen Kästchen abends beim Nachdenken über Ihr Kind ein Kreuz, wenn Sie ihm aus diesem Bereich Angebote gemacht haben. Sie werden feststellen, daß Sie einige Dinge deutlich bevorzugen. Das geschieht entweder, weil Sie selbst diese Spiele lieber haben, oder weil Ihr Kind besser darauf eingeht. Dies Verhalten ist völlig legitim, nur sollten die weniger beliebten Spiele darüber nicht in Vergessenheit geraten. Wenn Ihnen daran liegt, sich hierüber Klarheit zu verschaffen, fertigen Sie sich ein solches Raster an.

Ia 0600 Nach unseren Beobachtungen hat Ihr Kind bereits soviel Ausdauer, daß es eine regelrechte „Spielstunde" verkraften kann. Bereiten Sie diese „Spielstunde" gut vor, wählen Sie dafür einige Punkte aus dem Programm, die Ihr Kind gerade neu zu beherrschen gelernt hat und freuen Sie sich gemeinsam an seinen Erfolgen. Stellen Sie zwischendurch 1-2 Anforderungen an Ihr Kind, von denen Sie wissen, daß sie noch nicht ganz sicher sitzen und loben Sie es, wenn

	die Leistung andeutungsweise gelingt. Bieten Sie auch einmal einen Punkt aus dem Programm an, der völlig neu für das Kind ist und machen Sie daraus ein spannendes Erlebnis. Regen Sie Ihr Kind zur Nachahmung an! Diese „Spielstunde" sollte 45 Minuten nicht überdauern - es sei denn, sie geht aus eigener Initiative des Kindes in ein freies Spiel über.
la 0700	Die einzelnen Programmpunkte sind als Anregung gedacht und sollten nicht wörtlich genommen werden. Es wird zuweilen notwendig sein, sie zu modifizieren, um sie den besonderen Schwierigkeiten Ihres Kindes anzupassen.
la 0800	Nehmen Sie bitte keinen Anstoß daran, daß im Programm für Ihr Kind auch diejenigen Ausfälle und Unsicherheiten aufgeführt wurden, die trotz aller koordinierten Bemühungen nicht geändert werden können. Wenn diese Schwierigkeiten einfach ignoriert werden würden, käme es zu einem verschwommenen Bild von Ihrem Kind. Damit aber würden wir Ihnen und uns die Chance nehmen, durch gezieltes Training die optimale Entfaltung der verbliebenen Möglichkeiten bei Ihrem Kind anzustreben.
la 0900	Nachberatung: ...

Unterschrift
(für die Mitglieder des Teams)

la 1000	**Anlagen:**
la 1200	Merkblatt Down-Syndrom

mo 0000	**Merkblatt Down-Syndrom**
ma 1000	Es wurde gemeinsam ein „Roter Faden" entwickelt für die anzustrebenden näheren und ferneren Entwicklungsschritte Ihres Kindes. Dies geschah nicht, um seinen weiteren Weg bereits jetzt in unnötige starre Bahnen zu lenken, sondern weil es sich in der Praxis als hilfreich erwiesen hat. In der pädagogischen Alltagssituation mit einem behinderten Kind steht die Bezugsperson allzu oft vor der Frage, in welchen Punkten sie hartnäckig bleiben sollte und welche von zweitrangiger Bedeutung sind, so daß sie ohne große Gewissensbisse nachgeben darf. Diese Entscheidung ist leichter zu fällen, wenn man ein Fernziel als richtig erkannt hat und dieses in solcher Situation anvisieren kann. Die pädagogischen Prioritäten ergeben sich dann nahezu „von selbst".
ma 1100	**Kleinkindesalter - Frage des Kindergartens**
ma 1110	Im Alter von etwa 3-4 Jahren sollte die Aufnahme in einen Kindergarten angestrebt werden.
ma 1120	Da die Nachahmungsbereitschaft bei einem Kind mit Down-Syndrom im allgemeinen gut entwickelt ist, liegen die Vorteile der Eingliederung Ihres Kindes in einer Gruppe von gesunden Kindern auf der Hand. Es treten in Verfolgung dieses Weges jedoch einige Gefahren auf, die man wissen und rechtzeitig erkennen muß, wenn der Nachteil nicht schließlich größer werden soll als der anfänglich so offenkundige Vorteil. Diese Gefahren lassen sich im wesentlichen unter 3 Punkten zusammenfassen:

Erstens: Die gesunden Kinder neigen dazu, Kinder mit Down-Syndrom übermäßig zu „betütern". Sie tun das in bester Absicht, aber da das behinderte Kind seinerseits zur Bequemlichkeit neigt, kommen sie mit ihrem Verhalten diesem Hang allzusehr entgegen und erweisen ihm letzten Endes keinen guten Dienst damit. Das behinderte Kind kommt auf diese Weise nicht zur vollen Entfaltung seiner Möglichkeiten.

Zweitens: Die oft so possierliche Art des Kleinkindes mit Down-Syndrom bringt die gesunden Kinder zum Lachen und veranlaßt sie, dies Verhalten zu provozieren. Sie drängen das behinderte Kind damit in die Rolle des „Gruppenkaspers", so daß dieses sich mit billigen Lacherfolgen zufrieden gibt. Hierdurch entsteht eine weitere Schwierigkeit, das behinderte Kind zur Ausschöpfung der in ihm ruhenden Möglichkeiten zu führen.

Drittens: Da das behinderte Kind nun doch einmal anders ist, als seine gesunden Gruppengefährten, werden ihm von diesen - und oft auch von der Gruppenleiterin - gerne

"Extrawürste" gebraten. Dies geschieht auch in Bereichen, in denen es um des Kindes wegen gar nicht unbedingt erforderlich wäre. Das behinderte Kind gewöhnt sich daran und entwickelt eine gewisse Anspruchshaltung. Es kommt zur Ausbildung von „Staralüren" die abermals ein Hindernis für seine weitere Entwicklung darstellen können.

ma 1130 Bei der Aufnahme Ihres Kindes in einen Kindergarten für gesunde Kinder hängt sehr viel von dem pädagogischen Geschick der Gruppenleiterin ab. Eine enge Zusammenarbeit von Elternhaus und Gruppenleiterin ist die Voraussetzung für das Gelingen der Eingliederung und Vermeidung der Gefahren.

ma 1131 Wenn Sie diesen Weg beschreiten wollen, sollte bedacht werden, daß ein einzelnes behindertes Kind in einer Gruppe von gesunden Kindern leicht in eine Isolierung hineingerät, weil seine Kameraden ein Entwicklungstempo vorlegen, das vom behinderten Kind nicht eingehalten werden kann. Dadurch wird es für die gesunden Kinder als Spielkamerad bald uninteressant und gerät ins Abseits. Es wird ihm zwar großzügig gestattet, am Rande „mitzulaufen", und es wird in der Gruppe „geduldet", aber die Situation des behinderten Kindes ist von echter Integration in Wirklichkeit weit entfernt. Es kann in dieser Lage stärker unter dem Gefühl der Vereinsamung leiden, als wenn es mit seinen Schicksalsgenossen in einer Sondergruppe gemeinsam betreut wird. Aber es kann dieses Leid ja nicht äußern.

ma 1132 Um dieser Gefahr zu begegnen, wäre es deshalb erwünscht, wenn Ihr Kind nicht das einzige behinderte Kind in einer Gruppe wäre. Bei den Beschäftigungsangeboten in einer integrierten Gruppe sollte dann darauf geachtet werden, daß die Anforderungen an die behinderten Kinder ihrem Niveau entsprechen, so daß eine individuelle Förderung jedes einzelnen Kindes gewährleistet ist. Die für ein behindertes Kind zur Verfügung stehende Zeit zur Entwicklungsförderung ist zu kostbar, als daß Beschäftigungszeiten im Kindergarten dadurch ungenutzt verstreichen, daß es durch die Spielangebote überfordert wird und deshalb davon nicht profitieren kann.

ma 1133 Aus diesem Grunde ist es notwendig, daß die Gruppenleiterin im Kindergarten sich klar darüber wird, welche Aufgaben auf sie zukommen. Zur Integration behinderter Kinder in einen Regelkindergarten gehört wesentlich mehr, als nur der gute Wille dazu. Dieser ist zwar erforderlich, aber ohne Fachwissen ist ein solches Unterfangen zum Scheitern verurteilt. Man tut dann so, als täte man etwas, und die Erwachsenen sowie die gesunden Kinder sind u.U. stolz auf diese (Schein-)Lösung. Für das behinderte Kind aber wurde wertvolle Zeit nutzlos vertan, und es machte die Erfahrung, daß es nicht wirklich verstanden wird. Dieser Weg wurde in der Vergangenheit oft beschritten und die Erfahrung hat gezeigt, daß er nicht zu dem angestrebten Ziel führt. Das Problem ist verwickelter und liegt tiefer.

ma 1134 Deshalb sollte die Leiterin einer solchen integrierten Gruppe in der Lage sein, von jedem behinderten Kind ein Entwicklungsprofil zu erstellen und daraus dann ein individuelles, gezieltes Programm für jeden ihrer Schützlinge ableiten. Um dieses Programm durchführen zu können, wird man ihr zusätzliche Hilfskräfte zubilligen müssen. Die Integration behinderter Kinder in einem Regelkindergarten stellt also hohe Ansprüche an das fachliche und menschliche Niveau der Gruppenleiterin und wird außerdem die Personalkosten merkbar steigern. Das sollte allen Personen bewußt sein, die sich ernsthaft um die Lösung dieses Problems bemühen.

ma 1135 In sehr seltenen Fällen wird das Kind von einer Gruppe gesunder Kinder abgelehnt. Meistens gibt man ihm jedoch Gelegenheit, in der Gruppe Fuß zu fassen und scheut sich dann, die angebahnten wertvollen Kontakte abzubrechen, weil eine der angegebenen Schwierigkeiten sich entwickelt hat. Diese pflegen sich durch Abwarten leider nicht zu verringern.

ma 1140 Wir möchten Ihnen raten, nach Möglichkeit von vornherein die Aufnahme in einem Sondertagesheim anzustreben. Das Sozialtraining sollte dort unter fachkundiger Leitung in einer kleinen Gruppe aufgenommen werden.

ma 1145 Zu Beginn der Eingliederung in einer Gruppe eines Sondertagesheimes ist es zuweilen zweckmäßig, das Kind nur in den Vormittagsstunden dort zu lassen. Eine Trennung von der Familie bis in den Nachmittag hinein wird von manchen Kindern anfangs nur schwer verkraftet. Auch die Auseinandersetzung mit den Sozialpartnern in der Gruppe kann anfangs eine Belastung darstellen. Die Möglichkeit der zeitlichen Begrenzung sollte anfangs gegeben sein.

ma 1150 Eine gute Lösung des Problems scheint es zu sein, wenn eine Gruppe mit behinderten Kindern einem Kindergarten für gesunde Kinder angegliedert ist. Dieses System wird in einigen kirchlichen Kindergärten praktiziert und hat sich bewährt. Bei genügender Durchlässigkeit zwischen den verschiedenen Gruppen profitieren sowohl die gesunden als auch die behinderten Kinder. Tritt einmal bei Anwesenheit eines behinderten Kindes in einer Gruppe gesunder Kinder die Gefahr einer Überforderung auf, so ist jederzeit der unkomplizierte Rückzug in das adäquate Klima der Sondergruppe gegeben.

ma 1151 Es muß bei dieser Form eines Integrationsversuches jedoch sehr darauf geachtet werden, daß die im Konzept vorhandene Durchlässigkeit zwischen den Gruppen in der Praxis auch wirklich erhalten

	bleibt. Die Erfahrung lehrt, daß sie bei jedem Wechsel der Gruppenleiterinnen zunächst einmal gefährdet ist und dann neu erarbeitet werden muß.
ma 1155	Sehr gute Erfolge werden in Montessori-Kindergärten erzielt. Hier werden behinderte Kinder in eine Gruppe gesunder Kinder eingegliedert. Das Zahlenverhältnis von behinderten zu nicht behinderten Kindern liegt hier etwa bei 2:3.
ma 1160	Eine gute Lösung dieses Problems bietet der Modellkindergarten des Werner Otto Institutes. Hier werden behinderte und gesunde Kinder gemeinsam in einer Gruppe betreut. Das Verhältnis der Gesunden zu den Behinderten beträgt etwa 3/2.
ma 1200	**Schulkindesalter - Frage der Schulform**
ma 1210	Nach Durchlaufen des Kindergartens wird mit dem Erreichen der Schulpflicht die Aufnahme in eine Heilpädagogische Tagesschule angestrebt (Sonderschule G).
ma 1211	Bis zu diesem Zeitpunkt sollte Ihr Kind tagsüber sauber und trocken sein.
ma 1212	Die Frage, ob Sie für Ihr Kind die Aufnahme in eine Schule für lernbehinderte Kinder anstreben sollten, wurde eingehend im Gespräch erörtert. Uns scheint die Lernbehindertenschule vom pädagogischen Konzept her nicht die optimale Schulform für Ihr Kind zu sein.
ma 1213	Es muß z.Zt. noch offen bleiben, ob die Integration behinderter Kinder über das Kindergartenalter hinaus für alle Beteiligten so gewinnbringend ist, wie es beispielsweise von Montessori-Modellschulen beschrieben wird. Weitere Erfahrungen müssen noch gesammelt werden, um beurteilen zu können, ob hier das Problem der Trennung nach Schulformen (weiterführende Schulen, Sonderschulen) nicht nur um ein paar Jahre hinausgeschoben wird. Ob dieser Weg dazu führt, daß das behinderte Kind zur optimalen Entfaltung der in ihm ruhenden Möglichkeiten kommt, bedarf noch weiterer sorgfältiger und langfristiger Beobachtung.
ma 1220	In der Sonderschule G wird das Schwergewicht des pädagogischen Einsatzes auf die lebenspraktische Erziehung der behinderten Kinder gelegt.
ma 1221	Voraussetzung für die Aufnahme sind:

1. Gruppenfähigkeit, d.h., das Kind muß in der Gruppe tragbar sein (was ja im allgemeinen im Kindergarten trainiert wurde).

2. Gehfähigkeit, bzw. das Kind muß sich mit entsprechenden Hilfsmitteln fortbewegen können und

3. Handgeschick, d.h., das Kind muß seine Hände über dranghaftes Hantieren hinaus handelnd einsetzen können.

ma 1222	In Zweifelsfällen wird das Kind vorläufig aufgenommen und in einem Zeitraum von 6 Monaten daraufhin beobachtet, ob sich die Voraussetzungen für die endgültige Aufnahme unter pädagogischer Lenkung anbahnen lassen.
ma 1230	Zur lebenspraktischen Erziehung gehört in erster Linie die „Selbstbesorgung". Darunter ist zu verstehen: Das selbständige An- und Auskleiden, selbständiges Essen und Trinken, Aufsuchen der Toilette und Körperpflege.
ma 1235	Auch einfache Verkehrserziehung und Orientierung in der Umwelt gehören hierher. Das Lernen geschieht im wesentlichen über die Sinne und die Hand. Die konkret-praktischen Lebensbereiche werden angesprochen.
ma 1240	Die manuelle Geschicklichkeit ist bei zahlreichen Kindern mit Down-Syndrom durch entsprechendes Training erstaunlich gut zu fördern und dies geschieht in der Schule im Hinblick auf den später angestrebten Übergang in die Beschützende Werkstatt.
ma 1250	Das Durchlaufen dieser Schule wird bewußt nicht abhängig gemacht von der Beherrschung der sogenannten „Kultur-Techniken", d.h. Lesen, Schreiben und Rechnen. Diese Bereiche werden angeboten, und Lesen ist auch für eine ganze Reihe von Kindern mit Down-Syndrom erlernbar.
ma 1255	Das Schreibenlernen stößt im allgemeinen schon eher einmal auf Schwierigkeiten, ist aber zahlreichen Kindern mit Down-Syndrom ebenfalls möglich. Im Rechnen pflegen die Grenzen sehr eng gezogen zu sein, weil hier abstraktes Denkvermögen vorausgesetzt werden muß und diese Fähigkeit den Kindern mit Down-Syndrom abgeht.
ma 1260	Zum Ziel der lebenspraktischen Erziehung gehört vor allem auch das positive Sozialverhalten - und hier nun pflegt im allgemeinen eine ausgesprochene Stärke beim Kind mit Down-Syndrom zu liegen. Insofern bringen sie gute Voraussetzungen für die Ziele der Sonderschule G mit: Die Integration in einer gesellschaftlichen Gruppe gelingt bei Ihnen in der Regel komplikationslos.
ma 1300	**Jugendlicher - Werkstatt für Behinderte**
ma 1310	Im Alter von etwa 15 Jahren wird der Übergang in eine Werkstatt für Behinderte angestrebt.
ma 1315	Auf Antrag wird jedoch der Besuch der Schule auch länger gestattet, wenn die Annahme berechtigt erscheint, daß der Jugendliche hiervon noch weiter profitieren wird.
ma 1320	Da sowohl die neuartigen Anforderungen an den behinderten Jugendlichen als auch das gegenüber der Schule veränderte Milieu zunächst einmal eine erhebliche Umstellung von ihm fordern, wird

	man ihm eine Eingewöhnungszeit von nicht festgesetzter Dauer zubilligen müssen.
ma 1330	Nach dieser Eingewöhnungszeit jedoch sollte der „Abnabelungsprozeß" vom Elternhaus eingeleitet werden.
ma 1340	Das, was gesunde Kinder von sich aus in der Pubertät praktizieren: Das „Zerren an ihren Ketten", um den Loslösungsprozeß vom Elternhaus einzuleiten und damit das Selbständigwerden zu trainieren, ist in abgewandelter Form auch beim behinderten Jugendlichen feststellbar. Aber natürlich kann er sich nicht von sich aus voll von den Eltern lösen, denn er wäre ja ohne sie nicht lebensfähig. Wir müssen ihm helfen, diesen schwierigen Schritt dennoch zu vollziehen und in einer geschützten Umgebung Fuß zu fassen, solange die Eltern diesen Prozeß noch überwachen und lenken können.
ma 1350	Die Scheu, diesen Gedanken zu Ende zu denken, ist bei zahlreichen Eltern groß, und das ist durchaus verständlich. Doch sie werden nicht ewig leben und vermutlich auch in ihrer Leistungsfähigkeit nachlassen. Für den Behinderten steht die Notwendigkeit an, sich mit anderen Partnern auseinanderzusetzen. Für die Eltern gibt es nach der Erziehung eines behinderten Kindes zahlreiche Dinge aufzuarbeiten, die Voraussetzung für ihre innere Weiterentwicklung sind und immer wieder hinausgeschoben werden mußten. Bei prinzipieller Ablehnung dieses gegenseitigen Lösungsprozesses entsteht ein „Verklammerungseffekt", der die Weiterentwicklung sowohl des behinderten, als auch der gesunden Partner gefährdet. Eine Verklammerung über das Jugendlichenalter des Behinderten hinaus führt in eine Sackgasse, wirkt pathogen.
ma 1400	**Jugendlicher - Erwachsener - Wohnheim (Vollheim)**
ma 1410	Eine optimale Lösung des Problems mit der Möglichkeit der schrittweisen Loslösung vom Elternhaus wäre ein den Werkstätten angegliedertes Wohnheim.
ma 1420	Eine weitere Möglichkeit ist die Aufnahme in einem Vollheim. Kleine Heime mit einer übersehbaren Anzahl von Personen als Sozialpartner wären das erstrebenswerte Ziel.
ma 1430	Wenn Sie die beschriebenen Gedanken bis zu diesem Punkt in etwa akzeptieren konnten, ergeben sich die anfangs erwähnten Prioritäten in der Erziehungsarbeit tatsächlich nahezu „von selbst". Sie bestehen:

        Erstens: In allen den Punkten, die die Selbstbesorgung betreffen. Die Devise lautet hier: Hilfe zur Selbsthilfe.

        Zweitens: In der Förderung der sprachlichen Äußerungsfähigkeit, damit Ihr Kind seine Wünsche und Kümmernisse derart formulieren kann, daß es später auch von nicht unmittelbar vertrauten Personen verstanden wird.

Drittens: In der Pflege des heiteren Gemütes, das normalerweise bei einem Kind mit Down-Syndrom festzustellen ist. Sein Sinn für Humor, seine Freude an einem kleinen Spaß, seine neidlose Anerkennung der besseren Leistungen anderer, sein Wunsch, die Menschen in seiner Umgebung glücklich zu sehen, macht später den jungen Menschen mit Down-Syndrom zu einem beliebten Mitglied einer Gruppe. In zahlreichen Fällen ist er trotz seiner geistigen Behinderung auf Grund dieser Eigenschaften in der Lage, Spannungen in der Gruppe zu lösen und damit zur Harmonisierung seiner Umgebung beizutragen. Diese Eigenschaften sollten sorgfältig gepflegt werden, weil sie einen kostbaren Besitz für die Zukunft eines Kindes mit Down-Syndrom darstellen.

Literatur

Asperger, Hans: Heilpädagogik. Springer. Wien, New York 1968

Atzesberger, Michael: Sprachaufbauhilfen bei geistig behinderten Kindern. Marhold. Berlin 1967

Ayres, A. Jean: Lernstörungen - sensorisch integrative Dysfunktion. Springer. Berlin, Heidelberg, New York. Stiftung Rehabilitation und Prävention, Bd. 6, 1979

Bach, Heinz: Früherziehungsprogramme. Marhold. Berlin 1974

Bach, Heinz: Geistig Behinderten Pädagogik. Marhold. Berlin 1971

Bach, Heinz: Sexuelle Erziehung bei Geistigbehinderten. Marhold. Berlin 1972

Behr, Heinrich: Dein behindertes Kind. Vandenhoek u. Rupprecht, 3. Auflage. Göttingen 1970

Bleidick, Ulrich: Die Ausdrucksdiagnose der Intelligenzschwäche. Ernst Reinhardt. München/Basel 1971

von Braken, Helmut: Erziehung und Unterricht behinderter Kinder. Akademische Verlagsgesellschaft. Frankfurt/M. 1968

Bausenwein, Inge: Der Weg zum ersten Schritt. Thieme, Ärztl. Rat, 1976

Buck, Pearl S.: Geliebtes unglückliches Kind. Paul Zsolnay. Wien, Hamburg 1952

Bühler, Charlotte; Hetzer, Hildegard: Kleinkindertests. Ambrosius Barth 1972

Bundesausschuß für gesundheitliche Volksbelehrung e.V., Bad Godesberg: Hilfe für das behinderte Kind. Paracelsus. Stuttgart, Juni 1964

Bundesministerium für Jugend, Familie und Gesundheit, Bonn, Bad Godesberg: „Pubertätsprobleme und sexualpädagogische Aufklärung behinderter Jugendlicher"

Bundesvereinigung Lebenshilfe, Handbücherei 1972: „Beratung, lebensbegleitende Hilfe für Behinderte"

Bundesvereinigung Lebenshilfe, Handbücherei 1965: „Elternhaus und Einrichtung für geistig Behinderte als Erziehungseinheit"

Bundesvereinigung Lebenshilfe, Handbücherei 1969: „Der geistig behinderte Jugendliche in Familie, Arbeit und Gesellschaft"

Bundesvereinigung Lebenshilfe, Handbücherei 1970: „Nun sind sie erwachsen"

Bundesvereinigung Lebenshilfe: Empfehlungen des pädagogischen Ausschusses. 1973

Bundesvereinigung Lebenshilfe, Band 3 Schriftenreihe Lebenshilfe Marburg/Lahn: Hilfen für schwer geistig Behinderte - Eingliederung statt Isolation. 1978

Cruickshank, William M.: Schwierige Kinder in Schule und Elternhaus. Marhold

de la Crux, Felix; La Veck, Gerald: Geistig Retardierte und Sexualität. Ernst Reinhardt 1975

Cunningham, Clift; Sloper, Patricia: Hilfe für Ihr behindertes Baby, Früherkennung und Therapie. Fischer 1980

Delacato, Carl M.: Der unheimliche Fremdling. Hyperion. Freiburg

Delacato, Carl: Diagnose und Behandlung der Sprach- und Lesestörungen. Hyperion 1970

Deutscher Bildungsrat: Verhaltensgestörte, Sprachbehinderte, Körperbehinderte. Sonderpädagogik 4. Ernst Klett. Stuttgart 1977

Deutscher Bildungsrat: Sozialpädiatrische Zentren. Sonderpädagogik 6. Ernst Klett 1975

Diem, Lieselott (Hrsg.): Kinder lernen Sport, Schwimmen im 1. und 2. Lebensjahr. Band 1, Lothar Bresges. Kösel. München 1973

Doman, Glenn (Hrsg. Lüchert, Heinz-Rolf): Wie kleine Kinder lesen lernen. Hyperion 1966

Egg, Dr. Maria: Andere Kinder - andere Erziehung. Walter 1965

Feldkamp, Danielcia: Krankengymnastische Behandlung der cerebralen Bewegungsstörungen, 2. Auflage. Richard Pflaum. München 1976

Finnie, Cancie R.: Hilfe für das cerebral gelähmte Kind. Ravensburger Elternbücher 1971

Flehmig, Inge: Normale Entwicklung des Säuglings und ihre Abweichungen. Thieme. Stuttgart 1979 und 2. Auflage 1983

Florin und Tunner: Behandlung kindlicher Verhaltensstörungen. Goldmann „Das wissenschaftliche Taschenbuch", Abt. Medizin 1972

Forschungsgemeinschaft „Das körperbehinderte Kind e.V." (Hrsg.): Frühförderung körperbehinderter Kinder - Forschungsergebnisse und Zielsetzungen. Schindele 1976

Fouace, Jean: Baby lernen schwimmen. Falken. Niederhausen 1980

Fröhlich, Andreas (Hrsg.): Wahrnehmungsstörungen und Wahrnehmungstraining bei Körperbehinderten. Schindele 1977

Frostig, Marianne: Bewegungserziehung. Ernst Reinhardt. München/Basel 1973

Frostig, Marianne: Visuelle Wahrnehmungsförderung. W. Crüwell 1977

Fuhrmann und Vogel: Genetische Familienberatung. Springer. Heidelberger Taschenbücher 1968

Gesell, Arnold: Säugling und Kleinkind in der Kultur der Gegenwart. Christian. Bad Nauheim 1971

Getmann, G.N. (Hrsg. Lüchert, Heinz-Rolf): Intelligente Kinder durch Erziehung. Hyperion. Freiburg 1967

Glathe, Brita: Rhythmik für Kinder. Georg Kallmeyer. Wolfenbüttel 1971

Glathe, Brita: Stundenbilder zur rhythmischen Erziehung. Georg Kallmeyer. Wolfenbüttel 1973

Götte, Rose: Sprache und Spiel im Kindergarten. Beltz. Weinheim/Basel 1980

Gordon, Thomas: Familienkonferenz. Hoffmann und Campe 1972

Gottwald, Kratzmeier, Loofs, Marx, Offergeld, Sagi, Tiefenbacher, Vetter: Behinderte Menschen. Lambertus. Freiburg

Hagmann, Thomas (Hrsg.): Beiträge zur Pädagogik Geistigbehinderter. Verlag der Schweizerischen Zentralstelle für Heilpädagogik 1980

Heese, Gerhard; Reinartz, Anton: Aktuelle Beiträge zur Körperbehindertenpädagogik. Marhold 1974

Hellbrügge, Theodor: Unser Montessori Modell. Kindler 1977

Herzka, Heinz Stefan: Das Kind von der Geburt bis zur Schule. Schwabe & Co.. Basel 1978

Herzka, Heinz Stefan: Gesicht und Sprache des Säuglings. Schwabe & Co.. Basel/Stuttgart 1979

Herzka, Stefan; Binswanger, Rotraut: Spielsachen. Schwabe & Co.. Basel/Stuttgart 1974

Heslinga: Über die lebenspraktische Erziehung blinder Kinder. Marhold. Berlin 1972

Hetzer, Prof. Hildegard: Spielen lernen - spielen lehren. Don Bosco 1971

Hünnekens und Kiphard: Bewegung heilt, 5. Auflage. Flöttmann 1975

Hundley, Hoan M.: Der kleine Außenseiter. Otto Meier. Ravensburg 1974

Hunt, Nigel: Die Welt des Nigel Hunt. Ernst Reinhardt. München/Basel 1976

Janzen, Rudolf: Körper, Hirn und Personalität. Ferdinand Enke. Stuttgart 1973

Jetter, Karlheinz: Kindliches Handeln und kognitive Entwicklung. Hans Huber. Bern/Stuttgart, Wien

Josef, Konrad; Josef, Katharina: Früherziehung bei geistig behinderten und entwicklungsverzögerten Kindern. Marhold. Berlin 1975

Josef, Konrad: Lernen und Lernhilfen bei geistig Behinderten. Marhold. Berlin 1974

Josef, Konrad: Musik als Hilfe in der Erziehung geistig Behinderter. Marhold. Berlin 1974

Josef, Konrad; Böckmann, Günter: Spracherziehungshilfen bei geistig behinderten und sprachgestörten Kindern. Marhold. Berlin 1974

Kiphard, Ernst: Die Förderung der Bewegungsentwicklung beim geistig behinderten Kind. Schriften zur Sonderpädagogik, herausgegeben von Beschel, Reihe 8, Heft 8, 1969

Kiphard, Ernst: Erziehung durch Bewegung. Dürr'sche Buchhandlung 1969

Kiphard, Ernst: Leibesübungen als Therapie. Flöttmann. Gütersloh 1974

Kiphard, Ernst: Motopädagogik. verlag modernes lernen. Dortmund 1979

Kiphard, Ernst: Wie weit ist ein Kind entwickelt? verlag modernes lernen. Dortmund 1975

Kleinere Schriften des Deutschen Vereins für öffentliche und private Fürsorge: Bundessozialhilfegesetz. 3. Auflage, 1972

König, Karl: Der Mongolismus. Hippokrates. Stuttgart 1959

Krenzer, Rolf: Spiele mit behinderten Kindern. Kemper. Heidelberg 1972

Kühl, Helmut: Geistig Behinderte im Zivilrecht. Marhold. Berlin 1972

Kuhlen, Vera: Verhaltenstherapie im Kindesalter. Juventa 1974

Lebenshilfe-Schriftenreihe, Band 1: Frühe Hilfen - Wirksamste Hilfen. Marburg

Leboyer, Frederic: Sanfte Hände. Kösel. München 1979

Levingson, Abraham; Sagi, Alexander: Das geistig behinderte Kind. Lambertus. Freiburg 1967

Löwe, Armin: Hörenlernen im Spiel. Marhold. Berlin 1973

von der Lyke, J.M.: Hilfe für das spastische Kind. Kemper 1969

Mayer/Pipe: Verhalten, Lernen, Umwelt. Beltz 1972

Meves, Christa: Erziehen lernen. Bayerischer Schulbuch Verlag 1973

Montessori, Maria: Frieden und Erziehung. Herder 1973

Montessori, Maria: Von der Kindheit zur Jugend. Herder 1966

Moor, Paul: Die Bedeutung des Spiels in der Erziehung. Hans Huber. Bern, Stuttgart, Wien 1973

Oswald, Paul; Schnez-Benesch, Günter: Grundgedanken der Motessori-Pädagogik. Herder 1967

Peter, Armin: Anregungen für die Hauserziehung geistig behinderter Kinder. Marhold 1973

Peter Armin; Longwitz, Brigitte: Auf und ab und kugelrund. Herder 1973

Piaget, Jean: Das Erwachen der Intelligenz beim Kinde. Klett 1973

Piaget, Jean: Probleme der Entwicklungspsychologie. Syndikat, Kleine Schriften

Portmann, Adolf: Biologie und Geist. Suhrkamp Taschenbuch 1978

Reichenbach, Paul (Hrsg. Beschel, Erich): Die Erziehung des mongoloiden Kindes. Schriften zur Sonderpädagogik. Dortmund 1965

Rett, Andreas: Das hirngeschädigte Kind. Verlag Jugend und Volk. Wien-München 1974

Ruppelt, H.: Das Prager Eltern-Kind-Programm. In: Der Sozialarbeiter. Heft 1/1978, Heft 5/1978, Heft 5/1979, Heft 4/1980

Ruppert, Johanna: Warum gerade ich? Spee. Trier

Sagi, Alexander: Das körperbehinderte Kind. Lambertus. Freiburg 1966

Schamberger, Reglindis: Frühtherapie bei geistig behinderten Säuglingen und Kleinkindern. Beltz. Weinheim, Basel 1978

Scheel, Dirk; Palm-Scheel, Lilo: Kinder brauchen Bewegung. Ehrenwirth Beratungsbuch 1978

Schieche von Eickstedt, Mechthild: Ist Aufopferung eine Lösung. „FBV" Frauenbuchverlag GmbH. 1981

Schmid, Franz: Das Mongolismus-Syndrom. Hansen und Hansen 1976

Schmid-Giovanni, Susanna: Sprich mit mir. Marhold 1980

Schmidt-Thuinne, Dorothea: Chancen für Ihr geistig behindertes Kind. Kemper. Heidelberg 1970

Schmitz, Edgar: Elternprogramme für behinderte Kinder. Ernst Reingard. München/Basel 1976

Schmitz, Edgar: Cotherapeuten in der Verhaltenstherapie. Beltz Monographien 1974

Speck, Otto: Frühförderung entwicklungsgefährdeter Kinder. Ernst Reinhardt. München/Basel 1977

Speck, Otto: Der geistigbehinderte Mensch und seine Erziehung. Ernst Reinhardt 1970

Spock, Benjamin; Lerrigo, Marion: Du und Dein behindertes Kind. Ullstein 1973

Spreng, Hans (Hrsg. Speck, Otto): Schwerstbehinderte Kinder - eine Herausforderung für die Schule. Ernst Reinhardt. München/Basel 1979

Stöckmann, Fritz: Das geistig behinderte Kind im Heim. Marhold. Berlin 1976

Theile, Regine: Förderung geistigbehinderter Kinder. Marhold 1976

Thumser, Fried (Hrsg.): Kampf um ein geistig behindertes Kind (ZDF). Verlag Laetare

Trub-Tietz: Das geistig und seelisch geschädigte Kind. Bertelsmann 1958

Vetter, Sagi, Offergeld: Behinderte Menschen. Lambertus. Freiburg 1969

de Vries-Krujt, T.: „Jan". Fabbri und Praeger 1974

Walburg, Rolf-Rüdiger: Lebenspraktische Erziehung Geistigbehinderter. Marhold. Berlin 1974

Weihs, Thomas J.: Das entwicklungsgestörte Kind. Verlag Freies Geistesleben. Stuttgart 1980

Wewetzer, Prof. Dr. Karl-Hermann: Das hirngeschädigte Kind. Thieme 1959

Wender, Paul H.: Das hyperaktive Kind. Verlag Ravensburg 1979

Wilken, Etta: Sprachförderung bei Kindern mit Down-Syndrom. Marhold. Berlin 1973

Wing, Lorna: Das autistische Kind. Otto Maier. Ravensburg 1973

Wunderlich, Christof: Das mongoloide Kind, 1. und 2. Auflage. Ferdinand Enke. Stuttgart 1970 und 1977.

Raum für Notizen:

Raum für Notizen:

Raum für Notizen:

Raum für Notizen:

Raum für Notizen:

Übungsreihen für Geistigbehinderte

◆ **Lehrgang A: Umgang mit Mengen, Zahlen und Größen**

Heft A1: Susanne Dank
Geistigbehinderte lernen die Uhr im Tagesablauf kennen
2. Aufl. 1991, 76 S., Format DIN A 4, geh
ISBN 3-8080-0207-7　　　　　Bestell-Nr. 3602, DM 18,80

Heft A3: Ursula Waskönig / Christiane Hardtung
Geistigbehinderte benutzen Hohlmaße
„Wir messen ab mit Löffel, Tasse und Meßbecher"
1994, 72 S. (davon 39 Kopiervorlagen), Format DIN A 4, geh,
ISBN 3-8080-0305-7　　　　　Bestell-Nr. 3620, DM 24,80

Heft A5: Susanne Dank
Geistigbehinderte lernen den Umgang mit dem Längenmaß
2. Aufl. 1995, 84 S., Format DIN A 4, geh
ISBN 3-8080-0262-X　　　　　Bestell-Nr. 3609, DM 18,80

Heft A7: Sabine Heidjann
Geistigbehinderte lernen Möglichkeiten Freier Arbeit im Bereich UMZG kennen
2. Aufl. 1995, 68 S., Format DIN A4, geh
ISBN 3-8080-0280-8　　　　　Bestell-Nr. 3611, DM 19,80

Heft A8.1-A8.2: Franziska Reich
Anbahnung des Zahlbegriffs bei Geistigbehinderten:
Heft A8.1: **Theoretische Einführung**
1993, 40 S., Format DIN A4, geh
ISBN 3-8080-0288-3　　　　　Bestell-Nr. 3613, DM 19,80

Heft A8.2: **Geistigbehinderte lernen Voraussetzungen zum Zählen (Reihenbegriff und Zahlbegriff "1")**
2. Aufl. 1996, 44 S., Format DIN A 4, geh
ISBN 3-8080-0289-1　　　　　Bestell-Nr. 3614, DM 19,80

Heft A8.3: **Geistigbehinderte lernen zählen**
1995, 48 S., Format DIN A4, geh
ISBN 3-8080-0290-5　　　　　Bestell-Nr. 3615, DM 19,80

◆ **Lehrgang B: Sprache**

Heft B1: Susanne Dank
Geistigbehinderte lernen ihren Namen lesen und schreiben
3. unveränd. Aufl. 1995, 40 S., Format DIN A 4, geh,
ISBN 3-8080-0298-0　　　　　Bestell-Nr. 3601, DM 17,80

Heft B2: Anneliese Berres-Weber
Geistigbehinderte lesen ihren Stundenplan
Bilder lesen und Handlungen planen
1995, 190 S., davon 116 S. Kopiervorlagen, Format DIN A4, im Ordner
ISBN 3-8080-0302-2　　　　　Bestell-Nr. 3622, DM 78,00

◆ **Lehrgang E: Arbeitslehre**

Heft E1: Barbara Hasenbein
Geistigbehinderte nähen mit der Nähmaschine
1996, 112 S., viele Kopiervorlagen, Format DIN A4, br
ISBN 3-8080-0361-8　　　　　Bestell-Nr. 3626, DM 29,80

Bitte fordern Sie unser Gesamtverzeichnis an!

◆ **Lehrgang G: Sport**

Heft G1: Rudolf Lause
Geistigbehinderte erlernen das Schwimmen
2. Aufl. 1994, 52 S., Format DIN A 4, geh
ISBN 3-8080-0273-5　　　　　Bestell-Nr. 3610, DM 19,80

Heft G2: Rudolf Lause
Geistigbehinderte erleben das Wasser
1992, 40 S., Format DIN A 4, geh
ISBN 3-8080-0306-5　　　　　Bestell-Nr. 3621, DM 18,80

Heft G3: Rudolf Lause
Geistigbehinderte Schüler spielen ausgewählte Ballspiele
1994, 56 S., Format DIN A 4, geh
ISBN 3-8080-0327-8　　　　　Bestell-Nr. 3624, DM 19,80

◆ **Lehrgang D: Lebenspraktisches Training**

Heft D1: Susanne Dank
Geistigbehinderte pflegen ihren Körper
Fitneß-Training / Hygiene / Herstellung von Kosmetika
3., unveränd. Aufl. 1995, 79 S., Format DIN A 4, geh,
ISBN 3-8080-0303-0　　　　　Bestell-Nr. 3603, DM 19,80

Heft H2: Monika Köhnen
Freiarbeit macht Spaß
Hinführungsmöglichkeiten / Materialien / Anregungen für die Praxis
1997, 56 S., Format DIN A 4, geh
ISBN 3-8080-0385-5　　　　　Bestell-Nr. 3630, DM 19,80

◆ **Lehrgang F: Wahrnehmungsförderung**

Heft F1-F5: Anneliese Berres-Weber
Geistigbehinderte üben kognitive Fähigkeiten und Fertigkeiten:
Heft F1: **Einführung zu den Formen Kreis und Dreieck**
2. verb. Aufl. 1995, 43 S., Format DIN A 4, geh
ISBN 3-8080-0286-7　　　　　Bestell-Nr. 3604, DM 17,80

Heft F2: **Arbeitsmaterial zu Kreis und Dreieck**
1991, 140 Blatt, Format DIN A 4, Block
ISBN 3-8080-0246-8　　　　　Bestell-Nr. 3605, DM 24,80

Heft F3: **Einführung z. d. Formen Quadrat u. Rechteck**
1992, 64 S., Format DIN A 4, geh
ISBN 3-8080-0247-6　　　　　Bestell-Nr. 3606, DM 17,80

Heft F4: **Arbeitsmaterial zum Quadrat**
1992, 124 Blatt, Format DIN A 4, Block
ISBN 3-8080-0248-4　　　　　Bestell-Nr. 3607, DM 24,80

Heft F5: **Arbeitsmaterial zum Rechteck**
1992, 132 Blatt, Format DIN A4, Block
ISBN 3-8080-0249-2　　　　　Bestell-Nr. 3608, DM 24,80

◆ **Lehrgang H:**

Heft H1: Ute Schimpke
Ganzheitlicher Anfangsunterricht
„Wir werden ein Abenteuerzirkus – Wir bauen eine Insel – Wir bauen einen Spielplatz"
1995, 44 S., Format DIN A 4, geh
ISBN 3-8080-0322-7　　　　　Bestell-Nr. 3623, DM 19,80

verlag modernes lernen - Dortmund

Hohe Straße 39 · D-44139 Dortmund ☎ (0180) 534 01 30 • FAX (0180) 534 01 20

Ihre Praxis ist unser Programm!

Neuropsychologie für Pädagogen
Neuropsychologische Voraussetzungen für Lernen und Verhalten
von Ingeborg Milz
1996, 312 S., 16x23cm, br,
ISBN 3-86145-075-5, Bestell-Nr. 8112, DM 48,00

Montessori-Pädagogik
– neuropsychologisch verstanden und heilpädagogisch praktiziert
von Ingeborg Milz
Dez. 1997, ca. 260 S., 16x23cm, viele Fotos, br,
ISBN 3-86145-085-2, Bestell-Nr. 8012,
DM 38,00 bis zum Erscheinen, danach DM 44,00

„Sei doch endlich still!"
Entspannungsspiele und -geschichten für Kinder
(ohne Titelabbildung)
von Helmut Köckenberger / Gudrun Gaiser
1996, 168 S., DIN A5, mit Illustr., br,
ISBN 3-86145-089-5, Bestell-Nr. 8373, DM 34,00

Rechenschwächen erkennen und behandeln
Teilleistungsstörungen im mathematischen Denken
von Ingeborg Milz
3. Aufl. 1995, 244 S., 16x23cm, viele Abb., br,
ISBN 3-86145-031-3, Bestell-Nr. 8005, DM 42,00

Portofreie Lieferung innerhalb von 48 Std. nach Bestelleingang durch:

 verlag modernes lernen *borgmann publishing*

Hohe Straße 39 • D - 44139 Dortmund
☎ (0180) 534 01 30 • FAX (0180) 534 01 20